極端的年代(上)

從一次大戰到蘇聯崩解

薩拉耶佛：一九一四年六月二十八日，奧地利斐迪南大公及其夫人，走出薩城市政廳，步上引發一次大戰的被刺之路。(Roger Viollet)

垂死者眼中的法國殺戮戰場：彈坑堆中的加拿大士兵，一九一八年。(Popperfoto)

生者眼中的法國枉死之地：沙隆戰爭公墓。(Roger Viollet)

俄國，一九一七年：革命旗幟下的士兵(「世界各地的工人們，聯合起來！」)。
(Hulton Deutsch)

十月革命：列寧圖像(「普羅大衆的偉大領袖」)。圖中工人所舉的旗幟寫道：「一切權力，歸於蘇維埃。」(Hulton Deutsch)

一九二〇年，蘇維埃五一勞動節海報筆下的世界革命。圖中環繞寰宇的紅色旗幟寫道：「世界各地的工人們，聯合起來！」(David King Collection)

戰後慘痛的通貨膨脹，這份創傷的回憶，依然纏繞著德國人的心靈，久久不去：圖中所示，乃是一張面額兩千萬馬克的德幣(一九二三年六月)。(Hulton Deutsch)

BROOKLYN DAILY EAGLE

And Complete Long Island News

LATE NEWS ★★

NEW YORK CITY, THURSDAY, OCTOBER 24, 1929

32 PAGES

WALL ST. IN PANIC AS STOCKS CRASH

Attempt Made to Kill Italy's Crown Prince

STOCKS CRASH IN RUSH TO SELL; BILLIONS LOST

ASSASSIN CAUGHT IN BRUSSELS MOB; PRINCE UNHURT

Hollywood Fire Destroys Films Worth Millions

FEAR 52 PERISHED IN LAKE MICHIGAN; FERRY IS MISSING

PIECE OF PLANE LIKE DITEMAN'S IS FOUND AT SEA

High Duty Group Gave $700,000 to Coolidge Drive

ATTEMPT MADE ON LIFE

FOR MORE LOBBYISTS

CARNEGIE CHARGE OF PAID ATHLETES ROUSES COLLEGES

HOOVER'S TRAIN HALTED BY AUTO PLACED ON RAILS

WARDER SOUGHT TO KEEP SEA TRIP SECRET, AID SAYS

SOMERS NAMED AS HEAD OF NEW EXCHANGE BANK

10 ARABS SENTENCED TO LIFE TERMS FOR PALESTINE MASSACRE

Today's News

DANCERS IN PANIC AS MAN IS STABBED; POLICE SEIZE 5 MEN

DOG TALKIE STAR KEEPS SILENCE IN AUTO STORE WRECK

THE EAGLE INDEX

大蕭條的地獄之門：一九二九年華爾街股市暴跌。(Icon Communications)

賦閒男子：一九三〇年代失業的英國人。(Hulton Deutsch)

法西斯的兩位領袖：希特勒與墨索里尼。時值一九三八年際，兩人自然可以開懷一笑。(Hulton Deutsch)

「領袖」：年輕的義大利法西斯部隊，從墨索里尼面前列隊而過。(Hulton Deutsch)

「元首」：紐倫堡納粹大集會。(Robert Harding Picture Library)

西班牙內戰：一九三六年巴塞隆納無政府主義者的軍隊，即興地登上一部裝甲戰車留影。(Hulton Deutsch)

法西斯威風凜凜？歐洲的征服者希特勒，君臨佔領下的巴黎。(Hulton Deutsch)

第二次世界大戰：炸彈。美國波音公司的「空中堡壘」正在轟炸柏林。(Popperfoto)

第二次世界大戰：戰車。一九四三年的庫斯克之役，蘇聯裝甲部隊在這場史上最大的坦克大決戰中發動攻擊。(Robert Harding)

非戰鬥人員的戰爭：一九四〇年焚燒中的倫敦。(Hulton Deutsch)

非戰鬥人員的戰爭：一九四五年焚燒後的德勒斯登。(Hulton Deutsch)

非戰鬥人員的戰爭：一九四五年原子彈後的廣島。(Rex Features)

地下抵抗者的戰爭：布洛茲——即日後的狄托元帥——攝於南斯拉夫游擊解放時期。(Rex Features)

傾覆前的帝國：英國戰時海報。(Imperial War Museum)

傾覆中的帝國：即將由法人手中贏得獨立的阿爾及耳，一九六一年。(Robert Harding)

帝國離去之後：印度總理甘地夫人在新德里一年一度的獨立紀念日遊行中，領頭前行。(Rex Features)

冷戰：隨時準備上演的飛彈啓示錄

美國巡弋飛彈。(Rex Features)

蘇聯面對面飛彈地下掩體。(Popperfoto)

分裂中的兩個世界：隔著布蘭登堡門附近的柏林圍牆，資本主義與「實存社會主義」各據一方。(Popperfoto)

動盪中的第三世界：卡斯楚的叛軍部隊，於一九五九年一月一日奪取古巴政權之前，開進解放下的聖克拉拉。(Magnum)

游擊戰：一九八〇年代的薩爾瓦多叛亂分子，正在安裝手榴彈。(Hulton Deutsch)

從第三世界的游擊隊，到第一世界的學生群：一九六八年倫敦葛羅弗諾廣場上的反美國越戰示威。(Hulton Deutsch)

「替天行道」的社會革命：一九七九年伊朗爆發了二十世紀的第一場社會大動亂，對於自一七八九到一九一七年的傳統，一律予以拒斥。(Hulton Deutsch)

冷戰告終：蘇聯共黨總書記戈巴契夫一手結束了冷戰時代。(Rex Features)

冷戰告終：一九八九年柏林圍牆倒場。(Hulton Deutsch)

歐洲共產主義敗亡：史達林雕像從布拉格城內移出。(BBC Photographic Library)

歷史選書14

二十世紀史

極端的年代(上)

1914-1991

AGE OF EXTREMES

The Short Twentieth Century 1914-1991

著／艾瑞克・霍布斯邦
(Eric J. Hobsbawm)
譯／鄭明萱

歷史選書14
極端的年代：1914—1991【上】
AGE OF EXTREMES
The Short Twentieth Century 1914-1991

◉著者……………………艾瑞克．霍布斯邦（E. J. Hobsbawm）
◉譯者……………………鄭明萱
◉編輯委員………………詹宏志 盧建榮 陳雨航 吳莉君
◉責任編輯………………吳莉君

◉編輯總監………………劉麗眞
◉總經理…………………陳逸瑛
◉發行人…………………涂玉雲
◉出版……………………麥田出版
城邦文化事業股份有限公司
10483台北市中山區民生東路二段141號5樓
電話：(02)25007696 傳眞：(02)25001966
部落格：http://blog.pixnet.net/ryefield
◉發行……………………英屬蓋曼群島商家庭傳媒股份有限公司城邦分公司
10483台北市民生東路二段141號11樓
書虫客服服務專線：02-25007718．02-25007719
24小時傳眞服務：02-25001990．02-25001991
服務時間：週一至週五09:30-12:00．13:30-17:00
郵撥帳號：19863813 戶名：書虫股份有限公司
讀者服務信箱E-mail：service@readingclub.com.tw
歡迎光臨城邦讀書花園 網址：www.cite.com.tw

◉香港發行所……………城邦（香港）出版集團有限公司
香港灣仔駱克道193號東超商業中心1樓
電話：(852) 25086231 傳眞：(852) 25789337
E-mail：hkcite@biznetvigator.com

◉馬新發行所……………城邦（馬新）出版集團【Cite(M)Sdn. Bhd.(458372U)】
11, Jalan 30D/146, Desa Tasik,
Sungai Besi, 57000 Kuala Lumpur, Malaysia.
電話：(603) 90563833 傳眞：(603) 90562833

◉印刷……………………宏玖國際有限公司

◉初 版 一 刷 1996年11月 1 日
◉初版十四刷 2012年 1 月15日

ISBN 978-957-708-449-1（上冊）
ISBN 978-957-708-448-4（一套）
定價：NT$380元

作者簡介

艾瑞克・霍布斯邦(Eric Hobsbawm)

享譽國際，備受推崇的近代史大師。

一九一七年出生於埃及亞歷山大城的猶太中產家庭。父親是移居英國的俄國猶太後裔，母親則來自哈布斯堡王朝治下的中歐。一九一九年舉家遷往維也納，一九三一年徙居柏林。在一次戰後受創至深的德奧兩國度過童年。一九三三年因希特勒掌權而轉赴英國，完成中學教育，並進入劍橋大學學習歷史。一九四七年成爲倫敦大學伯貝克學院講師，一九五九年升任高級講師，一九七八年取得該校經濟及社會史教授頭銜，一九八二年退休。之後大部分時間任教於紐約社會研究新學院，是該校政治及社會史榮譽教授。

霍氏是英國著名的左派史家，自十四歲於柏林加入共產黨後，迄今未曾脫離。就讀劍橋大學期間，霍氏是共產黨內的活躍分子，與威廉士、湯普森等馬派學生交往甚密；在一九五二年麥卡錫白色恐怖氣燄正盛之時，更與希爾等人創辦著名的新左史學期刊《過去與現在》。馬克思主義者的政治背景雖令霍氏的教職生涯進展艱辛，但卻使他與國際社會間有著更廣泛的接觸經驗及更多的研究機會，從而建立了他在國際上的崇高聲譽。

霍氏的研究時期以十九世紀爲主，並延伸及十七、十八和二十世紀；研究的地區則從英國、歐洲，廣至拉丁美洲。除專業領域外，霍氏也經常撰寫當代政治、社會評論，歷史學、社會學理論，以及藝術、文化批評等。他在勞工運動、農民叛變和世界史範疇中的研究成果，堪居當代史家的頂尖之流，影響學界甚巨；而其宏觀通暢的寫作風格，更將敍述史學的魅力擴及一般閱聽大眾。如《新左評論》名編輯安德生所言：霍氏不可多得的兼具了知性的現實感和感性的同情心。一方面是個腳踏實地的唯物主義者，提倡實力政治；另一方面又能將波希米亞、土匪強盜和無政府主義者的生活寫成優美哀怨的動人故事。

霍氏著作甚豐，先後計有十四部以上專書問世，包括：《革命的年代》、《資本的年代》、《帝國的年代》、《盜匪》、《民族與民族主義》(以上各書將由麥田出版中譯本)、《原始的叛亂》、《爵士風情》等書。現居倫敦。

譯者簡介

鄭明萱

國立政治大學新聞系畢業，美國香檳城伊利諾大學廣告碩士，美國北伊利諾大學電腦碩士。現任美國電報電話公司專案經理，業餘從事譯作。譯有《制憲風雲：美國立憲奇蹟》等書。

目錄

第二部■黃金時期

【下冊】

第三部■天崩地裂

導讀

跨越國界、擁抱俗眾的大歷史敘述

——歷史是可以這樣寫的

盧建榮

一、國際學術性格的由來

本世紀最偉大的史家之一霍布斯邦的新著《極端的年代》於九四年推出，不到兩年時間連出十二版，造成搶購風潮。如今由另一出版社高價買下版權續予出版。台灣的讀者何其有幸，可以與英語世界的讀者一樣同步咀嚼霍氏對本世紀歷史的睿智之見。

一次大戰前夕，大英帝國國勢猶勢如中天，其轄下殖民地各都會城猶如小型聯合國，各族雜居並處。就說埃及的亞歷山大城吧。一位東歐猶太男子與一位奧國女子邂逅於此，並結成連理，於一九一七年產下一名男嬰後，舉家遷往這位女子的故居——維也納。之後這個家庭再徙居柏林。這一家人可以在大英帝國轄境，以及她的競爭對手——德國——的首都生活，這會是怎樣的家庭呢？這樣一個國際聯姻的家庭其子女會抱持怎樣的世界觀呢？以上故事是《極端的年代》作者霍布斯邦在書中舉他自家出身爲例，來說明二十世紀初的世界大轉折。而上述問題是筆者藉以發問的問題。

霍布斯邦童年和少年時代是在反猶氣氛日趨濃烈的柏林度過的。該處與他同齡的德國小孩競相加入反共的少年納粹黨，而他卻加入學生共黨組織。從此，他與馬克思主義難分難捨以迄於今，影響他一生至巨。即使在共黨國家紛紛解體的今天，他仍對共產主義一往情深。但，在政治上，這與其說他是共產主義的頑固派，毋寧說他堅持馬克思主義所揭櫫的理想。他不認爲塵世的共黨國家所爲符合馬克思主義的理想。在學術上，他與庸俗的馬克思主義信徒亦應有所區隔，這才是看待他學術思想的正確途徑。總之，霍布斯邦在政治與學術上，都不是馬克思主義的信徒，卻以馬克思主義的理想作爲檢驗當代政治和學術的準繩。他是一位跳脫既有現實政治疆界和學術思想框架的自由學者。這樣奇異的特性再配合上述提及的他家庭出身，就比較能明瞭，他何以不願以身爲一位英國史家自限，而寧可以身爲世界史家的身分從事多元族群書寫。儘管他的家庭是在二次大戰前夕舉家逃出柏林，而前往倫敦棲身，他本人更是在英國完成中學和大學教育。霍布斯邦的認同世界裡，恐怕猶太人和世界公民重於英國人吧？英國只是他的棲身之所，他只是寄居倫敦城中眾多國際難民的一員罷了。論者追溯其思想淵源，往往偏重霍氏博士時代的劍橋大學師資，但據他本人事後追憶則說，他自修的馬克思作品強過研究所老師所傳授的。

霍布斯邦這樣的歷史家是位介乎學院學者和民間學者之間的人物。他在英美學術界中固有其擲地有聲的重要著作，但在一般社會大眾心目中他又是一位名作家。一位專業歷史家享有既是名學者又是名作家的殊榮者殊不多見。霍布斯邦的許多作品原本就是要寫給俗眾閱讀的。在這類作品中具有如下三種質素：其一歷史寫作文類的通俗化，其二大歷史敍述體裁，以及其三多元觀點的世界史風格。他清楚意識到寫給平民大眾看的歷史非憑藉敍述史學不為功。當代英國史學界運用敍述史學成功的例子頗不乏人，除了霍布斯邦之外，尚有西奧多・哲勒汀(Theodore Zeldin)和勞倫斯・史東(Lawrence Stone)兩位。霍布斯邦與上述兩位名家不同之處在於，他縱筆所及不為國界所限，反觀其他兩位，哲勒汀在九〇年代以前一直耽溺於法國史的天地，史東則跨越不出英國國門一步。

二、由台灣出發看書中內容

前述提到霍氏家世背景對他史學觀點的影響，在於以劫後餘生、沒有祖國的猶太人自居，以及受馬克思影響卻又自出杼機別創一格。底下筆者擬介紹本書《極端的年代》，唯無法全面介紹，僅就與台灣讀者有關係者談一談。

霍氏很有意識地要跳脫歐洲中心史觀，而代之以全球視野的史觀。這其中一個重要理由是他要探究資本主義的命運。在他理解之下，資本主義既然造成全球風潮——不管擁護的，或是反對的——他就不能受限於國界，而必須探首國界之外，到全球各地尋訪其蹤跡。這是一個大膽的計畫，需要多種語言工具以濟其事。在他已傳承其父母的英語和德語之外，他又學會了至少義大利語和西班牙語，可能法語也不成問題。五〇年代他開始接觸葛蘭西(Antonio Gramsci)的作品，是他掙脫馬克思巨人陰影的轉捩點。葛蘭西指出，在工人階級意識還未誕生之前的人類社會，就存在農民抗爭的大量事實。他銜這句話，就選擇天主教傳統濃厚的各個社會，諸如義大利、西班牙，以及中南美洲各國，從事田野調查工作。隨後他將幾年下來所累積的田野資料，寫成一書，即一九五九年出版的《原始的叛亂》（*Primitive Rebels*），時年四十二歲。此書奠定他躋身二十世紀史學萬神殿的地位。他認爲，各個農業社會都有局部地方性脫序狀態，農民受到統治階級的剝削之苦，卻能巧爲利用盜匪——反既有體制的唯一力量——將其轉化成他們的社會奧援，用以對抗苛政，甚至是暴政。而各地「義賊」的傳奇故事就是農民上述心態之下的歷史建構。於是，霍氏隱隱約約有了一個理念：傳統是被創造、發明出來的，而不是自然演變形成的。到了一九八三年，他將此理念主編成一本論文集，書名就叫《傳統的發明》（*The Invention of Tradition*），此書對人文暨社會科學界造成無遠弗屆的震撼，迄今猶未止息。

霍布斯邦的敍述筆法並非是英雄史觀式地，以一些明星級歷史人物貫串全書，而是選取社會現象作爲敍述的對象。其次，他運用大量量化材料卻不以表格來處理，而出之以敍述方式。復次，作者介入故事脈絡，頗有後設小說的趣味。

對於上述敍述筆法的第一項特點，筆者必須舉例說明於下。筆者以爲社會現象才是霍氏下筆的重心，這類社會現象以集體意識、社群經濟活動，以及全球趨勢這三項最爲他所看重。易言之，霍氏的歷史建構是立基於文化、經濟，以及國際政治這三環相扣的互動之上。除非一些特定人物非常關鍵，要不然他絕不瑣碎去寫他們。所以，讀者在閱讀霍氏之書時，不至發生每碰到一個陌生人名輒閱讀爲之一頓。與此有關的是，全書很少引文，引文幾乎悉數置於每章之前，即令如此，卻具有點出時代特性之妙。這樣的表達方式並非本書首創，早在他寫《革命的年代》一書時即採用這種方便讀者閱讀的設計。

就霍布斯邦看來，二十世紀的重頭戲是冷戰結構的形成、自由主義的式微，以及法西斯主義的威脅。他認爲，美蘇對抗是美國自己嚇唬自己的產物。在以蘇聯爲首的第二世界中，蘇聯雖然將世界革命高唱入雲，但其實她非常滿意於二次大戰的戰果，蘇聯根本不想在她「轄境」之外，大事製造革命。無如美國不知底蘊，兀自神經兮兮地東防範、西圍堵，唯恐蘇聯勢力再有所擴張。就在美國近乎歇斯底里的反共聲中，美國及其盟邦的國內政局，基本上是保守右派勢盛的格局。在這樣的國內政治格局之下，一些老牌歐洲先進國家其自由主義思潮是非常萎縮不振的，遑論第三世界國家昌行威權主義了。抑有進者，歐洲兩個民主強權國家的德義兩國早在一次大戰之後，鑑於英法兩個老牌民主國家在面對俄國共產革命的驚慌失措，遂在國際對立形勢中以第三勢力崛起。這造成了近三十年的法西斯主義籠罩歐陸的現象。霍氏有個固定看法，他認爲資本主義是結合英國工業革命和法國布爾喬亞意識形態及其相應的民主政治形態而成的產物(見霍氏著《革命的年代》一書)。而俄國共產革命就是在革完成於十八、十九世紀的英法政經體制的命。霍氏相信，資本主義終究會行不通，當然附著其上的那套布爾喬亞價值理念也跟著「皮之不存，毛將焉附？」但他這個看法在一九八九年到一九九一年的世局演變中卻面臨嚴峻的挑戰。因爲，資本主義不但沒倒，反倒是口口聲聲要革她命的共產主義所具現的諸共黨政權紛紛崩潰不迭。對於以上的新變動，霍布斯邦又有何說？他的說辭換成如下：蘇聯及東歐國家的垮台，不是資本主義所導致的，而是共產國家內部政經危機不能解決所致。而這些政經危機都與馬克思的理論無關。這樣的說法大概很難說服深受資本主義習染的台灣讀者所同意。我的意思不是誰是誰非，而是彼此看法歧異。

就在以上二次大戰前後世局的演變大勢中，台灣可說完全被蒙在鼓裡猶不自知。台灣在二次大戰之前是日本殖民地，沒有自我決定前途的權利猶有可說。但在二次大戰之後，處身於冷戰國際政治結構中，一方面台灣當局甘於附驥美國尾後搖旗吶喊，毫無自我國格可言，另一方面，台灣少數異議知識分子信仰自由主義，並思藉此作爲改革時政的支柱，卻不知自由主義的「故鄉」或「發源地」的發聲極其微弱。現在看來，眞是「台灣的悲哀」！台灣的悲哀不在歷史上不曾自爲主人，而在自己當家做主之後沒有認知外界的能力。但從另一方面看，台灣的「無知」也自有她的歷史意義，不能完全一筆抹煞。誠如霍布斯邦所言，二〇年代以後，國際自由主義非常勢弱，無如台灣在五〇、六〇年代自由主義者以西方自由主義作爲抗爭的利器，不能說對台灣當局毫無作用吧？這是台灣當局和其對手的自由主義者都在打迷糊戰，卻意外造成本世紀世界自由主義的一個例外。這個自由主義外一章當然不爲霍布斯邦所知。不過，台灣當局與其對手對世界的認識也有一致之處。在霍氏這種左派人士看來，邱吉爾、海耶克，以及季辛吉之流的政學名人，都是思想右傾的腐朽人物，無如這幾人在台灣朝野都受到推崇。台灣讀者在閱讀本書時不可不注意此處。

以上是從與台灣有關角度介紹了本書的內容。現在筆者擬針對霍氏全球政治這點提出一點看法。不錯，霍氏在對十九世紀進行他的「三部曲」寫作時，即因襲一般社會科學家對本世紀全球不均衡發展所作的三分法分類，即將世界分成第一、第二，以及第三等三個世界，本書也不例外。前述提過，霍氏雖力避歐洲中心觀點的歷史書寫，但在實踐上他仍不免受歐洲中心論的影響。舉例而言，他預言，下一世紀時民族主義行將消失。我以爲，這個預言的有效範圍，可能限於歐美先進國家境內。事實上，在第二和第三世界中，民族主義仍將繼續肆虐下去，而且不知伊於胡底。這就是霍氏在下斷語時，他不知不覺針對歐美地區的人而言，忘了第二和第三世界的歷史演進過程是與第一世界不同速度的。這個一時失察也破壞了他所遵循的世界不均衡發展的理路設計。

三、本書對台灣的啓示

台灣的讀者可能很關心這位具有國際視野的大史家究竟如何看待台灣近百年歷史發展。這點可能有一點讓本地讀者失望。霍布斯邦在本書中提及台灣之處寥寥可數。在二次大戰前，台灣是以日本帝國主義下的殖民地身分出現，這時以談日本爲主，台灣只是一語帶到。在二次大戰之後，霍布斯邦所注意的台灣，是她能以新興工業國家的面貌示人。我們當然不滿意台灣在世人眼中只是這樣而已。霍氏少提台灣，並非完全緣於作者的種族偏見，或歐洲中心史觀，而是台灣史的研究成果不彰。本土觀點的台灣史研究尙在起步不說，遑論有好的英文研究成果問世以供作者寫通史之用了。何日台灣才能跳出從日本殖民地到東亞新興工業國的濫調，有賴本土歷史學家的奮力向前。

然而，台灣史學系訓練限制了史學工作者進行敍述史學的寫作，這又是另一個問題。卻也是我們閱畢霍氏史著掩卷歎息之處。敍述史學必須具備藝術處理，以及文字靈活雙重能力。台灣史家願意放下身段、親近大眾讀者的屈指可數，像許倬雲寫有《從三國看領導》，以及《東遊記》兩書，庶幾近之。在此情形下，或發生民間非科班訓練史家大舉「入侵」敍述史學園地，如柏楊《中國人史綱》，儘管在正統史家嗤之以鼻的情形下，猶榮登暢銷書排行榜；或發生由海外作家「登台」，造成出版界旋風，如黃仁宇《萬曆十五年》，更是爲專業史家樹立可以通俗寫作的典範。

環顧台灣目前的熱門議題，以(1)參加國際組織，(2)中國民族主義的威脅，(3)社會福利政策，(4)國內外環保壓力，以及(5)與相鄰窮國訂立合理外勞條約等五項最值吾人注意。以上，第一和第二議題是台灣獨特議題，其餘三題都是普世性的問題。面對獨特問題，需要我們自行運用智慧解決，可以不論。但遇到普世性的國際問題時，我們必須掌握世界資訊，而對於國際的變化卻不可不嫻熟於胸。這樣，我們在處理(或面對)時，才不致高下隨心，失去準頭，甚至鬧出騰笑國際的笑話。我們想要立足台灣，放眼世界，可不是空談，或是喊口號就能克奏膚功。唯一的辦法，就是要研讀類似像霍氏本書這類有關世界資訊的傑作，而且多多益善。

最後，對於台灣在引進霍布斯邦的努力成果，不能不聊綴數語以爲本文的結束。台灣學界一則側重霍氏研究傳統農業社會抗爭的傳統，一則注目於他對於社會史的提倡。在前者的影響之下，有師範大學史研所劉妮玲碩士論文《清代台灣的民變》和政治大學史研所吳惠芳碩士論文《民初華北的盜匪》等兩書的出版，後者有康樂選譯霍氏名篇〈從社會史到社會的歷史〉。此外，稻鄉出版社惑於霍氏一書《革命分子》其書名的聳人聽聞，遂出版其中譯本，唯此書並非霍氏名著，抑且當時出版時也不知霍氏爲何許人。還有，代表台灣本土研究霍氏業績的學者僅周樑楷一人寫有〈一九五六年對英國馬克思史家的衝擊：以哈布斯頗（編註：即霍布斯邦）和湯姆森爲分析對象〉一文。因爲有周氏一文，才讓台灣史學界在認識當代西方史學上不至繳了白卷！

可是，我們更需要的是，自己觀點的世界史著！台灣幾時才會誕生跨越國界、擁抱俗眾的大歷史敍述作品呢？閱畢霍氏本書的讀者中可有人有這番志向？

盧建榮　美國西雅圖華盛頓州立大學歷史學博士，現專任中央研究院歷史語言研究所副研究員，兼任台灣師範大學歷史系副教授。主要興趣是社會組織和集體行動、庶民文化、歷史社會學，以及當代歐美史學理論。

前言與謝語

艾瑞克·霍布斯邦

任何一位今人欲寫作二十世紀歷史，都與他或她處理史上其他任何時期不同。不為別的，單單就因為我們身在其中，自然不可能像研究過往時期一般，可以(而且必須)由外向內觀察，經由該時期的二手(甚至三手)資料，或依後代的史家撰述為憑。而作者本人一生的經歷，恰與本書討論的大部時期交疊。其中多數時候，從早年青少年歲月開始，一直迄今，我對公共事務均極敏感。這句話的意思是說，作者乃係以一個當代人的身分，而非以學者角色，聚積了個人對世事的觀感與偏見。也正是因為這種緣故，自從一九一四年來，這一輩子作為學史之人的學術生涯之中，多數時間，我卻始終避免將親身所處的時代當作研究題目。不過我倒不曾迴避以其他身分，對這個時代發表話題。「本人的研究專期」——借用史學界的術語來說——乃是十九世紀。但在此刻，我卻覺得已經可以藉由某種歷史角度，對一九一四年以來到蘇維埃年代結束之間的「短促二十世紀」(Short Twentieth Century)，進行一番觀察。有關這段時期的學術文獻及檔案史料，歷來已經在人數同樣盛大的本世紀歷史學者努力之下堆積如山。但是作者對這個時期的認識，除了極少處偶爾引用之外，卻不是根據這些紙上來源。

想當然爾，關於目前這個世紀的史料如此浩瀚，絕非任何一己之力所可窺其全貌，甚至於僅限一種語言也不可能。我們對這段史實熟悉的程度，絕對不可能如同——比方說——研究古典文物制度或古拜占庭帝國(Byzantine Empire)的史學家們，對那漫長年月裡寫下的片紙隻字，以及一切有關那漫長年月的著作論述所認識地那般深厚。然而即使有此作爲藉口，本人對這個時代的認識，若以當代史學界的博學功力判斷，也實在有失零星片斷。我所能做的最大努力，只有向那些尖銳性特強、爭議性最劇的題目之中深入挖掘——比方冷戰史實或三〇年代歷史——以滿足我自己的要求爲止；亦即本書所陳列的觀點，均能在專家研究的明察秋毫之下站得住腳。當然，我的企圖不可能完全成功。書中提出的許多問題，一定暴露了我的無知，以及某些具有爭議性的論點。

因此，本書的立足基點，看起來自然有幾分奇特地不甚平衡。它的資料來源，除了多年來廣泛蕪雜的多方閱讀之外，並有本人於「社會研究新學院」(New School for Social Research)執教之際，在研究生課堂上講授二十世紀史所必須涉獵的各種著作。除此，我也以一個親身經歷「短促二十世紀」之人的身分，累積了許多個人對當代的知識、回憶，及意見。亦即扮演社會人種學家所謂的「參與性觀察者」的角色，或者索性歸之於一名周遊過許多國家、並且隨時張大眼睛四下觀看的旅者身分，也就是我的祖先稱之爲「好管閒事之人」吧。這一類經驗的歷史價值，其可貴並不在我身歷其境、親臨重大的歷史現場；也不在於我知曉、甚或親眼遇見過創造歷史的大人物或政治家。事實上，根據本人偶爾在這一國或那一國(主要以拉丁美洲爲主)扮演新聞人四下調查打聽的經驗發現，與總統或決策人士進行交談，往往無甚收穫。原因很簡單，這些人物多係爲公開記錄發言。眞正能帶來啓示光亮者，是那些可以，或願意自在談話，並最好對國家大事沒有責任負擔之人。不過，能夠親自認識人、地、物，雖然難免主觀誤導之嫌，卻也使我獲益匪淺。也許單單是三十年的光陰過去，親見同一個城市今昔之比——不論是西班牙的瓦倫西亞(Valencia)或西西里的巴勒摩(Palermo)——就足以使人驚覺本世紀第三個二十五年之中，社會變遷之速與之巨。又或許是區區多年前的某段對話，有時也不知道什麼原因，卻深藏在記憶之中，以備將來不時之需所用。如果作爲一名史家，能夠將這個世紀整理出一點意義，多半得歸因於本人時時觀察聆聽之力。希望藉此習得的區區心得，可以經由本書傳送給讀者一點信息。

本書寫作的來源，當然也少不了我的諸位同僚、學生，以及其他在本書進行之際，被我強行叨擾的任何一位。在某些方面，欠下的人情自有其一定系統。有關科學的篇章，承蒙吾友艾倫麥凱(Alan Mackay FRS)及約翰麥達克斯(John Maddox)的課正。艾倫不但是一位結晶學的權威，而且更如百科全書般博聞強記。經濟發展方面的部分文字，有我在「新學院」的同仁，來自麻省理工學院的蘭斯泰勒(Lance Taylor)親予校讀。更多的地方，則有賴大量閱讀論文、聽聆討論，並在「聯合國大學世界開發經濟研究協會」(World Institute for Development Economic Research of the UN University, UNU/WIDER)舉辦的多項總體經濟問題研討會上，仔細豎耳傾聽獲致的心得。這個位於赫爾辛基(Helsinki)的研究機構，在賈亞瓦德納博士(Dr. Lal Jayawardena)的領導之下，已成國際一大主要研討重鎭。整體而言，本人以麥唐納道格拉斯(McDonnell Douglas)訪問學者的身分，在這家令人仰慕的學術機構停留的那幾年夏天中，所獲裨益實在匪淺。尤以其接近蘇聯的地理之便，兼以其對蘇聯事務的學術關心，在大帝國崩潰之前的最後幾年，讓我得有良機親炙。對於我所請益的人士的建言，雖然在此並未一一採納；但是即使在我筆下呈現，如有謬誤也是作者一人之過。從同仁之間的研討及對談會上，我也受惠良多，學術中人在此場合會面，主要係爲了彼此挖掘知識寶藏。但是本人正式或非正式請益過的同仁如此之多，不可能一一提名致謝。甚至從我有幸執教的新學院各國弟子之中，也隨帶獲得了許多寶貴資訊，在此也無法分別列出。不過其中我要特別感謝厄古特(Ferdan Ergut)及朱爾卡(Alex Julca)交呈的學期報告，大大擴展了我對土耳其革命及第三世界移民與社會流動的視野。我也要感謝吾生吉塞克(Margarita Giesecke)所作，論美洲人民革命聯盟黨(APRA)及一九三二年祕魯眞理城(Trujillo)叛變的博士論文。

隨著時間愈接近現在，二十世紀史家的工作愈得求助於兩項資料來源：一是報刊，一是統計調查報告。前者包括每天的日報或定期刊物，後者包括由各國政府及國際機構蒐集舉辦的各項經濟及多方面調查統計。倫敦的《衛報》（*Guardian*）、《財經時報》（*Financial Times*），以及《紐約時報》（*New York Times*），自然是我要感謝的三家大報。至於聯合國暨其組織以及世界銀行出版的各種刊物，也爲我提供無數寶貴資料，謹在書目中一一敬列。而它們的前身「國際聯盟」（League of Nations），其重要性也不敢或忘。雖然於實際的作爲它全然失敗，但是國聯在經濟事物調查分析上所做的無價貢獻，尤以其首創的《工業化與世界貿易》（*Industrialisation and World Trade*, 1945）爲最高峯，卻值得吾人深致感謝。凡此，均係著手進行任何有關本世紀經濟、社會、文化等變遷的討論時，不可或缺的參考來源。

本書所敘各項內容，除了明顯屬於作者個人的判斷觀點之處，其餘便只有懇請讀者包涵，完全以信任爲原則了。作者並認爲，實在沒有必要在這樣一本書內引經據典，或顯露任何賣弄學問之嫌。下筆之際，我盡量將參照引用的地方，限於實際原文以及各項統計量化數據的原始出處——有時候來源不同，數字亦有差異——偶爾或也引用一些出典，以佐證某些可能會令讀者覺得不比尋常、意想不到，或不甚熟悉的陳述文字；或作者本人某些具有爭議性的看法，也需要一點其他的意見扶持。這一類的參考出處，在文中都用括號註明；其篇章全名，則在書末列出。但是這份書目不過是一張書單，僅用以詳列在本書中曾經直接引述或提及的文字來源，其目的並不在提供一份進一步系統化研讀的指南。有關進一步閱讀的指南，本書末另外列有一份推薦書單。總而言之，以上所言的參考來源，和書中章末附列的註腳用意也不相同；後者純粹係爲內文提供解說定義而作。

不過，在此作者依然應該點出某幾部特別值得致意，或仰賴尤重的大作，以免原作者誤會本人不知感謝。總的來說，我欠兩位友人的研究成果尤深：一位是勤於蒐集量化數據，孜矻不倦的經濟史家貝羅赫(Paul Bairoch)。另一位是曾擔任「匈牙利科學院」(the Hungarian Academy of Sciences)院長的貝倫德(Ivan Berend)，作者之所以有「短促二十世紀」的概念，原始構想即來自這位友人。至於二次大戰後的世界政治通史方面，卡佛柯瑞西(P. Calvocoressi)所著的《一九四五來的世界政治》(*World Politics Since 1945*)，爲我提供了最爲翔實可靠，有時卻辛辣鋒利——此情自可體會——的指南嚮導。有關二次大戰的題目，米瓦德(Alan Milward)的精采傑作《戰爭、經濟、社會：一九三九—四五》（*War, Economy and Society 1939-45*），令我獲益尤多。而一九四五年後的經濟事務，作者發現魏氏(Herman Van der Wee)所著的《繁榮與變亂：一九四五—八〇》（*Prosperity and Upheaval: The World Economy 1945-1980*），以及阿姆斯壯、格蘭、哈里遜(Philip Armstrong、Andrew Glyn、John Harrison)三位合著的《一九四五年以來的資本主義》（*Capitalism Since 1945*），所提供的內容最爲有用。此外華克(Martin Walker)的《冷戰》（*Cold War*）一書，一般書評的反應雖然甚爲冷淡，其實其分量遠超於此，值得我們看重。至於一次大戰以後左派的消長經過，本人在此要鄭重感謝倫敦大學瑪麗皇后暨威斯特費德學院(Queen Mary and Westfield College, University of London)的薩松博士(Dr. Donald Sassoon)，慨然將其有關這方面尚未完成的鉅卷力作，借與在下得先一讀。蘇聯方面的歷史，我要特別感謝列文(Moshe Lewin)、諾夫(Alec Nove)、戴維斯(R. W. Davies)、費茲派區克(Sheila Fitzpatrick)多位的研究成果；中國方面，要感謝史華慈(Benjamin Schwartz)、舒朗(Stuart Schram)；伊斯蘭世界，要感謝拉比達斯(Ira Lapidus)、凱迪(Nikki Keddie)。書中有關藝術的論點，則得向威列特(John Willett)論威瑪文化方面的大作(加上他本人的談話)，以及赫斯凱(Francis Haskell)致謝。至於本書第六章得助於格拉佛拉(Lynn Garafola)所著的《佳吉列夫》（*Diaghilev*）之處，自是更爲明顯不過。

我還要特別向以下實際參與本書製作過程的多位人士，表示深深謝忱。首先，是我的兩位研究助理：倫敦的貝德福(Joanna Bedford)，以及紐約的葛蘭德(Lise Grande)兩位女士。在此，我要特別強調，對葛蘭德小姐深致謝意。若無她的傑出表現與無盡付出，本人在學識認知上出現的巨大漏洞，勢將永遠無法塡補；許多半記半忘的事蹟及出處，也不可能予以一一查證。我也要愼重感謝爲我打字謄稿的西爾斯(Ruth Syers)，以及馬倫尼霍布斯邦(Marlene Hobsbawm)。後者係以一名對現代世界抱持極大興趣，卻非學術身分的讀者的觀點，預讀書中篇章。本書的寫作，就是以馬倫尼般的讀者爲對象。

在先，作者已經表明對新學院諸弟子的無盡謝意。有他們耐心聆聽我在台上講授，種種觀念與闡釋方能在其中逐漸成形。在此，我將本書敬獻給他們。

一九九三至九四年於倫敦——紐約

二十世紀史

極端的年代(上)

1914-1991

AGE OF EXTREMES

The Short Twentieth Century 1914-1991

鳥瞰這個世紀

十二位藝文及學界人士，談他們對二十世紀的看法

哲學家伯林(Isaiah Berlin)：「我的一生——我一定得這麼說一句——歷經二十世紀，卻不曾遭逢個人苦難。然而在我的記憶之中，它卻是西方史上最可怕的一個世紀。」

西班牙人類學家巴若哈(Julio Caro Baroja)：「在一個人的個人經歷——安安靜靜的生、幼、老、死，走過一生，沒有任何重大冒險患難——與二十世紀的眞實事蹟……人類身歷的種種恐怖事件之間，有著極爲強烈顯著的矛盾對比。」

義大利作家李威(Primo Levi)：「我們僥倖能活過集中營的這些人，其實並不是眞正的見

證人。這種感想，固然令人不甚自在，卻是在我讀了許多受難餘生之人，包括我自己在內，所寫的各種記載之後，才慢慢領悟接受的觀念。多年以後，我曾重讀自己的手記；發現我們這一批殘存的生還者，不但人數極爲稀少，而且根本屬於常態之外。也許是運氣，也許是技巧，靠著躲迴閃避，我們其實並未陷落地獄底層。那些眞正掉入地底之人，那些親見蛇髮惡魔之人，不是不歸，就是從此啞然無言。」

法國農藝學家暨生態學家迪蒙(René Dumont)：「我看二十世紀，只把它看作一個屠殺戰亂不停的時代。」

諾貝爾獎得主，義大利科學家蒙塔琪尼(Rita Levi Montalcini)：「儘管發生了種種事情，這個世紀畢竟起來幾項革命，是往好的方向走去……如第四階級的興起，以及女人在數百年橫遭壓制之後，終於嶄露頭角。」

諾貝爾獎得主，英國作家高汀(William Golding)：「我只是止不住地想，這眞是人類史上最血腥動盪的一個世紀。」

英國藝術史學者岡貝克(Ernst Gombrich)：「二十世紀的最大特徵，就在世界人口繁增的可怕速度。這是個大災難，是場大禍。我們根本不知道該對它如何是好。」

英國音樂家曼紐因(Yehudi Menuhin)：「如果一定要我用一句話爲二十世紀做個總結，我會說，它爲人類興起了所能想像的最大希望，但是同時卻也摧毀了所有的幻望與理想。」

諾貝爾獎得主，西班牙科學家奧喬亞(Severo Ochoa)：「最根本的事項，便是科學的進步，成就實在不凡……是我們這個世紀的最大特色。」

英國人類學家弗思(Raymond Firth)：「就科技而言，我認爲電子學是二十世紀最重大的一項發展。至於思想觀念，可能則由一個原本相當富理性與科學精神的觀點，轉變成一個非理性、也比較不科學的心態。」

義大利史學家瓦利安尼(Leo Valiani)：「我們這個世紀，證實了所謂正義、公理、平等種種理想的勝利，不過是短暫的曇花一現。但在同時，只要我們有辦法將『自由』繼續存留，還是可以從頭再來……不必灰心，甚至在最絕望的情況下也不要喪志。」

義大利史學家文圖里(Franco Venturi)：「歷史家不能回答這個問題。對我來說，二十世紀沒有別的，只需要我們不斷地重新去了解它。」
（Agosti and Borgese, 1992, pp.42, 210, 154, 76, 4, 8, 204, 2, 62, 80, 140, 160）

1

一九九二年六月二十八日，法國總統密特朗（François Mitterrand）事先未經宣布，突然造訪戰火中的薩拉耶佛（Sarajevo）。當日的此城，已是一場巴爾幹半島戰事的中心焦點，及至該年年底，這場戰事的犧牲代價將高達十五萬條人命。密特朗此行的目的，正就是為了提醒國際輿論，有關波士尼亞（Bosnia）危機的嚴重性。的確，看著這位年邁體衰的貴客，在槍淋彈雨中來到此地，眞是一個令人注目感佩的鏡頭。但是密氏之訪，卻有一層完全爲人忽略的理由，雖然這正其實是此行的中心關鍵：亦即他的造訪日期。爲什麼這位法國總統，要特別選在這一天前往薩拉耶佛？因爲六月二十八日，正是當年奧匈帝國王儲的斐迪南大公（Archduke Franz Ferdinand）於一九一四年在薩城被刺身亡的紀念日啊。不到數週之內，這樁暗殺事件就引爆了第一次世界大戰的戰火。但凡是密特朗這個年紀的歐洲人，只要讀過幾年書，此時、此地，與當年那場由政治錯誤與失算導致的歷史性大災難，其間的種種糾纏、關聯，一定會立刻浮上心頭，再度躍至眼前。今日的波士尼亞，又一次陷人危急關頭，還有什麼行動，能比選上這樣一個富有象徵意義的日期來訪，更具有高度的戲劇性，更令人正視這場危機的涵義呢？可是除了少數幾名專業史學家，以及年紀甚大的人以外，一般都未能掌握住其中這層強烈的暗示意義。歷史的記憶，已然死去。

過去的一切，或者說，那個將一個人的當代經驗與前代人經驗承傳相連的社會機制，如今已經完全毀滅不存。這種與過去割裂斷絕的現象，可說是二十世紀末期最大也最怪異的特色之一。許許多多身在世紀末今天的青年男女，他們的成長背景，似乎是一種永遠的現在，與這個時代的眾人的共同過去，缺乏任何有機的聯繫。因此在這個兩千年紀元將盡之際，歷史學者的地位遂愈發比前重要；因爲他們的任務，便是記住已經爲其他人所忘懷的歷史經驗。基於同樣的理由，他們的角色也應該比前擴大，不再只是單純地作爲一名記年記事、蒐集資料之人，雖然這些也是他們的必要功能。回到一九八九年際，如果能舉辦一場國際研討會，回顧一下兩次大戰後採行的和平解決方案，相信各國政府，尤其是外交首長，必能由此獲益匪淺。他們當中的多數人，顯然都早已經忘記當年是怎麼一回事了。

本書討論的主題，是一九一四年至一九九一年間的「短促二十世紀」，不過本書的目的，並不在回述發生於這段時期的往事。當然，任誰只要被他的學生問過下面這樣一個問題，就知道即使是有關當年的一些基本常識，在今天也不能視作理所當然了。我這位聰明的美國弟子問道，既然有所謂「二次大戰」之稱，是否表示從前還有過一場「一次世界大戰」囉？但是本人寫作本書的宗旨，係爲求了解、闡釋，**爲什麼**事情會有如此走向，以及彼此之間，有何意義關聯可言。而對於一輩子走過「短促二十世紀」年月，如我這般年齡的人來說，本書不免亦有一種自傳性的意味。我們等於是在敍述、在詳談(以及在糾正),我們自己記憶中的往事啊。而且,我們是以男女演員的身分——不論我們的角色是多麼渺小,不管我們係如何得到這份角色——回溯在那個當年特定的時空裡面,在那個大時代歷史舞台之上上演的一齣戲劇。而同時呢,我們也如同在觀察自己的這個時代;更有甚者,我們對這個世紀持有的觀點,係受到那些被我們視爲關鍵時刻的影響形成。我們的一生,是這個世紀的一部分;而這個世紀,也是我們人生的一部分。凡屬於另一個時代的讀者,比如在本書寫作之際方進入大學求學的學子,請勿忘這個重點。對各位來說,甚至連越戰也是古早的史前事蹟了。

可是對於我這一代,以及具有以上這種背景的歷史學者來說,過去永遠不能抹去。因爲我們所屬的世代,是一個依然以公眾人物或公眾事件爲街道及公共場所命名的年月(如戰前布拉格的威爾遜車站,以及巴黎的史達林格勒地鐵站)。那個時候,和約書上依然有人簽字,因此也得有個名字以供辨認(凡爾賽和約);那時候的戰爭紀念碑,也仍舊令人懷想起過去的年月。因爲當其時也,公眾事件仍然是我們生活肌理中緊密的一部分,而非僅是我們私人生活裡劃下的一個記號而已。它們左右了我們的人生,於公、於私,都塑造了我們生活的內容。即以作者本人來說,一九三三年的一月三十日,當希特勒登上德國總理寶座的那一天,並不純是日曆上的隨便哪個日子。而是柏林的一個冬日午後,一個十五歲的少年,在威爾默斯多夫(Wilmersdorf,西柏林一區)附近的學校放學之後,正與他的妹妹一起往哈倫塞(Halensee)回家途中,看到了這個頭條消息。即使到了現在,我還可以看見這則新聞,彷彿夢境一般。

可是擁有這一段成爲今生永不可分離的過去的人們,並不僅限於這位執筆作書的老邁史者。在廣大無垠的地表之上，但凡有一定年紀之人，無論個人背景或人生經歷為何，俱都嘗過這同樣一段重要經驗。它為我們全體戴上表記，就某種程度而言，更出以同樣方式。一九八〇年代碎成片片的那個世界，其實正是一九一七年俄國革命衝擊之下造成的同一世界。我們眾人身上，都因此留下痕跡：只看我們都習用二元對立思考，將現代工業經濟分成「資本主義」及「社會主義」，兩種不能並存、相互排斥的絕對選擇，即可想見。一個代表著以蘇聯為模式的經濟體制，另一個則把其餘的全部照單齊收。現在看來，情況應該比較清楚，這種二分法實在是一種武斷、甚至近乎不自然的思考構造，只能置於某種特定的歷史時空之下才能有所了解。但是話又得說回來，即使作者在此刻執筆之際，就算用回溯的眼光望去，的確也難再找出其他比此更為實在的區分方法：亦即將美國、日本、瑞典、巴西、西德、南韓，一古腦全部併作一堆。並把蘇聯勢力區的國家式經濟體系，與東亞及東南亞的國家算作另外一邊——雖然後者顯然並不曾像前者一般，於一九八〇年後一齊紛紛倒坍。

更何況最後終於堅持到底，在十月革命震盪終結之後存活下來的世界，是以二次大戰勝利一方的制度前提，作為形狀準則的那個世界。失敗的一方，或是那些與失敗者有所勾結的國家，非但默然無語，不得出聲，而且根本被逐出歷史生活及知識界的範疇之外。唯一的例外，只能在這齣「善惡」之爭的大戲裡，扮演著「仇敵」的角色罷了。（這種下場，可能同樣也正發生於輸掉了二十世紀下半期冷戰者的身上，只是程度也許不同，為期也不致如此長久。）在這樣一個充滿了信仰戰爭的世紀裡面度過一生，如此活罪，正是其中得忍受的代價之一。褊狹，不能容忍，是其中的最大特色。甚至連那些自詡思想多元開放之人，也認為這個世界，並沒有大到可以容納各種對立競爭的俗世信仰永久並存的地步。信仰或意識形態的爭執對峙——正如這個世紀歷歷所見的此類衝突——往往爲歷史學家尋找眞相的路途造成重重障礙。史家的主要任務，並不在判定誰是誰非，而在求了解那些最不能爲我們所理解的事物。但是擋在了解道上的路障，不只有我們本身固執的想法，也還有形成這種種想法的歷史人生經驗。前一種蔽障，比較容易克服，因爲我們大家都熟悉的那句法國諺語：「了解一切，就是原宥一切」(tout comprendre c'st tout pardonner)，其實並不正確，其中並沒有眞理存在。我們去了解德國歷史上的納粹時期，並把它放在歷史的背景中予以觀照，決非去原諒種族屠殺罪行。總而言之，凡是親身經歷過這個不尋常世紀之人，自然都免不了對它有些意見。而了解，才是最困難的一門功課。

2

短促的二十世紀時期，亦即從一次大戰爆發之起，以迄蘇聯崩潰終結爲止，如今回頭看來，應該屬於一段具有前後一貫性的歷史時期。如今這段時期已告終了，我們該怎麼爲它整理出一個意義？沒有人知道，未來的下個階段將會如何，第三個千年紀元將是何種面貌；雖然我們卻可以肯定，它的形貌，將在短促二十世紀的影響下成形。然而，就在一九八〇年代末期及一九九〇年代初期之際，世界歷史的一個紀元告終，新的一幕升起，卻是無可置疑的事實。對於本世紀的史家而言，這的確是最重大的一項資訊；因爲他們雖然可以鑑諸往而見將來，根據對過去的了解，揣想不可知的未來，可是他們卻不是賽馬場上的刺探，可以預先打聽出下一世紀的世事行情。史家敢於開口報告分析的戰況，是那些勝負早已判明的賽事。無論如何，在過去三、四十年裡面，不管他們用以說預言的專業身分為何，各種預報家的紀錄可謂其糟無比，只剩下政府及經濟研究機構還對它們存有幾分信心——也許，這份信心也根本是假裝的。二次大戰之後，更可能每下愈況。

在本書中，短促的二十世紀彷彿一張三聯畫，或者說，像一個歷史的三明治。從一九一四年起，到二次大戰結束，是為大災難的時期(Age of Catastrophe)。緊接著，是一段經濟成長異常繁榮，社會進行重大變遷的二十五至三十年期；這短短數十年光陰對人類社會造成的改變，恐怕遠勝任何長度相當的歷史時期。如今回溯起來，它確可以視為某種黃金年代(Golden Age)；事實上，當這段時期於一九七〇年代初期步上結局之後，便立即被人這般看待。而本世紀的最後一部分，則是一個解體分散、徬徨不確、危機重重的年代——其實對世界的極大部分來說，如非洲、前蘇聯，以及歐洲前社會主義地區，根本就是又一災難時期。隨著八〇年代過去，九〇年代揭幕，省思過去種種及未來茫茫之餘，瀰漫的氣氛乃是一股世紀末的悲觀心情。站在一九九〇年代的制高點上望去，短促的二十世紀彷彿係由一個時代前往另一個時代，途中短暫地穿過一段黃金時期，最後進入一個問題重重、不可知的將來——但是未來不見得就是世界末日。歷史學者也許動輒喜歡以「歷史盡頭」的口吻提醒空談之人，未來卻會依然繼續進行。關於歷史，只有一項通則可以絕對成立，那就是只要有人類，歷史就會繼續下去。

本書的論點，就是基於這項原則組織而成。它由一次大戰開始，亦即十九世紀(西方)文明崩潰的起點。這個文明，經濟上係資本主義，法律憲政結構上屬自由主義(liberalism)，其典型的支配階級，則爲布爾喬亞中產之人。科學、知識、教育、物質的進步、道德的提升，都在其中發光發熱。這個文明，也深信歐洲是天下中心，是科學、藝術、政治、工業，一切革命的誕生地。它的經濟力滲透廣被，它的軍事武力征服各地；世界的絕大部分，都屈服在它的腳下。它的人口不斷增加，直長成爲全人類的三分之一(包括歐洲眾多的海外移民及其後代子孫在內)。它的主要國家，更成爲世界政治系統的舞台所在❶。

但是從一次大戰爆發之後的數十年裡，一直到二次世界大戰戰事結束之後，卻是這個社會的災難時期。四十年間，跌跌撞撞，它由一場災難陷入另外一場災難。有的時候，甚至連最優秀的保守人士，也不敢打賭它能否繼續存活。兩場世界大戰，打得它落花流水。緊著又是兩波在世界各地興風作浪的叛亂及革命，遂使得另一個自命爲歷史天定、勢將取代布爾喬亞資本社會當家作主的制度登上政治舞台。一出場，其勢力就包辦了全球陸地面積的六分之一強，及至二次大戰之後，更席捲全球人口的三分之一以上。而早年在帝國的年代（Age of Empire）之前及其中興建起來的巨大殖民帝國，此時卻七零八落化爲塵土。在大英帝國維多利亞女王駕崩之際，猶仍屹立不動趾高氣揚的現代帝國主義，論起它的通篇歷史，卻維持了不過一代之久——比方說，其長度也不過就如邱吉爾的一生罷了(一八七四—一九六五)。

更有甚者，世界經濟的危機之深，連最強盛的資本經濟也不支倒地。一向以來，可列爲十九世紀自由派資本主義最大成就的全球性單一世界經濟體系，此時似乎也走上敗亡之路。即使與戰火及革命遠隔重洋的美國，好像也隨時就會瀕於倒閉。經濟搖搖欲墜，自由派民主政體的建構也等於從一九一七至一九四二年間的地表上一掃而空，只剩下歐洲邊緣地帶、北美，及澳洲尚能倖免。法西斯(fascism)及它的衛星極權勢力，正快速地在各地挺進。

此時此刻，爲了自衞，只有自由派資本主義與共產主義暫時攜手，起來合作迎戰，方才挽回了民主的一條小命。這確是一個奇怪的組合。但在事實上，這場對抗希特勒的戰爭之所以終能獲勝，主要亦是靠紅軍之功，而且也只有紅軍出馬，方能成功。這段「資」「共」合作抵抗法西斯的時期——基本上係於一九三○及一九四○年代——就許多方面來說，不啻爲二十世紀歷史的關鍵所在，以及最重要的決定性時刻。同樣地，就許多方面來看，它也是多數時間互爲死對頭的「資」「共」之間，其關係最富歷史性弔詭的一刻。只有在這反法西斯的短暫歲月裡面，雙方才暫時放下成見，對付共同敵人。蘇聯打敗了希特勒，是十月革命建立的政權的最大成就；只要將一次大戰之時沙皇舊俄的經濟表現，與二次大戰中的蘇聯經濟做一比較，即可立見分曉(Gatrell/Harrison, 1993)。若無蘇聯付出的代價，今天在美國以外的西方世界，恐怕將只有各式各樣的威權政權，高唱著法西斯的曲調，而非今日這百花齊放各式的自由派國會政治了。這個奇異的世紀，其中最矛盾諷刺的眞相之一，就是以推翻資本主義爲職志的十月革命，其所造成的最悠久的後效，卻反是救下它的死敵一命。戰時已經如此，平時亦然。因爲二次大戰之後，也正由於有著它的存在刺激，資本主義方才幡然大悟，並出於不安之故，著手進行改革。同時並因蘇方的「計畫」路線大受歡迎，從中也得到某些改革靈感。

經濟大蕭條、法西斯、戰爭，自由派資本主義總算從這三場災難之下死裡逃生。但是前路多艱，繼之而起的尚有革命風潮在全球各地的挺進。隨著蘇聯在戰後崛起成爲超級一霸，如今各方的革命遂聚攏在它的大旗下聯合成軍。

但是回顧起來，全球性社會主義得以挑戰資本主義，事實上其最大的力量來源，卻只能寄託在對手本身的弱點之上。若無十九世紀布爾喬亞社會的解體在先，勢無十月革命，更無蘇聯的成立在後。而那以社會主義爲名，實行於前沙皇帝國橫跨歐亞的廣袤領土之上的經濟制度，也根本便不可能自認有資格取代資本主義；不管是它自己，或是外人，也都不會把它當成一條全球性的可行之路。然而發生於一九三〇年代的大蕭條，卻給了它這個機會，使得它看起來似乎確有取而代之的可能。正如同法西斯的挑戰，也令蘇聯成爲擊敗希特勒不可或缺的一環，遂使它搖身一變，成爲兩大超級強權之一。接下來兩強之間的對峙，更主掌了短促二十世紀的下半時期，世人全部在這個冷戰主調之下膽顫心驚——可是在此同時，世局卻因此而趨穩定；若沒有以上這種種演變，蘇聯勢不可能在本世紀中期穩操社會主義的龍頭達十五年之久。這個陣營帳下的人口，幾佔全人類的三分之一；而它們的經濟，一度看來也大有超過資本主義經濟成長的趨勢。

至於二次大戰之後的資本主義，是如何起死回生，竟能出乎眾人意料之外（包括它自己在內），虎虎生風，一鼓作氣躍進了一九四七至七三年間的黃金時期——這段時間的繁榮，不但史無前例，可能也是少有的異數——這個問題，或許是二十世紀歷史學者所面對的最大題目。及至目前爲止，眾說依舊紛紜；本人在此，也不敢自詡有何令人信服的答案。也許還得再等上一段時日，直到二十世紀下半期的歷史「長周期」可供全部回顧之際，才能有一個比較差強人意的研究結果出現吧。因爲站在此刻，雖然已經可以回溯黃金時代的全貌，可是隨之發生的危機二十年期(Crisis Decades)卻尚未終結。不過其中有一項發展，如今絕對可以開始進行評估，亦即因此造成的經濟、社會，與文化的驚人變遷；也是人類有史以來，最巨大、最快速、最根本的大改變。本書第二部分，即對這個層面進行多方討論。未來三千年紀元中研究二十世紀史的歷史家們，論到本世紀在歷史上留下的最大印記，恐怕就要數這段不尋常時期中發生的種種情事吧。因爲它對世界各地人類生活造成的重大改變，影響不但深遠，並且再也不能逆轉。更有甚者，它們還在繼續進行之中。蘇聯帝國落幕之際，眾家新聞人員及評論大家紛紛意識到「一段歷史就此告終」；其實他們都錯了。更正確的說法，應該如下：在本世紀的第三個二十五年之際，那段由石器時代揭起序幕的一頁七、八千年人類歷史，至此終於告一段落。因爲截至當時爲止，絕大多數人類都係以農牧爲生，這段漫長的農牧年月，到此總算落幕。

跟這種社會、經濟、文化發生的大變動相比，發生在「資本」、「共產」兩方之間的一段對峙歷史所具有的歷史意義，相形之下便狹小許多——不論箇中有無國家或政府涉入，如美蘇兩強即分別自命爲其中一方代表。也許從長期觀點而言，不過就像十六、十七世紀的宗教或十字軍運動所帶來的意義一般吧。不過對親身經歷過短促二十世紀任何一個時期的人們來說，這些事件自然關係重大。同樣地，它們在本書中也分量極重，因爲這是一部由二十世紀的當代作者，寫給二十世紀後期的當代讀者閱讀的著作啊。社會革命、冷戰、大自然；「實存社會主義」(really existing socialism)，它的限度、它的致命缺失、它最後的終結崩潰；凡此種種，俱在本書中有所討論。但是有一件事情我們卻不可忘記，亦即受到十月革命激勵而起的各個政權，它們最大也最長久的衝擊影響，即在有力地加速了落後農業國家現代化的腳步。事實的發展顯示，它在這方面的主要成就，恰與資本主義黃金時期的年代若合符節。至於這個意欲將我們祖先建立的世界打入墳墓的對手，其策略到底有多靈光，甚至到底有幾分眞正的意識自覺，在此無須討論。我們將會看見，直到一九六〇年代初期爲止，它們似乎至少與我們並駕齊驅。雖然這個觀點，在蘇聯社會主義駕崩後的今天看來，不免荒謬可笑，極不盡情理。但是當其時也，卻有位英國首相對美國總統表示，蘇聯的「經濟行情看好……看起來頗有趕上資本主義社會的架勢，在物質財富的競爭中很快就會獲得領先地位。」(Horne, 1989, p.303) 然而，這些話如今都沒有意義了。最簡單明瞭的一點，就是到了一九八〇年代，身爲社會主義國家的保加利亞，與非社會主義的厄瓜多爾(Ecuador)，兩國的相似之處，卻遠比其各自與一九三九年際的本國或對方更爲接近。

蘇聯社會主義的崩潰，以及因此而生的巨大影響(其影響至今依然不能全面估計，不過絕大部分屬於負面)，乃是黃金時期之後的數十年危機之間，最富戲劇性的一樁事件。可是這段時間裡面的危機，卻不僅蘇聯倒坍一端，而是長達數十年的全面或全球性重大危機，其影響深遠，面目程度雖然不同，卻及於世上各個角落。不論各國政治、社會、經濟的制度爲何，無一能夠倖免。因爲那段黃金的歲月，已經在歷史上首次爲人類建立起了一個單一的全球性世界經濟，而且其一體的關係愈來愈爲密合，多數並係超越國家的疆界之外運作(跨國性營運作業)，因此，也越來越凌駕於國家疆土的意識之上。於是傳統以來爲眾人所接受的一切國家政權建構觀念，遂受到重大破壞。一開始，一九七〇年代出現的病象，只被眾人滿心希望地當作世界經濟大躍進中的一時頓挫。既然是暫時現象，各個政治經濟體制的國家便著手尋找暫時的解決之道。但是問題的狀況愈來愈淸楚，看來這將是一場長期的沉痾纏綿，於是資本主義國家便開始尋求激進手段，通常係遵從主張絕對自由開放市場的俗世神學的教誨。當年在黃金時期極爲管用，如今卻一概失靈的各項政策，即爲這門理論唾棄。可是這劑極端自由放任(laissez-faire)的特效藥，也同樣不能令衰弱的經濟眞正回春。進入一九八〇年代及一九九〇年代初期，資本主義的世界發現，自己再度陷入困境。原來兩戰之間年代的舊病復發：社會上大量失業，嚴重蕭條循環復現，無家可歸的乞丐滿街，貧富之間的差距比前更甚，國家歲入有限，而支出卻如無底洞般有增無減。至於社會主義國家的經濟，如今也委頓脆弱不堪，跟資本主義的國家一般，與過去的隔絕同樣日深，甚至更劇，而且——正如我們都知道的後果——更一步步走上敗亡崩解之路。它們最後的崩潰，可說爲短促的二十世紀畫上一個句點，一如當年的一次大戰，是爲它的起點。於是就在這最後的音符上面，也結束了我這部短促二十世紀的歷史終曲。

本書最後的尾聲——正如任何有關一九九〇年代初期的著作亦將如此一般——對不可知的未來勉力試做展望。世界一部分的廢去，正證明身體的其餘部分也有疾病。隨著一九八〇年代的告終，時光進入一九九〇年代，世界危機的性質愈來愈爲明顯：如今不獨經濟普遍不適，政治也到處出現毛病。從南斯拉夫的伊斯特里亞(Istria)到海參崴(Vladivostok)之間，共產政權紛紛倒閉，不但造成了一大片不穩定的政治眞空地帶，前途未卜，內戰頻仍，同時也將穩定了國際關係四十年之久的國際政治體系完全破壞。其實即使連各國的國內政情，基本上也有賴這種穩定的世局；如今屏障既去，其多變莫測之勢遂亦暴露無遺。經濟上的緊張不安，進一步損害了自由派民主的政治體系。不論係國會制或總統制的民主政體，原本於二次大戰後在已開發資本國家內運用自如的制度，此時亦開始呈現不穩。進行於第三世界的各式各樣政治體制，也同樣遭受重大破壞。除此之外，現代政治的基本單位，所謂領土、主權、獨立的「民族國家」(nation-states)，包括立國最悠久最穩定的在內，如今都發現在超國或跨國性的經濟勢力之下，自己的權力日漸縮小。而自己的疆土、國力，也在國內的地區分離主張，以及族裔群體的對立衝突之下，被拉扯得四分五裂。這類團體之中——歷史的荒謬是如此可笑——有些竟提出過時要求，主張爲自己成立完全不切實際的迷你主權「民族國家」地位。政治的未來一片迷離，可是在短促的二十世紀告終之際，它的危機重重卻顯而易見。

世界經濟前途低迷，世界政治動盪不安，但是更令人徬徨的現象，卻是瀰漫各處的一片社會道德危機，正反映一九五〇年代之後，人類生活所經歷的天翻地覆的大變動。於是危機二十年的人間，處處回照出這一片混亂茫然的亂象。自從「現代」於十八世紀初期出場，擊敗了「古代」以來，但凡現代社會所賴以立的各項理念、前提——亦即爲自由派資本主義與共產主義共同持有的「理性」與「人性」假定——如今卻都一一陷入莫大的危機之中。而當年也唯有經由這個共通的認知，方才使它們暫時捐棄成見，攜手做出決定性的出擊，對付揚棄這份信念的法西斯。一九九三年際，某位保守派德國觀察人士史德姆(Michael Stürmer)，即曾對東西之間的信仰問題，提出以下極爲中肯的評論：

> 東西之間，存在著一種極爲奇特的平行對應。在東方，國家的教條一向堅持人類是自己命運的主人。但是即使連西方的我們，過去也對這同一類口號深信不疑：亦即人類正邁向當家作主，掌握自我命運的路上——只是我們的版本，也許比較沒有那麼正式及絕對罷了。但是時至今日，這種自以爲全能的口吻已經從東方完全消失，只剩下相對的「在我們這裡」(chez nous)——東西兩方，都已遭到重大挫折(Bergedorf, 98, p.95)。

這個世代對人類唯一可誇的貢獻，可說完全建立在以科技爲基礎的重大物質成就進步之上。然而矛盾的是，及待這個世代結束之際，西方的輿論，與自命爲思想家的人士，卻起來對這項物質的勝利大爲排斥。

但是道德的危機，並不只是現代文明的獨有特徵。這是有史以來即存在的人類關係結構，乃是我們沿襲自「前工業」與「前資本主義」時代的過去。而且也正基於此——如今我們都可以了然了——現代社會方才得以運作。道德危機，並不是某一種特定社會組成才有的專利，卻是所有社會形態共有的意識。歷世歷代以來，人類不斷發出奇怪的呼聲，尋找那不知芳蹤何處的「市民社會」(civil society)，渴求那無以名之的「生活社群」(community)。這個現象，其實是飄零失落的一代的呼求啊。而這一類的字眼，今日依然可聞，可是卻已經失去它們的原本意義，只剩下走了調的無味陳腔。再也沒有可供群體認同的手段了，唯一的方式，只有靠界定不在我群之中的外人了。

對詩人艾略特（T. S. Eliot）來說，「世界即是如此結束——不是砰地一聲消失，而是悄悄耳語淡去。」短促二十世紀告終的方式，事實上兩者皆俱。

3

一九九〇年代的世局，與一九一四年相比如何？前者滿住著五、六十億人口，可能高達一次大戰前夕的三倍。更何況在短促的二十世紀年月裡面，因人爲決定而死亡的人數之高，更爲人類史上僅見。最近一次對以「百萬爲死亡單位計」（megadeaths）的估算，死亡數爲一億八千七百萬人（Brzezinski, 1993），相當於一九〇〇年之際世界人口的十分之一以上。一九九〇年代的多數人，身高比父母高，體重比父母重，飲食較佳，壽命也較長——雖然在一九八〇及一九九〇年代，非洲、拉丁美洲，及前蘇聯境內遭遇空前大難，的確使這個改善的現象難以置信。就財貨服務的產能與花樣而言，九〇年代的世界也比起歷史上任何一個時期都爲富足。否則，它怎能養活這自有人類以來，人數最爲龐大的全球人口呢。直到一九八〇年代之際，世上多數人的生活水準也比他們父母爲佳，在已開發的經濟領域之內，甚至比他們自己原先所求所想的還要更好。本世紀中期的數十年間，人類社會甚至好像尋得了妙方法寶，至少，可以將其無邊財富的一部分，以不失公平的方式略行分配，讓富國的工人階級也能沾光。可是到了世紀之末，不平等的現象再度強行，甚至大量擁向前「社會主義」國度；在那裡，原本至少還保有著某種程度的均貧。至於新時代人類的教育程度，顯然也比一九一四年際高出許多；事實上，這可能是有史以來的第一次，得以將多數人納入識字階級——至少在官方的統計裡可以如此列示。然而這項成就的意義，若換在一九一四年出現，可能遠比時值世紀之末的現在肯定。因爲在官方認定的「最低識字能力」，與一般對菁英階級期待的讀寫程度之間——前者與「功能性文盲」常有著極爲模糊的界線——存在的鴻溝不但巨大，而且日深一日。

而革命性的科技突破，也不斷地充滿了這個世界。這些勝利所賴以立的自然科學成就，回到一九一四年前，雖然可以預見，在當時卻幾乎都還不曾著手進行。在所有衍生的實際用途之中，最讓人注目的發展可能要數傳播運輸，時空的限制從此近乎不存。在這個新世界裡，平常人家所能獲得的資訊、娛樂，遠比一九一四年的皇帝爲多；每天、每時、每刻，源源不絕輸入。輕輕按觸幾個鍵，遠隔千山萬水的人們就可彼此交談。最實際的效果，則在縮短了城鄉之間的文化差距，以往城市佔有的文化優勢從此盡除。

它的成就如此奇妙，它的進步如此無雙；那麼爲什麼，當這個世紀結束之際，卻不是在對它的歌謳之下歡聲落幕？相反地，卻是一片侷促不安的抑鬱氛圍？爲什麼，一如本篇篇首所列的名家小語所示，回首望人間，爲什麼如此眾多的深思心靈，都對這個世紀表示不滿，對未來更根本缺乏信心？其中原因，不單單因爲這是一個人類史上最殘酷嗜殺的世紀，其間充滿了戰禍兵燹，程度、頻率、長度，死在其戰火下的人們不計其數，在一九二〇年代期間更幾乎無日或止。在此同時，也由於它爲人類帶來了史無前例的大災難，由歷史上最嚴重的饑荒，一直到有計畫的種族滅絕。「短促的二十世紀」，不似「漫長的十九世紀」；後者是一段看來如此，事實上也幾乎不曾中斷的長期進步時期，亦指無論物質、知識、道德各方面，文明生活的條件都在不斷改善之中。反之，自從一九一四年以來，原本在已開發國家及中產階級環境裡視爲常態的生活水準（而且當時的人極有信心，認爲這種生活條件，也正往落後地區及較不開化的人口擴散之中），卻出現異常顯著的退化徵候。

這個世界教導了我們一門功課，而且猶在不斷教導之中，亦即人類可以學習在最殘酷，而且在理論上最不可忍受的條件之下生存。因此，我們很難領會自己這種每下愈況的嚴重程度——而且更不幸地，我們墮落的速度愈來愈快，甚至已經陷入我們十九世紀祖宗將斥之爲野蠻境地的程度。我們已經忘記，當年的老革命人恩格斯（Frederick Engels），聽說愛爾蘭共和人士竟在英國國會大廳（Westminster Hall）伏下炸彈，不禁驚嚇得無以復加。因爲身爲一名老戰士，他認爲戰爭應該是向戰鬥人員，而非非戰鬥人員發起。我們也忘了，論到當年沙皇帝俄時代，曾引起世界輿論激憤，並促使數以百萬俄國猶太人於一八八一年至一九一四年間橫渡大西洋流亡的屠猶事件，其實按照現代大屠殺的標準而言，當時遇害的人數其實極微，簡直無足輕重，不過以打計算而已，而非成百，更遑論以百萬計了。我們還忘了當年某次國際大會曾經規定，戰爭中的交戰行爲，「決不可於事先未曾明確預警之下即行開啓。預告的方式，須陳明理由正式宣戰；或以如其不成，將予宣戰的最後通牒爲之。」我們記憶所及，最近有哪一回的戰爭，是在如此明示暗示之下方才開始？在二十世紀頻仍的戰禍之中，攻擊行爲的對象愈發以敵國的經濟、基礎建設，及平民百姓爲主要目標。自從一次大戰以來，所有交戰國家裡面，不幸喪生於戰火下的平民人數，遠比軍事傷亡慘重（只有美國是唯一例外）。我們之中，又有多少人還記得，回到一九一四年時，以下一段話猶爲各方視爲理所當然的圭臬：

文明的戰爭，教科書告訴我們，乃係盡量以挫敗敵方之武裝力量爲目的；否則，戰爭必將進行至其中一方完全滅絕方告終止。「歐洲國家之所以已經習於這項作戰原則……自有其道理存在。」(*Encyclopedia Britannica*, XI ed., 1991, art: War)

而酷刑、甚至謀殺，竟在現代國家的安全作業中再度復活，這種現象，雖然並未完全受到忽略，可是我們卻輕忽了其中代表的重大意義。這種倒退，與漫長年月之中(由一七八〇年代西方國家正式廢止酷刑起，以迄一九一四年)好不容易才發展完成的法治制度，豈不啻背道而馳的大逆轉嗎？

然而，正踩在「短促二十世紀」盡點的這個世界，與當年起點時刻之間的比較，並不是一道「孰多孰少」的歷史計算題。因爲兩者之間，有著極大的「質異」，至少可從以下三方面分別述說。

其一，這個世界再也不以歐洲爲其中心。在它的春秋去來之間，歐洲已然日漸衰敗。當本世紀開始之際，歐洲猶是權勢、財富、知識，以及「西方文明」的當然霸主。可是時至今日，歐洲人及其在世界各地的後裔，卻已由可能高居世界人口三分之一的頂峯，一降而爲最多不過六分之一的地位。他們是人數日漸稀少的少數，他們的國家，其人口成長率幾乎或甚至呈零。他們的四周，滿是貧窮地區不斷擁入的移民壓力，多數時候——除了一九九〇年代之前的美國以外——他們自己也高築壁壘，全力遏阻這股狂潮。而歐洲做先鋒開拓出來的工業江山，如今也向他處四遷。過去一度隔洋向歐洲翹首盼望的國家，如澳大利亞、紐西蘭，甚至連兩洋國家的美國在內，都將眼光轉向太平洋去。它們看見，那裡才有未來——不管這「未來」，到底代表什麼。

一九一四年際的「諸強」，全部爲歐洲國家，如今都已不復當年。有的如蘇聯帝國，那帝俄沙皇的繼承者，已經從此絕跡；有的則聲勢大落，貶黜爲區域或地方性的地位——也許只有德國例外。「歐洲共同體」(European Community) 的設置，這份想要爲歐洲建立一個「超國家」單一實體的苦心，並因此爲歐洲配合創造出一種共同認同感的努力，以取代舊有對歷史源流的國家政府的個別效忠；正足以證明歐洲力量式微的深重。

然而歐洲勢力的衰頹，除了對政治史家而外，是否係一項富有普遍重大意義的演變呢？答案也許是否定的。因爲它所反映的變動，只是世界經濟、智識，及文化配置圖上的一小端而已。即使回到一九一四年間，美國在世上即已居主要的工業經濟地位。而在短促二十世紀裡征服了全球的大量生產與大眾文化，當時更已以美國爲開路先鋒、標準模範，與一大推進力量。美國，儘管有其特立獨行之處，卻是歐洲在海外的延長，更在「西方文明」的名銜之下，與舊大陸認作同氣連枝的一家親。不論美國未來的展望如何，從一九九〇年代回頭望去，美國確可以將此世紀視作「美國人的世紀」，是一頁看它興起、看它稱雄的歷史。而十九世紀那一票工業化的國家，如今集合起來，也仍爲地表上的一霸，是全球財富、經濟、科技力量最爲雄厚集中的一群。它們的人民，也還是生活水準最高的人間驕子。在世紀末的今天，它們工業的密集度雖然減退，它們的生產雖然移向其他大陸；但是寶刀未老，這些變化，畢竟爲它們尚存的實力所彌補，而且不僅僅是補足而已。因此，就程度而言，若以爲舊有以歐洲爲尊或以西方爲中心的世界，已然全面衰敗，其實只是表面印象而已。

第二項變遷的意義，則較第一項爲重大。在一九一四年至一九九〇年代初期之間，世界已經逐漸演變成一個單一的運作單位。這是前所未有的歷史現象，而且也是回到一九一四年時不可能出現的狀況。事實上，就眾多目的而言，尤以經濟事務爲首要，地球已經成爲最主要的基本個體。而舊有以領土國家政治爲界定的「國家經濟」，卻一落而爲跨國性作業之下的繁難雜症。也許，在未來二十一世紀中期的觀察家眼裡看來，「地球村」的建設工程，到了一九九〇年代，依然還未曾進入高層階段——地球村一詞係於一九六〇年代爲麥克魯漢所創(Macluhan, 1962)。可是不可否認地，某些經濟性與技術性的事務，以及科學性的作業，此時的確已經因此改頭換面。而個人生活的許多重要層面，也在其中進行改變，主要係由於前所難想像的傳播運輸的高速進步而起。然而二十世紀末葉最予人印象深刻的特色，可能即在國際化腳步日益加速之際，公眾建構以及人類的集體行爲卻難以迫切配合，因此而形成壓力極大的緊張狀態。但是說也奇怪，公的不成，私下的個人行爲，卻能夠立刻相調無間，在這個衛星電視、電子郵件、越洋上班，並在印度洋島國塞席爾(Seychelles)歡渡佳節的新世界裡安之若素。

第三項變化——就某些方面而言，也是最令人心焦的一項改變——則爲舊有人際社會關係模式的解體，而一代與一代之間的鏈結，亦即過去與現在之間的聯繫，也隨之崩裂而去。這種現象，在實行西方版資本主義的最開發國家裡面尤爲顯著。在那些國家中，不論係正式或非正式的意識思想，一向以來，皆爲一種非社會(a-social)的絕對個人主義價值所把持；因此而造成的社會後果，即使連力倡這種個人至上的人士也不免爲之悔嘆。不過，這種趨勢舉世皆有，不以已開發國家一處爲然；

再加上傳統社會及宗教的沒落，以及「實存社會主義」社會的毀滅——或自我毀滅——更加有愈發強化之勢。

如此一個社會，由眾多以自我為中心、以追求自我滿足為目的各個人所組成（所謂滿足，究竟係冠以利潤、樂趣，或其他任何名目，在此無關緊要）。而各個人之間，除了這個相通點外，其餘則毫無關聯。其實像這樣的一個社會，一向在資本主義的經濟理論裡面已經隱隱然焉。早在革命時代以來，各種色彩的意識思想觀察家們，即已預言，維繫舊社會的約束力遲早將會解體，並一步步緊密追蹤它的進展。早年的〈共產宣言〉（Communist Manifesto），便針對資本主義扮演的革命角色大為發揮，此話也已經耳熟能詳：「布爾喬亞階級……已經無情地撕裂了雜駁的封建繩索，毀去了一個人與其『天命主子』之間的鎖套。如今除了赤裸裸的自我利益以外，人與人之間，再也不存任何聯繫了。」不過上面這番話，卻不曾道出革命性資本主義新社會在實際運作上的全部眞相。

新社會的眞實狀況，其實並不在於將自己由舊社會沿承的一切事物予以封殺，卻在選擇性地對過去予以改造，以符合一己之用。資產階級的社會，毫不猶豫，便急急引進「經濟上的激進個人主義……將經濟過程之中的一切傳統關係，撕成兩半。」（意指凡是一切有礙它的東西）。在此同時，卻擔心文化上（或行為道德上）進行「激進個人主義實驗」的不良後果（Daniel Bell, 1976, p.18）。這其中，其實並沒有任何所謂「社會學上的矛盾」（sociological puzzle）存在。因為「自由市場」的理則，雖然原與——比方說——清教徒的倫理道德、不求近利不圖立即回收、勤勉的工作觀、家庭的責任與信任等等毫無關係，但是若欲建立一個以私有企業為基礎的工業經濟，最有效的手段，莫過於與以上這些推動力量相結合。而那些主張廢棄道德的個人叛亂觀點，自然得戒之忌之。

馬克思和其他預言家的眼光沒錯，舊日的價值觀與社會關係，果然隨風飄散。資本主義本身，其實是一股具有不斷革命性的大力量。它將一切解體，甚至連它發展乃至生存所寄的「前資本社會」的部分也不放過。根據邏輯演練，它自己自然也難逃一死了。它自毀長城，鋸斷自己端坐的枝幹，至少鋸掉了其中一枝。自本世紀中葉起，它就開始拉動它的鋸子。黃金時代以來，世界經濟出現驚人的爆炸擴張，在此衝擊之下，連同隨之而來的社會文化變遷——亦即石器時代以還，影響社會最為深遠的重大革命——於是資本主義所賴以立的枝幹開始崩裂，至終終於斷裂。這是一個「過去」已經在其中失去地位的世界——甚至包括眼前的過去在內。這是一個舊日的地誌航圖，那曾經個別的、集體的，引導人類度過在世生涯的指南明針，如今卻再不能代表新天地面貌的世界。我們行經的景觀已然改變，我們航向的大海不復舊觀。值此世紀之末，也許這是有史以來，第一次可以讓我們看見，像這樣一個與過去完全棄絕的世界，將會以何等面目存在。在這樣一個世界裡面，我們不知道，我們的旅程將把我們帶向何方；我們甚至不知道，我們的旅程應該把我們帶往何處去。

於是，就是如此這般的一個狀況，在本世紀步入尾聲的當兒，一部分人恐怕已經與它面對面地碰上了。在新來的千年裡面，更多的人，遲早也得好好正視。但是到了那個時候，人類未來的方向應該已經比今天清楚許多。我們可以回望帶我們走過歷史的來時路，這也正是本書所欲達成的寫作宗旨。我們不知道未來的形貌如何，雖然作者已經忍不住在書中對某些問題試作省思——也就是在方才殞滅的那個時期的殘破之中，所浮升的一些現象。讓我們一起盼望，但願新來的年月，將是一個較美好、較公平、也較有生機的新世界。因爲舊的世紀之去，其臨終景象並不美啊！

註釋

❶有關西方文明的興衰因由，作者曾以一套歷史三部曲的著作，爲這個「漫長的十九世紀」試作敘述剖析（一七八〇年代以迄一九一四年）。遇有必要，本書亦將引用這三卷書中的文字以作進一步的說明：《革命的年代：一七八九—一八四八》（*The Age of Revolution, 1789-1848*）、《資本的年代：一八四八—一八七五》（*The Age of Capital, 1848-1875*）、《帝國的年代：一八七五—一九一四》（*The Age of Empire, 1875-1914*）。

第一部

大災難的時代

第一章

全面戰爭的時代

列列死灰面容，喃喃咒詛，滿布恐懼，
爬出壕溝，翻過沙包，
腕上的錶針，滴滴答答，
偷偷瞄一眼，雙拳緊握，
希望，陷落在泥漿裡
跌撞。哦，老天，求求你叫它停了吧！

——英國反戰作家薩松（Siegfried Sassoon, 1947, p.71）

爲避免轟炸行爲太過「野蠻殘忍」之嫌，在名義上，轟炸目標最好限於軍事設施，手段也不宜太過激烈，以保持文明作戰的風度。如此虛張做勢，看似妥當，卻無人願意挺身直言眞相。其實空戰一出，這一類表面限制非但不合時宜，事實上也礙難執行。不過恐怕得過些時日，待得下次再有戰事，大家才會對空戰的本質建立眞正的認識。

——《轟炸準則》，一九二一（Townshend, 1986, p.161）

（薩拉耶佛，一九四六）走在貝爾格勒(Belgrade)街頭，可以看到許多年輕女子的頭髮已經開始發白，有的甚至已經完全花白。這些臉孔都很年輕，卻滿布痛苦折磨。只有她們的身材體形，才透露出她們實在都還沒有老啊！我彷佛看見，這場戰爭的毒手是如何摧殘了這些嬌顏弱質。

我們不能再讓這種景象重演。這些紅顏頂上的白髮，不久會變得更爲灰白，終至連紅顏也將消失。實在太慘了。這些未老的白頭，這些被偷走的無慮青春，眞是後人看我們這個世代的最眞寫照啊。

——《路邊記聞》（Andrić, 1992, p.50)

謹以此小文紀念她們。

1

「全歐的燈光都要滅去了。」一九一四年，英德兩國正式開戰的那一晚，英國外相葛雷(Edward Grey)，望著倫敦政府行政區點點燈火悲嘆：「我們這一輩子是看不到它再亮起來了。」奧國的諷刺戲劇大家克勞斯(Karl Kraus)，此時也在維也納著手進行一部長達七百九十二頁的反戰時事劇以爲這場大戰作注。劇名就叫作《人類文明末日》(*The Last Days of Humanity*)。他們兩人，都將這場大戰視作一個世界的結束，而當時同作此想者更不乏其人。結果，人類文明並沒有就此完結。然而，從一九一四年七月二十八日奧地利向塞爾維亞宣戰開始，一直到一九四五年八月十四日——第一顆原子彈爆炸之後數天——日本無條件投降爲止的三十一年之間，世局動亂無時或止，某些時候，難免令人覺得世人恐怕眞的離末日不遠了。那些被人類虔信爲造物主的諸神，有時一定極爲懊惱，悔不該當初造了我們呢。

人類畢竟逃過這一浩劫。但是十九世紀崇偉的文明大廈，也從此在戰火中灰飛煙滅，四柱圮然。若不認識戰爭，就無法了解二十世紀從一九一四到一九九一這七十七年短暫歷史的本質。戰爭是這個時代的印記。這整個時代，就是在世界大戰中生活、思想。有時槍彈雖止，砲火雖息，卻依然擺脫不了戰爭的標誌。要談這一個世紀的歷史，或者說得更精確一點，要談這段歷史起始之時分崩大亂的年代，就得話說從頭，由那瀰漫世界三十一年的兵燹講起。

對成長於一九一四年以前的一代而言，這個分水嶺前後對照的差異實在太大，許多人——其中有我父母那一輩，至少包括同時代的中歐居民——簡直無法把現在和過去作任何連結。在他們眼裡，「太平年月」一詞指的就是「一九一四年以前」，在那往後，世情起了變化，再也不配這個美好的名稱了。這種心情，其實不難體會。回望一九一四年，那個時候世界上已經有一百年不曾打過大型戰爭。所謂大型戰爭，是指所有的大國，或至少有許多大國，一起下水參與的戰爭。當時國際舞台上的要角，計有歐洲六「強」（英、法、俄、奧匈帝國、一八七一年擴張為德意志帝國的普魯士，加上統一之後的義大利），以及美日兩國。當其時也，總共只發生過一場兩強以上交兵卻迅即收場的戰爭，那就是英法兩國合力對付俄國的克里米亞戰爭（Crimean War, 1854-56）。而且，就算有強國參與，多數衝突也是速戰速決。至於其中打得最長久的戰事，並不是國際間的衝突，卻要歸美國境內南北鬩牆的四年內戰（一八六一—六五）。而當時一般戰爭的長度，多以月計，有時甚至在幾週內就告終了（一八六六年的普奧戰爭即為一例）。總之，從一八七一到一九一四幾十年間，歐洲縱有戰事，卻從來不曾有過大國軍隊攻入敵國境內的事例。只有在遠東地區，一九〇四到一九〇五年，日俄交戰於中國東北地方，日本擊潰了俄國，從而也加速了俄國革命的腳步。

因此，二十世紀以前，人類可說根本沒有過「世界級」的大戰。十八世紀英法兩國曾屢屢交手，戰場跨海越洋，從印度、歐洲，一直打到北美。可是一八一五到一九一四百年之間，大國間的戰事幾乎都不出自家門前的區域。當然，帝國（或準帝國）的遠征軍經常遠赴海外，對付那些不及自己強悍的對手，則是另一回事。這一類開拔到域外的戰爭，往往勢不均力不敵呈一面倒，比方美墨戰爭（一八四六—四八），美西戰爭（一八九八），以及英法兩強擴張殖民帝國勢力的諸多戰役，均屬此類。不過，偶爾一兩次，也有小國寡民被欺負得太厲害，忍無可忍大發威風的狀況出現。像在一八六〇年代，法國就不得不黯然退出墨西哥；一八九六年，義大利也撤離了衣索比亞（Ethiopia）。現代國家當年面對的那些強敵，儘管殺人軍火精良佔盡優勢，最終仍不免全軍撤退，至多只能盡量延長其佔領的時日罷了。而且，這一類遠赴外洋異域的軍事行動，充其量只能作為冒險文學或十九世紀新發明的行業「戰地記者」筆下的材料而已。對於發兵國、勝利國本國絕大多數的居民來說，可說沒有多大的直接關係。

但是這一切，到了一九一四年都改變了。第一次世界大戰席捲了每一個強國，事實上除了西班牙、荷蘭、北歐三國，以及瑞士之外，全歐都加入了這場戰爭。更有甚者，各國軍隊還被一一派往外國執行戰鬥任務；許多時候，這種情況往往是破天荒第一遭。加拿大部隊到法國作戰；澳大利亞人、紐西蘭人則跑到愛琴海的一個半島上去凝煉出國家意識——「加里波里」之役(Gallipoli)變成了澳紐兩國立國的神話——然而，這一切現象當中，意義最爲重大的改變，卻要數美國人的參戰。他們將開國國父華盛頓的千叮萬囑，不要「蹚歐洲渾水」的警告拋在耳後。美方的加入，從此決定了二十世紀歷史的面貌。美國印第安人被派到歐洲、中東；中國勞工來到西方；非洲人則成爲法國部隊的一員。除了中東地區之外，發生在歐洲地區以外的軍事行動，規模都很小，但海戰的範圍卻再度升高到全球的層次：一九一四年在南美福克蘭群島(Falkland Islands)的外海，大戰雙方揭開了海戰的序幕。而盟軍艦隊幾次和德軍潛艇交手的決定性戰役，也都發生在北中大西洋的海面及水下。

至於二次大戰的世界性規模，更無庸舉證說明。全世界所有的獨立國幾乎無一倖免，不管是主動還是被迫，俱皆受到戰火波及。只有拉丁美洲諸國的參與可說有名無實。殖民帝國治下的殖民地人民，更是身不由己，毫無選擇的餘地。歐洲境內，除了日後成立的愛爾蘭共和國地區、瑞典、瑞士、葡萄牙、土耳其、西班牙；歐洲境外，除了阿富汗地區，全球各國不是加入戰鬥，就是遭敵佔領，或兩者俱不能免。作戰地區，遍及五大洲三大洋。南太平洋的美拉尼西亞群島(Melanesian islands)，北非沙漠，緬甸，菲律賓各地的殖民區，這些遙遠陌生的地名，現在和北極，高加索山區(Caucasian)，諾曼第(Normandy)，史達林格勒(Stalingrad)，庫斯克(Kursk)一樣，都成了報紙讀者和無線電聽眾耳熟能詳的名詞——其實這根本就可以說是一場無線電新聞快報的戰爭。第二次世界大戰，給大家上了一堂世界地理課。

二十世紀的大小戰爭，不論是一地一區的地區性戰事，或波及全球的世界級大戰，總體規模都數空前。一八一六至一九六五年一百五十年間各場戰爭裡面，根據美國專家依死亡人數排名——美國人就喜歡搞排行榜這一套——前四名都發生在二十世紀：分別是一、二兩次大戰，以及一九三七至三九年日本侵華戰爭，與韓戰，俱各死了一百萬人以上。而回到後拿破崙時代的十九世紀，紀錄可循規模最大的一場國際戰爭是一八七〇至七一年的普法戰爭，大約死亡了十五萬人。拿到本世紀來，這個數字勉強只能跟一九三二至三五年玻利維亞(Bolivia，人口約百萬)與巴拉圭(Paraguay，人口約一百四十萬)兩國的廈谷戰爭(Chaco War，編註：係指一九三二至三五年間，玻巴兩國為爭取廈谷地區主權的武裝衝突。此戰約造成十餘萬人傷亡，並導致兩國經濟蕭條，軍人掌政，影響甚鉅)相比。簡單地說，進入一九一四年，人類從此開始了大屠殺的年代(Singer, 1972, pp. 6, 131)。

有關第一次大戰發生的起因，本書作者已在另一本著作《帝國的年代》中略述。本書篇幅所限，就不再討論了。一次大戰基本上是一場歐戰，法英俄三國協約，對抗由德國與奧匈帝國組成的所謂「同盟國」(Central Powers)。塞爾維亞和比利時則分遭奧德兩國攻擊，也立即捲入了戰火。(奧國攻打塞國，一次大戰因此爆發；德國攻打比利時，則出於戰略的運用。）旋即，土耳其與保加利亞也加入了同盟國的戰團。而另一邊的英法俄三國協約，也迅即擴展成聲勢浩大的多國聯合。義大利是利誘進來的；希臘，羅馬尼亞，還有葡萄牙（名義上的味道比較重），也紛紛被拖下水。最實際的要數日本，它幾乎立刻加入協約，爲的是接收德國在遠東和西太平洋的地位。對於這個區域以外的事務，日本卻毫無興趣。而其中影響意義最爲重大的成員則爲美國，於一九一七年加入協約。事實上，美國的介入具有舉足輕重的決定作用。

德國人當時面對著兩面作戰的可能，和日後他們在二次大戰中的情況如出一轍。首先，由於與奧匈聯盟，德國被捲入巴爾幹地區的戰事（不過由於同盟四國當中有三國，奧土保，都在這個地區，就戰略而言，問題並不那麼緊急），但是德國還有另外兩個戰場；它的計畫是往西先將法國一舉成擒，然後立刻揮軍東進，在沙皇帝國來不及動員其強大的軍事力量之前，就以迅雷不及掩耳的速度拿下俄國。兩次大戰，德國均出此計，因爲它不得不這樣做。（到了二次大戰之際，德國這種迅速奇襲的手法有了一個名字，叫作閃擊戰〔blitzkrieg〕。）而它的錦囊妙計，前後兩次也都幾乎奏效，可是最後卻功敗垂成。德軍部隊在宣戰之後五、六週，經過中立的比利時等地，挺進直入法國，卻在巴黎東邊幾十哩外的馬恩河（Marne）上被擋住了（後來在一九四〇年之際，德方的計畫則告成功）。然後德軍撤退了幾許，雙方臨時造起防禦工事——法方有比利時所餘地區相助，以及英國一支地面部隊支援。英方這支軍力，後來迅即變得極爲龐大。這兩道防線相互平行，延伸極速，從法蘭德斯地區（Flanders）沿英倫海峽一帶，一直抵達瑞士邊境，連一絲罅縫也沒有。法國東部和比利時好大一部分地方，因此便落入德軍手裡。以下的三年半裡，雙方對峙的情況不曾有過任何重大的改變。

這就是所謂的「西線」(Western Front)，西線戰事從此成爲人類戰爭史上前所未見的殺戮戰場。幾百萬人隔著沙袋築起的牆垣，彼此虎視。他們日夜在戰壕裡面，過著像老鼠跳蚤般的日子，事實上根本也就是人鼠同居。將領們一再想要突破對峙的僵局，於是每回攻擊令一下，便是幾晝夜，甚至幾週之久無休止的砲火轟擊——日後一位德國作家將之形容爲「一陣陣鋼鐵狂風」(Ernst Jünger, 1921)——企圖「弱化」敵人，迫其轉入地下。然後時機一到，我軍便爬越沙包，身上密密纏繞一圈又一圈帶有倒刺的鐵絲圈作爲保護，一波波擁入此時已成「無人的地界」：舉目一片狼藉，積水成潭的彈坑，連根倒毀的樹幹，泥漿滿身的棄屍。大夥繼續前進，一直到敵人的機關槍——其實每個人心裡都有數——再將他們掃射倒地爲止。德軍在一九一六年(二月到七月)曾試圖突破凡爾登(Verdun)的防線。那一役總共有兩百萬兵員交手，死傷即達一百萬人。可是德方沒有得逞。爲了迫使德軍停止在凡爾登的攻勢，英方在索穆河(Somme)發動攻擊。這一仗打下來，英軍犧牲了四十二萬人——其中有六萬人，在頭一天攻擊行動裡就告殞命。一次大戰西線的戰事，以英法兩國部隊爲主，難怪在兩國人民的腦海中，一次大戰才是眞正的「大戰」，遠比二次大戰慘烈多了。法國在這場大戰裡面，失去了兩成兵役年齡的男丁。我們若再將俘虜、傷兵、終身殘廢、容貌被毀者——這些「面目全非」之人，戰後成爲活生生的戰爭寫照——一道算進去，法國每三名軍人裡面，恐怕只有一人能夠毫髮無傷地打完這場大戰。英方也好不到哪裡去，五百餘萬兵員當中，能夠全身而退者不知有幾。英國整整失去了一代——五十萬名三十歲以下的男子在大戰中身亡(Winter, 1986, p.83)——其中尤以上層階級損失最烈。這一階級的青壯生來就得做紳士，當軍官，爲眾人立榜樣，在戰場上身先士卒，自然也就頭一個倒在敵人的砲火之下。一九一四年從軍的牛津劍橋學生，二十五歲以下者半數不幸爲國捐軀(Winter, 1986, p.98)。德國損失人數雖然遠超法國，但由於它軍事年齡總人口高出更多，死亡比例就比較小了——百分之十三。比起來，美國的損傷顯然少得多(美軍陣亡人數十一萬六千名，法國一百六十萬，英國近八十萬，德國一百八十萬)，但同樣可以證明西線戰事的殘酷，因爲這是美軍唯一參與的戰區。兩相比較，美軍在二次大戰陣亡的總人數，雖是一次大戰的二點五近三倍之多，可是一九一七至一八年間美方的軍事行動，就時間上而言，幾乎不到一年半，而二次大戰卻長達三年半；就地點上來說，也只限於狹小一區，不似二次大戰全球作戰規模的龐大。

西線戰事的恐怖，還有更陰暗的影響後果。這一次戰鬥經驗，使得人類的戰爭及政治都變得更爲殘酷：如果大家可以不計後果，死傷無數都在所不顧地打上這麼一場，那麼再來一場又有何不可？一次大戰的戰士——絕大多數都是被徵入伍的兵員——好不容易存活下來，自然恨惡戰爭。可是卻有另一批人，他們雖然也走過這一場殘酷的戰爭，卻並不因此而反對它。相反地，那一段與死亡勇氣隨行的共同經驗，卻使他們產生了一種難以言喻野蠻殘忍的優越滋味。他們這種心態，在女性和那些沒有作戰經驗的人面前，更是流露無遺。戰後初年，極右派陣營即充斥這一類人——前線作戰的年月，是他們人格形成的重要人生經驗，希特勒不過是其中一名罷了。但是，另外一頭極端反戰的心理，也同樣產生了負面效果。戰後，至少在民主國家裡面，政界人士都心知肚明，選民再也不會容忍一九一四至一八年那般殺戮情事的重演了。因此一九一八年大戰結束之後，英法兩國採取的政策，正如越戰終結之後的美國政策一樣，都假定在這種選民反戰的心理上面。短程來看，這種怕事心態促成了一九四〇年二次大戰期間，德國在西方戰區的軍事勝利。因爲德方的兩個主要對手，一個是躲在殘缺防線後面懦怯不前，而一旦防衛瓦解立刻棄械就擒的法國；另一個則是逃避惟恐不及，深怕再次把自己捲入大規模的地面戰鬥，免得重演一九一四至一八的歷史，再度造成自家人民慘重死傷的英國。而就比較長期的影響而言，民主國家的政府爲了愛惜自己國民的性命，卻不惜將敵方百姓視爲不足論的草芥。一九四五年落在廣島、長崎的兩顆原子彈，其實並不能以求勝爲藉口，因爲當時盟國得勝已如囊中取物。原子彈的眞正目的，其實是爲了減少美軍繼續傷亡。除此之外，美國政府大概還有一個念頭，就是不想讓當時的盟邦蘇聯，佔去擊敗日本的大部功勞罷。

回頭再看一次大戰，西線戰況陷入膠著狀態，德國在東線的軍事行動卻保持進展。戰事初起的頭幾個月，坦能堡(Tannenberg)一役，德軍徹底粉碎了俄軍拙劣的攻擊行動。接下來，德軍在奧軍忽好忽壞的間歇支援之下，把俄國軍隊趕出了波蘭。雖然俄軍偶爾還會來一下反擊行動，同盟國的軍事行動顯然已佔上風，俄國只能採取守勢，試圖阻止德軍的挺進而已。至於巴爾幹地區，也在同盟國的掌握之中，只是奧匈帝國的哈布斯堡王朝(Habsburg)搖搖欲墜，軍隊表現也時強時弱。附帶之下，巴爾幹當地的協約國成員塞爾維亞和羅馬尼亞，損失就異常慘重了。就比例而言，這兩國軍隊受創最重。因爲雖說聯軍佔有希臘，但遲到一九一七年夏天同盟國陣線崩潰之前，聯軍部隊都不曾有過任何進展。義大利原打算在阿爾卑斯山區另闢戰場對付奧匈帝國，計畫卻沒有成功。主要的失敗原因，在於義大利士兵不願爲外國政府送命，更何況沒有幾個義大利兵懂得這些外國佬的語言。

一九一七年，義大利軍隊在阿爾卑斯山區的卡波雷托(Caporetto)遭到重挫，義軍甚至還得靠其他聯軍部隊調兵支援——此役日後在海明威(Ernest Hemingway)筆下成為膾炙人口的文學名著《戰地春夢》(*A Farewell to Arms*)。在此同時，法英德三國正在西線打得你死我活；俄國方面的戰情也每下愈況，沙皇帝俄政局越發不穩。哈布斯堡的奧匈帝國，則一日日走上分崩離析的末路。而老大帝國的瓦解，正是當地民族主義運動樂見的趨勢，盟邦諸國的外交部門雖然老大不願意，也只有任其發展。但是大家都知道，歐洲政局從此必將紛擾不安了。

兩方面都絞盡腦汁，想要打破西部戰線的僵局。西線勝利無望，誰都贏不了這場大戰，更何況海軍方面的戰況也陷入膠著。除了幾次奇襲之外，一般而言，海上的控制操在盟軍手裡。可是在北海一帶，英德兩國的戰艦狹路相逢，彼此牽制動彈不得。雙方只開過一次火(一九一六)，卻不分勝負。不過總算把德國艦隊困在老家出不了門，兩相抵銷，協約國還是佔了便宜。

雙方也都試過打科技戰。最擅化學的德國人，把毒氣瓦斯帶到戰場上。結果證明，這種武器既野蠻又沒有多大用處。日後一九二五年簽定日內瓦公約(Geneva Convention)，簽約國誓言不得使用化學戰。這倒是各國政府出於眞心，為人道緣故反對某種特定戰爭手段的唯一一次共識。事實上，雖然大家還是繼續進行化學軍備，同時也全力防備敵人出此伎倆，到了二次大戰，交戰雙方倒都眞的不曾違約使用化學武器。不過人道主義的感情，卻無法阻止義大利人使用毒氣對付殖民地人民。(二次大戰之後，文明價值急遽敗壞，毒氣瓦斯至終又重新出現。一九八〇年代兩伊戰爭中，西方各國熱烈支助的伊拉克，便毫無顧忌大量使用瓦斯，對象不分軍隊平民。)此外，英國首先創製了履帶裝中車，其代號「坦克」，一直沿用至今。可是一次大戰的將領，卻看不出坦克有何驚人之處，更別提把它派上用場了。至於剛剛發明不久的飛機，還有德國那種狀似雪茄的充氮飛船，雖然還不大可靠，協約和同盟兩方卻都開始用它們演練空中投彈；還好效果不佳。但是到了二次大戰，空戰終於在戰爭中取得自己的一席之地，尤以用來嚇唬平民百姓最爲有用。

一九一四至一八年間，影響效果最爲宏大的科技新武器是潛艇。交戰雙方既然打不退彼此的軍隊，就只好轉謀斷絕對方百姓糧食一途。英方所有的補給都靠海運，窒息英倫三島的最佳途徑，自然就是用潛艇不斷發動無情攻擊，截止運糧的船隻。一九一七年，德國這一招差不多都快奏效了，聯軍最後才想出了克制之法。可是這一場圍海絕糧戰，正是促使美國參戰的主因。而英國也不例外，使出渾身解數，全力封鎖德國的補給，不但想餓死德國人口，也要置德國戰時經濟於死地。英方的封堵政策，結果出乎意料地成功，原因在於德國人並沒有發揮他們一向引以爲傲的效率與理性，經營戰時德國的經濟，這一點我們在下面可見分曉。兩次大戰裡面，德國軍事的機關運作，優秀精良，舉世無匹。一九一七年盟國若不曾向美國求援，在沒有源源不絕美國物資供應之下，單憑德軍的優越，便足以決定戰爭的勝負。光看德國即使在奧地利拖累之下，還能勉力取得東部戰區的勝利，就可想而知其實力之驚人。一九一七至一八年間，俄羅斯帝國被德國趕出戰場，導致內部爆發革命，俄國布爾什維克黨人(Bolshevik)奪得政權。新政權與德國謀和，訂立「布勒斯特—里多夫斯克和約」(Brest-Litowsk Peace)，從此退出大戰，還失去舊俄在歐洲一大部分的領土。德俄停戰之後(一九一八年三月)，德軍開始有餘力全力對付西部戰場，最後也的確突破了西線的防禦，再度向巴黎進發。

此時幸有美軍大力增援，配備不斷擁入，聯軍才喘過一口氣來。可是有一度戰況緊急，似乎眞的大勢已去。不過，這已經是德軍的最後一搏，它自己也知道已成強弩之末。待聯軍於一九一八年夏開始發動攻勢，不消幾週，大戰就告終了。同盟國不但徹底認輸，而且完全崩潰。一九一八年秋天，革命風潮席捲了中歐與東南歐，跟前一年俄國發生的情況一模一樣(俄國革命見下章)。從法國邊境直到日本海，原有的政府全部都垮台了。勝利國的政局也同樣受到震撼，雖說英法兩國的政府，即使戰敗，也不至於解體，但是義大利可就難說。至於戰敗國家，更沒有一個能夠倖免革命的震盪。

歷史上那些偉大的政治外交先賢——比方說，法國的塔里蘭(Talleyrand)，或德國的俾斯麥(Bismarck)——我們若能起其中任何一位於地下，請他看一看這場大戰，老先生一定會奇怪，爲什麼這些貌似聰明的政治人物，不能想個折衷辦法解決一場戰禍，反而眼睜睜地讓一九一四年的美好世界毀於一旦呢？還有一件事也很奇怪。在過去，大多數「非革命性質」以及「非意識形態」之爭的戰爭，往往都不必打到這種玉石俱焚，非置彼此於死地而後已的地步。回看一九一四年，意識形態顯然和敵我陣營毫無關係。當然打起仗來，雙方都得動員輿論炒作，攻擊對方既有價値的不是，比方俄國蠻子對德國文化，英法民主政治對德國專制等等。不過有關意識之爭，也就僅止於此。再進一步來看，俄國和奧地利在戰況緊急之時，也曾一再懇求友國考慮談和。而且，當時做此建議者不只俄奧兩國。那麼爲什麼，列強最後還是堅持走上零和的不歸路？非要分個絕對勝負不可呢？

原因是這樣的。過去的戰爭目標，不但有限而且特定。可是第一次世界大戰不一樣，它的野心沒有盡頭。帝國時代開始，政治和經濟活動密合成爲一體。國際政治鬥法，完全以經濟成長和經濟競爭爲出發點。但正因爲如此，從此具體的邊界與盡頭都消失了。對美國標準石油公司（Standard Oil），德意志銀行（Deutsche Bank），以及壟斷南非鑽石出產的英商德必爾公司（De Beers Diamond Corporation）而言，世界的盡頭才是它們自然的邊界。或者換個方式來看，這些大公司大企業本身擴張能力的極限，才是它們自然的邊界（Hobsbawm, 1987, p. 318）。說得更具體一點，對英德這兩個主要競爭對手而言，天際才是它們的界限。而德國一心想取代英國國際霸權和海洋王國的位置，如果德國意願得逞，國勢已經日衰的英國的地位自然更趨低落。因此，這是一場不是你死就是我活的霸權爭奪戰。至於法國的賭注，雖然不在全球的枱面，卻同樣攸關生死：法國的人口、經濟，跟德國的差距越來越大；而且這種趨勢好像已經無法避免。法國能否繼續躋身諸強之列，資格也受到嚴重挑戰。種種情況之下，一時的和談妥協，也不過拖延時日而已。轉頭再看德國，它爲什麼不肯等一等，隨著時間，讓自己日漸強大的國勢，加上各方面領先的條件，自然而然地建立它以爲自己配得的地位呢？何況這段時間又不會太久，德國遲早會達到這一步的。事實上，我們只消看看今日德國，雖然兩度淪爲戰敗國，手上又沒有獨立的軍事力量，它今天在歐洲的地位，卻遠比一九四五年前軍事強權的德國穩固多了。但德國之所以能有今天這個不容動搖的位置，主要是因爲二次大戰之後，英法兩國不管多麼不情願，也只有接受自己已成次級國家的地位。同樣地，今日德意志聯邦共和國經濟力量再大，也得體認一個事實：一九四五年以後，德國單獨稱霸的這個念頭，已是他生無望此生休了。但是回到二十世紀初年，皇權和帝國主義仍然甚囂塵上之際，德國固然要獨霸全球（當時他們的口號是，「以德意志精神，更新全世界」），英法兩國也仍不失以歐洲爲中心的世界的老大，自然不容德國在榻旁坐大。戰爭爆發，交戰雙方都迫不及待地誇稱，自己是爲了這個或那個崇高的目標而戰。放在紙面上，誰都可以就這些不要緊的項目讓步，可是歸根結柢，此戰眞正的重要目的只有一個：那就是完全的勝利，亦即二次大戰所謂的「無條件投降」。

就是這樣一個損人不利己的可笑念頭，搞得交戰各國兩敗俱傷。戰敗國因此走上革命之路，勝利國也筋疲力竭徹底破產。後來到了一九四〇年，德國部隊雖然居於劣勢，卻輕而易舉就擒下法國，法國佬毫不猶疑趕忙向希特勒俯首稱臣，原因就出於法國已經在一九一四至一八年間流夠了血了。一九一八年之後，英國也今非昔比，完全失去往日的氣勢。這一場超出它自己資源國力的戰爭，已經把英國經濟徹底摧毀。更糟糕的是，經由賠款方式與強制和平獲得的完全勝利，把重新恢復一個穩定、自由、布爾喬亞小資產式歐洲的最微小的機會都粉碎了，經濟學家凱因斯(John Maynard Keynes)很快便指出了這一點。如果德國的經濟力量不能匯合入歐洲的整體經濟體系，也就是說，如果德國在歐洲經濟體中所佔舉足輕重的地位，不能爲其他各國認識接納，歐洲將永無寧日。不過對當年那些一心力戰德國，必欲除之而後快的人而言，這一點根本不在他們考慮之列。

幾個勝利大國(美英法義)制定的和平條款，也就是通常眾人所稱的凡爾賽和約(巴黎和約，Treay of Versailles)，不過這個名稱並不盡然正確❶。這份和約的內容主要著眼於五項因素。首先，歐洲許多政權紛紛垮台，再加上以顚覆爲職志的俄國布爾什維克共產革命政權興起，對各地革命活動具有極大的號召力(詳見第二章)，這是第一項考慮。其次，便是好好管束舉協約國之力也幾乎無法招架的德國。這一點，始終是法國最大的心事，原因自然不言可喻。其三，便是重新劃分歐洲的版圖，一方面爲了削弱德國的力量，再一方面則由於舊俄沙皇、哈布斯堡王朝、鄂圖曼(Ottoman)三帝國解體之後，歐洲與中東留下一大片空白急待塡補。想要承繼這些土地的多是當地的民族立國主義者，至少在歐洲地區如此。對此，勝利國持鼓勵態度，只要這些人都反共就可以了。事實上，重新分配歐洲版圖，主要依歸的原則是「民族自決」，依語言族裔建立不同的民族國家。當時被各國視爲盟軍救星國代言人的美國總統威爾遜(Wilson)，就極爲熱情地支持這項信念。可是，將這塊語言民族紛雜的是非地，整整齊齊地分爲一個個民族國家，對隔岸觀火的外人來說，自然不覺有何不妥。然而民族自決說來簡單，如此劃分的後果卻慘不忍睹，帶來的災難一直到九〇年代的歐洲還沒有結束。九〇年代將歐陸裂爲寸斷的諸國衝突，事實上正是當年凡爾賽和約作下的孽啊❷！至於中東地區，多沿原有英法兩國帝國主義的勢力劃分——唯一的例外是巴勒斯坦地區：原來英國在戰時爲了一心贏取國際猶太人的支持，曾輕率含糊地許諾猶太人建立一個「家園」。這是一次大戰又一項令人難忘，留給後代頭痛的難題。

第四項考慮則在勝利國內部的政治因素，以及勝利國之間的摩擦——實際上主要就是英法美三國。內部政治作用影響的最大後果，竟是美國國會拒絕批准本國總統一手促成的和約。美國最後還退出了和約的簽定，造成無比深遠的影響後果。

勝利國最後一點顧慮，就是絞盡腦汁避免類似大戰的重演，這一場大戰讓世界嘗盡了苦果。可是盟國的努力卻失敗得很慘。區區二十年間，世界又重新點燃了戰火。

防犯布爾什維克侵入，重劃歐洲版圖，這兩項任務基本上相互重疊。因爲對付革命俄國的最佳手段，就是排上一圈反共國家「全面圍堵」——不過這是假定初生的共產俄國能夠苟存下去；而一九一九年之際，革命政府猶在風雨飄搖，能否成功還很難說。而這些新國家的領土，其中一多半，甚或全部，都是從原舊俄版圖挖出來的，因此，它們對莫斯科的敵意絕對可以保證。因此從北到南，大小國家一一林立起來：芬蘭，是經列寧同意正式脫離的自治區；波羅的海三小國愛沙尼亞(Estonia)、拉脫維亞(Latvia)、立陶宛(Lithuania)，歷史上從來不曾立國；波蘭，被外人統治了一百二十年後終於再度回復獨立。還有羅馬尼亞，從哈布斯堡王朝接收了奧地利、匈牙利一部分領土，又併入舊俄治下的比薩拉比亞(Bessarabia)，版圖一下子擴大了兩倍。這些土地當初原都是德國從俄國剪下來的，若非布爾什維克黨人奪權，本來理當歸還帝俄。盟國原來的打算，是把封鎖帶一路建到高加索山區。可是這個如意算盤沒打成，因爲土耳其雖然不是共黨國家，當時卻在鬧獨立革命，對英法這兩個帝國主義自然沒有好感，反去和俄國交好。至於德俄媾和條約後由原帝俄版圖分出建立的兩個短命獨立小國，亞美尼亞(Armenia)和喬治亞(Georgia)，也因俄國共產黨在一九一八至二〇年革命中獲勝而告壽終。英國原打算扶助盛產石油的亞塞拜然(Azerbaijan)獨立，也因一九二一年俄土條約簽定告吹。總之，在東邊這一帶，只要實際情況允許，盟國大致接受德國原先在革命俄國設定的國界。

東拼西湊，還剩下一大片土地沒有主兒，主要在前奧匈帝國版圖之內。於是奧地利縮減成由殘餘日耳曼裔組成的國家，匈牙利也只剩了馬札兒人(Magyar)餘部。至於前奧國的斯洛文尼亞(Slovenia)、前匈牙利的克羅埃西亞(Croatia)，還有原本獨立的一些小牧民國家，都一古腦併入塞爾維亞變成了南斯拉夫(Yugoslavia)。而門地內哥羅(Montenegro)那一片蒼冷山區的居民，驟失獨立之下，便一塊投入了共黨的懷抱，他們覺得自己的英雄氣概，至少還受到共產主義的重視。這個地區過去和帝俄很有淵源，黑山上慓悍英勇的戰士，幾個世紀以來，一直捍衛舊俄的信仰，對抗土耳其異教的侵入。此外，原爲哈布斯堡王朝工業中心的捷克(Czech)區，也和原屬匈牙利的斯洛伐克及羅塞尼亞(Ruthenia)兩個農村地區合併，成爲一個新國家——捷克斯洛伐克(Czechoslovakia)。至於羅馬尼亞(Romania)，則一下子躍升爲一個多元民族的混合國家，波蘭和義大利也各有斬獲。其實像南斯拉夫與捷克斯洛伐克這兩國的成立，既沒有道理，更缺乏任何歷史條件。這種瞎拼亂湊的動機，完全出於對所謂民族立國意識的盲信。一以爲共同族裔背景即可和平共處，二以爲小國林立對大局無益。於是民族大編隊之下，南部的斯拉夫人(也就是南斯拉夫人)，和西邊的斯拉夫人(捷克和斯洛伐克地區)，都分別集中到這兩個斯拉夫人組成的國家去。不出所料，這種強迫式胡亂點出來的政治鴛鴦譜，到頭來並不穩固。結果，除了土地被人七折八扣大爲縮減的奧地利與匈牙利兩國之外——其實它們的損失也並不那麼大——不管是挖自帝俄，還是劃自哈布斯堡王朝，最後，在所有這些新成立的國家裡面，內部民族成分之紊亂複雜，實在不下於它們起而取代的前身帝國。

罰約性的和議，立論點在於國家應該爲戰爭，以及戰爭的結果擔負唯一的責任(也就是所謂的「戰罪」)，主要是用來對付德國，好壓得它不能復起。雖說普法戰後法國割讓給德國的亞爾薩斯—洛林(Alsace-Lorraine)地區，此時歸還了法國，德國東邊好大一塊地方也給了重新復國的波蘭(亦即東普魯士與德國其餘地區中間的「波蘭走廊」)。可是打壓德國的任務，並不單靠削減德國面積達成。主要手段，還是靠剪去德國精銳的海空軍力;限制其陸軍人數不得超過十萬人;向它索取幾乎永遠償還不完的戰債(付給勝利國的賠款，以彌補後者因作戰付出的代價);派兵佔領德國西部部分地方。還有厲害程度不減前面諸項的最後一招撒手鐧:將德國原有的殖民地全部奪去。(這些前德國殖民地，則由英國、英國諸自治領、法國、日本一起瓜分。其中日本所得比例比較少一些。鑑於帝國主義作風越來越不受歡迎，「殖民地」現在都改稱爲「託管地」，好像藉此即可保證這些「落後地區」人民的幸福——因爲如今是由文明人類託付帝國勢力代管，因此，後者絕對不會再剝削當地以自肥了。)一九三〇年的凡爾賽和約，一條一款，列得清清楚楚，除了有關各國領土分配事項之外，可說鉅細靡遺。

至於如何避免世界大戰再度爆發，戰前歐洲「列強」合力謀取和平的打算顯然已經徹底失敗了。現在換一個法子，美國總統威爾遜向這些精幹頑固的歐洲政客建議，由各獨立國家組成一個國際聯盟。威爾遜是出身普林斯頓的政治學者，滿腦子自由主義的熱情理想。他主張藉著這個國際組織，在糾紛擴大失控之前，當事國就以和平民主的方式解決，並且最好經由公開斡旋處理(過程公開，結果公開)。因爲這一仗打下來，眾人也開始指責過去國際習用的交涉方式爲「祕密外交」。這種反應，主要因協約國於戰時定下的祕密協定而起。當時盟國往往不顧當地居民的意願與利益，任意約定事後如何分配歐洲及中東地區的版圖。布爾什維克黨人在沙皇政府的舊檔案裡，發現了這些敏感文件，立刻將之公諸於世，所以大家需要想法子減少此事造成的傷害。國際聯盟的設立，的確屬於當時制定和平協議的構想之一，可是卻完全失敗，唯一的功能只是蒐集了不少統計資料而已。不過國聯成立開始幾年，倒也眞解決了一兩件程度還不至於危害世界和平的國際糾紛，比方像芬蘭與瑞典對阿蘭群島(Aland Islands)的爭執即爲一例❸。美國至終拒絕加入國聯，使得它完全失去成立的意義。

事實上，凡爾賽和約根本不足作爲穩定世界和平的基礎，這一點，我們無須一一詳列兩次大戰之間的歷史證明。從一開始，它就注定流年不利，因此再度大戰可說無可避免。我們前面說過，美國幾乎剛開頭就打了退堂鼓，但如今世界已經不再唯歐洲獨尊，任何協議若沒有美國這個新強支持，一定難以持久。這一點，不論在世界經濟或世界政治上都不例外。我們下面就可以看出來。原本的歐洲兩強，事實上可說世界兩強——德國和俄國，這會兒不但遭人趕出國際競逐的賽場，而且根本不被當作獨立的角色看待。只要它們兩國中間有一個重回舞台，光靠英法兩國一廂情願立下的和平協定怎能長久——因爲義大利心裡也對協定不滿意呢。而且遲早，不管德國還是俄國，也許兩個一道兒，都會再度站起來稱雄的。

因此，就算和平還有那麼一絲希望，也被勝利國不肯讓戰敗國重建的私心給毀滅了。盟國原想百分之百鎭住德國，並且不讓共黨俄國成爲合法政權，但不久便明白這根本是不可能的事情。但是儘管心裡有數，適應這個事實卻很困難。於是各國心不甘情不願，適應的過程拖得很長。法國尤其老大不願意，希望德國永遠衰弱不振，到後來才好不容易放棄這個念頭(英國人倒放得開，不曾對戰敗和被侵的滋味耿耿於懷)。至於蘇聯，這個戰勝國的眼中釘，衆人恨不得它完全消失。俄國革命期間，盟國不但精神支持反革命的軍隊，甚至還派兵支援。此時蘇俄度過大戰苟活下來，盟國自然不覺得有什麼好高興的。(爲了重建被大戰、革命、內戰毀壞得殘敗不堪的經濟，列寧曾經提出極爲優厚的條件鼓勵外人投資，而勝利國的生意人竟然不屑一顧。)蘇維埃俄羅斯因此被迫走上孤立發展之途。到了一九二〇年初期，這兩個被歐洲鄰邦放逐的國家——蘇聯與德國，卻曾一度爲了政治原因攜手。

如果說，二次大戰之前的世界經濟活動，能夠蓬勃成長，重新恢復爲擴張型的國際經濟體系，也許人類就還有希望避免這二度戰火，至少也有延後的可能。不幸的是，戰後數年到了一九二〇年代中期，正當眾人可以將過去種種不快逐漸拋諸腦後之際，世界經濟一蹶不振，陷入了自工業革命以來前所未有的危機(詳見第三章)。此時德日兩國正由極右派當權，軍國主義出頭，便一意孤行，決意以對抗代替協商，以劇變代替漸變，即使訴諸軍事武力也不惜。從這個時候開始，再次大戰不但不可避免，而且只是遲早的問題了。凡在一九三〇年代成長的人，那時天天都提心吊膽地等著戰爭爆發。成群飛機向城市丟炸彈的景象，還有那頭戴防毒面具像瞎子般在毒氣瓦斯迷霧中摸索前進的魅影，一直在我們那一代人止不住的胡思亂想中出現：後來飛機投彈的噩夢，果然像預言般準確；至於毒氣瓦斯的想像，還好沒有發生。

2

有關第二次世界大戰的起因，致力於這方面研究的著作遠比一次大戰爲少。導致這個現象的原因很簡單，除了極少數的例外，沒有一位嚴肅治學的歷史學者，會質疑德日義三國發動侵略的事實（雖然他們對義大利扮演的角色比較不那麼確定）。至於其他國家，不論資本主義還是社會主義，都是身不由己被拖進戰爭的漩渦。它們都不想打仗，而且大多數都想盡辦法迴避。對於這個問題——到底何人何事掀起這場大禍？最簡潔俐落的答案，一共只有三個字：希特勒。

歷史的問題，當然不是這麼簡單就可以答覆的。我們前面已經看見，一次大戰造成的世界局勢極不穩定，歐洲尤其如此，遠東亦然。這種情況之下，自然沒有人認爲和平可以持久。對於現況不滿的國家，並不只限於戰敗國。當然就戰敗國來說，尤以德國爲最，自有充分理由怨恨當時的狀況，而事實上也是如此。德國不分黨派，從最左的共產黨到最右的希特勒國社黨（National Socialists），都異口同聲指責凡爾賽和約太不公平，根本無法接受。說也矛盾，如果德國內部眞要發生革命，對國際衝擊的程度反而可能會小一些。請看當時兩個眞正革命了的戰敗國，俄羅斯和土耳其，正都一心忙著處理家務，包括防衛自家邊界，根本沒有多餘的心力跟國際局勢搗亂，他們反而是一九三〇年代要求維持世局穩定的力量。事實上，到了二次大戰期間，土耳其也一直保持中立。反過來看，義大利和日本雖然算勝利一方，心中卻也老大地不痛快。不過日本還算比較實際一點，不像義大利，帝國主義胃口太大，遠超自己國力所能負荷。不管怎麼說，義大利打了第一次世界大戰這一仗，畢竟也有不少斬獲。雖然實際所得，不能跟戰時盟國賄賂它加入時許下的戰利相比。但是義大利在阿爾卑斯山麓（Alps）、亞德里亞海（Adriatic），還有愛琴海區（Aegean Sea），都新獲不少領土。然而，主張極端國家主義帝國野心十足的法西斯派，戰後卻贏得義國政權，這個事實，正反映該國人心的不滿(見第五章)。至於日本，已經成爲遠東一霸，自俄國退出舞台，日本陸海軍的力量愈發不容忽視。事實上，日本的軍事地位，或多或少已由一九二二年華盛頓海軍協定(Washington Naval Agreement)爲國際承認。這項協定規定美英日三國海軍軍力比例，應分別爲五比五比三。從此，終於結束了多年來英國在海上的獨霸。話雖如此，日本仍不滿足。日本工業化的速度，當時正在突飛猛進，自然使得它感覺自己在遠東該得的一份，理當比白人帝國給它的一杯羹更大才是——雖然就絕對數字來說，日本當時的經濟規模還小得很，一九二〇年代後期，只佔世界工業總出產的百分之二點五。再說，日本也深深意識到自己的弱點，現代工業經濟亟需的各種自然資源，它可說一樣也沒有。這些資源靠進口，進口就難免受到外國海軍的威脅而中斷。日本的產品要出口，出口就得仰看美國市場的眷顧。日本軍方的理論是，到中國去建立一個龐大的陸地帝國，可以縮減日本的運輸線，日本的實力就有保障，不再那麼脆弱了。

總而言之，一九一八年之後世界局勢動盪不安，和平終究不能維持，其中固有種種因果。但第二次大戰最後之所以爆發，究其原因，還是由於德日義三國心裡不平發動侵略所致，它們從一九三〇年代中期開始，便彼此訂下一連串盟約互通聲氣。一九三一年日本出兵滿洲；一九三五年義大利進佔衣索比亞；一九三六年至三九年間，德義兩國共同介入西班牙內戰；一九三八年初德國進兵奧地利；同年又重挫捷克斯洛伐克，佔去該國部分領土；一九三九年三月德國全面佔領捷克(較早義大利已出兵佔領阿爾巴尼亞)。這些都是逐步導向世界大戰的重要事件。最後德國向波蘭提出無理的領土要求，終於造成戰爭全面爆發。對應於以上這些侵略事件，我們也可以一一細數國際間無力對付侵略者的窘相：國際聯盟阻止日本出兵滿洲宣告失敗；一九三五年義大利侵犯衣國，無人予以制止；德國片面宣布凡爾賽和約無效，並在一九三六年重新對萊茵地區(Rhineland)進行軍事佔領，英法兩國只能眼睜睜任其發生。英法並拒絕插手西班牙內戰(「不干預原則」)；對奧地利被德國佔領一事也不聞不問。一九三八年德國提出「慕尼黑協定」(Munich Agreement)勒索捷克的前夕，英法兩國又臨陣撤手出賣了捷克。一九三九年八月，蘇聯竟也與德國簽定德蘇互不侵犯條約(Hitler-Stalin pact)，對抗希特勒的國家又少了一員。

不過話說回來，就算一方真的不願開打，並且想方設法避免開戰。在此同時，另一方則拚命謳歌偉大的戰爭使命——像希特勒即一心求戰——但到頭來，等到大戰真的全面爆發，戰爭進行的實際方式、時間，以及對手，也不見得是這些侵略者當初始料所及的。日本國內就算軍國主義的勢力再大，恐怕也不希望靠全面大戰達到自己的目的吧(它最主要的目標只是留在遠東稱霸，也就是所謂的「大東亞共榮圈」)。日本之所以掉進世界級大戰的泥沼，完全由於美國也有份之故。至於德國原本的打算到底如何，它想怎麼打，何時打，與誰打，希勒特這人沒有記錄自己決定的習慣，各家看法也便始終不一。不過有兩件事很明顯：一是一九三九年，德國對波蘭發動戰爭(波國背後有英法兩國助陣)，顯然不在希特勒原定計畫之內。至於日後與美蘇兩強同時作戰，恐怕也是德國將領與外交官最大的噩夢吧。

德國打這場仗，和一九一四當年沒有兩樣，必須一鼓作氣，出手便成功才行；日本的情況也一樣。一旦曠日持久，對方開始聯手之後，雙拳難敵四手，就遠非德日兩國之力所能對付了。它們也根本就沒打算打持久戰；至於那些需要長程生產的武器，更不在它們考慮之列。(相反地，英國雖然在陸戰受挫，一開始就已打定主意進行持久的消耗戰，把財力集中在精密昂貴的武器。時間一久，英國和盟方的軍火生產量自然便趕過德國。)至於日本方面，一不曾捲入一九三九至一九四〇年德國對英法的作戰，二也沒有參加一九四一年以後德國對蘇俄的進軍，所以比較沒有這種對付聯手敵人之苦。不過早在一九三九年，日俄兩國就曾在中國與西伯利亞交界處非正式地衝突過，當時日方傷亡頗重。一九四一年十二月太平洋戰爭開始，日本交戰的對象也只是英美兩國，俄國並不在內。倒楣的是，列強當中，日本只碰上一個對手，偏偏就是這個資源不知比日本豐富多少倍，鐵定會贏得這場戰爭的超級強國美國。

有一段時間，德國的運氣似乎還不錯。一九三〇年代戰爭腳步日益接近之際，英法兩國沒有和蘇聯交好，結果後者投入希特勒的懷抱。而美國總統羅斯福(Franklin O. Roosevelt)也因爲國內政治牽制之故，只能在書面上支持他熱烈傾向的一方。所以一開始，一九三九年爆發的戰爭只能算是歐戰。事實上在德國入侵波蘭，又於三週內和中立的蘇聯瓜分該國之後，所謂歐戰，也已變成純粹由德國與英法對打的西歐戰爭了。一九四〇年春天，德國不費吹灰之力，又分別攻下挪威、丹麥、荷蘭、比利時、法國，輕鬆得簡直有些可笑。挪丹荷比四國均爲德國佔領，法國則被分成兩半：一部分由德國直接佔領治理，另一半則變成附庸「政府」(state，編註：state依字義當譯爲「邦」或「國家」，但因國內學術界習將維琪政權譯成「政府」，恐讀者疑惑，故一仍慣例)，首都設在法國鄉間的溫泉療養勝地維琪(Vichy，維琪政府的主事者，多來自法國各保守勢力，這批人不願意把法國再稱作「共和國」，故只稱為「政府」)。現在全歐只剩下英國與德國作戰了,在邱吉爾的領導下,全國和衷共濟,誓與希特勒周旋到底,絕不妥協。就在這個節骨眼上,原本中立的法西斯義大利卻走錯一步棋,放棄了自己小心持守兩不相涉的立場,倒向德國一邊。

就實際意義而言,歐戰至此可說已告結束。不錯,英國有英倫海峽及皇家空軍這兩道海上屏障,使得德國無法越雷池一步,但是英國也沒有本事回攻歐陸,更別提打敗德國了。一九四〇至四一年幾個月當中,英國獨力支撐著。這段時間,至少對那些戰火餘生的人來說,可算是英國人歷史上極了不起的一個時刻。不過,英國倖存的機會十分渺茫。一九四〇年六月,美國重新部署其「半球防衛」計畫,基本上認定沒有必要再予英方任何支援。而且,就算英國有機會逃過一劫,美國也只把它看成外圍的防禦基地。在此同時,歐洲版圖也遭重新分配。根據德俄協議,除了德國佔領的波蘭部分以外,蘇聯進佔過去舊俄在一九一八年間失去的歐洲領土及芬蘭。一九三九至四〇年間,史達林曾與芬蘭打了一場爛仗,將蘇聯國界向列寧格勒(Leningrad)以外稍微推出一點。至於當年凡爾賽和約從原哈布斯堡治下劃分出來的諸國,果然短命,現在重新規劃,落入希特勒的統治。而英國原想將戰事延伸至巴爾幹地區,結果不出所料宣告失敗,反使整個半島,連希臘諸島在內都淪入德軍之手。而德國盟邦義大利在軍事上的表現,比第一次世界大戰的奧匈帝國還要差勁。義大利部隊在非洲節節敗退,幾乎快被英國趕出它在非洲建立的勢力範圍。而英國主要的基地在埃及,德國的勁旅非洲軍在軍事天才隆美爾將軍(Erwin Rommel)指揮之下,揮師穿過地中海直入非洲,大大威脅了英國在中東的整個地位。

一九四一年六月二十二日，希特勒矛頭一轉，入侵俄國，戰局又重新活躍起來。這是二次大戰決定性的一日，德國此舉毫無道理可言——反把自己陷入兩面作戰的泥淖——而史達林作夢也想不到希特勒會出此下策。可是希特勒此舉自有他的理由：能夠攫下東方這個陸地大國，不但資源豐富，又有源源不絕的勞工供應，自是再合理不過的策略。可是他跟其他的軍事專家一樣（日本除外），低估了蘇俄抵抗的能耐。不過，希特勒的估計也不算完全離譜，因爲當時的蘇聯實在一團糟：一九三〇年代的大清算，把紅軍整得支離破碎（見第十三章），國內一片低迷，恐怖氛圍充斥，史達林自己對軍事一竅不通，卻又喜歡橫加干涉。一開始，德軍在俄國勢如破竹，一如其在西部戰區的表現，進展極爲神速果決。不到十月初，德軍就已經打到莫斯科近郊，一時之間，連史達林也心慌意亂鬥志全消，打算向德方求和了。但德軍的良機稍縱即逝，俄國腹地太大，人員眾多，俄國佬又格外地強悍愛國，打起仗來殘忍無情，終於反敗爲勝，擊潰德軍。不過俄國得以獲得喘息重整的機會，主要也是因爲它的優秀將領終於可以放手一爲（其中有一些方從古拉格勞改營〔gulags〕釋放出來）。終史達林統治期間，只有在一九四二至四五年時停止過恐怖統治。

希特勒原打算在三個月之內就解決俄國，現在計畫落空，德國就等於已經失敗了。它的裝備和補給，都無法支持一個持久的戰事。德方擁有及製造的飛機坦克，甚至遠比英俄兩國爲低，這還不包括美國的數字在內。酷寒的嚴冬過後，一九四二年德國再度發動攻勢，這一次固然也跟以往諸役一般，打得非常漂亮。德軍甚至深入高加索山區，直逼窩瓦河（Volga）下游河谷，可是對戰局已經沒有任何決定性的影響了。一九四二年夏天到一九四三年三月之間，德軍攻勢最後終爲俄軍所擋，從此動彈不得，終至陷入包圍，被迫在史達林格勒投降。從這一刻開始，轉由俄軍採取攻勢，但一直到大戰結束，俄國也只打到柏林、布拉格和維也納一帶而已。然而史達林格勒一役之後，人人都知道大局已定，德國的失敗只是遲早的問題了。

在此同時，戰事雖然還是以歐洲爲主，戰火卻已經擴展到全球各地，主要是英國各地殖民地興起的反帝國主義風潮所致。大英帝國此時還算是世界級的霸權，仍有餘力鎮壓叛逆的臣民。南非的布耳人(Boer，南非荷蘭血統的白人)若有傾向希特勒的表示，即有被英方殖民當局拘留的危險——這批荷裔擁希派戰後重新出頭，一九四八年，南非開始執行的種族隔離政策，即出於這班人之手。一九四一年春天，拉須德阿里(Rashid Ali)奪得伊拉克政權，旋即被英方撲滅。此外，希特勒在歐洲的軍事勝利，也造成東南亞帝國勢力的部分眞空，這一點意義尤其重大。日本乘機移入，塡補眞空，以法國遺在中南半島的無助子民的保護人自居。日本代表的軸心(Axis)勢力，竟然開始在東南亞伸出魔爪，被美國視爲不可容忍之事，於是對日實行嚴厲的經濟壓力，而日本的對外貿易及資源供給，都仰賴海上運輸。就是這項衝突，導致兩國之間開戰。一九四一年十二月七日，日本突襲珍珠港(Pearl Harbor)，世界性大戰於焉爆發。幾個月之內，日本席捲了全部東南亞大陸及半島，耀武揚威地準備從緬甸西部進取印度，並有從新幾內亞南取澳大利亞空曠的北部地區之勢。

也許，日本與美國的正面開戰終不可免，除非前者放棄它建立一個經濟帝國的野心。這個經濟帝國，美其名叫做「大東亞共榮圈」，是日本的中心政策。但是，羅斯福當政的美國，眼見歐洲國家姑息希特勒和墨索里尼(Mussolini)的後果，自然不容自己重蹈英法的覆轍，一時容忍日本擴張的行動。不管怎麼說，美國一般輿情，總把太平洋地區（不像歐洲）視作美國正當的活動範圍，味道上和拉丁美洲之於美國的禁臠意義差不多。美國傳統的「孤立主義」，只限於不管歐洲的閒事。事實上，正因爲西方對日的禁運政策（其實就是美方的禁運），以及對日本資產的凍結，才迫使後者孤注一擲貿然行動。因爲若不出此下策，那麼完全仰賴海運進口的日本經濟，不出幾日，勢必氣絕而亡。日本貿然賭下這一注，風險非常大，結果不啻自殺之舉。但是日本建立南方帝國的霸圖，也只有這麼一個機會，而且稍縱即逝，不得不好好把握。它認爲此舉若要成功，必先鎖住美國海軍，因爲這是唯一能干擾日本行動的力量。然而這樣一來，也表示美國立將捲入戰爭。想想看美國超強的國力與資源，這一戰日本是輸定了。

令人感到困惑的是希特勒的舉動。他在俄國戰區已經傾注全力分身乏術，卻爲什麼還要莫名其妙地向美國宣戰呢？如此一來，美國國內政治阻力大減，羅斯福政府得以名正言順進入歐洲戰場與英國並肩作戰。在華盛頓當局眼裡，納粹德國在全球對美國地位——以及對世界的威脅，絕對比日本大得多了。因此，美方的精力及資源便自然多集中於歐洲戰場。結果證明，美方策略非常正確。美國參戰之後，盟國一共又花了三年半的時間方才擊敗德國，可是接下去不出三個月，便把日本解決了。希特勒對美宣戰的愚行令人費解，不過他一向過分低估美國的力量，尤其看不起美國在經濟與科技上的潛力。他總以爲民主政體辦事缺乏效率，決策因循拖延。希特勒唯一瞧得起的民主政權只有英國，因爲他認爲後者並不算完全民主的政體——這一點他倒沒看錯。

德軍進攻蘇俄，日本向美開戰，兩件事決定了二次大戰的結局。不過當時並不能馬上看出端倪，因爲德軍勢力在一九四二年中期正好達到高峯。而且一直到一九四三年，德國也沒有完全失去軍事上的主動。此外，西方盟國遲到一九四四年，方才有效地重返歐洲大陸。盟軍在北非戰場的行動雖告勝利，終於將軸心力量逐了出去，並因此攻入義大利，可是其攻勢卻被德軍擋住，不再能越雷池一步。在此同時，西方盟軍對付德國的主要武器，只有靠空軍，而事後的研究顯示，這一招效果其實很差，最大的用處，只不過殺死平民百姓毀滅城市罷了。當時盟國唯一能夠挺進的部隊只有俄軍；此外在巴爾幹半島——主要在南斯拉夫、阿爾巴尼亞及希臘地區——也有一些受共黨影響的地下武裝反抗力量讓德義頭痛，但盟方的反擊力量，也僅只於此而已。不過邱吉爾說得沒錯，珍珠港事變一起，他便信心十足地宣稱，如今勝券在握：「完全看我們自己如何運用壓倒性的力量取勝了。」(Kennedy, p.347) 直到一九四二年底開始，盟軍必勝的事實，不再有人懷疑。盟國開始爲必勝的未來進行籌劃了。

話說到此，我們不必再跟著以後的戰役一一討論。我們只需注意，在西方戰場一面，德軍反抗的力量始終很強，甚至在一九四四年六月盟軍重新揮軍返回歐陸之際，仍然如此。當時德國內部的狀況，也跟一九一八年德皇威廉的境遇不同，並沒有任何反希特勒的革命。只有普魯士傳統的優秀軍事力量的核心分子——德國的軍事將領，曾於一九四四年七月密謀鏟除希特勒。這些優秀的軍人是理性的愛國者，不願意瘋狂地去追求華格納歌劇《諸神的黃昏》(*Götterdämmerung*) 中暴斃式的結局。因爲他們知道，如此德國必亡無疑。但是這批軍官的舉動缺乏普遍支持，最後不幸失敗，全部死在希特勒死忠分子手裡。至於東方的日本，更是堅持鏖戰到底，沒有半分動搖的意思。因此，美國在廣島、長崎兩地投下原子彈，迫使日本趕快投降。一九四五年盟方的勝利是全面的，軸心的投降是毫無條件的。戰敗國完全被勝利國佔領，也沒有正式媾和的過程。佔領軍之外，盟國不承認任何敗國官方的存在，至少在德國及日本兩地絕對如此。若論起當時最接近和平協商的行動，恐怕要數一九四三到一九四五年間，包括美英蘇三大盟國在內的數度會商。三強在會中預分戰利，並試圖決定戰後彼此的相對關係(此舉不大成功)。這些會議前後計有四次：一九四三年在德黑蘭(Teheran)一次；一九四四年在莫斯科一次，一九四五年初在克里米亞的雅爾達(Yalta)又一次；一九四五年八月在被佔領德國的波茨坦(Potsdam)再會了一次。但是效果比較顯著的會議，卻要算一九四三年到一九四五年間，各盟國之間舉行的一連串磋商，會中為國際政經關係定下總體架構。其中包括聯合國(United Nations)的設立，第九章將有進一步討論。

因此，跟第一次世界大戰比起來，二次大戰打得更爲徹底，除了一九四三年義大利中途倒戈，政權更換之外，從頭到尾，雙方均不曾認眞考慮妥協。戰後義大利並沒有落入被人佔領的命運，盟國只把它當作戰敗國，並承認義國政府的存在。(這還多虧德國人，以及它扶持的墨索里尼政權——法西斯「社會共和國」——曾力守半個義大利達兩年之久，盟軍始終奈何他們不得。)兩邊之所以堅不妥協，道理也很簡單。這是一場信仰之戰，換個現代名詞，就是一場意識形態之戰。對絕大多數國家來說，又顯然是一場生死存亡之戰。從波蘭及俄國被德國佔領之後的慘狀，還有猶太人慘遭有系統屠殺的消息中(後來漸漸傳到外界難以置信的耳裡)，眾人學到一個教訓：一旦落入德國納粹政權手中，付出的代價就是死亡與奴役。因此這一戰是一場沒有極限，無所不用其極的戰爭。二次大戰將大規模集體戰爭，又升高為全面的戰爭。

這一仗打下來，損失簡直難以估算，因為大戰中除了軍人之外，平民更死傷無數（與一次大戰不同）。其中許多最慘烈的殺戮，往往發生在無人有餘力，或根本顧不及數算死傷的時地。直接因戰爭死亡的數字，據估計大約是一次大戰（其實也是估算）的三到五倍之間（Milward, p. 270; Petersen, 1986）。換個方式來看，蘇聯、波蘭、南斯拉夫三國，分別損失百分之十或二十的全部人口。德國、義大利、奧地利、匈牙利、日本，以及中國，則分別損失百分之四到六的人口。至於英法兩國的死亡人數，遠比一次大戰為低——只有百分之一，美國數字略高。不過這些都只是臆測罷了。有關蘇聯的死亡人數，先後曾有不同的估計，甚至包括官方統計在內，分別是七百萬，一千一百萬，甚或近於二千萬、五千萬。但是，整體的死亡規模如此巨大，在統計上算得再精確又有什麼意義？如果歷史學家算出，猶太人其實只死了五百萬人，甚或四百萬，而不是六百萬時，難道就能減德國屠殺猶太人的恐怖於萬一嗎？（不過六百萬這個數字，是一開始的粗算，絕對過估。）德國圍攻列寧格勒的九百天裡（一九四一—四四），到底有一百萬人，還是五、六十萬人因飢餓或力竭而亡？其中的差異又有何區別呢？事實上，除了直覺的想像外，對於這些數字，我們又能抓住其中多少真實的涵義？陷身德國的五百七十萬俄國戰俘裡面，有三百三十萬名不幸死去（Hirschfeld, 1986），這個數字，對一般讀者來說，又有什麼意義？這一場戰爭，我們唯一可以確定的是，男人死得比女人多。戰後俄國一直到了一九五九年，三十五到五十歲的年齡群中，每七名女人還只有四名男人（Milward, 1979, p.212）。戰火中倒塌的房子，可以再蓋；死去的人，卻再也不能復生。僥倖存活下來的人，想要重建正常的生活，多麼地艱難啊！

3

我們一般都有一個觀念，以爲現代戰爭一向都影響國內每一名男女老少的生活，並動員絕大多數國民；我們總以爲，現代戰爭使用的武器數量驚人，一向都得將整個經濟投入生產。我們又認爲，現代戰爭的武器一向都造成難以形容的大量傷亡，徹底地主宰並改變了交戰國的面貌。殊不知，這些現象其實只有在二十世紀以後方才發生。不錯，過去的確也有過悲劇性的毀滅戰事，也有過預示現代式可怕戰爭的前例，比方大革命期的法國即爲一例。一直到今天爲止，美國史上最慘烈的戰事還要算爲時四年的南北戰爭（一八六一—六五），死亡男丁無數，比美國後來參與的所有戰事死亡總數還多，其中包括兩次世界大戰、韓戰、越戰。但在二十世紀以前，影響一般社會生活的戰爭往往屬於例外。拿破崙四處征伐歐洲的年代裡，珍奧斯汀(Jane Austen)可以安坐家中寫她的小說。對不清楚時代背景的讀者來說，肯定猜不出當時是這樣一個烽火連天的時代，我們從她的小說裡嗅不出一絲戰爭的氣息。但在事實上，出現在奧斯汀筆下的年輕男子，某些位一定參與了當時的戰事。進入二十世紀，我們實在難以想像有哪一位小說家會用這種筆法描寫二十世紀戰火下的英國吧。

雖說二十世紀總體戰(total war)這個怪物，並非一開始就成龐然大物，不過從一九一四年開始，總體戰的形態便已成形，這一點絕對正確。即便在一次大戰之際，英國就已動員了百分之十二點五的男丁入伍。德國動員了百分之十五點四，法國動員人數幾乎達百分之十七。到了二次大戰，一般來說，各國積極從事軍事任務的動員人數，平均約爲百分之二十左右(Milward, 1979, p.216)。我們可以順便提一下，像這樣大規模的長期總動員，得靠兩種力量才能維持：一靠現代化高生產力的工業經濟，二靠大部分經濟活動掌握在非戰鬥人口的手裡。在傳統的農業經濟裡，除了偶爾季節性的徵用以外，就沒有能耐供應如此眾多兵源，至少在溫帶氣候區如此。因爲到了農忙時節(比方說收穫季節)，全民都得出動幫助農事。其實就算在工業化的社會，長期挪用如此大量人口，對勞動力也是一項極大的負擔。這也就是現代集體戰爭之下，有組織的勞工力量因而加強的原因。而女子也因此走出家庭，進入社會，造成女性就業的革命：一次大戰之際，女性就業還只是暫時情況；到了二次大戰，就成爲永久性的社會現象了。

二十世紀的戰爭是集體，全面的戰爭。人類在這些戰爭裡使用及毀滅的東西，數量之高，已達前人不能想像的地步。因此德文用 Materialschlacht——也就是物資戰，形容一九一四至一八年的西線戰事。拿破崙當年運氣好，當時法國工業生產規模極小，他卻還能在一八〇六年以全部不過一千五百發的彈藥，打垮了普魯士的軍隊，贏得耶納會戰(Battle of Jena)。可是後來到了一次大戰之前，法國的軍用生產計畫一天就是一萬到一萬兩千發。到了戰爭末期，甚至高達每日二十萬發之數。連沙皇帝俄，也能夠日產十五萬發，等於一個月四百五十萬發。規模如此龐大，難怪工廠裡的機械工程作業徹底革新了。至於其他比較不屬於破壞性質的物資生產，讓我們回憶一下，二次大戰期間，美國陸軍一共訂製了五億一千九百萬餘雙襪子，以及兩億一千九百萬餘條褲子。而德國部隊呢，在其繁文縟節的官僚傳統之下，單單一年之內（一九四三），就訂了四百四十萬把剪刀，以及六百二十萬個印盒，以供軍事單位蓋章所需（Milward, 1979, p.68）。大規模的集體戰爭，需要大量的生產配合。

可是生產也需要有組織，有管理——如果生產的目的，是爲了理性冷靜地殺人，是爲了用最有效率的方式毀滅人命，那麼同樣也不例外，需要組織管理，德國的死亡集中營即是一例。總而言之，總體戰可說是人類所知，規模最爲龐大的企業。戰爭的企業，需要眾人有意識地去組織，去管理。

這種現象，也引起了前所未見的新課題。自從十七世紀政府接管永久部隊（常備軍），不再向戰爭販子租傭兵力以來，軍事已經變成政府的職責。事實上，軍隊與作戰，很快就變成一種事業，或所謂的經濟活動，規模遠比私有企業還要大得多。因此十九世紀工業時代興起的大規模民間企業，往往需要借重軍方的專業及管理人才，比方像鐵道及港口的興建工程即爲二例。政府各個部門，幾乎都投入武器及各種戰爭物資的生產。一直到了十九世紀末期，才逐漸由政府與專業的民間軍火工業合作，形成某種共生的產業聯合，尤以一些需要高科技的部門爲最，如大砲及海軍裝備的研究生產等等。這就是現在我們大家都知道的所謂「國防軍事工業」的前身（見《帝國的年代》第十三章）。不過從法國大革命時期一直到一九一四年第一次世界大戰之間，每有戰爭，除了某些工業難免受到波及之外——比方說製衣業就得擴大生產供應軍衣——基本上，戰時經濟也只是平時經濟的延伸而已（所謂一切「照常營業」也）。

政府方面主要的問題，著眼於會計上的考慮：如何應付戰爭的支出。該經由借款，還是直接徵稅呢？不論借款還是徵稅，又是怎麼個做法呢？籌措經費掛帥之下，國庫或財政單位自然就變成了戰時經濟眞正的司令官。第一次世界大戰一打就是這麼久，遠超政府當初預期；人員軍火消耗如此驚人，「照常營業」的如意算盤當然打不下去，財政官員也無力繼續主導了。政客不計代價一心只想謀勝，國庫人員只有大搖其頭（年輕的凱因斯當時即在英國國庫任職）。凱因斯等人的看法自然沒有錯，英國實在力不足負兩次大戰的重擔，該國經濟也因此受到長遠的負面影響。然而，如果現代式的大戰實在無可迴避，大家就應該對成本、生產——甚至整體經濟——好好地仔細籌劃管理不可。

一次大戰期間，政府一面打，一面才學到這方面的經驗。到了二次大戰，由於事先仔細研究過一次大戰得來的教訓，於是一開始，大家就學乖了。可是現代戰爭打到一個地步，政府必須全面接管經濟，各種計畫及物資的分配也必須極爲詳密具體（跟平時的經濟管道作業完全兩回事）。雖說政府已有戰時經濟的心理準備，但直到好一陣子之後，眾人才慢慢體會其中深入的程度。二次大戰初起，各國之中，只有蘇聯及納粹德國擁有某種程度具體控制經濟活動的方式。這自然是因爲蘇聯的計畫經濟，多少師法德國在一九一四至一八年期間實行的戰時計畫經濟（見第十三章）。至於其他國家，尤其是英美兩國，這方面的組織管道根本就不存在。

奇怪的是，儘管德國有其開明專制官僚行政系統的傳統及理論基礎，兩次總體大戰打下來，在政府主導的戰時經濟上面，德國的表現卻遠不及西方民主國家——包括第一次大戰中的英法兩國，以及第二次大戰的英美兩國（有關蘇聯式的計畫，詳見第十三章）。其中原因到底何在，我們只能臆測；不過優劣事實俱在，卻不容人置疑。德國方面，在動員物資全面支援戰事上的組織力、效率都不行——不過一開始，德國原打算速戰速決，自然不需要全面性的動員——對於平民經濟需要的照顧，也不夠周全。相反的，僥倖活過一次大戰的英法兩國人民，戰後的情況卻比戰前還要好上一些，就算感覺上比較窮苦，英國工人的實際收入反而增加了。可是德國人卻較前飢貧，實際工資也較前為低。至於二次大戰的數字比較難對照，尤其因為第一，法國一下子就投降了；第二，美國比大家都富有，所受的壓力也小得多；第三，蘇聯則比較窮困，壓力則大得太多。基本上，德國的戰時經濟，等於有全歐供其剝削利用。但待戰事完畢，德國各方面的實質損害卻遠超過西方其他交戰國家。大致總合一下，英國的財力雖然比較差，到了一九四三年，平民消費甚至降低了百分之二十以上。及至最後大戰結束，英國老百姓的伙食及健康卻比別人都好，這都多虧該國戰時經濟能夠有系統、有計畫地公平分配整體資源，不致過度犧牲社會中任何一部分。德國的做法剛好相反，完全基於不平等的原則。德國不但全力剝削它佔領下的歐洲人力資源，對非我族類更視為劣等民族。極端到——比方對波蘭人、俄國人，還有猶太人——甚至根本把他們當作隨時可以犧牲，生命如同草芥的奴工。到一九四四年之際，德國境內的外國勞工，已高達其總勞動人口的五分之一，其中軍火工業便佔去了百分之三十。德國本國的勞工也好不到哪裡去，最多只能說，他們起碼還保留著一九三八年的實際收入水準。此外，戰爭期間，英國兒童的死亡及生病率不斷下降。反觀一向以糧產豐富聞名的法國，自一九四〇年被德國佔領統治之後，境內雖不再有過戰火，法人各年齡層的平均體重及健康卻普遍衰退了。

總體戰在管理上造成的革命，自是無庸置疑。對於科技及生產是否也有革命性的影響呢？換句話說，總體戰到底是促進了、還是防礙了經濟的發展？簡單地回答，總體戰使得科技更爲進步發達，因爲先進的交戰國不但在軍隊上求勝，更需要在技術上較勁，才能發展出更精良更有效的武器配備克敵致勝。要不是二次大戰事起，西方盟國擔心納粹德國發展核子武器的話，原子彈恐怕根本不會出現，二十世紀也不會在核能研究上投下大筆經費了。至於其他某些專爲作戰開發的科學技術，較之核能更容易移轉爲和平用途——航空及電腦即是二例。這一切都證明一件事實，戰時科技之所以加速發展，主要爲應付作戰及戰備之需。若在平時，如此龐大的研發經費，恐怕根本不能通過成本效益的計算，至少在態度及進展上都會較爲遲緩（見第九章）。

不過，科技爲戰爭服務一事並不新鮮，現代工業經濟的發展，也一向建立在科技的不斷創新。種種科技的進步發明，遲早都會發生，並不以戰爭爲限。如果沒有戰爭，發展的速度恐怕還會更快（人類沒有戰爭？當然是癡人說夢，不過爲討論方便，我們先這樣假定好了）。不過戰爭卻有助專門科技技術知識的散布，對工業組織及大量生產的方法，也都有深遠影響。但是一般來說，戰爭的作用，主要還是在於加速變革的速度，而非激發變化本身的發生。

戰爭是否促進經濟成長呢？就一面來說，絕對沒有。戰爭中，生產性資源的損失極爲嚴重，遠比工作人口的流失還大。蘇聯戰前百分之二十五的資源，在二次大戰中消滅殆盡。德國損失了百分之十三，義大利百分之八，法國百分之七，英國較低，只有百分之三（不過這些數字必須和戰時的新建設加以抵銷才更確實），蘇聯的例子最極端，戰爭對它造成的淨經濟效益完全屬於負面。一九四五年戰爭結束，俄羅斯農業俱毀於戰火之中，戰前推動的五年計畫也全告泡湯。碩果僅存的，只有一個龐大無當的軍火工業裝備，舉國苟延殘喘的餓殍，以及一片瘡痍滿目的大地。

但在另一面來看，大戰顯然對美國經濟裨益良多，成長率在兩次大戰期間都極爲驚人，尤以二次大戰爲最，年成長率高達約百分之十，甚至勝過其他任何時期，可謂空前絕後。美國在兩次大戰中都佔了便宜，不但本土遠離實際戰區，更成爲友邦的兵工廠。再加上美國經濟規模龐大，可以有效地擴大組織生產，這一點遠非其他各國能及。兩次大戰帶給美國最長遠的經濟影響，恐怕就是在一九一四至九一整整幾十年當中，賦予美國全球性的重量級經濟優勢。這種絕對的優勢，一直到本世紀末才開始逐漸衰退(見第九章)。兩場大戰，不論在相對還是絕對上，都加強了美國的國勢，削弱了它的競爭對手，使美國經濟狀況完全地轉型了。

如果說，戰爭對美俄兩國的經濟影響是兩個完全的極端(前者兩次大戰都得漁利，後者在二次大戰中尤爲創鉅痛深)，至於其他各國的情況，則介於兩者之間。不過就總體的分布曲線來說，一般而言，都比較接近俄國輸家的狀況。只有美國才是獨吃的大贏家。

4

我們還不曾討論戰火連綿的大時代對人類本身的衝擊，人類究竟爲這兩場大戰付出幾許代價？我們前面雖然提過大量的死傷數字，但那只是其中一部分代價而已。說也奇怪，一次大戰的傷亡雖然不及二次大戰慘重，在當時卻更受世人重視，不但各地紀念碑林立，每年更虔誠地大事紀念終戰。

俄國因爲共產革命的關係，特別重視一次大戰，自然情有可原；可是這種現象不獨蘇聯爲然。二次大戰沒有可與一次大戰「無名英雄碑」媲美的紀念舉措；到了二次大戰之後，每年慶祝「一次大戰休戰紀念日」（一九一八年十一月十一日）的氣氛，也每下愈況，逐漸失去當年神聖嚴肅的意義。探其因由，也許早年一次大戰之際，世人原不曉得犧牲會如許慘重；而到二次大戰，大家都心裡有數。所以前者一千萬人死亡帶來的驚嚇，遠比後者的五千四百萬更令人傷痛。

大戰本身的全面性，兩方不計代價不擇手段誓死戰到底的決心，在在都對世人心理產生重大影響。否則，我們又如何解釋種種不人道的殘酷行爲，在二十世紀愈演愈烈的現象呢。一九一四年之後，戰爭行爲越發殘忍野蠻，事實俱在，想否認都不行。本來到了二十世紀初年，強暴凌辱的人類苦情已在西歐世界正式絕跡。但自一九四五年以降，我們卻又開始視種種殘暴不仁的現象爲家常便飯，對於聯合國三分之一會員國（其中包括某些最古老最文明的國家）陷入人間地獄的慘狀也無動於衷(Peters, 1985)。

然而，殘暴程度的提高，主要並不是因爲人類潛在的獸性被戰爭激發及合理化了。當然這種現象，也的確在某些一次大戰老兵身上出現，尤以那些出身極右派國家主義陣營的武夫者流，或狙殺小隊、「義勇軍」(Free Corps)等分子爲然。他們自己有過殺人的經驗，又曾親見袍澤慘死，在正義的大旗之下，虐待擊殺幾個敵人，又算什麼値得躊躇猶疑的大事呢？

但是世界越來越殘酷的眞正原因，主要在於戰爭「民主化」的奇怪現象。全面性的衝突轉變成「人民的戰爭」，老百姓已經變成戰略的主體，有時甚至成爲主要的目標。現代所謂的民主化戰爭，跟民主政治一樣，競爭雙方往往將對手醜化，使其成爲人民恨惡，至少也是恥笑的對象。過去由專業人士或專家執行的戰鬥，彼此之間都還存有一分敬意，也比較遵守遊戲規則，甚至還保有幾分騎士精神，如果雙方社會地位相類，更是如此。過去雙方動武，往往也有其一定的規則，在兩次大戰戰鬥機駕駛員的身上，我們依稀可見這種古風。法國導演尙雷諾(Jean Renoir)那部有關一次大戰的反戰影片《大幻影》(*La Grande Illusion*)，就曾對此現象多所著墨。而且，除非受到選民或報界壓力的束縛，政治外交的專業人士往往可以心平氣和地與敵方宣戰媾和：正如拳擊手在開打前相互握手，拳戰後共同暢飮一般。但到了我們這一個世紀的總體戰，就完全不是這麼回事，俾斯麥時代，或十八世紀戰爭的模式已經蕩然無存。像現在這種需要鼓動舉國敵愾同仇的戰爭，已經不能再像過去貴族式戰爭那般有規有矩。因此我們必須強調，二次大戰期間，希特勒政權的所作所爲，以及包括非納粹德國軍隊在內的德國人，他們在東歐地區的種種作風固然可鄙，但也都是出於現代戰爭必須將敵人形象惡魔化的合理化需要。

戰爭變得愈加殘忍的另外一個原因，是因爲戰爭本身的非人化。血淋淋的殺人行動，如今變成一個按鈕或開關即可解決的遙遠事件。科技之下，死亡犧牲都不再活生生於眼前發生，這與傳統戰鬥裡，親手用刺刀剜出敵人的臟腑，從準星中瞄見敵人的身形倒下，有著多麼巨大的不同。西戰線上死命瞄準的槍口下，射倒的不再是活生生的人，而是一串統計數字——甚至連這個數字也不眞實，只是假設的統計而已，正如當年美國越戰對敵人死亡人數的估計一樣。而從高高的轟炸機看下去，地面上的一切不再是活生生的人事物，卻變成一個個無生命的投彈目標。性情和善的年輕男子，平常做夢也不會把刺刀插進任何鄉下孕婦的肚腹；一旦駕起飛機，卻可以輕而易舉，便對著倫敦或柏林的滿城人口按鈕落下強烈的炸彈，或在長崎投下末日的原子彈。那些工作勤奮的德國科員，若命他們親自將猶太人載到鐵網纏繞的死亡集中營，絕對千萬個不願意；可是坐在辦公室裡，卻可以不帶私人感情，日復一日安排火車時刻，固定往波蘭的屠場開出一班班死亡列車。這眞是我們這個世紀最殘忍的事情，可以完全不涉個人感情，全然組織化、例行化，遙遠地執行殘忍的暴行，有時候甚至可以解釋成不得已而出的下策，此情此心，實在可痛復可哀。

從此，世界便習慣這種前所未有、以天文數字論的萬民輾轉流離與屠殺死亡，人類甚至需要創出新字來描述這種現象：「無國之民」、「集體滅種」。一次大戰期間，土耳其曾殺害不計其數的亞美尼亞人——一般估計爲一百五十萬人左右——這可算是人類史上第一個有計畫集體消滅一整個人口的事例。第二次再度發生，便是比較爲人所知納粹殺害猶太人的事件了，一共約害死了五百萬名——各界對這個數字仍有爭議(Hilberg, 1985)。一次大戰及俄國大革命期間，幾百萬人流離失所成爲難民。又有幾百萬人在強迫「交換原籍人口」之下，被迫遠離家園。原住在土耳其的一百三十萬希臘裔民，被遣返希臘；四十萬土耳其人，也被「親愛的祖國」勒令召回。二十餘萬保加利亞人，搬到與他們民族同名，版圖卻已縮水的地方。一百五十萬到二百萬名俄國人，有的從俄國大革命逃離出來，有的則是革命內戰中戰敗出亡的一方，現在都無家可歸。爲了這一批俄籍流浪人士，以及三十二萬名逃離土耳其滅種屠殺的亞美尼亞人(前者才是主要對象)，國際聯盟特別簽發一種新文件，也就是所謂的南森護照(Nansen passport)，專門發給無家可歸的失國之人使用。在這個行政體系日益複雜的世界裡，這些可憐人卻沒有身分，在任何國家的行政體系中都不存在。南森護照之名係依北極大探險家挪威籍的南森(Fridtjof Nansen)之姓而定。南氏除了探險之外，平生致力幫助孤苦無援之人，曾主持一次大戰後難民救濟計畫，於一九二二年獲得該年諾貝爾和平獎。根據粗略估計，一九一四至二二年之間，世界一共製造出四百到五百萬的難民。

但是和二次大戰相比，第一批大量人口流離失所的數字可算小巫見大巫。二次大戰期間，難民人球的悲慘境遇前所罕見。據估計，一九四五年五月以前，歐洲大概已經有四千零五十萬人被迫連根拔起，這還不包括被迫送往德國的外籍勞工，以及在俄軍臨境之前逃走的德國人(Kulischer, 1948, pp.253-73)。德國失敗以後，一部分領土被波蘭與俄國瓜分併吞，從這一帶，還有從捷克斯洛伐克和東南歐原有的德民移住區，一共逃出了一千三百萬名德人(Holborn, p.363)。這些難民最後都由新成立的德意志聯邦共和國收納。任何回歸新聯邦的子民，都可以在那兒得到公民身分，建起新的家園。同樣地，新成立的以色列，也賦予地上每一個猶太人「歸國權」。但是，除了在這種大流離的世代，有哪個國家會認眞提出這種慷慨的建議？一九四五年，盟軍勝利部隊在德國一共發現了一千一百三十三萬二千七百名各種不同族籍的「戰爭難民」，其中一千萬人迅即被遣回原國——可是有一半人卻是在違反本人意願之下，被強迫送回(Jacobmeyer, 1986)。

以上還只是歐洲的難民。一九四七年印度殖民地恢復獨立，造成一千五百萬名難民流離於印巴之間，這還不包括後來在內部衝突中死亡的二百萬人在內。二次大戰引起的另一副作用——韓戰，害得五百萬韓國百姓變成難民。以色列人在中東建國——這是大戰引起的又一後續影響——聯合國近東巴勒斯坦難民救濟工作署(UNWRA)的難民册上，遂又增加一百三十萬名巴勒斯坦難民。與巴勒斯坦難民潮行相反方向的隊伍，則是一九六〇年代一百二十萬猶太人的回歸以色列，其中絕大多數原本都是難民。簡而言之，二次大戰掀起的戰禍，在人類歷史上可謂空前絕後。每一天，千千萬萬的人在受苦，在流離，甚至死去。更可悲的是，人類已經學會苟活於這悲慘的天地之間，再也不覺得這種現象有何可異之處了。

回頭看看，由奧地利大公王儲夫婦在薩拉耶佛被刺開始，一直到日本無條件投降爲止，三十一年的動亂時光，就好比十七世紀德國史上三十年戰爭的翻版。薩拉耶佛事件——當年的第一次薩城事件——不啻劃下一個天下大亂時代的開始。其中經歷的變亂與危厄，就是本章及以下四章討論的內容。但是，對一九四五年以後的世代而言，二十世紀發生的三十一年戰爭，在他們腦海留下的印象，卻跟十七世紀那一場三十年戰爭不同。

其中的部分原因，是由於本世紀的三十一年戰亂，之所以被劃分成一個單一的年代，主要係從史家的角度觀之。對那些身歷其境的人來說，前後兩次大戰雖有關聯，卻是兩場個別的戰爭，中間隔著一段沒有明顯戰爭行爲的「戰間期」。這段無戰時期對日本而言，只有十三年(日本於一九三一年在滿洲開啓戰端)；對美國來說，則長達二十三年(美國一直到一九四一年十二月才加入二次大戰)。但另一個原因，也出於這兩場戰爭各有千秋，自有其歷史個性及特色。兩次大戰發生的大屠殺都無與倫比，也都因科技的發明爲下一代留下不可磨滅的噩夢：一九一八年以後，人們日夜恐懼毒氣瓦斯與空襲轟炸；一九四五年以後，人們則日夜擔心那蕈狀原子雲的大破壞。兩戰都在歐亞極大地區造成了社會的大崩潰與革命——我們在下一章會詳加討論。兩戰也都使交戰雙方筋疲力竭國力大衰。唯一的例外只有美國，兩次都毫髮無傷反而更見富裕，成爲世界經濟的共主。然而，兩戰之間的差異又是何等驚人！一次大戰什麼問題也沒解決。它燃起了一些希望——在國際聯盟領導下建立一個和平民主的世界；重返一九一三年代繁榮的世界經濟；甚至對那些歡呼俄國革命萬歲的人來說，他們也有著各地風起雲湧，不出數年，甚或月間，被壓迫弱小階級即可起來推翻資本主義的美麗幻想。可是這種種希望幻想很快便破滅了。過去已經過去，再也追不回來；未來距離遙遠，不知何日可期；而眼前呢，除了一九二〇年代中期飛快流逝的短短幾年之外，眼前只有一片辛酸。而二次大戰則相反，確實達成了幾項結果，至少維持了好幾十年。大動亂時期產生的種種撼人的社會經濟問題，似乎也都消失無痕。西方世界的經濟，進入了黃金時代；西方民主社會在物質生活顯著改善之下，政局穩如泰山。戰火也從西方一掃而空，只有第三世界的人民繼續受其荼毒。而從另一方面來看，革命路線也爲自己找到了出路。舊殖民帝國的海外殖民地紛紛消失，尙未結束的也指日可期。共產國家則齊擁在如今已搖身一變成爲超級強國的蘇聯老大哥旗幟之下，自成集團，似乎隨時可以在經濟成長上與西方諸國一較短長。結果，東西經濟競賽的美夢只是一個幻影，但是卻一直拖到一九六〇年代才開始逐漸破滅。如今回頭看看，當時甚至連國際局勢也相當穩定，雖然那個時候因爲身在其中，反而不識其中眞貌。二次大戰還有一項與一次大戰不同之處：戰爭期間的老敵人——德日兩國，均重新整編歸入(西方)世界的經濟體系。而大戰之後的新敵——美俄兩國——彼此也從來不曾眞正開火。

甚至連兩次大戰之後的革命，也有著顯著的不同。第一次大戰後產生的革命，根基於親身經歷大戰者對戰爭本身的厭惡，他們認爲這種無端的廝殺毫無意義。而二次大戰之後的革命，卻出於眾人共同禦侮的敵愾同仇之勢——共同敵人雖指德國日本，更概括地說，卻也包括了帝國主義的勢力。這第二場革命即使再恐怖，對參與其事之人來說，卻因師出有名感到天經地義。但就像兩次大戰本身一般，在史家眼中，這兩類戰後革命仍同屬一個過程。下面就讓我們對這一點進行討論。

註釋

❶嚴格就技術來說，凡爾賽和約只是對德和約。對奧和約是聖日耳曼和約(Saint Germain)，對匈牙利和約是特里阿農和約(Trianon)，對土耳其和約叫作塞夫爾和約(Sèvres)，對保加利亞和約是納伊和約(Neuilly)。這些都是巴黎近郊的公園或城堡名。

❷凡爾賽和約導致的亂源，包括南斯拉夫內戰，斯洛伐克分離運動引起的騷動，波羅的海諸國脫離蘇聯，匈牙利與羅馬尼亞對外西凡尼亞(Transylvania)領土權的糾紛，摩達維亞(Moldova，前比薩拉比亞)的分離運動。講到這裡，不能不提起爆炸性最強的外高加索(Transcaucasian)建國運動，像這類事件，一九一四以前不但不存在，而且根本不可能發生。

❸阿蘭群島位於芬蘭瑞典之間，原屬芬蘭一部，可是當地人口都只講瑞典語。芬蘭新得獨立之後，野心勃勃地推動

獨尊芬蘭語運動，國際聯盟仲裁之下，避免了阿蘭群島脫離芬蘭加入瑞典的行動，但以兩事背書保證：該島人民保有只講瑞典語的權利，芬蘭本土居民不得強行移入該島。

第二章

世界大革命

布哈林(Bukharin, 1888-1938,俄國布爾什維克革命分子,主張漸進的農業集體化)又道:「我認爲,我們今天正開始進入一個革命時期。這個時期可能很長,也許要花上五十年的光陰,革命才能在全歐,最後在全世界,獲得全面勝利。」

——藍山姆著《一九一九俄國六週記》(Arthur Ransome, 1919, p.54)

讀雪萊的詩(更別提三千年前埃及農民的哀歌了),令人不寒而慄。詩中聲聲控訴壓制與剝削。爾後之世人,是否依然會在同樣的壓制剝削之下讀著這些詩?他們是否也會說:「想不到,連那個時候……」

——一九三八年德國詩人布萊希特讀雪萊詩〈安那其假面〉有感(Brecht,1964)

法國大革命以降,歐洲又發生了一場俄國革命。等於再次告訴世人,祖國的命運,一旦全然交託給貧苦謙卑的普羅勞動人民，哪怕敵人再強悍，也終將被逐。

——錄自一九四四年義大利戰時游擊隊吉奥波納第十九旅宣傳壁報

(Pavone, 1991, p.406)

革命是二十世紀戰爭之子：特定來說，革命係指一九一七年創立了蘇維埃聯邦的俄國革命。到了三十一年戰爭時代的第二階段，蘇聯更搖身一變，成爲世上數一數二的超級強國。但由廣義來看，則泛指作爲本世紀全球歷史常數的歷次革命。然而，若單憑戰爭本身，實不足爲交戰國帶來危機、崩潰，與革命。事實上在一九一四年之前，一般的看法恰恰相反，至少對那些舊有法統的既有政權而言，衆人都不以爲戰爭會動搖國本。拿破崙一世即曾大發牢騷，認爲奥地利皇帝就算再打上一百次敗仗，也可以繼續逍遙，照樣地做他的萬世皇帝——不然你看，普魯士國王不就是一個最好的例子，軍事上遭到慘敗，國土又去了大半，卻還在那裡老神在在地作王。可是我「老拿」，貴爲法國革命的驕子，卻有沒這種好命，只要吃上一次敗仗，地位就大爲不保。可是到了二十世紀，情況完全改觀。總體戰爭對國家人民需索之高，史無前例，勢必將一國國力所能的負荷推至極限。更有甚者，戰爭代價的慘酷，國家民族甚而瀕於崩潰的臨界點。綜觀兩次總體大戰的結果，只有美國全身而退，甚至比戰前更強。對其他所有國家來說，戰事結束，同時便意味著大動亂的來臨。

舊世界的命運，顯然已經注定要敗亡了。舊社會、舊經濟、舊政制，正像中國諺語所說，都已經「失天命」了。人類在等待另一個選擇，另一條路徑。而一九一四年之際，這一條新路大家都很熟悉，在歐洲多數國家裡面，社會主義黨派就代表著這個選擇(見《帝國的年代》第五章)。外有國內工人階級的支持，內心則對歷史命定的勝利充滿信念，於是革命前途一片看好。似乎只等一聲令下，人民就會揭竿而起，推翻資本主義，以社會主義取而代之。一舉將戰爭無謂的痛苦折磨，轉變為富有正面價值的積極意義：因為痛苦折磨，原本就是新世界誕生時必有的流血陣痛啊。而俄國革命，或更精確一點，一九一七年十月的布爾什維克黨革命，正好為舉世吹響了發動的號聲。十月革命對二十世紀的中心意義，可與一七八九年法國大革命之於十九世紀媲美。事實上，本書所論的短促二十世紀，時序上正好與十月革命誕生的俄國若合符節。這個巧合，誠非偶然。

十月革命在全世界造成的反響，卻遠比其前輩深遠普遍。如果說法國大革命追尋的理想，傳之後世的生命比布爾什維克為長；一九一七年革命事件產生的實際後果，卻比一七八九年更為深遠。一直到目前為止，十月革命催生的組織性革命運動，在現代史上仍數最為龐大可畏的勢力。自伊斯蘭創教征服各地來，全球擴張能力最強的力量，首推這股革命運動。想當年，列寧潛抵彼得格勒(Petrograd)的芬蘭車站(Finland Station)，三、四十年之間，世界上三分之一的人口，都落在直接衍生於那「震撼世界的十日」(Ten Days That Shook the World)(Reed, 1919)的共產黨政權之下。此共產黨，正是列寧一手組織創建的標準模式。在一九一四至一九四五年間長期戰爭的第二階段裡面，全球又掀起了革命的二度高潮，而這一次，多數革命群眾便開始追隨蘇聯的腳步。本章的內容，即是這兩階段革命的歷史經過；不過重點自然落在一九一七年初具雛型的首度革命，以及它爲眾家後續革命設定的特殊氣質形態。

總而言之，這第一次的革命，主控了日後所有繼起革命的模式。

1

一九一四至一九九一幾十年當中，有好長一段時間，蘇維埃共產制度都號稱比資本主義優秀，不但是人類社會可以選擇的另一條路，在歷史上也注定將取前者而代之。這段時間裡，雖然有人否定共產主義的優秀性，卻毫不懷疑它取得最後勝利的可能。除去一九三三至一九四五年間是一大例外之外(見第五章)，從俄國十月革命開始，七十七年之間，國際政治完全著眼於兩股勢力之間的長期對抗，也就是舊秩序對社會革命之爭。而社會革命的體現，則落實在蘇維埃聯邦與共產國際身上，彼此興榮，息息相關。

一九四五年起，共產主義與資本主義兩股對抗勢力的背後，分別由兩個超級強國主導，雙方揮舞著毀滅性的武器相互恫嚇。但隨著世紀時光的流轉，兩極制度較量的世界政治模式，顯然越來越不合實際了。到了一九八〇年代，更跟遙遠的十字軍一般，與國際政局已經毫無關係。不過兩制對峙的意象亦非無中生有，自有其成因。比起當年法國革命高潮時期的激進派雅各賓黨人(Jacobin)，俄國十月革命可說更爲徹底，更無妥協餘地。十月革命人士認爲，這場革命的意義，不只限於一國一地，更是全世界全人類的革命；不只爲俄國帶來了自由與社會主義，進而也將在全世界掀起無產階級的普羅革命。在列寧和他的同志心目中，布爾什維克黨人在俄國的勝利，只不過是第一階段；最終目標是要在世界戰場上贏得布爾什維克的廣大勝利。除此全面勝利，別無意義可言。

當年沙皇治下的舊俄，革命時機已臻成熟。若不革命，簡直無路可走。一八七〇年代以後，凡對世局有識之士俱都同意，像這樣的革命一旦爆發，帝俄必定垮台(見《帝國的年代》第十二章)。到了一九〇五至〇六年之後，帝俄政權對革命風潮已經完全束手無策，大勢之所趨，更沒有人再心存疑問了。如今溯往觀昔，現代某些史家論道，若非一次大戰事起，接著又有布爾什維克革命奪權，沙皇帝俄當已蛻變為繁榮自由的資本工業社會——而當年的俄國社會，其實也正朝著這個方向發展。但此說只是後見之明，倘若回到一九一四年以前的時節，恐怕得用顯微鏡才找得著有此預言眼光之人。一九〇五年革命事件平定之後，沙皇政權從此一蹶不振，但是政府的顢頇無能依然如昔，社會上的不滿浪潮卻更升高。一次大戰爆發前夕，幸好軍隊警察及公務人員依舊效忠政府，否則革命大亂必將一發不可收拾。大戰一起，民眾的熱情與愛國心果然被轉引了方向，一時沖淡了國內緊張的政治氣氛。其實這種以外患掩內憂的大挪移法，每個交戰國家皆然，但在俄國卻難以持久。及至一九一五年，病入膏肓的沙皇政權，似乎又已到了無可救藥的地步。這一回大勢所趨，一九一七年三月❶革命再起，果然不出世人所料，一舉推翻了俄國的君主政權。除去死硬的守舊反動派之外，西方政界輿論一致拍手喝采。

在浪漫派人士的想像中，從俄羅斯農村社區集體營作的經驗出發，一條陽關大道便直通社會主義的美好未來。然而這只是浪漫派的一廂情願，一般的看法卻正好相反，認為俄國革命不可能是，也不會是，一場社會主義性質的革命。因爲像俄國這樣一個農民國家，在世人心目中一向就等於貧窮、無知、落後的代名詞，根本不具備轉型變爲社會主義國家的條件。至於馬克思(Karl Marx)認定的資本主義的天生煞星——亦即工業化的普羅階級，雖然重點分布於俄國各地，卻仍是絕無僅有的極少數。其實連俄國的馬克思主義信徒，也不否認這種看法。沙皇政權及地主制度的垮台，最多只能促成一種「布爾喬亞資產階級式的革命」。有產無產之間的階級鬥爭，將在新政局之下繼續進行(不過根據馬克思的理論，最後結局自然只有一種)。而俄羅斯當然也不是與世隔絕的國家；版圖之廣，東接日本，西抵德國；國勢之強，名列屈指可數控制世局的「列強」之一。像這樣一個國家，一旦發生革命，對國際局勢必產生震撼性的影響。馬克思本人晚年曾經希望，俄國革命可以像雷管一般，去到工業更發達，更具無產階級社會主義革命條件的西方國家，引爆一連串的普羅革命。而一次世界大戰接近尾聲之際的國際政局，似乎也正朝這個方向走去。

不過這中間有一件事很複雜。如果說，當時的俄國仍未具備馬克思派心目中無產階級社會主義革命的條件；那麼退而求其次，所謂自由派「布爾喬亞資產階級革命」的時機，在俄國也同樣時候未到。就算那些理想不過資產階級革命之人，也得想辦法找出一條路來，不能單靠人數稀少的俄國自由派中產階級。因爲俄國的中產人士不但人數絕少，更缺乏道德意識及群眾支持；何況俄國也沒有代議制度的傳統可與他們相容。一九一七至一八年自由選舉選出的立憲會議當中(後旋遭解散)，主張布爾喬亞自由主義的民主派——立憲民主黨(Kadet)，所佔席位不到百分之二點五。俄國只有兩條路好走：一是絕大多數根本不知布爾喬亞爲何物，也根本不在乎它是什麼玩意的工農民眾起來，在革命路線黨派（這一類人要的自然不是資產階級式的俄國）的領導之下贏得選舉，翻轉俄國布爾喬亞的性質。另一途，也是可能性比較大的一途，則是當初造成革命的社會力量再度湧動起來，越過資產階級自由派，步向另一個更激進的階段（借用馬克思的用語，就是所謂的「不斷革命論」。一九〇五年，這個名詞曾爲年輕的托洛斯基〔Leon Trotsky〕所用而再度復興）。其實早在一九〇五年之際，列寧本人的目標，也只是建立一個資產階級的自由俄羅斯。可是一九一七年革命事起，從一開始，列寧便一改前衷，認爲自由主義這匹馬，在俄國革命大賽場上永遠不能出頭。列寧這項評估，可謂相當實際。但是，當時的他也很清楚，俄國其實也不具備進行**社會主義**革命的條件。而這也是所有俄國及外國共產黨人共同的認知，對這些馬克思主義的革命信徒來說，他們的革命，**一定得**向外散布方能有成。

而觀之當時的局勢，這種想法也極有實現的可能。一次大戰結束了，各地舊政權紛紛垮台，全歐陷入革命爆發的危機，戰敗國尤如纍卵。一九一八年，四個戰敗國的統治者（德國、奧匈帝國、土耳其、保加利亞），均失去了他們的寶座。連前一年即已去位，敗在德國手下的俄國沙皇在內，一共五位。甚至連義大利，也因國內社會一片動盪，革命幾乎一觸即發，連帶其他戰勝國家，也一起受到極大的震撼。

我們前面已經看見，集體的全面戰爭，爲歐洲造成極大的壓力，使其社會開始扭曲變形。本來戰爭剛剛爆發之際，國民曾激起過一陣愛國熱潮，然而隨著戰事老大，高潮慢慢退去。及至一九一六年，戰爭的疲乏感已經轉變成一種陰鬱靜默的敵意，進而更演變成一種無休止無意義的殺戮。可是交戰雙方，誰也不願意先住手。當初一九一四年戰事初起，反戰人士只有一股無能爲力的感覺。然而戰事蹉跎，師老無功，到了一九一六年，他們開始覺得，自己的看法已經足以代表大多數的意見了。從下列事件，我們可以一窺當時反戰情緒瀰漫的程度。一九一六年十月二十八日，奧地利社會黨領袖暨創始人之子阿德勒(Friedrich Adler)，竟然在維也納的一家咖啡館，蓄意冷血謀殺了奧國首相史德格伯爵(Count Stürgkh)——插敘一句，這還是達官要人沒有今天所謂安全人員隨身保護之前的年代——這樁暗殺事件，不啻是一種公開的非戰手勢。

早在一九一四年之前，社會主義運動就已堅持反戰。而此刻普遍的反戰情緒，自然有助於提升社會主義者的形象與分量。後者愈發老調重彈，比方英國、俄國，以及塞爾維亞的獨立勞工黨，就從不曾放棄其反戰的立場。至於其他國家的社會主義黨派，即使黨的立場支持作戰，黨內的反彈，卻往往是最大的反對聲音❷。同時，在主要交戰國家裡，有組織的勞工運動開始在大型的軍火工業中醞釀，最後培養成工業及反戰勢力的中心。這些工廠中的工會代表均屬技術工人，談判地位有利，變成了激進派的代名詞。而海軍裡高科技的技師機工也不例外，都紛紛走上這個趨勢。德俄兩國的主要海軍基地，基爾(Kiel)及克朗施塔德(Kronstadt)，最後分別變成革命運動的中心。再後來，法國在黑海的海軍基地一度兵變，阻礙了法軍介入一九一八至二〇年俄國內戰，打壓布爾什維克黨人的軍事行動。反戰勢力，從此有了焦點及動力。難怪奧匈帝國的郵電檢查人員發現，隨著時間過去，軍中信件的語氣逐漸有了改變：從原本的「但願老天爺賜我們和平吧」，轉變成「我們已經受夠了」，甚至還有人寫道：「聽說社會黨要去談和了。」

從哈布斯堡政權檢查人員留下的記錄中，我們還可以證明一件事：自大戰爆發以來，頭一樁響應民心的政治事件，就是俄國的大革命。自十月革命列寧領導的布爾什克維黨奪權成功之後，和平的呼聲，與社會革命的需求更匯合成爲一流：一九一七年十一月到一九一八年三月之間抽調的受檢信件中，三分之一表示，和平希望在俄國；另外三分之一認爲，和平希望在革命；還有百分二十以爲，和平之望在俄國與革命，兩者皆不可缺。其實俄國大革命對國際帶來的反響，向來很明顯：早在一九〇五至〇六年發生的頭次革命，就已經震撼了當時殘存的幾個大帝國，從奧匈帝國，經由土耳其、波斯，一路到了中國，俱受震動(見《帝國的年代》第十二章)。及至一九一七年之際，全歐根本已經變成一堆待燃的火藥物，只等著隨時引爆了。

2

帝俄的情況一塌糊塗，不但革命時機成熟，大戰中也打得筋疲力竭，隨時在敗亡的邊緣上。俄國最後終於倒了下來，成爲東歐及中歐地區，第一個在一次大戰壓力下崩潰的國家。最後的爆炸，遲早都會發生，人人心裡有數。只是不曉得爆炸的導火線會在何時，以及何種狀況之下引燃。其實一直到二月革命爆發之前的幾週，連當時流亡在瑞士的列寧，都不敢確定今生自己能否親見革命成功。到了最後關頭，造成沙皇政權垮台的導火事件，係由一群工人婦女的示威引起(示威之日，就是社會主義運動沿立的三八「婦女節」)。另有普提洛夫(Putilov)鐵工廠的工人，向以立場強悍出名，因與資方發生糾紛，被廠方勒令停工。於是工人與婦女結合，發起一場總罷工，示威遊行的隊伍，越過冰凍的河面，一直向首都中心進發。可憐他們所求無多，也不過就是麵包罷了。沙皇的部隊起初躊躇不願動手，最後不但拒絕了向群眾攻擊的命令，還與民眾保持著友好的氣氛，甚至連一向對沙皇忠心耿耿的哥薩克衛戍部隊，也不肯向民眾開火。沙皇政權的脆弱，至此完全暴露無遺。混亂了四天之後，軍隊終於譁變，沙皇退位，由一個自由派的「臨時政府」暫時接管。當時與俄國協約的西方諸國，對沙皇退位難免表示同情，甚而伸出援手——因為它們擔心，沙皇政權走投無路之下，可能會退出大戰，進而與德國單獨簽立和約。這一場街頭混亂，無人策劃領導，純屬偶發事件，區區四日，卻從此結束了一個老大帝國❸。更精采的還在後頭：革命之於俄國，恰如水到渠成，彼得格勒的民眾竟然立刻宣稱，沙皇的傾覆實等於全世界自由平等及直接民主的到來。而列寧最大的作為，就是扭轉了這個無法控制的局面，將群情澎湃的無政府狀態，一轉而為布爾什維克的勢力所用。

取沙皇政權而起的俄國新政局，並不是一個親西方的自由憲政政體，更無心與德國戀戰。當時存在的其實是革命的真空狀態：一邊是毫無實權的「臨時政府」；另一邊則是如雨後春筍在各地紛紛成立的「草根」性地方會議（亦即蘇維埃〔Soviet〕，會議之意）❹。這些草根政治組織握有相當的實權，至少擁有否決大權——可是對於這個權力有何妙用，以及如何使用這個權力，或是應該怎麼發揮，卻一竅不通。各個不同的革命黨派組織也紛紛出現——社會民主黨（Social Democrat，奉馬克思思想為正宗）有兩派：布爾什維克（Bolshevik，俄文即「大」之意，意譯為「多數派」，主張無產階級專政）、孟什維克（Menshevik，俄文即「小」之意，意譯為「少數派」，主張與資產階級聯手，進行自由化改革），此外還有社會革命黨(Social Revolutionaries，主張土地國有，以暗殺爲遂行革命之手段），以及其他無數的左派小團體，一一抖落原先非法的身分，從地下現身——這些黨派團體，極力爭取各地蘇維埃，以圖擴大自己的陣營。但是一開始，眾人之中，只有列寧灼有洞見。他指出，各地的蘇維埃，可作爲政府的另一途徑。（列寧曾有名言：「一切權力，歸於蘇維埃。」）但是沙皇政權甫落，大大小小各種名目的革命黨團林立，老百姓根本搞不清楚這些林林總總的名號，到底代表著什麼意思；就算知道，也不辨其中異同。他們只明白一件事，就是從今以後，再也不用聽命於權威了——甚至連那些自以爲識見高過他們一等的革命權威，也用不著去理會。

城內的貧民只有一樣要求，就是麵包。至於其中的工人，則希望待遇改善，工時減少。而其他的俄國老百姓，百分之八十都靠務農爲生，他們的要求無他，無非土地而已。此外不分工農，眾人都一致希望趕快停戰。但是一開始，以農民爲主體的軍隊倒不反對這場戰爭，他們反對的只是太過嚴苛的軍紀，以及上級施與下級軍士的惡劣待遇。於是「麵包！和平！土地！」提出這些口號的團體，很快便獲得民眾極大的支持。其中效果最著者，要數列寧領導的布爾什維克黨，從一九一七年三月間幾千人的小團體，不到同年夏初，便迅速成長爲二十五萬黨員的大黨。冷戰時期，西方曾對列寧有過一種錯覺，以爲他最擅長的手法乃組織突襲。殊不知列寧及布爾什維克諸人唯一的眞正資產，在於其能認識及把握群眾的需要，並能追隨群眾，進而領導群眾。舉例來說：列寧發現，小農心中想要的東西，其實和社會主義的計畫相反——不是土地共有，反而是土地分配，由個別家庭農場經營之。一旦體認這個事實，列寧毫不猶疑，立刻認定，布爾什維克的任務，便是實現這種經濟上的個人主義。

兩相比較，臨時政府卻只知道一味頒布法令，根本看不出自己毫無約束國人服膺的能力。革命之後，俄國的資本家、經理人，曾試圖恢復勞工秩序，卻徒招民怨，反激得工人走向更極端的一頭。一九一七年六月，臨時政府堅持發動另一波軍事攻擊。部隊實在受夠了，於是小農出身的士兵紛紛脫隊，逕自返家與鄉人一道分田去了。返鄉的火車開到哪裡，革命的火燄也就蔓延到哪裡。臨時政府垮台的時機，雖然一時尚未來到，可是從夏天開始，激進的腳步卻在軍隊及城市不斷加速，情勢對布爾什維克黨越來越為有利。立場激烈的社會革命黨，作為民粹派(Narodniks)的繼承黨，獲得小農階級民眾壓倒性的支持(見《資本的年代》第九章)，愈發助長極左派的出現。結果社革黨與布爾什維克黨人越走越近，十月革命後曾有一段短時期共同執政。

於是布爾什維克——究其性質，布黨實屬工人之黨——在俄國各大城市成為多數大黨，在首都彼得格勒，以及大城莫斯科兩地，聲勢尤其浩大，在軍中的影響力也迅速擴張。在布爾什維克強勢壓力之下，臨時政府的存在愈發陰暗。八月間，一位保皇派將軍發起反革命政變，政府還得求助於首都的革命勢力以資對付，於是地位更形不保。布爾什維克黨的支持者，情緒愈發激盪極端，騎虎之下，奪權之勢終不可免。最後的關頭來臨，與其說是奪權，倒不如說布黨把現成權力撿起來更為貼切。一九一七年十一月七日，布爾什維克黨人輕易地取下冬宮(Winter Palace)，是為十月革命。對於當天這段經過，有人曾說，日後俄國大導演艾森斯坦(Eisenstein)導拍名片《十月》(*October*)之時(一九二七年十月)，拍攝現場的受傷人數，恐怕比眞正十月革命的傷亡還要多呢。當其時也，臨時政府彷彿一下子便消失得無影無蹤，連半個留守抵抗的人也不見。

從臨時政府注定垮台的敗跡透露開始，一直到今天，各方對十月革命的看法始終爭持不下，其實其中多數意見都具有誤導的意味。反共派的歷史學家往往認爲，此事根本就是列寧一手策劃的暴動或政變，以遂行其反民主的基本立場。但問題的關鍵所在，並不在誰導演了臨時政府的垮台；乃在臨時政府下台之後，該由何方何人接手。或者說，何方何人有此能耐，可以勝任接手的工作。早在九月分開始，列寧就不斷地說服黨內的猶疑分子，他表示，時機稍縱即逝，權力送上門時，若不好好把握，必將從此與布黨無緣——程度同樣緊急的，是另外一個問題，列寧問自己，也問大家：一旦得權，「布黨有能力，繼續維持這份權力嗎？」事實上，任誰想要統治這個火山爆發般的革命俄國，到底又能有什麼妙計可施呢？除了列寧領導下的布爾什維克黨人，沒有一黨敢單獨地正視這個重任——列寧在他撰寫的宣傳小册裡面指出，甚至連布黨中人，也非人人有他這番決心魄力。布黨在彼得格勒、莫斯科，以及北方軍中，各地形勢一片看好，到底該圖一時之便，**此時此刻**立即奪權好呢；還是應該靜觀其變，視情勢發展成熟再定？這實在是個舉棋不定，難以回答的大問題。可是德軍已經兵臨城下，正逼近今日愛沙尼亞所在的北方邊界，離俄都只有數哩之遙。而那個臨時政府，情急之際，鐵定不會將政權交予廣大的人民會議蘇維埃，反而極有可能向德軍棄都投降。列寧行事，一向做最壞的打算，他認爲，如果布爾什維克不把握此一時機，「那眞正無政府主義的聲浪，可能會比本黨的氣勢還要更旺。」列寧條分縷析，末了提出一個大道理，他的同志不能不服：作爲一個革命黨，如果不理睬群眾與時機共同要求我們抓權的呼聲，那麼我們與非革命分子又有何不同呢？

因此，奪權一事，其本身無可辯論，問題則出在長期的展望上面。就算布黨在彼得格勒與莫斯科兩地高漲的權力，能以延伸到俄國全境，並得以在各地穩住政權，進而打擊無政府及反革命的勢力，長期的做法，又該如何？列寧本人，一心以「轉變俄羅斯共和國爲社會主義國家」，作爲蘇維埃新政府的第一要務（所謂蘇維埃，主要就是指布黨）。他這番打算，其實是一場賭注，希望可以藉著俄國革命，進而在全世界，至少在歐洲地區，造成革命。他經常表示：「除非把俄國與歐洲的布爾喬亞階級完全毀滅……社會主義的勝利，怎麼能夠到來？」現階段，布爾什維克的主要任務，其實也就是它的唯一任務，就是將到手的權力好好撐持下去。於是新政府呼籲工人，維持正常生產運作的進行；在此同時，除了宣稱其施政目標是將銀行收歸國有，以及由「工人當家作主」，接收原有的管理階級之外，新政權之於社會主義，並沒有多少實際動作。其實自革命以來，以上一切早已實行，現在只不過蓋個章，加上官方認可使之正式化而已。除此之外，新政府對人民就沒有什麼話可說了❺。

而新政權也的確支撐了下來，它熬過了德國立下的布勒斯特—里多夫斯克和約的懲罰，幾個月後，德國自己也告戰敗。布—里之約將波蘭、波羅的海三小國、烏克蘭（Ukraine）、俄國南部及西部的廣大地區，以及外高加索區，統統從俄國版圖中割離出來（其實當時外高加索已不在俄國治下。不過後來烏克蘭及外高加索又重行回復爲俄國領土）。布爾什維克既是世界顚覆的中心，西方協約各國自然不會對它太客氣。在協約國財力支援之下，俄國境內掀起了各種反革命的部隊（即「白軍」）及政權。英、法、美、日、波蘭、塞爾維亞、希臘、羅馬尼亞，各國軍隊紛紛開上俄國土地。一九一八至二〇年間，俄國內戰打得不可開交，極其血腥殘忍。戰事到了最惡劣的地步，蘇維埃俄羅斯除了伸入芬蘭灣的列寧格勒小小一角之外，對外海口全部斷絕。只剩下烏拉山地帶與現今波羅的海諸國之間的俄羅斯中部與西部，成爲一個廣大的封閉內陸地區。新政權空空如也，紅軍又匆匆成軍，眞正幫了共產政府最大的忙的，其實是「白俄」本身的問題。白俄部隊不但拙劣無能，內部又傾軋不和，與俄羅斯小農大眾間的敵意也愈深。而白軍內部的忠誠度是否可靠，西方諸強也頗有疑問，如何調令那些反叛意識甚強的士兵有效攻打布黨，實在令人擔心。待到一九二〇年末，布黨人終於贏得紅白軍內戰的最後勝利。

於是，出乎眾人意料地，蘇維埃俄羅斯竟然百劫餘生，從此存活了下來。布黨不但維繫住了它的政權，其壽命甚至比當年一八七一年的巴黎公社(Paris Commune)還要更長(巴黎公社曇花一現，只維持了兩個月餘。布黨得權之後兩個月零十五天，列寧驕傲欣慰地指出，其政權已經比當年的巴黎公社還長了)。其實，布黨政權之命，還不僅只此數。此後，它熬過了危機災難不斷的年月，德國的佔領及罰約，國內各地的分離行動，反革命活動，內戰，外國武裝勢力的干預，以及大饑荒與經濟崩潰。日復一日，它沒有別的路好走，隨時只面臨著兩項生死存亡的選擇：一是解決迫在眉睫的生存問題；一是應付立時三刻的大難當頭。許許多多的事情，都需要立作決定；誰又有工夫去考慮長程後果，去斟酌這些決定會爲革命帶來何等樣的影響呢？眼前如果猶疑不決，恐怕連革命都將不保，又哪來長期後果好憂慮呢？兵來將擋，水來土掩，革命新政權只好走一步算一步，來一件解決一件。待新生的蘇維埃共和國，從煩惱痛苦的灰燼重新站起之際，它發現自己已經和當初芬蘭車站時代的列寧的想法，漸行漸遠漸生了。

無論如何，這一場驚天動地的革命畢竟熬了下來。革命存活的原因有三：其一，黨員達六十餘萬的共產黨，權力集中，組織嚴密，為革命提供了一個極其特殊有力的建國工具。不管當初共產黨在革命之中的角色如何，一九〇二年以來，列寧不遺餘力，一手繁衍衛護的這個組織模型，至終畢竟取得了自己的特色及地位。短促二十世紀涵蓋的這幾十年當中，世界各地不論大小革命政權，幾乎多少都有一點蘇共的影子。其次，共產黨是唯一有心並且有力，將俄國鞏固成為一個國家的政權。正因為共產黨有這份心力，那些與它政治立場敵對的愛國軍官，才願意加入紅軍，為其出力效命，否則哪來紅軍隊伍可言。對這些愛國的俄羅斯軍官而言，當時的抉擇，不在於你是要一個自由民主，還是社會主義的俄國。他們的著眼點，在於維護一個完整的俄羅斯，使其不致淪入其他老大戰敗帝國分崩離析的下場。殷鑑不遠，眼前就有奧匈帝國與土耳其的鄂圖曼帝國做例子，而史家撫今追昔，同樣贊成他們的想法。因為有布爾什維克革命的出現，舊俄沙皇的領土才不致步上前兩個帝國的後塵，總算繼續保持這個多民族國家版圖的完整，長達七十四年之久。其三，革命讓農民取得了土地。農民是農業俄國的核心，也是新成立的部隊的主力——緊要關頭之際，大俄羅斯的農民認為，如果讓仕紳階級回來掌權，這些好不容易分得的土地恐將不保，倒不如留在紅軍治下，應該比較保險。一九一八至二〇年的俄國內戰，因有農民意向相助，布黨取得了決定性的優勢。不幸的是，後來的事實證明，俄國農民當初還是太樂觀了一點。

3

在列寧的心目中，俄國社會主義化的最終目的，是爲達到世界革命——可是這場世界革命，至終並沒有發生。可憐的蘇維埃俄國，卻因此走上一代貧窮落後的孤立；未來的發展方向，也在當時就被命定了，至少被狹窄的限定了（見第十三章與第十六章）。不過十月革命之後，緊接的兩年之間，革命浪潮的確席捲了全球。對隨時準備作戰的布黨中人來說，他們對世界革命的希望似乎並非不切實際。德文國際歌中的第一句，就是「全世界的人民，聽到了信號聲。」而這個號聲，便響自彼得格勒——自一九一八年俄國遷都，移到戰略地點比較安全的莫斯科之後❻，又由莫斯科傳來。革命的號聲，宏亮清晰，聲聲可聞。不論何處，只要有勞工及社會主義的運動，不論其意識形態爲何，都可以聽到革命的號角。而且號聲所傳之處，無遠弗屆，不只限於勞工及社會主義的陣營。如古巴的菸草工人，也成立了「蘇維埃」式的會議，雖然在古巴境內，恐怕沒有幾個人知道俄羅斯其國到底在海角天涯的哪一方。至於一九一七至一九一九年這兩年時光，在西班牙史上素有「布爾什維克二年期間」之名，其實當地鬧事的左派分子，係屬於激烈的無政府主義者，根本與列寧的主張南轅北轍。一九一九年在中國北京，一九一八年在阿根廷哥多華（Córdoba），也分別爆發了學生革命運動。革命的大風，不久便漫及整個拉丁美洲，當地各類馬克思系領導分子及黨派，於焉誕生。國際共產革命旋風橫掃之下，主張印第安民族運動的墨西哥強硬好戰人士洛伊（M. N. Roy）的聲勢立刻大跌，因爲一九一七年際，當地革命正值最爲極端激烈時期，自然不談民族感情，反而與革命俄國認同：馬克思、列寧諸人，開始與本土阿茲提克帝國（Aztec）的皇帝莫克特蘇馬（Moctezuma）、墨西哥的農民革命領袖薩帕塔（Emiliano Zapata），以及各式各樣印第安族人工作的圖像並列，變成當地革命分子崇拜的肖像。這些人物圖像，迄今仍可在官方畫家所繪的大型壁畫上見到。其後不出數月，洛伊便來到莫斯科，爲新成立的共產國際（Communist International）策劃，在其解放殖民地的政策上扮演了重要的角色。此外，印尼民族解放運動中主要的群眾組織——回教聯盟（Sarekat Islam），也立即受到十月革命的影響，部分係經由當地的荷蘭社會主義者史尼維勒特（Henk Sneevliet）引介之故。土耳其一家地方報紙則寫道：「俄國人民的壯舉，有朝一日，必成爲燦爛的太陽，照耀著全人類。」居住在澳大利亞遙遠內陸的那些剪羊毛的工人（多數是愛爾蘭天主教徒），對政治理論顯然毫無興趣，卻也爲蘇維埃成爲工人國家而歡呼。在美國，長久以來強烈堅持社會主義最力的芬蘭移民（Finns），也成批地皈依爲共產信徒。這些芬蘭裔的工人，在明尼蘇達淒清蕭瑟的礦區小鎮頻頻聚會，會中往往充滿宗教的氣氛：「只要列寧的名字一被提起，立刻心跳加速，熱血沸騰。……神祕的靜默裡，洋溢著宗教式的狂喜迷醉，我們崇拜著俄國來的每一件事物。」（Koivisto, 1983）簡單地說，世界各地都將十月革命視作震撼全球的大事。

通常與革命有過親身接觸的人，比較不容易產生宗教式的狂信，可是照樣還是有一大批人因此皈依共產。其中有歸鄉的戰犯，不但成爲布爾什維克的不二信徒，未來更成爲祖國的共產領袖。這樣的例子有克羅埃西亞的機械工人布洛茲（Josef Broz），也就是後來南斯拉夫的共黨頭子狄托元帥

(Tito)。也有訪問革命俄國的新聞從業人員,像《曼徹斯特衛報》的藍山姆(Arthur Ransome)。藍氏雖不是出名的政治人物,卻是個素負盛名的兒童讀物作家,一腔對航海的熱情,常在其迷人的作品中流露。還有一位受到共產革命鼓舞的人物,布爾什維克的色彩更少,也就是日後寫出偉大文學名作《好兵帥克》(*The Adventures of the Good Soldier Schwejk*)的捷克親共作家哈謝克(Jaroslav Hašek)——哈氏發現,破天荒頭一遭,自己竟會爲了一個理想使命而戰。聽說更令他驚奇的是,醉生夢死了一輩子,竟從此清醒過來,再也不沾杯中物。俄國內戰時期,哈謝克加入紅軍任職,擔任人民委員。可是戰後回到布拉格,卻再度沉迷醉鄉,重拾以往無政府主義暨波希米亞式的生活。他的理由是革命後的蘇維埃俄羅斯,不合他的口味。然而革命,卻的確曾是他想追求的理想。

發生在俄國的大事,不只激勵了各地的革命分子;尤有甚者,更在各地掀起了革命行動的浪潮。一九一八年一月,布黨奪取冬宮數週後,新政府正拚命設法,想與不斷挺進的德軍媾和。正在此時,一股大規模的政治罷工及反戰示威,卻開始橫掃中歐各地。革命的浪頭,首先襲向維也納,然後經過布達佩斯與捷克地區,一路蔓延到了德國,最後在奧匈帝國亞德里亞海的海軍事變中達到高潮。同盟國的大勢已去,其陸軍部隊也迅即解體。九月間,保加利亞農兵歸鄉,宣布成立共和國,直向首都索菲亞(Sofia)進發;但在德方協助之下,叛軍的武裝終遭解除。十月裡,哈布斯堡的君王在義大利前線打了最後一場敗仗,從此鞠躬下台。各個新興的民族國家,仗著一線希望,紛紛宣告成立。它們的想法是,比起危險的布爾什維克革命,想來勝利的協約國總該比較歡迎它們的出現吧(這個想法倒也沒錯)。事實上,布黨呼籲人民群眾停戰媾和,西方國家早就擔心不已——更何況布爾什維克黨人還公布了盟國祕密瓜分歐洲的戰時協定。盟國的第一個反應，就是美國威爾遜總統提出的十四點和平計畫。計畫中玩起民族主義牌，對抗列寧國際人民聯合的呼聲。此外，將由許多小型民族國家合組一道防堵長牆，共同圍堵紅色病毒。同年十一月初德國各地陸海軍士兵紛紛叛亂，由基爾的海軍基地開始，革命風潮一路傳遍德國全地。共和國宣布成立，皇帝老爺退位潛往荷蘭，代之而起成爲國家元首之人，是一位馬具工出身的社會民主黨員。

於是東起海參崴，西到萊茵河，各地一片革命怒潮。但這是一股以非戰爲中心的革命旋風，社會革命的色彩其實很淡。因此大戰結束，和平來到，革命的爆炸力便和緩許多。對哈布斯堡、羅曼諾夫、鄂圖曼，以及東南歐小國的農民士兵及其家人來說，革命的內容不外有四：土地、對城市的疑懼、對陌生人(尤其是猶太人)的疑懼，以及對政府的疑懼。因此小農們雖然起來革命，卻並不帶布爾什維克的共產性質。這種情況，在奧地利、波蘭部分地區、德國的巴伐利亞地方，以及中歐南歐的絕大部分地區，皆是如此。農民的不滿，必須經由土地改革的手段方能安撫，甚至在一些保守反革命的國家，如羅馬尼亞及芬蘭，也不例外。從另一個角度來看，農民既佔人口的絕大多數，社會主義黨派鐵定無法在民主式普選中獲勝，布爾什維克共產分子出頭的機會更爲渺茫。不支持社會主義，並不表示農民在政治上偏向保守派，可是這種心態對民主性質的社會主義當然極爲不利。在蘇維埃的俄羅斯等地，選舉式的民主政體甚至因而完全廢止。布爾什維克黨原本召開了一個立憲會議(Constituent Assembly，係一七八九年法國大革命以來即一直沿有的革命傳統)，可是十月之後不到幾週，卻馬上把它解散了，其中原因正出於此。至於照威爾遜派主張設立的一連串小民族國家，雖然內部的族裔衝突並未就此消失，布爾什維克共產革命的活動餘地卻從此大爲減縮。這項發展，正中盟國和會人員的下懷。

但是俄國革命，對於一九一八至一九年間歐洲騷亂的影響實在太深，因此之故，對於世界普羅革命的前途，莫斯科當局難免懷抱著十足的信心。即使對歷史學者如我，依照當時情況看來，似乎只有德皇治下的德國，能夠倖免革命浪潮的席捲——即使德國當地的革命分子，恐怕也不免如此看法。不論在社會及政治上，德國都相當穩定，工人階段運動的聲浪雖強，立場卻極爲溫和，若非大戰之故，武裝式革命根本不可能在德國發生。德國不像沙皇治下的帝俄，不像搖搖欲墜隨時會倒坍的奧匈帝國，也不像所謂「歐洲病夫」的土耳其，更沒有歐陸東南山區那些使槍弄棒、什麼事都做得出來的野性山民。總而言之，德國根本就不像一個會發生大動亂的國家。跟戰敗的俄羅斯以及奧匈帝國兩地貨眞價實的革命情勢比起來，德國絕大多數的革命戰士與工人，不但守法，也相當溫和。德國人的性情，就跟俄國革命黨揶揄他們的笑話一模一樣——不過這笑話可能是揑造的：如果告示禁止公眾踐踏草地，德國叛眾也會自然遵命改走步道。

然而，卻在這樣不可能的一個國家裡，水兵起來革命，將蘇維埃的旗幟帶到全國各地。就在這裡，一個由柏林工人及士兵組成的蘇維埃負責人，任命了社會主義德國政府的成立。俄國的二次革命，在德國一氣呵成，似乎一次就達成了：皇帝一下台，首都政權馬上落入激進分子手裡。不過德國的亂象，其實只是一時的幻象。在戰敗與革命的雙重打擊之下，舊有的部隊、國家，以及權力組織，都暫時性地全面崩潰。然而不出幾日，原有的共和政體重新掌權，再也不怕社會主義起來搗亂。

社會主義慘敗之餘，甚至在革命事起後數週內舉行的首次選舉當中，竟也不曾獲得多數票源❼。至於共和政府，更不把方才匆匆成立的共產黨放在心上。後者的兩名男女領導人，李卜克內西(Karl Liebknecht)與羅莎盧森堡(Rosa Luxemburg)，很快便遭陸軍的槍手謀殺。

儘管如此，一九一八年德國掀起的革命，畢竟再度肯定了俄國布黨的希望。此外，另外尚有兩事更加助長了它的雄心：一是一九一八年間，德國南部巴伐利亞地方，宣布成立社會主義共和國，共和國壽命雖短，卻確確實實地存在過。另一在一九一九年春天，於其首領遭刺之後，蘇維埃共和國在慕尼黑宣告成立。同樣地，這個共和國的壽命雖然短暫，意義卻頗爲深長，因爲慕尼黑是德國藝術、人文、反傳統文化，以及啤酒(啤酒此物，政治顚覆的意味總算比較淡)的重鎭。在此同時，就共產西進的意義而言，匈牙利方面曾興起一場意義更重大的事件，亦即一九一九年三月至七月間，匈牙利蘇維埃共和國的出現❽。德匈兩國的共產政權，當然都被殘酷的手段迅速撲滅。但是由於對溫和派社會民主黨的失望，德國工人很快便變得相當激進了，許多工人轉而支持獨立社會民主黨。一九二〇年之後，更轉去支持共產黨，德國共產黨因而成爲蘇維埃俄國以外，規模最大的共產黨派。一九一九年，實可謂西方社會最爲動亂不安的年代。然而也就在這一年裡，進一步散布布爾什維克革命的努力，卻同時宣告失敗。越明年，一九二〇年，坐鎭在莫斯科的布爾什維克領袖們，眼見革命浪潮迅速銷聲匿跡，卻依然不曾灰心喪志。一直要到一九二三年間，他們才完全放棄德國革命的希望。

現在回頭檢討，其實布黨在一九二〇年犯下一個大錯，因此造成國際勞工運動的永久分裂。當時布爾什維克不該照列寧派先鋒的模式，將國際共黨運動組合為一小群菁英式全職性質的「職業革命戰士」。我們都曾看見，十月革命廣受國際社會主義人士的同情支持，一次大戰之後，各地社會主義運動轉為激進，力量也變得極為強大。除了極少的例外，一般都非常贊成參加布黨新發起的第三國際(Third International)。布黨發起新共產國際的用意，係為取代第二國際(一八八九—一九一四)，後者已因無力對抗大戰，而告信用破產一蹶不振❾。事實上，當時法國、義大利、奧地利、挪威等國的社會主義黨派，也都已經投票通過，決定加入第三國際。反布爾什維克的死硬守舊派，已在社會黨內成為少數。但是列寧和布黨的目標，並不只是要十月革命的同情人士共同起來，造成國際社會主義運動而已。他們打算建立一支紀律嚴格的打擊隊伍，由以革命征服為職志的國際死士組成。凡不贊成列寧路線的黨派，都被擋在新共產國際的門外，甚至遭到逐出的命運。列寧派認為，第五縱隊式的投機心理與改革論調毫無意義，遑論馬克思批評的「白癡國會」，更一無是處。這些在體制中改革的步調，只會削弱黨派的力量而已。在布黨的心目中，戰鬥就要來臨；而戰場上，只需要戰士。

可是布爾什維克的論點，只能在一種條件之下成立：那就是世界革命仍在繼續進行，而且革命戰鬥瞬間即發。但到了一九二〇年之際，大勢已經顯明；歐洲局勢雖然仍不穩定，布爾什維克式的革命卻已經不再在西方各國的議程上了。但是反過來說，俄國的共產政權，也已根深柢固，從此動搖不得。不錯，當共產國際在俄國集會之際，局勢似乎大有可為。已在內戰中獲勝的紅軍正與波蘭作戰，一路往華沙進發，大有順帶將革命大浪撲往西方的氣勢。這場短暫的俄波之戰，起因出於波蘭的領土野心。原來大戰之後，淪亡一百五十年的波蘭終於重新復國，向俄重申其十八世紀的疆界權利。這些土地深入俄國，位於白俄羅斯(Belorussia)、立陶宛，以及烏克蘭一帶。紅軍的挺進，在俄國名作家巴伯爾(Isaac Babel)的文學鉅作《紅色騎兵》(*Red Cavalry*)中，有著極爲出色的描寫，廣受到當代人士的注目好評。喝采之人，包括日後爲哈布斯堡作輓歌的奧地利小說家羅斯(Joseph Roth)，以及土耳其未來的領袖暨國父凱末爾(Mustafa Kemal)。然而，波蘭工人卻未能起來響應紅軍的攻勢，紅軍在華沙門口被擋了回去。從此，儘管表面仍有活動，西線從此無戰事。不過，革命大勢向東，卻甚有斬獲，跨進了列寧一向密切注意的亞洲。事實上，在一九二〇至二七年之間，世界革命的希望似乎完全寄託在中國的革命。在國民黨領導之下，革命軍勢如破竹，一路前進。國民黨成爲當時全國解放的希望所寄，其領袖孫逸仙(一八六六—一九二五)，不但歡迎蘇聯的模式、蘇聯的軍援，同時也接納新生的中國共產黨加入他的革命大業。一九二五至二七年國共聯手興軍北伐，從他們在中國南方的基地出發，橫掃中國北方。於是自一九一一年帝國皇朝覆滅以來，一直到日後國民軍總司令蔣介石發動清黨，屠殺無數共產黨人之前爲止，中央政府的號令，總算第一次行及大部分的中國。而共黨在中國的挫敗，證明了一件事，便是在當時，其實亞洲的時機尚未成熟。而且，即使當革命在亞洲似乎一時大有可爲之際，也難掩革命在西方的挫敗。

及至一九二一年，革命大勢已去，任誰也不能否認這個事實。革命退守回了蘇維埃的俄國，但在政治上，布黨的勢力卻也已經不能動搖(見第十三章)。革命從西方的議程上黯然退下，共產國際第三次大會雖然看出這個事實，卻不願意痛快承認。它們開始呼籲那些被自己在二次大會逐出革命路線的社會主義黨派，與共黨聯手共同組成「聯合陣線」。但是這聯合陣線到底是什麼意思，以後幾代的革命分子卻為此長期爭辯分裂。無論如何，布黨這番努力來得太遲了。運動永久分裂之勢已成。左派的社會主義者、個人及黨派，大多數都紛紛回到由反共溫和派領導的社會民主運動陣營。新起的共產黨，在歐洲左派當中至終成為少數。而且一般來說——除了少數的例子，如德國、法國及芬蘭——共產黨人即使狂熱，始終只能屈居小黨。這種情況，一直到一九三〇年代方才有所變化（見第五章）。

4

多年動亂造成的後果，留下了一個龐大卻落後的老大國家。它的共產領袖，一心一意想建立一個有別於資本主義的社會。而動亂的結果，也產生了一個政府，一個紀律嚴密的國際運動，或許更重要的，一代的革命分子。他們在十月革命舉起的旗幟之下，在總部駐於莫斯科的運動領導之下，致力於世界革命的大業。（有一度，他們曾希望革命的總部，不久即將從莫斯科遷到柏林。兩次大戰之間，共產國際的官方語言，甚至是德文而非俄文。）但是歐洲情勢穩定之後，革命又在亞洲受挫；一時之間，世界革命到底該如何進展，革命分子恐怕都茫無頭緒。共產黨在各地發動的個別武裝暴動（一九二三年在保加利亞及德國，一九二六年於印尼，一九二七年在中國，以及最反常，遲至一九三五年在巴西發生的一次），都一敗塗地奇慘無比。但是兩次大戰之間，世局詭譎不定，股市崩潰，經濟大衰退，希特勒崛起執政，自然給予共產分子推展革命的希望(見第三及第五章)。儘管如此，到了一九二八至三四年之間，共產國際忽然轉發極端革命主義的褊狹言論。這項轉變，毫無現實基礎可言。因爲不管它如何大發議論，詞彙多麼興酣淋漓，事實上革命運動在各地既沒有奪權的希望，也沒有執政的準備。唯一可以解釋莫斯科立場轉趨極端的理由，出在史達林奪權成功後蘇維埃共黨的內部政爭。另一個原因，可能是爲了彌補蘇聯政府與革命運動之間日漸明顯的分歧。蘇聯作爲一個國家，無可避免，自然得與世上其他的國家共存共處——一九二〇年開始，國際逐漸承認蘇聯政權——而革命運動的目的，卻要顚覆推翻所有的政府。兩者間的矛盾，不言可喩。

結果，蘇聯的國家利益，終於蓋過了共產國際的世界革命利益。後者的地位，被史達林縮減成蘇維埃國家政策的工具，受到蘇維埃共產黨的嚴格控制。共產國際的組織、成員，遭到清算、解散、改革，一舉一動，完全依憑蘇共的意思。世界革命的理想，只屬於往日美麗的詞藻。事實上只有在兩個條件之下，革命方被容許存在：一是不侵犯蘇聯的國家利益，一是受到蘇方的直接控制。一九四四年之後共黨政權的推進，在西方政府眼中，根本只是蘇聯權力的延伸。這一點，它們倒把史達林的心意看得很透。可是不肯走蘇修路線的純革命主義分子，同樣也看出了這個事實。它們苦澀地斥責，莫斯科不但不要共黨得權，反而一味加以打壓。甚至對那些成功的共黨革命，如南斯拉夫及中國(見第五章)，蘇聯也不肯假以詞色。

但是儘管在這種蘇聯至上的心態之下，蘇維埃俄國存在的意義，仍不只限於又一個超級霸權而已。終其一世，甚至連它最腐敗自私的特權老大階級，也對其使命感深信不疑。蘇維埃存在的基本目的，不就是爲了全人類的解放，在資本主義之外，爲人類社會建立另一條更好的生存之路嗎？若不是爲了這個理由，過去幾十年來，那些面容冷酷的莫斯科官員，何必不斷地以金錢武力，資助南非黑人共黨聯盟的「非洲民族議會組織」（African National Congress）的游擊隊呢？即使在後者推翻黑白隔離政策的機會微乎其微之際，蘇方的支援也從不間斷？（說也奇怪，中國共產黨政權雖與蘇聯決裂，並指責後者走修正路線，背叛了革命運動。可是它自己對第三世界解放活動提供的實際支援，卻比不上蘇修的表現。）然而，長久以來，蘇維埃社會主義共和國已經了解一項事實：莫斯科鼓吹的世界革命，不可能轉變人類社會。當年的赫魯雪夫（Nikita Khrushchev），堅信社會主義經濟的優異性，終將「埋葬」資本主義。但到了布里茲涅夫（Leonid Brezhnev）長期掌權的時代，連這種信念也逐漸衰退了。共產天職對全人類使命感的銷蝕，或許正是到了最後，蘇聯連一點垂死掙扎的力量都沒有，便閧然解體的緣故罷。

但對早年獻身世界革命的一代，這些猶疑躊躇都不存在；十月革命的光輝，激勵了他們。早期的社會主義者（一九一四年之前），都深信人類社會必將發生天啓般的巨大變化，一切邪惡、憂傷、壓迫、不平，都將從此消失。千禧年必然到來，馬克思思想已經以科學及歷史的命定提出保證。現在，十月革命發生，不正證明這個大改變已經開始了嗎？

爲解放全人類，這支革命部隊的紀律必然嚴密，手段一定無情。但是眞正計較起來，革命戰士的總人數前後恐怕不出數萬。德國詩人暨劇作家布萊希特（Bertolt Brecht）曾寫詩紀念國際運動的專職勇士，喻揚他們「身經萬國疆場，遠勝換履次數」。可是這些鬥士的人數極寥，最多不過數百。

他們是職業革命者，萬萬不可與一般共黨從人混做一談。後者則包括當年義大利共黨最盛之際，黨員號稱超過百萬，被義大利稱作「共黨徒眾」的廣大支持群眾。對這些來自各行各業的共黨支持者來說，美好新社會的夢想也很眞實，事實上，根本不脫早期社會主義者的目標。可是一般群眾提出的誓言，最多不過建立在階級與團體的基礎之上，絕非個人犧牲式的以身許革命。職業革命人跟他們不一樣，人數雖少，卻舉足輕重。不認識職業革命人，就無法了解二十世紀箇中的變化。

若沒有列寧派「新一類黨派」的出現，若沒有革命中堅幹部的職業革命人的獻身，十月革命之後區區三十多年之間，全世界怎麼可能就有三分之一的人口，生活在共黨政權之下呢。這批革命中堅信仰堅定，對世界革命總部莫斯科忠貞不二。因爲有了他們的存在，各地共產黨徒，不再分屬個別宗派(就社會意義而言)，都可以將自己視爲共產普世教會的一員。親莫斯科的各國共產黨，雖然歷經脫黨、清算種種風波，首領不斷易人，然而一直到一九五六年革命的熱血眞心消散之前，它們始終不曾分裂。相形之下，追隨托洛斯基的那一群人，卻意見分歧，支離破碎。至於一九六〇年後追隨馬列主義的毛派思想，更是眾口咻咻，意見紛紜。共產黨員人數雖少——一九四三年墨索里尼下台之際，義大利共黨只有男女黨員五千名，而且多數方從獄中或流亡歸來——卻是一九一七年二月革命之布黨的眞正傳人。他們是百萬部隊的核心棟樑，國家人民未來的領導者。

對當年那一代人來說，尤其是歷經大動亂年頭的一代，不管當時多麼年少，革命都是他們有生之年親身經歷的事實。資本主義命在旦夕，指日可亡。眼前的日子，對那些將能活著見到最終勝利的人來說，不過是過渡的門廳罷了。然而成功不必在我，革命鬥士不會個個活著見到勝利。(一九一九年，慕尼黑蘇維埃傾覆，俄國共產黨員萊文尼〔Leviné〕在行刑就死前曾說：「容先死之人先行告假了。」）如果說，連布爾喬亞社會都對自己的前途沒有多大信心了，共產黨人又怎會相信它的殘存？他們的一生，就證明了這個事實。

讓我們看看兩位德國年輕人的例子。他們曾一度短暫相愛，卻爲一九一九年的巴伐利亞蘇維埃革命獻出一生。女孩子名叫歐爾嘉伯納里歐(Olga Benario)，是一位業務鼎盛的慕尼黑律師之女；男孩是一位學校教師，名叫奧圖布勞恩(Otto Braun)。日後歐爾嘉在西半球組織革命，愛上巴西叛軍領袖普雷斯特(Luís Carlos Prestes)，最後並以身相許，結成夫婦。普雷斯特在巴西叢林地帶長期領導革命，曾說服莫斯科方面支持一九三五年在巴西的一場叛變。但是事起未成，歐爾嘉被巴西政府遣回希特勒治下的德國，最後死在集中營裡。而同一時間，布勞恩的進展則比較順利，向東到中國擔任共產國際的駐華軍事專家，並成爲親身參加舉世聞名的中共「長征」唯一的外國人。長征後布勞恩回到莫斯科，最後回到了東德(長征之旅，使他對毛澤東打了問號)。除了在二十世紀的上半葉之外，有哪一段時期，能使兩個糾纏交錯的生命，經歷如此的曲折離奇？

於是，一九一七年之後，布爾什維克吸收了其他所有社會革命的餘緒，將它們一一推往極端激進的方向。一九一四年之前，世界各地的革命意識，原多以無政府思想爲主流，與馬克思無產階級無涉。在東歐地區以外，馬克思只被視爲人民群眾的教師，爲眾人指示出一條爲歷史命定，卻非火爆性的勝利之路。可是到了一九三〇年代，無政府主義作爲政治力量，已經氛圍不再，最後據點只剩下西班牙，甚至在無政府主義熱情一向勝過共產熱情的拉丁美洲，也不例外。(其實連西班牙內戰也旨在消滅無政府主義分子，相形之下，共黨聲勢反顯微不足道。）從此，莫斯科共產外圍的各地社會革命分子，莫不奉列寧與十月革命爲圭臬，日後並紛紛與共產國際排擠的異議團體合流，深受它們的鼓舞激勵。而共產國際及蘇共，則在史達林的魔掌指揮箝制之下，大力追索鏟除異己。當時異端人士之中，聲譽最著者要數流亡在外的托洛斯基——托氏與列寧共同領導十月革命，並一手建立紅軍——可是他的行動完全宣告失敗。托氏曾發起「第四國際」，試圖與史達林的第三國際抗衡，卻聲微勢小，幾近無形。一九四〇年，托洛斯基於流亡地墨西哥被史達林手下暗殺斃命。當時他在政治上的影響力已經一落千丈，微不足道了。

簡單地說，作爲一個社會革命分子，日愈意味著跟隨列寧及十月革命的腳步，更日愈意味著成爲莫斯科路線的共黨黨員或同路人。希特勒攫奪德國政權成功之後，各地共黨在反法西斯陣線上統一聯合，脫離了原本黨派路線的分歧，贏得工人及知識分子的廣大支持，如此一來，更向莫斯科中央接近靠攏。急著渴望推翻資本主義的熱血青年，紛紛成爲正宗共產黨徒，與莫斯科爲中心的國際革命運動認同。在十月革命裡恢復爲正統革命意識的馬克思思想，此時則意味著由莫斯科的馬克思—恩格斯—列寧學院（Marx-Engels-Lenin Institute）宣示的馬克思學說。而馬恩列學院則是向全球傳布偉大馬列經典的中心所在，除它以外，舉目再無任何一處，可以同時既解釋、並改變世界的命運，更無人比它有更好的能力擔任這兩項任務。這種情況，一直到一九五六年以後才有所改變：史達林的正宗路線在蘇聯解體，以莫斯科爲中心的國際共黨運動也勢消力薄。原本和史派路線相違的左派異議團體及人士，紛紛由邊際地位進入公眾視線。但是雖然出了頭天，卻依然籠罩在十月革命巨大的陰影之下。一九六八年之際，以及後來發生的歷次激進學生運動，其實都帶有明顯的俄國無政府者巴枯寧(Bakunin)，甚至尼察也夫(Nechaev)的氣息，跟馬克思思想則扯不上任何關係。任誰只要對思想意識史有點研究，都可以嗅出其中的味道。可是就連這股學潮的騷動，也喚不回無政府理論或運動了。相反地，一九六八年則在學界當中掀起一陣馬克思理論的大流行——可是其各種版本變貌，恐怕卻要使祖師爺馬氏本人大吃一驚。各種所謂的「馬列」宗派團體，更是方興未艾；紛紛聯合起來，指斥莫斯科及老共黨組織不夠革命化及列寧化。

矛盾的是，正當社會主義革命傳統在各地如火如荼進行全面接收之際，共產國際本身，卻反把當初一九一七至二三年間革命的原始策略給放棄了。換個方式來說，它們甚至處心積慮，打算使用與一九一七年大相逕庭的手段進行權力轉換(見第五章)。一九三五年起，批判性的左翼文學紛紛提出指責，認爲莫斯科不但一再錯失革命時機，甚至進而排斥革命，背棄革命；因爲莫斯科根本不打算革命了。但是「蘇維埃中心路線」運動唯我獨尊，不容異己，一直到它自己從內部開始瓦解之日，外界的批評才發生作用。只要共產黨運動陣線聯合一天，只要它能保持驚人的完整力一日，對全世界絕大多數信仰全球革命者來說，蘇維埃共產革命便是唯一的路線，除此之外別無它路可走。從一九四四年到一九四九年之間，各地再度掀起革命大風，許多國家與資本社會決裂，走上共產主義之途。誰能否認，這些國家的革命，哪一個不是在正宗蘇維埃路線的共產黨羽翼下方才完成？一直要到了一九五六年以後，其他革命路線才逐漸嶄露頭角，在政治或顛覆的手段上提出有效的訴求，關心革命的人士也才開始有了眞正的選擇。但是，就連這些另闢蹊徑的路線——諸如五花八門的托派思想，毛派思想，以及受一九五九年古巴革命激生的各種團體等等（古巴革命見第十五章）——往往也不脫列寧主張的模樣氣息。在最左的路線上，勢力最龐大最雄厚的團體，仍然要數老共產黨組織。然而，革命的理想熱情，早已離它遠去了。

5

世界革命的動力，主要在其共產形式的組織，也就是列寧所謂的「新一類黨派」。列寧這項創舉，可說是二十世紀社會工程的偉大發明，直與中古時代基督教會的僧侶制度及各式神職組織相媲美。組織雖小，效率卻出奇地高，因爲黨可以向成員要求完全的犧牲奉獻。紀律凝結，更勝軍隊。集中一切力量，不顧任何代價，執行黨的意志決策。高度服從奉獻的精神，敵人也不得不佩服。然而，這種「革命先鋒黨」的模式，與它致力推動的革命（它所推動的革命，偶爾也有成功的例子），其間的關係卻不甚清楚。唯一最明顯的一點，就是此模式係在革命成功之後（以及戰時），方才名確位立。因爲列寧系黨派本身，其實是以少數菁英領袖（先鋒）的形式起家（當然在革命勝利之前，他們號稱的是「反菁英」），可是革命之事，正如一九一七年的例子所示，乃是群眾之所爲。革命一旦爆發，燎原之勢，不論菁英還是反菁英，都無法控制全局。事實上，列寧模式吸引的對象，往往是社會上原有菁英階級的年輕一輩。這種現象，尤以第三世界爲然：優秀青年大量加入組織，壯烈進行眞正的普羅革命，間或也有成功的例子。一九三〇年代，巴西共黨勢力大爲擴張，主力來源，即爲原地主家庭寡頭統治階級的年輕知識分子，及初級軍官紛紛大批加入所致(Martins Rodrigues, 1984, pp. 390-97)。

但在另一方面，對眞正的「群眾」來說(有時也包括那些積極支持「先鋒組織」的人士在內)，他們的感受，卻往往和領袖們的意見相牴觸。尤其在眞正大規模群眾起事之際，矛盾更見顯明。正因爲這個緣故，一九三六年七月西班牙軍方叛變，起來反抗當政的人民陣線(Popular Front)政府，立刻在西國境內大部地區掀起社會革命。好戰分子，尤其是鼓吹無政府思想的人士，自然紛紛著手將各地的生產組織集體化。但是共黨和中央政府卻一致反對，而且，只要抓住機會，便盡可能取消共有，恢復原來的制度。共有集體制的優劣，至今仍是當地政治及歷史學界討論不休的話題。這次事件同時也掀起一陣反偶像、抗舊習、殺教士、反聖職的風潮，情況之烈，空前絕後。其實自一八三五年發生的大騷亂以來，以教會爲發洩攻擊的對象，就成爲群眾鬧事活動的一部分。那一年，巴塞隆納(Barcelona)市民因爲不滿某場鬥牛的結果，大燒教堂洩憤。這一回，則大約有七千名神職人員慘遭殺害——幾達該國神父僧侶總數的百分之十二到十三；不過西國修女人數更爲龐大，七千名只佔其微不足道的比例——僅在東北地方的加泰隆尼亞(Catalonia，亦即Gerona)教區一地，就有六千餘座聖像遭到破壞(Hugh Thomas, 1977, pp.270-71; M. Delgado, 1992, p.56)。

這次恐怖事件造成兩件清楚的餘響：西班牙革命左派的領袖及發言人，紛紛出面抨擊群眾行爲的不當；雖然在骨子裡，他們自己也是狂熱的反教會分子。甚至連那些一向以恨惡教士出名的無政府主義者，也認爲鬧得太過分了。可是對參與鬧事的民眾而言，包括許多當時在場旁觀的人在內，看法卻完全兩樣。他們覺得，革命，就是要像這樣才叫革命：永遠地，而不是一時象徵性地，推翻社會原有的秩序、原有的價值。除此之外，其他任何做法，都屬次要(M. Delgado, 1992, pp.52-53)。領導人當然可以一味堅持，革命的主敵是資本主義，而非可憐的教士。但群眾可不這麼想，他們的看法徹頭徹尾就不一樣。(換到另一個不似伊比利半島如此男性化肌肉型的社會裡，群眾政治是否也會這樣瘋狂地殘殺舊偶像呢？這其實是一個不顧事實沒有答案的問題。不過，若對女性態度認眞研究，也許可以找出一些蛛絲馬跡罷。)

事實證明，所謂革命一出，政治秩序解體，偶像權威崩潰，街頭匹夫完全靠自己(匹婦也在內，如果匹夫讓她有這個自由的話)的這種革命形式，在二十世紀裡可謂絕無僅有。即使連最接近這種情況的事例，也不例外。一九七九年伊朗政權在革命之下驟然崩解，德黑蘭群眾一致起來反抗國王，雖然絕大多數都屬自動自發的活動，卻非完全沒有組織的烏合之眾。多虧伊朗固有的伊斯蘭教組織，舊政權方才灰飛煙滅，新政權即早已屹立。雖然它得再花上一點時間，才眞正鞏固了自己的地位(見第十五章)。

另外一件事實則是，自十月革命以來，除了某些地區性的突發事件以外，二十世紀在各地發生的歷次革命，通常若非由突發政變(多數幾乎均屬軍事政變)奪得首都所致，便是長期武裝抗爭(多爲農民運動)的最後勝利。在貧窮落後的國家裡，軍旅生涯往往爲那些受過教育、卻缺乏關係財富的優秀青年，提供了開創一番大事業的出路。在這些卑微出身的低級軍官中間(有時甚至連士官階級也在內，不過情況比較少)，同情激進派及左翼者甚爲普遍。因此因政變起頭的革命，往往在如埃及(一九五二年義勇軍官革命〔Free Officer Revolution〕）,以及中東地區的國家出現（一九五八年的伊拉克,一九五〇年代以來不時發生的敍利亞,一九六九年的利比亞等等）。在拉丁美洲的革命運動史中,軍人更是不可或缺的要角。雖然他們奪權的動機,很少是出於明確的左翼立場。即或發動之初,確實出乎左傾意識,卻鮮見長期的堅持。不過一九七四年際,葡萄牙曾發生一場軍官叛變,使觀察家大爲訝異:一群年輕軍官,對葡國長期從事的殖民地保衛戰感到幻滅而走上激進,起來推翻了當時世上掌政最久的右翼政權,是之謂「康乃馨革命」(revolution of carnations)。與軍官們聯手出擊的隊伍,包括由地下組織竄現的共產黨人,以及五花八門的馬克思派團體。但它們之間的合盟最後終告分道揚鑣,總算使歐洲共同體成員鬆了一口氣。事後不久,葡國也旋即加入歐體的組織。

至於已開發的國家,由於其社會組織、意識傳統,以及軍隊肩負的政治功能與第三世界不同,具有政治野心的軍人往往向右翼靠攏。至於和共產黨甚或社會主義合作,卻不合他們的個性。誠然,在由德軍手裡收復法蘭西帝國各殖民地的戰鬥中,前帝國在當地訓練的部隊戰士——他們被升爲軍官的人數少之又少——往往扮演了極爲重要的角色(前法屬殖民地北非的阿爾及利亞,就是最顯著的例子),然而,這些在二次大戰當中與戴高樂(de Gaulle)麾下的自由法國部隊(Free French)並肩作戰,而且人數佔多數的殖民地士兵,戰時戰後,卻都嘗到了相當失望的滋味。他們不但經常地受到歧視,而且跟其他多數均非屬戴系的法國地下抵抗人士的命運一樣,戰事一結束,馬上就被打入冷宮。

在法國光復後舉行的正式勝利遊行隊伍裡面,自由法國部隊顯示的膚色,遠比眞正爲戴系贏得戰鬥榮譽的成員「白」得多了。總而言之，當年雖曾有過五萬名印度士兵加入日人策動的印度國民軍(Indian National Army)，但就整體而言，爲帝國勢力效命的殖民地人民部隊，即使在當地人領軍之下，也始終對帝國忠心耿耿。最起碼不曾帶有任何政治的色彩(M. Echenberg, 1992, pp.141-45; M. Barghava and A. Singh Gill, 1988, p.10; T. R. Sareen, 1988, pp.20-21)。

6

二十世紀的社會革命分子，一直到很晚期，才發現了藉游擊戰走向革命之路的手段。究其緣故，或許是因爲基本上，歷來游擊隊戰術多屬農民運動性質。而農民運動，往往不脫傳統老舊的思想氣質，在心存懷疑的城市新分子眼中，大有保守反動、甚至反革命的嫌疑。說起來，在法國大革命以及拿破崙將革命帶往全歐的時期裡，所謂各地勢力龐大的游擊戰鬥，千篇一律，不都把矛頭指向法國嗎?那些非正規軍的游擊活動，可從來不是爲了法國，以及法國革命的理想而出動的。因此，一直要到一九五九年古巴革命之後，「游擊隊」一詞才正式收入馬克思派的辭彙。至於布爾什維克黨人，在俄國紅白兩軍內戰期間，於正規部隊作戰之外，也曾多次發起非正規隊伍的格鬥。它們把這種攻擊方式稱爲「游擊兵」(partisan)。二次大戰期間，各地受蘇維埃精神激發而起的地下抗敵運動，均奉此戰術爲正宗。回想起來，當年西班牙內戰之際，游擊式的行動幾乎不曾出現，倒眞是一件怪事。因爲在佛朗哥(Franco)部隊佔領的共和地區，游擊戰大有一顯身手的餘地。事實上到了二次大戰之後，共產黨曾從外圍組織了勢力相當龐大的游擊核心。可是在大戰以前，游擊戰根本就不屬於革命家的工具之列。

可是中國則是例外。在那裡，某些共黨領袖(但非全部)開始採用游擊新戰術——時間發生在一九二七年，蔣介石領導的國民黨翻臉，放棄國共合作發動清黨之後。加以共黨在各地城市(如一九二七年廣州)策劃的暴動紛紛大潰敗，不得不走上游擊一途。毛澤東，就是鼓吹這個新戰略的主要人物——最終他也因此成爲共產中國的領導人——毛打了十五年以上的革命，認清了一樁事實：中國大部分地區，都在中央政府有效統治之外。毛還熱烈崇拜描寫中國綠林的古典小說——《水滸傳》，從中他又體會到一個事實：自古以來，游擊戰就是中國社會衝突中使用的傳統手段。一九一七年間，追隨他的學生效法水滸精神。一九二七年，毛澤東在江西山間建立了他的第一個獨立游擊隊地區。若與水滸好漢的山寨相比，凡是深受古典教育薰陶的中國人，沒有一個人看不出兩者之間的神似(Schram, 1966, pp.43-44)。

可是中國革命人的策略，儘管何等英勇動人，拿到國內交通比較進步現代、政府也習於統治全國地區(不管多麼遙遠及困難)的國家裡面，卻完全行不通了。事實上，後來的發展證明，甚至在中國本地，短時間內游擊策略也無法成功地開展。國民政府發動數次猛烈的軍事攻擊，終於在一九三四年，迫使共產黨放棄了它們在華中各省建立的獨立蘇維埃紅區，開始其傳奇的兩萬五千里長征，掩退到人煙稀少偏遠的西北邊區。

自從一九二〇年代，巴西叛軍首領諸如普雷斯特等人，由落後叢林倒向共黨之後，沒有任何重要的左翼組織再採取游擊路線。唯一例外是由尼加拉瓜（Nicaragua）桑定將軍（César Augusto Sandino）領導，與支援尼國政府的美國海軍陸戰隊所發生的戰鬥（一九二七—三三）。五十年後，當年之戰又在尼國激發了桑定民族解放陣線（Sandinista Front of National Liberation）的革命。（令人不解的是，共產國際卻以游擊路線的姿態，描繪巴西一位革命分子藍皮歐〔Lampião〕。藍氏出身綠林，是巴西連環故事書中家喻戶曉的英雄人物。）而毛澤東本人，一直到古巴革命之後，才成為革命運動的指路明星。

然而二次大戰事起，卻為游擊革命帶來了立即且普遍的推動力：希特勒德國及其盟邦的部隊，佔領了歐陸大部，包括蘇聯在歐洲大部分領土在內，各國自有組織地下抗敵運動的需要。希特勒轉對蘇聯發動攻勢之後，各種共黨運動紛紛動員。地下抗敵活動，尤以武裝抗敵為最，聲勢日益浩大。德軍最後的潰敗，各地抗敵組織有其不同程度的貢獻（見第五章）。大戰結束，歐洲各處的佔領軍政權或法西斯政權，一一冰消瓦解。一些在戰時武裝活動特別出色的國家，此時便由共產黨領導的社會革命分子取得了政權，或至少曾企圖取得政權（計有南斯拉夫、阿爾巴尼亞，以及先有英方，後有美方軍事援助的希臘等國）。一時之間，甚至連義大利亞平寧山脈（Apennines）以北地區，也有落入共產政權手中的可能（雖然時間可能不長）——可是左翼革命分子殘餘勢弱，並沒有動手。其中原因至今眾人仍有爭議。至於一九四五年以後在東亞及東南亞地區成立的共黨政權（中國、北韓，以及法屬印度支那），事實上也應看作戰時抗敵運動的嫡裔。因為即使在中國，也要到了一九三七年日軍發動攻勢進攻中國本部之後，毛率領的紅軍才開始重植勢力，邁向權力之路。世界社會革命的第二波，源出於第二次世界大戰，正如當年第一波出於一次大戰一般——雖然在實行上，兩者有著極大的差別。這一回，革命奪權之路，始於對戰爭的發動，而非對它的厭惡。

至於革命新政權的性質及政策，將在別處予以討論(見第五及第十三章)。在本章裡，我們關心的角度在於革命過程的本身。本世紀中期發生的革命，往往是長期作戰後獲得的勝利果實；迥異於老牌的一七八九年法國大革命，跟俄國十月革命的情節也有差別。甚至與老大政權如中國皇朝、墨西哥的波菲里奧政權(Porfiriato，編註：係指迪亞斯〔Diaz〕獨裁政權，一八七六—八〇及一八八四—一九一一)慢動作式的解體(見《帝國的年代》第十二章)，都完全不同。其間的差異，可以分爲兩點。第一，誰發起革命，誰勝誰負，誰取得政權，一目了然，毫不迷離——這一點跟成功的軍事政變相同。短促二十世紀年代裡的革命發動者，都是與蘇聯勝利部隊相勾結的政治團體。單靠地下抗敵力量，當然不能打敗德日義三國的軍隊——甚至在中國也不例外。(至於西方各勝利國，自是強力反對由共黨支配的政權。)革命之後，也沒有任何政治中斷或權力眞空。相反地，軸心勢力敗亡之後，各地強大的抗敵力量中，唯一未曾立即取得政權的例子，只有兩種情況。一是西方盟國維持強固勢力的地區(如南韓、越南)，一是內部鬩牆反軸心力量分裂的國家，如中國。一九四五年大戰結束，中國共產黨猶待重振聲勢，以與當年共同抗日、如今卻日益腐敗衰頹的國民黨政府對抗。一旁袖手觀看的，則是冷眼觀變的蘇聯。

第二，游擊奪權之路，無可避免地出城下鄉，離開了社會主義勞工運動傳統勢力所在的都市及工業中心，轉進內地農村地區。更精確一點地表示，游擊戰最理想的地點，就是在樹叢中、深山上、森林裡，並進佔遠離人煙杳無人跡的邊遠地區。套用毛語來說，攻佔城市，必先以鄉村包圍城市。從歐洲抵抗運動的觀點來看，要在都市起事(如一九四四年夏的巴黎暴動，以及一九四五年春的米蘭暴動)，還得等戰爭結束，至少也得等到自己這一區的戰事消弭後才有可能。一九四四年華沙事件，就是都市造反時機未熟的寫照。造反派的彈笶裡，通共只有一發子彈，一時聲勢雖然浩大，最後仍歸徒然。簡單地說，對大多數的人口而言，甚至在革命國家裡，由游擊到革命之路既遠又長。這條路往往意味著長時間的等待，什麼事也不能做，直到變革由他處而來。抵抗運動裡，眞正能發揮效果的鬥士，以及他們所能動員的一切組織及力量，無疑只是極小的少數。

即便在它們掌握的地區，游擊組織也必須有群眾作後盾方可發揮作用。何況在長期衝突對抗當中，游擊力量勢必非從當地大批地招兵買馬添補幫手不可。因此，(比方在中國)原本由工人與知識分子組成的黨派，搖身一變，靜悄悄地變成了務農出身的小兵組成的部隊。但這支農兵組成的部隊，與群眾之間的關係，注定不能如毛澤東所形容如魚得水般的簡單：所謂游擊隊伍就是魚，快活地游在人民這片水中。其實在典型的游擊勢力鄉間，任何被窮追爛打的法外團體，只要行為收斂一點(照當地的標準而言)，鄉裡人都會予以同情，並且支持它們去對抗入侵的外國部隊或政府派來的任何人員。但鄉區的地方派系根深柢固，贏得其中一方的友誼，往往意味著馬上得罪另外一方。一九二七至二八年間，中國共產黨曾在農村地區建立蘇維埃政權，卻想不通其中道理。它們意外地發現，將某個村子蘇維埃化之後，固然可以藉著宗族鄉親的好處，一個帶一個，建立起一系列的「紅村」網。可是相對地，同時卻也陷入這些村莊恩怨宿仇的混水之中——己方「紅村」的世仇對頭，也依樣葫蘆建起類似的「黑村」網。共產黨人抱怨：「有時候，本來應該是階級鬥爭，卻反而搖身一變，竟成了東村大鬥西村。搞到最後，有時候居然得出動部隊，去襲擊對方一整個村子，把全村一舉滅盡。」(Räte-China, 1973, pp.45-46)高明的游擊革命分子，往往學會對付這種詭譎莫測的情況。可是正如南斯拉夫作家暨共黨要人吉拉斯(Milovan Djilas)回憶南斯拉夫游擊戰時所說，解放一事，極其複雜，絕非只是被壓迫人民一致起來對抗外來征服者那般簡單。

7

但不管怎麼說，共產黨現在可說是心滿意足了。革命情勢一片大好，西起易北河(Elbe)，東到中國海，全都是他們的天下。當年激勵他們起來的世界革命，顯然在各處大有進展。共產勢力不再僅限於一個貧弱孤立的光桿蘇維埃聯邦。環顧四周，在第二波世界革命大潮推動之下，起碼已經出現了十二個共黨國家，或至少在醞釀之中。而帶頭的老大哥，正是世上唯一兩家無愧其霸權盛名之一的蘇聯(超級強國之名，早在一九四四年即已出現)。更有甚者，世界革命大勢的衝勁依然方興未艾，因爲舊有殖民帝國在海外的領地，正紛紛瓦解爭取自治。種種情勢之下，共產革命豈不大有可爲，能以更上層樓?再看看各國的布爾喬亞階級，它們自己豈不也都爲資本主義殘存的前途擔憂?至少在歐洲地區是如此。法國的實業家在重建工廠之餘，豈不也捫心自問：國有化政策，或乾脆由紅軍當政，恐怕才能解決他們面對的問題吧?保守派法國史學家勒魯瓦拉迪里(Le Roy Ladurie)，老來回憶，當年即深受周遭親人這般疑惑心情的影響，毅然於一九四九年加入法國共產黨(Le Roy Ladurie, 1982, p.37)。再聽聽美國商業部次長於一九四七年三月向杜魯門總統提出的報告，他豈不是說：歐洲多數國家已經搖搖欲墜，隨時就會崩潰瓦解；至於其他國家，不也都風雨飄搖，飽受威脅，好不到哪裡去(Loth, 1988, p. 137)？

這就是當時那些革命兒女的心情。那些從地下組織現身，從戰鬥、抵抗、監獄、集中營、流亡，終於重見天日，進而爲國家前途負起責任的男男女女的心情。而此時此刻，國家正立在一片廢墟裡。他們之中，有人可能再次注意到一樁事實：推翻資本主義，最容易著手的地方不在其心臟地區，恐怕反而是資本主義最不振，或幾乎不存在的地方吧。但回過頭來，誰又能否認世界大勢的確已經戲劇性向左轉了？大戰方歇，如果說赤化國家的共產統治者有任何憂慮的話，絕不是擔心社會主義的前途。他們的心事，是如何在有時難免敵意的民眾當中，重建被戰火毀壞國力衰頹的家國；是如何在重建國力確立安全之前，對付資本勢力攻擊社會主義陣營的危險？說來矛盾，共產國家疑懼不定，西方國家也同樣不能安枕。第二波世界革命之後全面籠罩世局的冷戰，根本就是雙方噩夢大賽的結果。東怕西，西怕東，不管誰的恐懼比較有憑據，這一切都是一九一七年十月革命種下的果，同屬十月革命以來展開的一個大時代。然而進一步地說，這個時代，其實已經步上尾聲，只不過它還要再花上四十年的時間，方告壽終正寢。

但是，世界的確已經因此改觀。也許改變的方向，不完全如列寧，以及那些深受十月革命精神感召者所期望的一般。離開西半球，世上幾乎找不出幾個國家，不曾經過某種程度形式的革命、內戰、抗敵活動，或從外國佔領下光復、或從殖民帝國手下掙脫出來。而老大帝國見到大勢已去，爲防後患，也紛紛主動退出各地的殖民地。(至於歐洲地區，唯一不曾經歷這些動亂的國家，只有英國、瑞典、瑞士而已，或許冰島也可以包括在內。)甚至在西半球地區，除去一律被當地掛上「革命」頭銜的政府劇烈更迭之外，幾場大型的社會革命(包括墨西哥、玻利維亞、古巴等國的革命及後續者)，也完全改變了拉丁美洲的面貌。

到如今，眞正以共產之名出師的革命已經日薄崦嵫。不過只要佔世界人口五分之一的中國人依然受到共黨統治，爲其奏起輓歌，則爲時尚早。然而同樣地，世界也不可能回到過去的舊制度舊社會了；就好像法國一旦經歷了大革命及拿破崙，就再也不可能回頭一般。同理，各處的前殖民地也證明，想要重返被外人殖民以前的生活，根本是不可能的事情。即使對現在已經脫離共黨統治的前共黨國家來說，它們的現在，以及它們的未來，也將必永遠帶著當年取代了眞正革命精神的反革命記號。我們絕不可能假裝蘇聯時代不曾發生，任意將它從俄羅斯，或世界的歷史裡一筆抹消。聖彼得堡，再也不可能恢復一九一四年以前的面貌了。

除了深遠的直接影響之外，一九一七年以後發生的世界動盪，還帶來許多影響同樣重大的間接後果。俄國革命之後，世界開始了一連串殖民地解放自治的過程。在政治上，則一方面有殘酷的反革命勢力出現(其形式包括法西斯主義及其他近似的運動，見第四章)，另一方面，也爲歐洲國家帶來社會民主黨派的參政。一般都已忘記，其實一直到一九一七年以前，所有的勞工及社會主義黨派(除了近乎邊緣地帶的大洋洲地區以外)，都情願留在長期性的反對黨的地位，一直等待社會主義全面執政一刻的到來。第一批(非太平洋區)社會民主黨政府，或聯合性的政府，成立於一九一七至一九一九年間(計有瑞典、芬蘭、德國、奧地利、比利時)。幾年之內，又有英國、丹麥、挪威等國跟進。我們也太健忘了，其實這些社會民主黨派的立場之所以溫和，一多半是針對激進的布爾什維克黨人而起的反應所致。另一個原因，也出在原有的老政治體系急於吸納收編它們之故。

簡單地說，一九一四至九一年這七十七年的短促二十世紀，少不了俄羅斯革命及它帶來的直接間接影響。它還成了自由派資本主義的救星：資本主義因有俄國之助，方才打敗希特勒德國，贏得二次大戰。更因為俄國共產制度的存在，刺激資本主義對自己進行了重大的改革。最矛盾的是，世界經濟大恐慌的年代，蘇聯竟然完全免疫。這個現象，促使西方社會放棄了對傳統派自由市場正宗學說的信仰。我們在下一章即可對此一窺究竟。

註釋

❶當時俄國曆法仍採西洋舊曆儒略曆(Julian)，而西方其他基督教國家則已改用格列高里新曆(Gregorian)。前者比後者慢了十三天。所以一般所說一九一七年俄國二月革命，按新曆其實發生在當年三月。當年的十月革命，則發生在新曆十一月七日。十月革命事起，徹底改革了俄國曆法，也對俄國傳統拼字法進行了改革。革命對社會影響之深，由此可見。我們都知道，即便如曆法之類如此細微的改變，往往也得靠社會政治的大震動才能達成。法國

大革命最深遠的影響無他，即是造成公制的推行。

❷一九一七年，德國的一個重要黨派，獨立社會民主黨(Independent Social Democratic Party, USPD) 即因反戰立場，與主戰的多數社會黨(SPD)正式分裂。

❸三月革命付出的人命代價，比十月革命略高，卻相當低微：傷亡人數計有五十三名軍官，六百零二名士兵，七十三名警察，以及五百八十七名平民(W. H. Chamberlin, 1965, vol. I, p.85)。

❹這一類的「會議」，應起源於俄國各地村莊社區的自治經驗，一九〇五年革命之時，在工廠工人中紛紛興起，成爲一種政治組織。直選代表組成的會議形式，對於世界各地工人組織來說，並不陌生，也很合乎他們固有的民主意識，「蘇維埃」一詞在國際上極受歡迎，有時意譯成當地語言(會議)，有時則保留俄文原名沿用。

❺我告訴他們：「你愛怎麼做就怎麼做，你愛拿什麼就拿什麼，我們一定支持你。可是別荒廢了廠裡的生產，好好維護它。要知道生產還是有用的。把有用的事情都接下來做，你會犯錯，可是從錯誤當中，你就學會了。」(見列寧作：《人民委員會活動報告》，一九一八年一月十一日及二十四日。) (Lenin, 1970, p.551)

❻沙皇帝俄的首都原叫聖彼得堡，一次大戰期間由於德國味太重改爲彼得格勒。列寧死後，又易名爲列寧格勒（一九二四年）。近年蘇維埃社會主義共和國傾覆之時，又改回最早的原名。蘇聯(以及其斯拉夫族血統比較重的附庸國)喜歡在地名上搞政治的講究。而黨內不時清算鬥爭，衆人上台下台，把命名一事弄得更爲複雜。於是窩瓦河上的沙新城(Tasritsyn)，改名爲史達林格勒。二次大戰之際，此地曾發生過一場激烈戰役。可是史達林死後，立刻又更名爲窩瓦格勒(Volgograd)。直到本文撰作之際，還保持著這個名字。

❼溫和派的多數社會民主黨只得到百分之三十八的票數——這還是他們歷來最高的數字——革命派的獨立社會民主黨則只得到百分之七點五。

❽短命的匈牙利蘇維埃共和國敗亡之後，大批政治人物及知識分子亡命海外。其中部分人士日後竟在事業上有了意想不到的轉變，比方電影大亨科達爵士(Alexander Korda)，以及名影星貝拉路格西(Bela Lugosi)。後者最出名的角色，是最早的一部《吸血鬼》恐怖片。

❾至於所謂的第一國際，係指馬克思在一八六四至七二年間組織的國際勞工協會(International Workingmen's Association)。

第三章

經濟大恐慌

自美利堅立國以來，歷居國會審度之國勢，莫有本居所見之興旺繁榮。……吾國企業所造財富之盛，吾國經濟所儲實力之雄，不但吾國之民均享其利，域外世人亦同蒙其惠。但觀今日吾人生存之必要條件，已由基本之生活所需，進入美衣美食豪奢之境地。生產不斷擴增，內有日長之國民消費吸納之，外有益盛之貿易通商推動之。吾國今日之成就，實足堪快慰。吾國未來之前途，實可樂觀以待之。

——美國總統柯立芝國會咨文，一九二八年十二月四日

失業，僅次於戰爭，是我們這一代蔓延最廣，噬蝕最深，最乘人不防而入的惡疾，是我們這個時代西方特有的社會弊病。

——倫敦《泰晤士報》社論，一九四三年一月二十三日

1

首先，讓我們假定，一次大戰不過是一場短暫的戰禍，世界的經濟與文明，原本相當穩固，大戰的災難雖然重重，卻只造成一時的中斷。戰爭過去，只需將瓦礫頹垣清除乾淨，便可以若然無事地一切重來，恢復正常的經濟秩序，繼續一路走下去。就好像一九二三年日本關東的大地震，日人掩埋了三十萬名罹難者，清除了使得二、三百萬人無家可歸的廢墟，便重新建起，再造一個跟過去一模一樣，但是耐震力可比以前高出許多的城市。如果歷史眞能如此，兩次大戰之間的世界，面貌又將如何？這個答案，我們永遠不會知道。像這種不曾發生，而且根本不可能發生的事情，憑空揣測，自然毫無意義。不過這個問題也非白問。兩次大戰之間發生的世界性經濟大崩潰，到底對二十世紀歷史有何等深刻的影響？透過前面這項假定，我們才能獲得眞正的洞見。

世界經濟若不曾大崩潰，希特勒肯定不會出現。十之八九，也絕對不會有羅斯福這號人物。至於蘇維埃式的經濟體系，就更不可能與世界資本主義匹敵，對後者構成任何眞正的威脅。歐洲以外，或說西方以外的地區，因經濟危機造成的後果，程度之大，更令人注目。本書另闢有篇章討論。簡單地說，對於二十世紀後半期的世界，我們一定得經由對經濟崩解的了解，方能有所認識。而世界經濟大崩潰，正是本章的主題。

一次大戰的砲火，造成的主要破壞，多半發生於歐洲，並沒有將舊世界全部毀去。可是世界革命的浪頭，也就是十九世紀布爾喬亞文明崩頹過程中最戲劇性的一幕，卻席捲了更爲廣大的地區：西起墨西哥，向東一直淹向中國。而殖民地解放自治的聲浪，也由西北非的馬格雷布（譯註：Maghreb，包括利比亞、突尼西亞、阿爾及利亞，及摩洛哥等地），一直沖到印度尼西亞。不過，此時世上也有很大一片地方的人民，跟大戰的砲火與革命的巨浪，距離極爲遙遠，絲毫未受波及：其中最顯著的國家地區，便是自成天地的美國，以及撒哈拉沙漠以南的非洲殖民地。可是一次世界大戰之後的經濟危機，卻是道道地地的全球大災難，至少在全然仰賴非個人性市場交易制度的地區，人人無所逃遁於這場風暴之間。事實上，多年來自以爲天之驕子，遠離那些倒楣地帶的美利堅合眾國，卻在這場經濟狂飆中首當其衝。因爲人類經濟史上，撼動級數最強烈的大地震——發生於戰間期的世界經濟大恐慌，其震央就在一向自詡爲全球安全港的美國。一言以蔽之：兩次大戰之間，資本式的世界經濟看來似乎崩潰了。如何才能恢復舊貌？沒有半個人知道。

其實資本主義的經濟運作，向來不曾風浪平靜。每隔一段時間，長短不定，或大或小，總會有某種程度的波動。這種現象，已經成爲資本經濟不可或分的一部分。十九世紀以來的實業家，對所謂漲跌更迭的「景氣循環」都很熟悉。通常每隔七到十一年，景氣蕭條的輪迴就會大同小異地重複一次。但到了十九世紀末葉，這個周期忽然拉長許多，引起眾人的注意。大家發現，過去幾十年來，原本的周期長度有了異常的改變。大約一八五〇年起，一直到一八七〇年代，全球呈現一股前所未有的景氣趨勢。可是接下來，經濟情勢卻又陷入不穩定，時間長達二十多年之久（有些經濟作家將這段時期也稱作經濟大衰退，不過此說多少有點誤導作用）。可是二十多年的不穩定過去之後，世界經濟又持續繁榮了很長一段時期(見《資本的年代》,《帝國的年代》第二章)。一九二〇年代初期,俄國經濟學家康朵鐵夫(N. D. Kondratiev)發現,由十八世紀末期開始,經濟發展遵循著一種「長周期」(long wave)模式循環,周期長度涵蓋五、六十年。康氏長周期理論,從此成爲經濟專著裡經常出現的熟悉名詞。(史達林專政初期,康氏不幸成爲其暴政的第一批犧牲者。)不過康氏本人及其他學者,都無法爲此現象作出滿意的解說;某些統計學者甚至懷疑其正確性,根本否認長周期現象的存在。然而根據長周期理論,當時爲時已久的世界景氣,又該到下坡路的時刻了❶。康氏的推測,不幸言中。

在過去,不管是波動還是循環,也不論其周期是長或短,實業界及經濟界的人士,都將之當作一定的現象,正如同農家習於季節的變化,接受天候的好壞一般。景氣來了或去,任誰也拿它們沒有辦法:好時節就是機會來臨,壞年頭問題重重。個人或企業,可以大獲巨利,也可以不幸破產。只有相信資本主義必將敗亡的社會學家,跟馬克思持同一想法,認爲一次又一次的循環,都是由資本主義本身衍生的過程,至終將證明其內部不可克服的衝突性。因此在他們的眼裡,歷次的波動循環,已經把資本主義帶到一個萬劫不復的危險境地。但是,除了這一批人之外,一般都以爲世界經濟只會更好,就像上個世紀一般,不斷地成長進步下去,其間偶或出現一些循環性的短期突變。可是現在,情勢有了新的變化。自有資本主義以來,可能是頭一次也是唯一的一次,經濟波動似乎對體制本身產生了莫大的威脅。更糟糕的是,在許多重要方面,長時間持續成長的曲線,似乎就要崩裂了。

從工業革命開始，一部世界經濟史，根本上就是一部科技不斷加速進步的歷史。其間的經濟，雖不平衡卻呈持續成長，企業活動呈快速地「全球化」擴張聯結。總之，世界性的分工日益精細複雜，流動交換的網絡益趨濃稠密集。世界經濟的每一部分，都和全球性的組織體系密不可分。即便在大動亂的光陰，科技進展的腳步也不曾稍停片刻，一方面改變了世界大戰的年代，一方面也因大戰而產生變化。雖然對那個世代的男男女女而言，當時的生活體驗以一九二九至三三年間的經濟激變爲最高點。事實上，在那幾十年中，經濟的成長並未停止，只不過緩慢下來而已。當其時也，全球最富強的經濟力量首推美國，但是從一九一三至三八年間，平均國民生產毛額的成長只有區區八釐之數。至於世界的總工業生產，在一九一三年後的二十五年之間，成長一共只有百分之八十左右，約爲前四分之一世紀成長率的半數而已(W. W. Rostow, 1978, p.662)。這個數字，我們在本書第九章也將會看到。若和一九四五年之後的成長相較，差異更爲驚人。不過，如果火星上有人在遙遙觀察地球的話，人類經濟活動曲線上的曲曲折折，都將隱而不現。從這個遙遠的角度來看，世界經濟顯然一直在持續擴張成長。

然而，換由另一個層面來看，此說顯然又不成立。到了兩戰之間的年代，經濟活動的全球化趨勢，似乎開始停頓不進。當時不管用什麼方式度量，世界經濟都陷入停滯蕭條，甚至有倒退的現象發生。一次大戰前的年代，可說是自有人類歷史記載以來，大量移民潮規模最龐大的時期；可是現在這股洪流卻乾涸了，或換句話說，被戰事及政治上的限制造成的崩解給截阻了。一九一四年以前，十五年間，幾乎有一千五百萬人踏上美國的領土。然而在之後的十五年裡，這股人潮卻縮減了三分之二，總數只有五百五十萬。到了一九三〇年代，以及往後戰爭的年日裡，更成涓滴之勢，幾乎完全停止，一共只有七十五萬人進入美國(Historical Statistics I, p.105, Table C 89-101)。至於伊比利半島向外的移民，一向以拉丁美洲爲最大目的地，也由一九一一至二〇年十年間的一百七十五萬，降到一九三〇年代不到二十五萬之數。二〇年代後期，世界貿易逐漸從戰爭的破壞及戰後初年的危機中恢復，爬回到比一九一三年稍高的程度，可是旋又墜落大蕭條的深淵。及至大動亂年代的尾聲(一九四八)，經濟總量只比第一次大戰戰前稍強(W. W. Rostow; 1978, p.669)。然而，回溯一八九〇年代以迄一九一三年，經濟總交易量卻躍升了兩倍以上；一九四八至七一年間，則更高達五倍不止。更令人訝異的是，在兩次大量成長之間的蕭條時期裡面，歐洲及中東兩地還突增了許多新國家。國界線延長了，國與國之間的貿易往來自然也應相對增加，因爲原本屬於國內性質的商業交易(如原奧匈帝國及舊俄)，現在都轉變爲國際性質的活動(世界貿易的統計，通常只列計穿越國界發生的交易)。至於戰後及革命後產生的以百萬計的悲慘難民潮，理當也該推動，而非縮減國際移民人數的成長才是。可是事實大謬不然。世界經濟大蕭條期間，甚至連國際資本流動額也呈乾涸之勢。一九二七至三三年間，國際借貸額驟降了百分之九十以上。

爲什麼會有這種經濟停滯的現象發生呢？一般看法甚多，可是眾說紛紜。有人認爲，主因係出在世上最強大的國家經濟體系——美國；因爲當時的美國，除了少數原料尚需進口之外，已漸趨完全自足之勢。(但在事實上，美國向來就不甚需要仰賴國外貿易。)可是此說有個漏洞，當時甚至連倚重貿易甚殷的國家，如英國及北歐諸國，也同樣呈現停滯的現象。大勢所趨，理所當然地，各國紛紛提高警覺;而它們的警惕防範,幾乎也不能說是做錯了。大家使出渾身解數,盡力保護本國的經濟,以免受到外來衝擊的威脅;也就是說,一力迴避顯然已經身陷泥淖,難以保全的世界經濟。

實業界及各國政府本來都以為,度過了大戰時期的一時崩散,世界經濟好歹總會恢復一九一四年以前的快樂時光吧。那種天下欣欣向榮的現象,是他們以為的正常狀態。事實上,大戰之後,的確也立即有過一陣興旺的氣象,至少在那些未受革命或內戰摧殘的國家裡,前途確有一片看好的跡象。但是官商兩界,都對勞工及工會勢力暴漲的趨勢大搖其頭;增加工資,縮減工時,勢必提高生產成本。然而,戰後的適應調整,遠比當初預料的程度為難。一九二〇年,物價及景氣一起崩潰,勞動力因而大為削弱——以後的十二年裡,英國失業率從此高居不下,未曾低過百分之十;工會也失去了半數成員。僧多粥少,顧主的操縱力再度堅定回升,可是經濟回榮?卻仍然撲朔迷離。

於是,從盎格魯撒克遜的勢力範圍開始,以及戰時的中立國,一直到日本,各國都竭盡全力縮緊通貨。亦即力圖把本國經濟拉回穩妥的老路,回到由原本健全金融及金本位制保證,卻因無法應付戰爭需索而失衡的固定貨幣政策上去。一九二二至二六年間,它們的努力或多或少,也有些成效。可是西有戰敗的德意志,東有混亂的俄羅斯,終於遏止不住貨幣系統的大解體;其崩流之勢,只有一九八九年後部分前共黨國家的遭遇可以相比。當時最極端的例子,首推一九二三年的德國,其貨幣單位一下驟降為一九一三年幣值的百萬分之百萬分之一。換句話說,德幣的價值已經完全等於零。其他的例子雖然沒有這麼極端,後果卻同樣令人咋舌。家祖一向喜歡向小輩講一個故事:話說奧國通貨大膨脹期間❷,他的保險單剛好到期。於是將之兌現了好大一筆款子,可是,這批一文不值的通貨，只夠他在最愛光顧的餐館喝杯飲料而已。

長話短說，總之，在幣值空前的猛跌之下，私人儲蓄一掃而空，企業資本來源成了眞空狀態，德國的經濟，只得長年仰賴對外大量的借款。這使得它變得更爲脆弱，世界經濟蕭條一起，德國受創甚重。而蘇聯的情況也好不到哪裡去，不過，一舉掃光個人在金錢上的儲蓄，對共產政權在經濟及政治上的影響，自是沒有對他處來得嚴重。最後，一九二二至二三年際，各國政府決定停止無限制地印發紙幣，並且徹底改換幣制，總算遏住了通貨繼續膨脹的險勢。可是一向靠固定收入及儲蓄爲生的德國民眾，等於全體覆沒。不過在波蘭、匈牙利，及奧地利諸國，原有的通貨總算還保留了一丁點少得可憐的價值。這段經歷，在當地中產及低中階層身上留下的創傷自然可想而知，中歐地區因此造就了接受法西斯主義的心理。至於如何使民眾習慣長期的病態通貨膨脹，則是二次大戰之後才發明出來的玩意兒❸。(對付之策，就是把工資及其他收入緊盯物價，依其指數而做相對的調整——「指數化」〔indexation〕一詞，在一九六〇年首度開始使用。)

到了一九二四年，大戰剛結束之際的風暴總算靜息下來。現在大家似乎可以開始向前看，期待著世局重返某位美國總統所謂的「正常狀態」。一時之間，世界經濟的確也好像在往全球成長的方向走去。雖然原料及糧食的生產地區，尤以北美農家爲最，對農產品價格在短期回升之後，再度遭到抑挫，感到極爲不安。百業興隆的一九二〇年代，對美國的農人來說，可不是個黃金時代。而西歐各國的失業率，也一直居高不下；照一九一四年之前的標準來看，甚至高到病態的程度。我們很難想像，即使在一九二〇年代大景氣的時期(一九二四—二九)，英、德、瑞典三國的失業率，竟然平均高達百分之十到十二的地步；至於丹麥和挪威，甚至不下百分之十七、八。只有在失業率平均只及百分之四的美國，經濟巨輪才在眞正地全速前進。這兩項事實，都指出整體經濟體系存在著一大弱環。農產品價格滑落(唯一阻止之法只有積壓大批庫存不發)，證明了需求量無法趕上生產力。同時我們也不能忽略另一項事實，那就是當時的景氣，其動力主要係來自工業國之間資金的大量流動，而其中最主要的流向就是德國。單單德國一國，就在一九二八年吸收了全球資金輸出的半數；借款額之鉅，高達二十萬到三十萬億的馬克，而其中半數屬於短期貸款(Arndt, p.47; Kindleberger, 1986)。德國經濟因此變得更爲脆弱，一九二九年美國資金開始撤退，德國果然受不住打擊。

在這種情況之下，不出幾年，世界經濟再度遭難，自然不值得大驚小怪了。只有美國小鎭裡那些褊狹自滿的中產階級生意人，才會有另外一種想法。這些人的幼稚面目，當時已由美國小說家辛克萊路易斯(Sinclair Lewis)作品《巴比特》(*Babbitt*)的介紹，逐漸爲西方世界讀者所熟悉。同時，共產國際確也曾預言，經濟危機將於景氣巓峯再度發生。它們認爲——至少其發言人如此相信或假裝如此相信——這場動亂將造成新一回合的革命大浪。事實上，接下來的情況完全相反，而且來勢之快，令人無法招架。大難開始的序幕，甚至連非歷史學家也人人皆知，發生在一九二九年十月二十九日的紐約股市大崩盤。可是這場大災難影響之深，範圍之廣，卻任誰也不曾預料得到。甚至連革命分子，在他們最樂觀的時刻也不曾預見。這場經濟激變，直等於資本世界經濟的全面解體。整個經濟體系，如今都牢牢鎖在惡性循環當中，任何一環經濟指數出現下落的現象，都使其他指數的跌落更爲惡化。(唯一不曾下落的只有失業率，此時正一次又一次地推往天文數字的高峯。)

國際聯盟專家所見果然不錯，北美工業經濟驚人的大蕭條，不久便立刻波及另一全球工業重鎭的德國(Ohlin, 1931)，可惜沒有人聽他們的警告。一九二九至三一年間，美德兩國工業生產額均跌落了三分之一左右。可是這個數字，不過是各工業的平均值，看不出其中特定行業蒙受的巨大損失。單以美國的電氣巨擘西屋公司來說，一九二九至三三年的銷售額劇降三分之二；兩年之間，淨收益則跌落了百分之七十六(Schatz, 1983, p.60)。農林業也發生重大危機，糧食及原料價格無法再靠庫存手法維持，開始直線滑落。茶及小麥的價格一下子掉了三分之二，絲價則跌了四分之三。於是凡以農產出口貿易爲主的國家，一律遭到空前的打擊，包括阿根廷、澳大利亞、巴爾幹諸國、玻利維亞、巴西、(英屬)馬來亞、加拿大、智利、哥倫比亞、古巴、埃及、厄瓜多爾、芬蘭、匈牙利、印度、墨西哥，以及荷屬東印度群島(即今印尼)；這些還只是一九三一年曾由國際聯盟列舉的國家。總之，大蕭條的現象，這回貨眞價實，具有全球性的意義了。

至於奧地利、捷克斯洛伐克、希臘、日本、波蘭、大英帝國，對西方(或東方)傳來的震波也極其敏感，同樣受到強烈的震撼。爲了因應美國大量成長的絲襪市場需求，過去十五年來，日本絲業已經將產量提高了三倍；可是現在絲襪市場暫時消失了——這等於一夕之間，日絲在美國百分之九十的市場便化爲烏有。日本另一項重要農產品，米的價格也受到打壓。至於分布在東亞及南亞的一大片主要產米區，自然也不能倖免。但是小麥價格跌得更慘更徹底，比米價還要便宜。一時之間，據說連一向以稻米爲主食的東方人，也轉而改食小麥。可是就算餅麵大受歡迎——就算這是眞的——稻米大宗出口國如緬甸、法屬印度支那、暹羅(今泰國)的農人可就更遭殃了(Latham, 1981, p.

178)。米價一路下降，稻農沒有別的法子，唯一的補貼之道就是種得更多，賣得更多，結果把價錢壓得更低。

對於以供應市場，尤其是輸出爲主的農人來說，這種情況不啻傾家蕩產，除非他們恢復只爲自給自用而生產的傳統小農經濟農作。一般來說，大部分出口國家都還能利用這條出路，因爲非洲、南亞、東亞及拉丁美洲地區的農家，仍多保持小農規模，總算還可以維持一點緩衝的餘地。但是巴西可就慘了，完全變成資本主義浪費及蕭條嚴重程度的代名詞。當地咖啡種植戶爲了挽救價格暴跌，竟把過剩的咖啡，拿給火車的蒸汽引擎當煤燒。(世界市場上銷售的咖啡，三分之二到四分之三來自巴西。)一直到今天，巴西人務農的比例仍然相當高。一九八〇年代經濟的激變，給他們的打擊更甚當年的大蕭條，因爲至少早年的農家，對經濟的寄望遠比後來爲低。

話雖如此，殖民地小農國家的民眾依然受到相當的衝擊。比方黃金海岸(今迦納)的白糖、麵粉、魚罐頭，及稻米的進口量，就一下子掉了三分之二，(小農式)可可市場跌至谷底，琴酒的進口量縮減更兇，直落了百分之九十八(Ohlin, 1931, p.52)。

至於那些靠工資僱佣的男男女女，對生產手段既無法控制，又不能取得的一般人(除非有家可歸，可以回去下田吃老米飯)，經濟蕭條的立即後果就是失業。當時失業率之普遍可謂史無前例，時間之長，更超出任何人的預料。經濟大衰退最嚴重的時期(一九三二—三三)，英國比利時兩國的失業人口爲百分之二十二、三，瑞典百分之二十四，美國百分之二十七，奧地利百分之二十九，挪威百分之三十一，丹麥百分之三十二，德國更高達百分之四十四以上。同樣令人注目的是，即使在一九三三年景氣恢復之後，一九三〇年代的失業率也始終不見顯著好轉，英國瑞典一直盤在百分之十六、七左右，奧地利、美國及北歐其餘的國家，則維持在百分之二十以上。西方唯一成功解決失業問題的國家，只有一九三三至三八年的納粹德國。在眾人的記憶裡，工人階級還不曾遭遇過像這樣可怕的經濟災難。

更糟糕的是，在當時，包括失業救濟在內的公眾性社會生活安全保障，不是根本就不存在（如美國）；要不以二十世紀後期的標準來說，簡直微薄得可憐。對長期失業的人口而言，杯水車薪，根本就不夠用。正因爲這個緣故，生活安全保障始終是工人最大的心事：不但需要保障隨時失去工作（亦即工資）的危險，也要應付生病、意外，以及注定老來卻無依靠的哀境。難怪工人家庭最希望兒女找到的差事，錢少一點沒關係，可是一定要穩妥可靠，並且提供養老金才行。但是即使在英國，這個失業保險最普遍的國家，投保的勞工人口也不到百分之六十——能夠有這個數字，還多虧早在一九二〇年之時，英國便因大量失業而不得不因應之故。至於歐洲其他地區（德國例外，在百分之四十以上），持有失業保險的人數最少有低到零的，多則不過四分之一（Flora, 1983, p.461）。原本習於暫歇性就業或周期性短期失業的人口，現在發現，到處都找不到工作。僅有的儲蓄耗盡了，雜貨鋪裡也不能再賒帳了，山窮水盡，完全無路可走。

大量失業的結果，對工業國家政局造成最爲創重的衝擊。因爲對許多人來說，經濟大蕭條最直接最顯著的意義就是大量失業。雖然經濟史家指出（邏輯也同樣證明），事實上，在景況最糟糕的時刻，多數人依然有工作。而且兩戰之間，物價下跌，糧食價格甚至比最蕭條的時期降得更快，就業勞工的日子，其實比前更好。可是這又有什麼意義呢？籠罩那個時代不去的形象，是施粥的救濟餐廳，是歇業的鋼鐵工人「飢餓大行軍」聚集都會首府，向他們認為該負起責任的人抗議。政界人士也無法忽略一樁事實：德國共產黨裡面高達百分之八十五的成員，都沒有工作。那些年裡，共產黨員增加的速度幾乎不下於蕭條年間的納粹黨；在希特勒上台前幾個月，增長的速度甚至還要更快(Weber, I, p.243)。

失業現象及後果如此嚴重，難怪被人看作是對國家最為沉重甚至致命的打擊了。二次大戰中期，倫敦《泰晤士報》一篇社論寫道：「失業，僅次於戰爭，是我們這一代蔓延最廣，噬蝕最深，最乘人不防而入的惡疾，是我們這個時代西方特有的社會弊病。」(Arndt, 1944, p.250) 像這樣一段話，在過去工業化的歷史中，從來不可能出現；眞可謂一針見血，比起任何考據研究，都更能充分解釋戰後西方政府種種施政措施的因由。

說也奇怪，大難迷亂的感覺，在企業家、經濟學者，以及政壇人士心中，反而更為深刻，勝過平民小老百姓。對一般大眾來說，失業的滋味固然很苦，農產品的價格固然跌得太重，可是他們以為，不管是什麼方向——或左或右——總有個政治手段可以替他們解決這天外飛來的不公現象，因為窮老百姓的欲望其實很低。但在事實上，舊有的自由經濟體系架構，偏偏正缺乏解決的手段，技窮之下，經濟決策人士更是窘況畢現。短期內為了立即解決國內的危機，他們只好犧牲世界整體經濟繁榮的基礎。四年之內，國際貿易跌降了百分之六十(一九二九—三二)，同時間裡，各國卻加速地高築壁壘，力圖保全自己國內的市場及通貨，免受世界性經濟風暴的衝擊。可是大家心裡都很清楚，如此一來，全球繁榮所寄的國際多邊貿易體系也將分崩離析。一九三一至三九年間簽定的五百一十項各國商業協定之中，百分之六十不再包括國際貿易制度中最重要的一環基石，「最惠國待遇」(most favoured nation status)。至於少數依然保存者，優惠內容也大幅減低❹(Snyder, 1940)。這種惡性循環眞不知伊於胡底？到底有沒有出頭結束的一天？

這一切對政治環境自然有莫大的立即影響，產生了自有資本主義以來，創傷最慘重的一頁悲劇；我們在下面將有進一步的討論。不過在探討短期立即的衝擊之前，必須先研究一下經濟衰頹所導致的長期重大意義。一言以蔽之：這場經濟大蕭條足足摧毀了自由派經濟達半世紀之久。一九三一至三二年間，英國、加拿大、北歐諸國，以及美國，都一律放棄了長久以來被視爲國際匯率穩定所繫的金本位制度。到了一九三六年，連一向對金條篤信不疑的比利時、荷蘭，甚至法國，也紛紛來歸❺。象徵意味更濃烈的事件，發生於一九三一年，甚至連大英帝國也放棄了「自由貿易」的政策。要知道自一八四〇年代以來，在經濟上，自由貿易之於英國，就如同在政治上美國憲法之於美國一般，同是兩者身分形象的象徵。英國從世界經濟體中撤退，棄守了自由交易的原則，愈發凸顯當時各國急於保護自家門戶的現象。說得更明確一些，西方各國在大蕭條壓力之下，不得不將社會政策的考慮列爲優先，經濟事務只好屈居次要了。否則政治後果之嚴重，德意志等國的例子就擺在那裡——不分左右，各種黨派都被迫走上日趨激烈之路。

於是，凡在過去就以提高關稅爲手段，抵制外國競爭，保護國內農業的國家，現在把關稅提得越發高了。但單靠提高關稅已不足爲憑，大蕭條期間，各國政府開始提供補助，保證農產價格，收購過剩的出產，或者乾脆付錢給農家，叫他們停止生產。一九三三年之後，美國就曾出此下策。一九七〇及一九八〇年代，在「共同農業政策」(Common Agricultural Policy)之下，歐體幾乎被人數日益稀少的農戶所享有的補貼政策給拖垮。而這個奇怪的矛盾政策，其實正是大蕭條留下的餘孽啊。

至於工人階級，戰後各國致力消除大量失業的現象，「完全就業」成爲改良式資本主義民主國家的首要經濟任務。倡導這項政策的人士雖然不止一位，但其中最出名的先覺及前鋒，要數英國經濟學家凱因斯（一八八三—一九四六）。凱派學說主張，鏟除永久性大量失業，大有利於經濟發展，其出發點政經兼顧。凱派人士認爲，完全就業工人的收入，將爲經濟製造消費需求。這項看法固然相當正確，可是捨此而外，增加需求的方式其實還有許多。英國政府之所以迫不及待，單單挑上這一項忙忙實行的緣故——甚至在二次大戰結束之前就急急推動——主要在於大量的失業，對政治、對社會，都具有極爲強烈的破壞力。這個事實，大蕭條期間大家都親眼看見過了。眾人對此深信不移，以致多年後當大批失業再度出現，尤其在一九八〇年代初期嚴重不景氣的時期，許多觀察人士(包括本書作者在內)，都以爲社會紊亂將會再起。結果，出乎意料之外，亂象並未發生(見第十四章)。

社會所以不曾大亂，主因在各國有鑒慘痛教訓之餘，大蕭條之後紛紛設立了社會福利制度。一九三五年美國通過「社會安全法案」(Social Security Act)，誰還會對這個行動感到訝異？多年以來，各個已開發的資本工業國——除了少數例外，如日本、瑞士，及美國——都普遍設有規模龐大的福利措施，使得大家都已經習以爲常。我們幾乎忘了，至遲到二次大戰以前，世界上根本沒有幾個符合現代觀念定義的「福利國家」。甚至連向以福利完善著稱的北歐諸國在內，當時也不過方才起步而已。事實上福利國家一詞，一直到一九四〇年代以後才開始被人使用。

大蕭條重創之劇，更因一項事實顯得愈發突出：那個早與資本主義決裂分道揚鑣的國家——蘇聯，卻彷彿免疫似的，絲毫不爲所苦。當世上其他國家，至少就自由化西方資本主義國家而言，經濟陷入一片停滯現象之時，唯獨蘇聯，在其五年計畫領導之下，該國的工業化卻在突飛猛進的發展之中。最保守的估計，從一九二九年開始，一直到一九四〇年，蘇聯工業產量便增加了三倍。一九三八年際，蘇聯總生產量在全球所佔的比例，已從一九二九年的百分之五躍升爲百分之十八。同一時間，美英法三國的比例，卻由全球總額的百分之五十九跌落爲百分之五十二。更令人驚奇的是，蘇聯境內毫無失業現象。於是不分意識形態，眾人開始以蘇聯爲師。一九三〇至三五年間，一小群人數雖少，卻具有雄厚影響力的社經人士，紛紛前往蘇聯取經。他們看到的蘇聯經濟，雖然處處可見其原始落後缺乏效率的痕跡，更暴露史達林集體主義大量鎮壓的殘暴無情。可是這些印象，都不及蘇聯經濟不爲蕭條所動的成就深刻。因爲這些外來訪客一心所繫，所想解決的問題，並非蘇聯內部眞正的政經現象。他們關心的對象，乃是本身經濟體系的崩析，西方資本主義失敗的程度。蘇維埃制度有什麼祕訣？有任何值得學習的經驗嗎？此起彼落，雷同模仿俄國五年計畫之聲紛紛出籠。一時之間，「計畫」一詞成爲政界最時髦的熱門名詞。比利時、挪威的社會民主黨派，甚至開始正式採用「計畫」。英國政府最受敬重的大老，也是英國國教重要一員的索特爵士(Sir Arthur Salter)，此時也出書鼓吹計畫一事的重要性，書名爲《復甦》(*Recovery*)。他在書中主張，社會必須經過妥善籌劃，方能避開類似大蕭條性質的惡性循環。英國政府內許多持中間路線的大小官員，也組織了一個不分黨派的智囊團體，稱作「政經計畫會」(Political and Economic Planning, PEP)。年輕一代的保守黨人士，如日後出任首相的麥克米倫(Harold Macmillan, 1894-1986)，則紛紛自命為計畫派的發言人。甚至連以反共為標榜的納粹德國，也剽竊了蘇聯的點子，於一九三三年推出所謂的「四年計畫」。(其實一九三三年之後，納粹本身應付大蕭條的方案，也有相當成效。不過由於某些原因，納粹的成功卻未引起國際間同樣的重視，我們在下章將有所討論。)

2

為什麼資本主義經濟在兩次大戰之間陷入困境？這個問題的答案，主要出在美國的情況。歐洲經濟破敗的責任，也許有一部分可以怪罪到一次大戰及交戰諸國身上。可是美國的本土遠離戰火，後來雖成為決定勝負的主要因素，參戰時間卻極為短促。更有甚者，美國經濟不但未因大戰垮台，反而像二次大戰期間一般，深蒙戰爭之利。一九一三年間，美國事實上已經成為全世界經濟最強大的國家，工業生產量高佔全球總量三分之一以上——僅次英法德三國的總和。到了一九二九年，美國已經囊括全世界總產量百分之四十二以上；而英法德歐洲三大工業國家的總和，卻只有區區百分之二十八之數(Hilgerdt, 1945, Table 1.14)。這個數字變化實在驚人已極。具體來看，一九一三至二〇年間，美鋼鐵產量躍升了四分之一，世界其他地區卻減少了約有三分之一(Rostow, 1978, p.194,

Table III. 33)。簡單地說，一次大戰之後，美國在各方面都已成爲首屈一指的經濟霸權，不亞於它在二次大戰後再度稱霸的地位。只有經濟大蕭條期間，美國的領先優勢才暫受重挫。

更進一步來看，大戰不只強化了美國作爲世界經濟主要工業生產國的地位，同時也將它變成全球最大的債權國。戰爭期間，英國爲應付戰爭支出，不得不變賣許多海外資產，而它在全球的投資額損失了四分之一，絕大部分在美國地區。法國損失更重，幾達半數，多數源於歐洲的革命及崩潰所致。而美國人呢，戰爭初起，他們尚是個負債國；到了戰事結束，卻搖身一變成爲國際主要的貸方國家了。同時由於美國的海外業務，多集中在歐洲及西半球(當時英國仍是亞非地區最大的投資國)，美國對歐洲的影響自是舉足輕重。

總而言之簡單地說，要了解世界經濟危機，必須從美國著手。美國畢竟是一九二〇年代最大的出口國，同時也是僅次於英國的第二大進口國家。至於原料與糧食的進口量，美國更包辦了十五個最商業化國家進口總數的百分之四十。難怪蕭條大風一起，必需品類如小麥、棉花、白糖、橡膠、蠶絲、銅錫、咖啡的生產國首當其衝，一敗塗地(Lary, pp.28-29)。作爲主要的進口國家，同樣地，美國也成爲不景氣下最大的犧牲者。一九二九至三二年間，美國進口量跌落百分之七十，出口量也以同樣程度銳減。從一九二九年到一九三九年，世界貿易額縮減了三分之一，美國出口則幾乎暴跌一半。

這並不是說，歐洲即能脫去導致蕭條之責，而事實上，歐洲方面的問題多種因於政治因素。巴黎和會(一九一九年)對德國索取數額未定的巨額賠款，以補償戰勝國戰費及戰爭損失。爲了替這項賠款的正當性找藉口，和約中還特別加入一條「戰罪」(war-guilt)款項，將大戰的責任全部推到德國頭上。而這種「罪在一國」的欲加之罪，不但在歷史上站不住腳，反而加速促成德國國家意識的高漲。至於確切的賠款數字，由於美國認爲應依德國付款能力而定，而其他盟國——尤以法國爲最——則堅持德方須全數負擔；相持之下，只好妥協，最後簽定的和約中，對賠款的額度混而不提。盟國如此嚴苛要求，主要是爲了可以不斷地對德國施與壓力，使其從此一蹶不振；至少法國的心意旨在於此。到了一九二一年，賠款數字總算講定爲一千三百二十億德國金圓馬克，相當於當時的三百三十億美元。如此天文數字，大家都知道根本就不可能。

「賠款」一事，在美國主導之下，引發了無數辯論、危機及斡旋。如今德國固然欠下盟國賠款，盟國本身，在戰時也向華盛頓借了一大筆戰債。美方希望兩者併作一道解決，自然惹得友邦老大地不高興。戰勝國向德國索賠的數字，高到瘋狂的地步，等於一九二九年全德總收入的一倍半。而盟邦各國對美國的借債，同樣也高得嚇死人。英國對美欠債，相當於英國全國總收入的一半；法國欠美國的數字，則等於法國總收入的三分之二(Hill, 1988, pp.15-16)。一九二四年的「道斯計畫」(Dawes Plan)規定下德國每年償還的數字；一九二九年的「楊格計畫」(Young Plan)，又將付款表重新調整，並附帶在瑞士巴塞爾(Basel)成立了國際清算銀行(Bank of International Settlements)，是爲二次大戰之後出現的無數國際金融機構之先河。(本書寫作之際，這家清算銀行仍在營業。)由於實際原因所致，到了一九三二年，包括德國及盟國在內，所有的付款都告中止。只有芬蘭曾經償付過對美的戰債。

在這裡我們不用討論得太詳細，可是有兩件事卻不能不予注意：首先，年輕的凱因斯曾提出一篇論文，強烈抨擊巴黎和會的決定；這個看法的確有其見地。凱氏本人曾是英國出席和會的低階代表之一，在這篇名爲〈和平對經濟影響力〉（The Economic Consequences of the Peace）的一文裡，凱因斯主張，德國經濟若不復元，歐洲勢將無法回復穩定自由的文明及經濟社會。法國爲了保本身的「安全」，強制不使德國抬頭，對經濟生產將具有反作用。事實上，其實法國也自身難保，根本無力執行自己設下的抑德政策；雖然一九二三年間，法國曾藉口德方拒絕付款，出兵佔領了西德的工業重心區。至終，法方不得不接受事實，容忍德方在一九二四年後分期償付的政策；德國經濟也因此得到莫大的助力。可是其次，德國償付賠款的方式也是一大問題。凡想壓抑德國，使其繼續衰弱下去的國家，都強要德國付現。因爲可想而知，若讓德國以現有生產或出口所得折現賠付，勢必增強它的生產力，反而對競爭對手不利。事實上，各國共同施壓，強迫德方大量舉債賠款，因此德國賠款來源多來自一九二〇年代向美國借貸的大筆貸款。從德方對手的觀點來看，這種辦法還有另外一個好處，就是使德國深陷債務，無力擴張出口，以平衡帳務；德國進口量也果然高漲。但是這迫使德方以債養債整套做法的後果，我們都已經看見了，至終卻使德國及歐洲對美國的風吹草動極爲敏感。一九二九年華爾街股票大瀉之後，美國對外貸款資源發生危機，紛紛倒閉。可是美方向外出借的能力，早在股市崩潰之前就開始衰頹了。大蕭條期間，賠款付款這建築在沙灘上的架構，一古腦全部倒塌。到了最後，付不付款，對德國或世界經濟都無所謂了；付款停止，產生不了任何正面作用。因爲經濟已經完全解體。一九三一至三三年間，爲國際付款所做的各項安排，也一一潰散。

然而，兩戰之間經濟之所以嚴重崩潰，大戰期間及戰後歐洲的分崩離析及政治紛亂，只能爲其提供一部分理由。從經濟的觀點來看，可以分由兩方面討論。

其一，當其時也，國際經濟呈現極端不平衡的局面：美國的高速成長，和世上其他各國根本不成比例。世界性的經濟體系，完全發揮不了作用。因爲美國與一九一四年之前，作爲全球中心所在的大英帝國不同，前者自給自足，對外界幾乎沒有任何需要。因此之故，美國又有一項與英國不同之處：它根本不在乎國際帳務支付是否穩定，更不會出面維持。而過去英國身爲大出口國家，深知國際付款端繫英鎊，所以極其注意維持其幣値的穩定。美國之所以不甚需要他國，係因一次大戰戰後，它對外來的資金、勞力，以及(相對而言)日常必需品的需求，都較以往任何時候爲低；只有少數原料例外。美國的出口，對世界其他地區雖然很重要——好萊塢等於獨霸了全球的電影市場——對本國總所得的重要性而言，卻比任何工業國家都小得多。美國退離世界經濟舞台中心，對全球影響到底有多重大，這也許是一個見仁見智的問題。不過，美國經濟學家及政治人物顯然深受這類說法所動，認爲美國的消極導致了蕭條的發生。因此二次大戰期間，他們極力說服華盛頓當局改絃更張。於是一九四五年後，美國便開始全力負起維持世界經濟穩定的責任(Kindleberger, 1973)。

經濟大恐慌的緣由，還有另外一種解釋，那就是當時世界經濟產生的需求不夠，不足維持長期的擴張。我們已經看見，一九二〇年代的繁榮現象其實相當虛弱，甚至美國亦然，當時美國農業已經開始不景氣。跟眾人一向以爲的偉大爵士時代的神話印象相反，一般人的工資也並未大幅上升。到了景氣末期，最後瘋狂股價暴漲的幾年，工資甚至開始遲滯不前(Historical Statistics of the

USA, I, p.164, Table D722-727）。當時的現象是，工資落後不動，可是利潤卻不成比例地大幅躍升。結果富者愈富，佔去全國資產的一大半。這種情況，在所有自由化市場暴漲時都是如此。工業生產力不斷快速增加，可是大眾需求卻無法配合，趕不上亨利福特（Henry Ford）最盛時期大量生產的步伐。結果就是生產過剩，投機風大起，接下來引發的便是全體的崩潰了。在此，不論歷史及經濟學家的意見何等紛紜，甚至到了今天他們還在爭辯不休。但是，當時凡對政府政策具有強烈興趣的人士，都對需求普遍不足的現象印象深刻，連凱因斯也不例外。

最後的大崩潰終於來臨，對美國的打擊自然最爲激烈。又因爲早先由於需求成長不足，商人大幅擴張消費信用以刺激需求。如此一來，全面崩潰的打擊更重。（讀者諸君如記得一九八〇年代後期的現象，當覺得這段歷史相當眼熟。）自欺的樂觀分子投機成風，又有如雨後春筍般冒出的欺世財務專家煽風點火❻，房地產界一度異常興旺，早在大崩潰前的好幾年就達到巔峯。銀行吃了大虧，滿身呆債，現在對新申請的房屋貸款以及重新抵押，一律予以拒絕。可是爲時已晚，已經來不及了，（一九三九年）將近半數的房屋貸款無法履行償付責任，平均一天有一千戶住宅因流當被查封。拖累之下，美國銀行數以千計，一家一家地倒閉（Miles et al., 1991, p.108）❼。當時全美國各種中短期的私人貸款，總數高達六十五億美元；其中單是汽車貸款一項，就佔去了十四億（Ziebura, p.49）。另外一項因素，愈使經濟受到信用暴增的影響。原來美國消費者借款的目的，不是花在傳統強健身心的衣食用項。而衣食消費，伸縮性很小。一個人再窮再苦，日常生活所需也有一定的基本額，降不到哪裡去。而同樣地，就算收入增加了兩倍，日常需用也不會等比增加。可是美國民眾貸款購買的不是基本溫飽的事物，卻是當時美國已經開始大力鼓吹的現代消費社會耐久財。然而車子、房子，並不是急需之物，隨時可以延後，需求彈性甚受收入的影響。

因此，除非大家都覺得不景氣只是一時現象，對未來都抱著相當肯定，否則像這樣大的危機帶來的衝擊自然異常嚴重。一九二九年到一九三一年間，美國汽車產量驟減了一半。跌落得更厲害的，是以低收入爲對象的留聲唱片出版量(所謂的黑人唱片及爵士樂唱片)；有一段時間，等於完全銷聲匿跡。總而言之，「這一類新產品及新式的生活方式，跟鐵路、新式輪船、鋼鐵，及生產機器工具都不一樣——後者有助於降低成本——前者卻得依靠收入快速普遍地增加，以及眾人對未來持有的高度信心。」(Rostow, 1978, p.219) 不幸的是，此刻一敗塗地完全崩解的，正是大眾的收入及信心。

有史以來最惡劣的周期蕭條最後終於結束了。一九三二年後，各方面的跡象都明白顯示最壞的時候已經過去，某些地區的經濟甚至開始呼嘯前進。及至一九三〇年代末期，日本及瑞典的生產量——不過後者稍差一點——幾乎已達不景氣前的兩倍。到了一九三八年際，德國經濟已超出一九二九年的四分之一倍(不過義大利卻無如此好運)。甚至連經濟狀況最死寂的英國，也出現許多回甦的生氣。不過眾人預期的高潮回生，卻始終不曾恢復。世界依然陷在一片蕭條當中，其中以經濟最大國美國爲最。美國總統羅斯福曾施行一連串「新政」(New Deal) 以刺激經濟——其中不乏相互矛盾之處——卻無法充分達到預期的效果。一九三七至三八年間，經濟確曾一度強力復甦，可是旋即再度崩潰，還好這一回慘跌的規模，比一九二九年後稍佳。汽車製造業向是美國工業的領頭標竿，始終未能回復一九二九年時期的高峯；到了一九三八年，汽車總出產還只停留在一九二〇年的水準

(Historical Statistics, II, p.716)。身處一九九〇年代的今人，回顧當年，迎面便感到當時評論人士的一片悲觀氣氛。優秀的經濟學家認爲，若任由資本主義自生自滅，便只有蕭滯一途。早在巴黎和會之時，凱因斯便提出這種看法。現在大恐慌過後，美國更瀰漫這種悲觀的論調。難道任何經濟體一旦趨於成熟，都得走上這條長此停滯蕭條的不歸路?·奧地利經濟學家熊彼得(Joseph A. Schumpeter)是另一支對資本主義前途持悲觀論預言的學派。他曾表示:「在任何經濟長期衰退之下，甚至連經濟學家也會受到時代氣氛的感染，跟眾人一同沉淪，提出蕭條將從此長駐不去的悲觀理論。」(Schumpeter, 1954, p.1172) 撫今追昔，也許未來當史家回顧一九七三至九一年的歷史之際，也會訝異七〇及八〇年代眾口一聲的頑固樂觀氣息，當時的眾人，一味否定資本主義世界將有再度陷入不景氣可能的觀點。

不過蕭條儘管蕭條，一九三〇年代其實是一個工業科技發明極有成就的十年，塑膠的發展應用即爲一例。事實上還有一個行業——也就是如今被稱爲「媒體界」的娛樂業——在兩次大戰之間的年代有突破性的發展，至少在盎格魯撒克遜族的世界爲然。大眾廣播普及，好萊塢電影工業欣欣向榮，照相凹版印刷的發明使得報紙開始登載圖片，更屬驚人創舉(見第六章)。大量失業的低迷年代裡，灰色的城鎮中卻造起一家又一家如夢中皇宮的電影院，這種現象也許並非偶然。因爲戲票實在太便宜了，而且失業打擊最重的老小兩輩，別的沒有，如今最多的就是時間，紛紛以看電影打發時光。社會學家也發現，在不景氣的年代，夫妻共同從事休閒活動的比例，也比前大爲提高(Stouffer, Lazarsfeld, pp.55, 92)。

3

大蕭條實在太嚴重了，社會大眾無論是知識分子、行動主義者，還是一般平民百姓，都證實了一個想法：那就是這個世界一定在根本上出了什麼大毛病。有誰知道有什麼辦法可以整治嗎？當權主政者顯然束手無策，而那些一味相信十九世紀傳統自由主義老方子的傢伙看來也不中用，已經沒有人再聽信他們了。至於那些了不起的經濟學家，管他們再聰明，還能值得我們幾分信任？稍早之前，他們還在大吹法螺，一口一聲主張一個運作得當的自由市場社會，絕不可能發生大蕭條了。因為在市場功能自我調整的機能之下，生產如果過量，必定很快就會(根據十九世紀早期一位法國人提出的經濟法則)進行自行糾正。然而言猶在耳，他們自己已經同大夥一道陷身大蕭條的亂流。古典經濟學說以為，消費需求下降，連帶使得實際消費減少，此時利率必將隨之，以同等比例降低，剛好滿足了刺激投資之所需。因此，因消費需求減少而留下來的空缺，正好可以由投資方面的增加而補足。可是到了一九三三年，經濟上的現實，實在很難令人繼續相信這種理論了。失業率直線上升，自由派經濟的舊論卻認為，興建公共工程，並不能眞正提高就業的比率(英國財政部即持此論)。因為羊毛出在羊身上，投資額只有一筆，公共工程的經費不過是私人工程的轉移。如果把同樣這筆錢花在後者身上，照樣可以製造同額的就業。可是，現在這番話似乎說不通了。也有經濟學家主張，任由經濟自行發展，干涉越少越好。有的政府則直覺以為，除了緊縮通貨以求力保金本位制外，上上策就是堅守正統的財政手段，平衡預算，縮減支出。這些做法，顯然也無濟於事。事實上，蕭條持續之下，另有許多學者——包括當時即大力抗辯，並在日後四十年中影響最著的一代經濟學家凱因斯在內——都認爲傳統的放任政策，只會使情況愈加惡化。對我們這一代親身經歷大蕭條時期的人來說，當其時也，純自由市場的正統學說顯然已經名譽掃地，卻居然在一九八〇年代末期及一九九〇年代的全球不景氣中，再度死灰復燃，成爲主導的思想，眞眞令人覺得不可思議。這個奇異的健忘現象，正好證實並提醒了歷史一項主要的特徵：不論是提出經濟理論的學者，還是從事經濟實務的執行者，兩者的記憶均奇差，殊難令人置信。他們的健忘，也活鮮鮮地闡明一樁事實：社會的確需要史家，唯有史家，才是專業的歷史社會記憶人，替國民同胞記住大家恨不得統統忘去的恨事。

而且不管怎麼說，一旦社會經濟越來越受大型企業控制，「完全競爭」已經完全失去意義。甚至連一向反對馬克思學說的經濟學者，都不得不承認，馬氏的理論畢竟不錯，而他對資本集中的預言，尤爲準確。到了這個地步，所謂的「自由市場經濟制度」還能成個玩意兒嗎(Leontiev, 1977, p.78)？你不必服膺馬家學說，也不用對馬克思發生興趣。任誰都可以看出，兩次大戰之間的年代，離十九世紀的自由競爭有多麼遙遠。事實上，早在華爾街股市大崩盤以前，瑞士就有一位銀行家睿智地指出，經濟自由主義不復成爲普世準則的失敗現象(一九一七年以前的社會主義亦然)，在在解釋了迫使各國轉趨獨裁式經濟制度——如法西斯、共產主義，以及罔顧投資人利益遂行己意的大公司企業等——的壓力(Somary, 1929, pp. 174, 193)。到了一九三〇年代末葉，傳統自由主義主張的自由開放型市場競爭，已經飄然遠去，全球經濟形態只剩下呈鼎足並立之勢的三頭狀態：一是市場式的經濟，一是由政府對政府來往交易的經濟（如日本、土耳其、德國及蘇聯，均由政府計畫或統治經濟方面的活動），以及由國際公共社會或半公共組織（如國際必需品大宗物資協會等）管制下的部分經濟活動（Staley, 1939, p.231）。

在這種情況及氣氛之下，難怪大蕭條對政治及民眾觀感影響至深至速。當時的政府，不分左右，如右有美國胡佛政府（一九二八—三二），左有英奧兩國的勞工政府，都只好怪它們運氣不佳，爲何剛巧在這個大亂當頭的年代在位？於是只有紛紛下台一鞠躬。不過其中變化，還都不像拉丁美洲地區那般劇烈：當地政府或政權更迭之速，一九三〇至三一兩年之內，共有十二國改朝換代，其中十國係以軍事政變的手段更變政府。南美以外的地區變化雖然沒有這麼激烈，但總括來說，及至一九三〇年代中期，舉世恐怕找不出幾國政壇尚未改頭換面。各國的政局，也都與股市大崩盤以前大不相同。歐洲及日本開始急速向右轉，唯一的例外，只有北歐的瑞典及南歐的西班牙。前者於一九三二年邁入其半世紀社會民主統治的時代；後者的波旁（Bourbon）王朝，在一九三一年讓位給一個不幸且短命的共和國。這段歷史，我們在下一章將有更多的探討。在此，必須先就德日兩國幾乎同時興起的軍國主義政權敍述一番（日本於一九三一年，德國於一九三三年）。國家主義及好戰風氣在德日兩個主要軍事強國的出現，不啻爲經濟大蕭條爲政治所帶來的最深遠最邪惡的後果。二次世界大戰的柵門，在一九三一年就告打開。

革命左派的大挫敗，重新加強了激進右派人士的力量，至少在大蕭條最惡劣的年頭如此。蕭條一起，粉碎了共產國際在各地重燃社會革命戰火的希望；共產運動非但不能向蘇聯以外地區擴展，反而陷入前所未有的衰敝狀態。究其原因，共產國際的自殺政策實難辭其咎。它們不但大意地小覷了德國國家社會主義的危險性；並且一意追求無異於小宗派自絕他人的隔離政策，將社會民主黨派及勞工政黨發起的組織性群眾勞工運動，視爲其最大敵人（它們甚至稱勞工政黨爲「社會主義法西斯」）❽。現在回看起來，這種褊狹的路線實在令人詫異地不敢相信。及至一九三四年，原係莫斯科世界革命希望所寄，並爲共產國際中成長最快勢力最大的德國共產黨（KPD），已遭希特勒一手摧毀的命運。至此，組織性的國際革命運動，包括非法性與合法性的在內，遂告勢衰力微。當時，連中國共產黨也不過是一支殘敗的隊伍，方被國民黨從鄉村游擊地區清剿，踏上萬里長途的跋涉，一路流亡到邊地去。一九三四年的歐洲，只剩下法國共產黨尚未從政壇消失。至於法西斯治下的義大利，此時距「羅馬大遊行」（March on Rome）已有十年，而且正陷入國際大蕭條最艱苦的時期。墨索里尼躊躇滿志，對共黨已不再存有戒心，那一年爲慶祝羅馬遊行十周年紀念，竟將數名共產黨員出獄中釋放(Spriano, 1969, p.397)。可是不數年間，這一切又將改變(見第五章)。但當時的情況在在顯明，大蕭條造成的立即衝擊，與社會革命分子的期望完全背道而馳，最起碼在歐洲地區絕對如此。

左派勢力的衰退並不限於共產黨派。希特勒奪權成功，德國社會民主黨也從政局裡消失了。一年之後，在短暫的武裝抵抗之後，奧地利的社會民主政權也告垮台。至於英國的工黨，早就在一九三一年成爲大蕭條的犧牲者（或許是因爲堅信十九世紀正統經濟教條而把自己給害了吧）。工黨領導的同業工會，自一九二〇年以來會員人數損失殆半，此時自然勢力大衰，甚至連一九一三年的情況還不如。總之，歐洲各國的社會主義者都陷入了山窮水盡的境地。

歐洲地區以外，情況卻大不相同。北美地區正迅速向左轉，美國在新上任的總統羅斯福主政之下（一九三三—四五），開始實驗一連串相當激進的新政措施。墨西哥則在總統卡德納斯（Lázaro Cardenas）領導下（一九三四—四〇），重新恢復早年墨西哥革命的活潑生氣，尤以在農村土地改革方面最爲顯著。加拿大飽受蕭條打擊的大草原上，也掀起一片強大的社會／政治運動之風。其中包括主張平分社會權益，以達公平分配購買力的「社會信用黨」（Social Credit Party），以及今天的新民主黨（New Democratic Party）前身的「平民合作聯盟」（Cooperative Commonwealth Federation）。依照一九三〇年代的標準來看，兩者都可以列入左翼陣營。

至於拉丁美洲一帶，大蕭條引起的政治衝擊就更一言難盡了。當地重要出口產品的價格，在世界市場一瀉千里，各國財政破產，政府及執政黨派便像九柱戲的木柱一般，此起彼落，倒得一地都是。可是它們倒落的方向，卻不一定相同。不過倒向左派的，即使短暫，也遠比右派爲多。阿根廷在長期文人統治之後，從此進入軍政府時期。雖然法西斯氣質的右派首領，如伍瑞布洛（Uriburu）將軍不久便靠邊站（一九三〇—三二），阿根廷當局的路線，仍然很明顯地傾向右派，即使它可能是屬於傳統式的右派。而智利在皮諾切特將軍（Pinochet）統治之前，原本鮮有軍人專政，此時也推翻該國少有的軍人獨裁總統伊瓦涅斯（Carlos Ibañez, 1927-31），旋以暴風之勢迅速地向左轉去。一九三二年，在葛洛夫上校（Marmaduke Grove）率領之下，該國甚至通過成立了一個短命的「社會主義者共和國」（Socialist Republic）。日後並依歐洲模式，發展出極爲成功的人民陣線運動（見第五章）。在巴西，大蕭條結束了統治長達四十年之久的「老共和」的寡頭統治（一八八九—一九三〇），瓦加斯（Getulio Vargas）上台執政。瓦加斯此人，最貼切的形容應該是國家主義者兼民粹主義者（見第四章），巴西從此在他手中統治了前後分別有二十個年頭。至於祕魯，左轉的局勢非常明顯，不過祕魯新黨派當中力量最強大的「美洲人民革命聯盟」——這是西半球各國依歐式工人階級組黨的黨派裡面，少數僅有的成功範例之一——其革命野心卻告失敗（一九三〇—三二）❾。哥倫比亞的向左倒更是不言可喻，在三十年保守的政權統治之後，現在換由自由主義人士當家，其總統深受羅斯福新政影響，一心以改革為職志。拉丁美洲紛紛轉趨激進的現象，在古巴更上層樓。羅斯福一上任，這個美國保護國的人民深受激勵，竟起來推翻了當時在位的總統。這位總統大人，被民眾恨之入骨，甚至以當時古巴的標準而言，都簡直腐敗得不像話。

在廣大的殖民地區，大蕭條更加帶動了反帝國主義的風潮。一方面由於殖民地經濟生存所繫（至少是當地公共財源及中產階級所需）的大宗基本物資，價格大幅度地滑落。另方面則因原本屬於大都會經濟的母國，現在也紛紛加強本身農業及就業的保護，卻完全不顧這些措施將給其殖民帶來何等打擊。一言以蔽之，歐洲各國的經濟事務決策，一律以國內因素為考量。長此以往，自然無法兼顧生產地利益的無限複雜性（Holland, 1985, p.13），它們龐大的帝國也從而解體（見第七章）。

在這種情況之下，大蕭條的降臨，從此展開了大多數殖民社會政治不安的年代。殖民地人民的悶氣無可宣洩，自然只有發在（殖民地）政府身上。即使在二次大戰之後方才爭取立國的殖民地區，同樣亦感擾攘不安。英屬西非及加勒比海一帶的社會，由於出口作物的危機（可可及蔗糖），當地開始出現紊亂現象。不景氣的年頭裡，在反殖民立國運動已經露面的地區，尤其在政治擾攘已經延及一般群衆的其他地方，衝突愈見激烈。同一時期，埃及的「回教弟兄黨」(Muslim Brotherhood，於一九二八年成立)的勢力正在大量擴張，印度群衆也在甘地領導之下（一九三一），開始第二波全面動員(見第七章)。瓦勒拉(De Valera)領導的愛爾蘭激進派共和人士，則贏得了一九三二年愛爾蘭地區的大選。這場勝利，或許也可以看作是針對經濟崩潰而起的反殖民回響吧。(譯註：愛爾蘭最後終告獨立，瓦勒拉即任首屆總統。)

大蕭條影響所及，全世界一片摧枯拉朽。震撼之深之廣，也許可以從下面的全球快速掃描一窺究竟。短短幾年甚至數月之間，世界各地從日本到愛爾蘭，從瑞典到紐西蘭，從阿根廷到埃及，到處都掀起了政治的大動亂。然而，這些短期的政局變動，雖然極爲戲劇化，大蕭條衝擊的深度，卻並非僅從這個角度衡量。事實上，這是一場驚天動地的大災難，一舉摧毀了衆人的希望：世界的經濟與社會，再也不可能重返漫長十九世紀的舊日時光。一九二九至三二年無寧是一道深谷，從此之後，重回一九一三年的美好，不但根本不可能，連想都不必想。老派的自由主義不是已經死去，就是殘陽夕照末日不遠。如今在思想知識界及政治舞台上，共有三股勢力競逐爭霸。馬克思共產主義是其一。畢竟，馬氏本人的預言似乎就要實現了：一九三八年，就有人在美國經濟學會(American Economic Association)上如此宣布。更有甚者，對於大蕭條，蘇聯顯然具有相當的免疫力。第二種勢力則屬改良式的資本主義。這一派學說，不再奉自由市場爲經濟的最佳圭臬，轉而私下與非共產勞工運動性質的溫和社會民主主張相結合，有時甚而建立長久的聯繫。及至二次大戰之後，這一派證明最爲成功。可是當時在短期之內，它至多只是受到古典自由市場失敗刺激，而起的一種實驗心理，主事者並未完全將之當成一種有意識的政策或選擇在推動。他們總以爲蕭條過去，就絕不可能再容許這種情況發生了。因此，一九三二年後瑞典執行的社會民主政策，即係針對正統經濟思想失敗而做的因應措施。該國新經濟政策主要設計者之一的瑞典經濟學家，諾貝爾獎得主米爾達（Gunnar Myrdal），就認爲一九二九至三一年間的英國工黨政府之所以一敗塗地的緣故，即出於該黨太過相信傳統經濟主張之故。至於另一派在未來取代已經破產的自由市場經濟理論的學說，當時尚未成熟，還在醞釀階段。對此派學說影響貢獻最大的著作，首推凱因斯的《就業、利息和貨幣的一般理論》（*General Theory of Employment, Interest and Money*），一直到一九三六年方始出版問世。一直到了二次大戰之際以及戰後，各國政府才開始依國民所得會計爲準，以總體經濟主舵並管理經濟事務。不過在一九三〇年代之際——恐怕多少受到一點蘇聯的影響——它們就已經愈發從整體觀念看待一國經濟，並依此評估本國的總出產總收入[10]。

至於第三條路，就是法西斯路線了。經濟的蕭條使得法西斯主義變成世界性的運動，說得更正確一些，成爲世界一大威脅。主張經濟自由主義的新古典理論，自一八八〇年代即已成爲國際的思想正統。可是德國知識界的傳統，卻一向敵視新古典理論（這一點與奧國知識分子大相逕庭）。德國版的法西斯主義（國家社會主義）之所以興起，主要助力即來自這份敵視傳統。而德國政府毫不留情，務必鏟除失業現象的心態，也同樣助長了法西斯的蔓延。然而，我們必須承認，德國不顧一切對付大蕭條的手段，比起其餘國家，卻的確既迅速又成功（義大利法西斯政權的成績就沒有那麼突出了）。

不過對早已茫然不知所措的歐洲來說，德國的做法並沒有太大的訴求。隨著大蕭條日益高漲的法西斯浪潮之下，有一件事情卻變得愈發清楚：在這個大動亂的年代，隨風而逝的不只是和平、社會的安定，以及經濟的體系；甚至連作爲十九世紀自由主義布爾喬亞社會基石的政治制度、智識價值，也日暮窮途化作頹垣。接下來，我們就得看一看這段過程如何演變形成。

註釋

❶從康氏長周期理論出發，往往可以做出極爲正確的預測——這在經濟學上倒是少有的情況——這種準確度的現象，使得許多歷史學者，甚至包括經濟學人在內，均深信其中必定有其一定的道理存在，只是我們不知道其所以然罷了。

❷終十九世紀之世，物價異常穩定，有時甚至還會出現降低的情況。到了世紀末期，物價竟然比世紀初還要低出許多，因此老百姓都習慣這種日子了。在這種情況之下，單是「通貨膨脹」一詞，就足以抵得過我們現在所說的「通貨瘋狂膨脹」(hyper-inflation) 了。

❸至於在巴爾幹地區及波羅的海諸國，通貨膨脹問題雖然嚴重，當地政府對其卻始終不曾完全失控。

❹所謂「最惠國」條款，事實上與其字面意義完全相反。它眞正的意思是作爲商業夥伴的國家，彼此以「最惠國」身分相互對待。亦即沒有哪一個國家是最惠的對象。

❺最原始的形式，係將貨幣的單位，比方一塊錢，與一定重量黃金的價值鎖定。如有必要，銀行將根據這種標準予以兌現。

❻一九二〇年代，法國心理學家庫埃(Emile Coué)的理論曾經風靡一時，其實並不是沒有緣故的。庫埃大力鼓吹自我暗示的樂觀心理作用，方法是每天對自己重複這句話：「每天每事，我都更好更強。」

❼美式的銀行體系，不容許歐洲式在全國各地設有分行的巨型銀行系統存在。因此，美國銀行均屬規模甚小的地方銀行，充其量範圍不過遍及一州。

❽莫斯科走火入魔到一個地步，竟在一九三三年勒令義大利共黨頭目陶里亞蒂(P. Togliatti)收回他提出的一項建議。陶氏以爲，或許至少在義大利，社會民主主義並不是共產黨的頭號敵人。當時希特勒其實已經開始掌權。共產國際一直到一九三四年才改變它的路線。

❾其他成功的例子還包括智利及古巴的共產黨。

❿首先開此風氣的政府係一九二五年的蘇聯及加拿大。及至一九三九年，官方正式統計國民所得的國家已經增爲九國；而國際聯盟則握有二十六國的估算數字。二次大戰之後，立即有了三十九國的統計數字。到了一九五〇年代，更增爲九十三國。至此以後，雖說國民所得往往並不能反映國民眞實的生活水準，卻如同各國國旗一般，成爲獨立國家不可或缺之準則。

第四章
自由主義垮台了

納粹現象之爲物，實超乎理性範圍所能分析。其首領，以天啓之口吻聳談世界霸權及毀滅；其政權，以最惡劣之種族仇恨意識爲基礎；其國家，卻是歐洲文化經濟最先進其一之國家。然如此國家，卻一心爲禍。始而謀之，繼而發之，終而滅絕人類五千萬餘，犯下駭人聽聞髮指暴行無數——其惡行之極致，竟以機械化手法屠殺猶太族人達數百萬眾。史家面對奥許維茲(Auschwitz)，竟只能啞然無語，渾不知從何説起。

——克蕭(Ian Kershaw, 1993, pp. 3-4)

爲祖國、爲理想獻出生命!……不，光死不足以成事。即使在最前線，殺敵才是第一。……死算不得什麼，死並不存在。没有人想到自己會死，殺、殺、殺，這才是正事，這才是待你我開拓的疆域。是的，只有上前去殺，才是你全心意志的具現。因爲只有透過殺之一事，你的意志方能在另一人身上達成。

——某位法西斯社會主義共和國年輕志願軍的書信（Pavone, 1991, p.431）

1

對出生於十九世紀的前朝遺老而言，二十世紀災難大時代的種種變化發展之中，最使他們深受震撼的就是人類自由文明價值及制度的解體。多少年來，起碼在所謂的「先進」或「進步中」的地區，生活在十九世紀之人，已經將自由文明的進步視為當然。自由文明的價值觀，不信任專制獨裁；誓行憲政，經由自由大選選出政府及代議議會以確保法治社會；主張一套眾所公認的國民權利，包括言論、出版，及集會的自由。不論國家社會，均應知曉理性、公共辯論、教育、科學之價值，以及人類向善的天性（雖然不一定能夠完美）。而這些價值觀點，終十九世紀之世，顯然在不斷地進步；觀其情況，也勢將一直發展下去。不是嗎？及至一九一四年際，連歐洲碩果僅存的最後兩家專制政權——俄羅斯及土耳其——也都開始讓步，先後步上立憲之途；伊朗甚至還向比利時借了一套憲法使用。一九一四年以前，唯一能向這套價值觀挑戰的只有三股力量：其一是傳統的勢力如羅馬天主教會，藉教條設下障礙採取守勢，防堵優越的現代精神。其二是一小群知識分子，向既有勢力挑戰，並預言傳統必亡的命運。這些人多半出身「名門」，來自傳統文化勢力的中心，他們挑戰的對象，其實有一部分就是自己所從出的舊文明。其三即是民主的力量。但是所謂老百姓當家做主的民主政治，在當時是一股使人煩惱的新現象（見《帝國的年代》）。這一群烏合之眾，既無知又落後，一心想靠社會革命推翻布爾喬亞式的社會。再加上人類潛在的缺乏理性，恐怕極易爲人煽動利用。種種危險性，的確值得提高警覺。但在事實上，不論是新興的群眾民主運動，還是社會主義的勞工運動，連其中最最狂熱危險的分子，也對理性、科學、進步、教育，與個人自由的信條，有著同樣的熱情，不管在理論上還是行動上，他們熱烈的程度絕不下於任何人。德國社會民主黨的五一勞動紀念章(May Day)，一面是馬克思的肖像，另一面即是自由女神像。社會主義運動挑戰的對象，乃是經濟制度，而非憲政及文明教化。當時法德等國的社會黨派，即使組成政府，也絕不可能成爲「人類所知文明」的終結者。當其時也，終結文明式的政府還遙遠得很呢。

從政治層面觀之，自由民主的制度其實已經大有斬獲。一九一四至一八年間，世界雖然爆發了那場野蠻的戰爭，民主卻因而更爲躍進。除了蘇維埃俄羅斯是個異數之外，一次大戰後冒出來的國家，無分新舊，基本上都成立了代議國會性質的政權；甚至連土耳其也不例外。從蘇聯邊界以西，一九二〇年的歐洲舉目皆是實行代議制的國家。自由立憲政府的基本建制，乃是經由選舉產生代議議會及(或)國家元首。當時凡是獨立國家，一律採用此制。不過有一點我們必須記住，兩次大戰之間，全球雖說共有六十五個獨立國家，絕大多數卻均位於歐美兩洲。而當時全世界三分之一的人口，猶在殖民的統治之下。獨立國當中，一九一九至四七年間，只有五國從未舉行過選舉。而這五國盡屬些孤立的政治化石，包括衣索比亞、蒙古、尼泊爾(Nepal)、沙烏地阿拉伯(Saudia Arabia)，以及葉門(Yemen)。在這段時間裡面，另五國則總共只辦過一回選舉，對自由民主政治的態度，顯然不太友善：分別是阿富汗(Afghanistan)、國民黨執政的中國、瓜地馬拉(Guatemala)、巴拉圭

(Paraguay)，以及當時仍稱爲暹羅的泰國。不過話又得說回來，能有區區選舉存在，足證自由政治思想——至少在理論上如此——滲透之強之廣了。同樣地，選舉的存在及次數也只是表面現象，我們不能由此便斷定一國是否眞正民主。一九三〇年以還，伊朗曾有過六次選舉，伊拉克則有過三次。而這兩國之中無論哪一個，都算不得民主陣營的堡壘。

不過，選舉式的代議政權在當時的確相當普遍。然而，從墨索里尼所謂的「進軍羅馬」開始，一直到二次大戰期間軸心勢力達於巔峯的二十年間，自由政治制度的盛況卻發生災變，開始快速地消退。

一九一八至二〇年間，歐洲有兩國的立法議會遭到解散，或不再行使職權。到了一九二〇年代，這個數字變成六國；一九三〇年代，再度變爲九國。到了二次大戰期間，德國佔領之下，又有五國憲政宣告倒閉。簡單地說，兩戰之間的年代裡，唯一不曾間斷，並有效行使民主政治的歐洲國家，只有英國、芬蘭(勉強而已)、愛爾蘭自由邦(Irish Free State)、瑞典及瑞士而已。

至於囊括了另一群獨立國的美洲地區，情況則比較不一致，但與民主制度的進展也絕對相去甚遠。能夠一貫維持憲政體制非威權獨裁國家的名單極短，只有加拿大、哥倫比亞、哥斯大黎加(Costa Rica)、美國，以及經常被眾人忘掉的「南美瑞士」暨南美唯一眞正的民主國家——烏拉圭(Uruguay)。我們最多只能說，從一次大戰結束開始，一直到二次大戰完畢，南美的政情忽而向左，忽而往右。除此之外，全球其他地區多爲殖民世界，因此根本就不算自由主義的政權，即使以前曾經有過自由主義意識的憲法，如今也日益遠去了。一九三〇至三一年間，日本政權自自由派手中，拱手讓給軍國主義勢力。泰國則試驗性地邁出步伐，往立憲之路小試幾步。一九二〇年代初期，土耳其政權落入前進派軍事強人凱末爾的手中，凱氏力倡現代化，卻絕不容任何選舉影響他的大業。總而言之，橫遍亞、非、大洋洲三個大陸，只有澳大利亞與紐西蘭始終一貫民主。至於位於非洲的南非，由於絕大多數民眾都被排在白人憲政的雨露之外，故也算不得眞正民主。

簡單地說，縱貫整個大災難的時代，政治自由主義在各地面臨大撤退，及至一九三三年希特勒登上德國總理寶座之際，自由陣營敗退之勢更形加劇。一九二〇年時，全世界原本一共約有三十五國擁有民選的立憲政體(至於確切數字,得依拉丁美洲那幾個共和國的定義而定)。到了一九三八年，卻只剩下十七國左右了。再到一九四四年，全球六十四個國家當中，恐怕僅餘十二個民主憲政。大勢所趨，實在再爲明顯不過。

共產主義，往往被世人視作一九四五至八九年間對自由政體最大的威脅。基於這項假定，我們便有必要提醒自己，回到兩次大戰之間的年代，自由政體的大敵，其實卻是右派的政治勢力。所謂「極權主義」(totalitarianism) 一詞,原本是用來形容義大利法西斯的政權,或起源於該黨的自道。這個名詞，一直到一九四五年以前，都只限用在法西斯式政權身上。當時的蘇維埃俄羅斯，與世隔絕(一九二三年起,改稱蘇維埃社會主義共和國聯邦，USSR)，根本無能向外擴展共產主義。而自史達林興起之後，蘇聯更無意向外發展。一次大戰之後，列寧思想派(或其他任何派別)領導的社會革命一陣短暫弄潮，旋即銷聲匿跡。而(馬克思派)社會民主的運動，則搖身一變，從顚覆勢力轉而成爲維持國脈的力量，其心向民主，實在無可懷疑。在許多國家的勞工運動裡面，共產黨員都居於少數地位。難得有幾個勢力強大的例外情況，卻往往難逃被鎮壓的命運。社會革命的力量的確可畏，共產黨在社會革命中扮演的角色也不得不令人疑懼，二次大戰期間及戰後掀起的第二波革命風暴，在在都證實這種擔憂絕非過慮。可是回到兩次大戰之間自由主義大撤退的二十年間，但凡可以算作自由民主的政權，沒有一個是被左派推翻的❶。這段時間，最大的危險純粹來自右派。而當時的右派，不但危及立憲代議制的政體，更在思想意識上，對民主自由所繫的自由文明構成莫大威脅。其甚囂塵上之勢，極有發展成世界性政治運動的潛力。區區「法西斯」一詞，已經不足以概括這股風潮。但若說法西斯與其無關，卻也又不盡然。

法西斯不足以概括這股風潮，因爲當時起而傾覆自由派政權者流並非均屬法西斯一派。法西斯脫不了關係，則因爲不論首創名號的義式法西斯，或後來沿襲法西斯作風的德式國社黨，都對其他反自由的勢力造成起而效尤的刺激作用。義德兩國的法西斯黨派政權，不但支持各國的極右派，更爲國際右派帶來一股歷史的自許感：一九三〇年代右派大風之盛，看來顯然就是人類未來希望所寄。某位政學泰斗說得好：「東歐的獨裁君主、官吏、軍人，還有(西班牙的)佛朗哥，均紛紛以法西斯爲師，……實在事出有因，絕非偶然啊。」(Linz, 1975, p.206)

拉丁美洲的軍事政變，屬於比較傳統的顚覆形式。走馬換將，接班上台之人，往往是不具特定政治主張的獨裁者或軍事強人。將此除外，當時推翻自由民主政權的勢力，一共可分三類。這三類勢力，一律反對社會革命，而它們之所以興起，實種因於對一九一七至二〇年摧毀舊社會之風潮的反動。這三股勢力，也全屬獨裁威權統治，對自由政體懷有極大敵意，不過某些時候，其動機所在，往往出自實際的考量，而非原則的歧異。老派的反動人士，雖然會出面禁止某些黨派的活動，尤其是共產黨的組織，但通常不會將所有黨派一律趕盡殺絕。一九一九年，匈牙利的蘇維埃式共和國曇花一現，旋即告終，保守派霍爾蒂（Horthy）入主國政。霍氏的頭銜是海軍上將，並堅稱匈牙利依然是個王國——雖然這個王國既無國王，也乏海軍。霍氏以威權治國，維持十八世紀寡頭政治的老形式，雖有國會，卻不民主。而三類右派政權，也都對軍警部門青睞有加，特別倚重孔武有力，能夠以肌肉體力施行威嚇的武夫。因爲這些人可以對顛覆力量產生立即直接的防禦，事實上，也往往成爲擁立右派的最大助力。各類右派之間，還有一個共同點，就是它們都推崇國家主義。仇外、戰敗、帝國老去，固是造成國家至上思想盛行的一部分原因。但揮舞國旗吶喊，又何嘗不是建立法統地位，並贏取民心的最佳手段。不過諸同之中，這三種右派依然有其相異之處。

老派的獨裁者或保守人士——如匈牙利的霍爾蒂將軍，芬蘭的曼納林元帥（Mannerheim，在芬蘭新獨立後的紅白兩軍內戰中獲得勝利），波蘭的畢蘇斯基上校（Pilsudski，波國的解放者，後爲元帥），南斯拉夫的亞歷山大國王（南國即一次大戰之前的原塞爾維亞，如今方統一爲南斯拉夫），以及西班牙的佛朗哥將軍——他們諸人除了堅決反共之外，在政治上，都沒有特別的主張。即若有任何主張，也不過是該階級固有的傳統偏見而已。他們也許和希特勒的德國聯盟，也許與自己國內的法西斯運動結合，但是這些做法，都只出於兩次大戰間的非常際會。因爲當時最「自然」的同志，就是眾家右派大同盟。不過本國立場的考量當然優先，往往勝過了這種同盟的意識。就以英國的邱吉爾來說，其作風在一般右派當中雖屬異數，當時卻仍是個十足的右派保守黨員。他對墨索里尼治下的右派義大利雖然難免有情，同時也實在不願意聲援西班共和國軍隊對抗佛朗哥將軍的隊伍，可是德國對英國的威脅一起，他卻立刻加入國際陣營，成爲反法西斯的鬥士。而就另一層面來看，何況在本國之內，這些老派的反動人士，恐怕也得面對眞正的法西斯性質運動興起的反對風浪，而後者有時會獲得群眾相當的支持。

第二股右派勢力，則帶來一種所謂「組織化國家統制」(organic statism，編註：「組織化」的義涵係指「以機構爲參政基本單位的」)的出現(Linz, 1975, pp.277, 306-13)。這一類保守政權，重點不在於如何捍衛傳統秩序。它別有用心，刻意建立一種新政策，以抗拒個人至上的自由主義，與勞工第一的社會主義爲原則。這種意識形態，緬懷的是想像中的中古世紀或封建社會的古風，雖然有階級，有貧富；可是人人各安其所，沒有階段鬥爭，眾人接受自己在階級制度中的地位。組織化的社會，包括了每一個社會群體或「封建階級」，而這些群體或階級，在社會上有其一定的角色及功能，卻合爲一集體性的實體存在。這股思潮，造成各種名目的「統合主義」(corporatism)理論的興起。統合主義主張，以各種經濟職業團體的代表權，取代個人式的自由主義民主政治。這種以團體爲單位的制度，有時被稱爲「組織化」參與或「組織化」民主，贊同者以爲比眞正的民主形式爲佳。然而事實上，理想歸理想，在實行上，組織化民主往往難逃威權統治的網羅。國家的意志高於一切，命令的發布執行由上而下，權力多半操縱在一群文官官僚及技術官僚手中。更有甚者，在這類政權裡面，選舉式的民主制度，不是受到限制，就是全遭消除(套用匈牙利首相貝特棱伯爵〔Bethlen〕的說法，所謂「民主，乃是依據統合式集體意志的矯治手段」)(Ranki, 1971)。這類統合主義國家之中，最徹底最典型的例子，要數某些信奉羅馬天主教的國家，其中尤以大獨裁者薩拉查(Oliveira Salazar)治下的葡萄牙爲最。葡國的右派保守政權，是全歐反自由主義統治當中壽命最長的一個(一九二七—七四)。除了葡萄牙外，統合派政權也曾在奧地利出現，時間在奧國的民主政治崩潰之後，一直到希特勒侵入該國爲止(一九三四—三八)。而佛朗哥將軍統治的西班牙，多少也帶有一點統合國家的味道。

這一類的反動政權，論起源及動機，都比後起的法西斯悠長，兩者之間雖有著相當的差異，可是卻缺乏明顯的界限。因爲它們的目標也許並不一致，卻擁有共同的敵人。早在一八七〇年舉辦的首屆議決教皇無錯的梵諦岡公教會議(Vatican Council)當中，羅馬天主教會官方就已聖定其堅決反動的立場。但是天主教當然不是法西斯。事實上，教廷對主張極權的俗世政權深惡痛絕，對法西斯目當反對到底。可是，天主教國家展示的「統合國家」形式(corporate state)，到了(義大利)法西斯的圈子，卻更爲發揚光大。義國有著天主教的傳統，這自然是他們被統合思想吸引的主要原因。而那些實行統合主義的天主教國家，有時候根本就被直呼爲「神職派法西斯」(clerical fascist)。法西斯派之所以行於天主教國家，可能直接源自整合派天主教義(integrist Catholicism)，如比利時自由黨領袖德格雷爾(Léon Degrelle)帶領的雷克斯特運動(Rexist)即是。當年天主教會，對希特勒推動的種族主義，態度曖昧不明，這一點常爲人所注意。但天主教會還有另外某些舉動，卻較少爲人所悉：二次戰後，教會中人——有時甚至包括身膺要位的高級神職人員——曾予以納粹亡命餘孽及各類法西斯黨徒相當的濟助，其中不乏被控血腥罪名的戰犯。教會之所以和反動派，甚至法西斯搭線的緣故，是因爲它們都共同痛惡十八世紀以來的啓蒙運動、法國大革命，以及在教會眼裡由此衍生的一切禍害：民主、自由，當然更少不了那罪大惡極的燃眉大凶——「目中無神的共產主義」。

而在事實上，法西斯的年代，的確也成爲天主教歷史上的一個重大轉捩點。當時在國際上，爲右派抬轎最力者，就是希特勒及墨索里尼兩人。可是天主教會卻在這個節骨眼上與右派認同，不免爲那些關心社會問題的天主教徒，製造出相當的道德困擾。及至法西斯全面潰退之際，原本就不甚積極反對法西斯的神職階級，此刻遭受的政治問題更不在話下。相反地，反對法西斯的立場，或爲愛國而加入抵禦外侮的行動，現在卻破天荒地，爲民主派的天主教派（基督教民主政治）在教會中建立了合法的地位。至於在天主教徒居於少數的國家，基於實際需要，也開始出現黨派動員羅馬天主教徒選民的票源，主要是衛護教會利益以防俗世國家勢力的侵蝕，德國荷蘭即爲兩例。至於在正式以天主教爲國教的國家裡，教會也一力抗拒向民主自由的政潮低頭。而它另外一大煩惱，則來自主張無神的社會主義。天主教對社會主義頭痛到，教會竟在一八九一年提出一項社會政策——這對天主教來說不啻前所未有的新猷——強調在維繫家庭及私有財產的神聖之餘，社會也有必要照顧工人階級應得之份，不過，資本主義的「神聖性」卻不在教會認可之列❷。各界受新思潮影響的天主教徒，不論是主張社會主義，還是傾向自由思想，或其他打算組織天主教徒勞工工會之人，都經由羅馬教廷的這項政策獲取了第一個立足點。本來在一次世界大戰之後，教宗本篤十五世（Benedict XV, 1914-22）曾短暫地允許過義大利一個規模龐大的（天主教）人民黨（Popular Party）成立，一直到法西斯興起之後，該黨才告殞滅。但除了義大利之外，其他各國的民主及社會主義天主教徒，均屬政治上的邊緣少數。及至一九三〇年代法西斯勢力崛起，新思想的舊教教徒，方才正式公開露面。他們人數依然稀少，比方公然聲援西班牙共和國的天主教徒，就只是數目極少、但學養極爲優秀的一群人士。而絕大多數的天主教徒，都一面倒地支持佛朗哥將軍的保守反動勢力。只有到了二次大戰期間的地下抗暴運動，傾向民主及社會主義的教徒，方才能以愛國之名，而非意識主張，名正言順地嶄頭露角，獲取最後勝利出頭的機會。不過總而言之，基督教民主政黨在歐洲的勝利不在當時，直到日後方始逐漸出現。而且更要遲至數十年後，才在拉丁美洲部分地區得勢。在這段自由主義普遍呈現頹勢的年代，除了極微少的例外，教會對這個現象還眞感快慰呢。

2

三股右派力量已論其二，現在剩下的就是那眞正字號的法西斯主義了。法西斯運動又可分爲幾支，其一便是賦予法西斯現象其名的義大利。而義大利法西斯此物，是一位社會主義倒戈者，新聞記者墨索里尼的傑作。墨氏的名字本尼多(Benito)，是爲記念矢志反對神職勢力的墨西哥總統胡亞雷斯(Benito Juárez)而取，十足象徵墨索里尼老家，羅馬涅(Romagna)地區那股反教廷的熱情傳統。連希特勒都毫不隱瞞，自己那一套，原師法「墨」家道統，對墨老本人自是無限尊敬。即使到了二次大戰，墨索里尼和義大利分別露出其無能的弱點之後，希特勒的敬意也始終不衰。爲了還報希特勒的熱愛，墨索里尼也響應了前者的反猶太運動——但這是很後來的事情了。而在一九三八年之前，墨氏本人領導的運動，則根本不見反猶的影子；義大利自全國統一以來，也從來不曾發生過反猶的舉動❸。不過，義國確也曾激發並資助過他處類似法西斯精神的運動，並在最最意想不到之處，發揮了某種程度的影響力：猶太人錫安復國「修正主義」(Zionist Revisionism) 的創始人傑保汀斯基(Vladimir Jabotinsky)，即深受法西斯主張所動。這一支猶太復國運動的路線，日後於一九七〇年代在比金(Menachem Begin)領導之下，入主以色列政府。可是單靠義大利的法西斯，不足以造成國際性的魅力。

一九三三年初，希特勒若不曾攫得德國政權，法西斯陣營絕不可能轉變成這般普遍的大趨勢。事實上，義大利地區以外，凡是稍有成就的法西斯運動，都在希特勒上台之後方才成形，其中尤以匈牙利的箭十字黨派(Arrow Cross)爲最，該黨曾在匈國有史以來首次舉辦的祕密投票裡面（一九三九年），囊括了百分之二十五的選票。另外一個例子是羅馬尼亞的鐵衞隊團體(Iron Guard)，該派獲得的實際支持比前者更爲廣大。墨索里尼曾提供財源一手扶持某些地區的活動，如帕韋利奇(Ante Pavelich)領導的克羅埃西亞族恐怖團體烏斯達莎(Ustashi，編註：原文Ustaša，暴動者之意。主張克羅埃西亞獨立)。可是一直要到一九三〇年代，轉向德國尋求精神及金錢支助之後，這些團體才開始大展鴻圖，並在思想上向法西斯靠攏。總而言之，希特勒若未曾在德國奪權成功，法西斯思想根本不可能如同共產國際在莫斯科領導之下成爲左翼大軍一般，一舉成爲右翼大旗，並以柏林爲總部，演變成一種普及的運動潮流。但是，儘管後有希特勒予以發揚光大，法西斯主義畢竟不曾發展成一股重要的運動，最多只在二次大戰期間的被德佔領歐洲地區，鼓動那些與德狼狽爲奸之人罷了。至於各國傳統的極右派，尤其是法國，不管其反動的意志手段如何殘忍無情，卻一律拒絕跟隨法西斯的樂聲起舞：這些右派分子只有一個立場，除了國家主義，還是國家主義，其中部分人士甚而加入地下抗德運動。因此之故，法西斯潮流之所以對歐洲造成任何衝擊，全係因爲當時德國國際霸權地位不斷升高之故。否則，各國原本與法西斯無涉的反動統治階層，又何必自找麻煩，裝模作樣頻向法西斯人送秋波呢?就是在德國聲勢的震撼之下，葡萄牙的薩拉查，才於一九四〇年宣稱他與希特勒兩人交好，英雄「所見略同，而攜手同盟」(Delzell, 1970, p.348)。

眾家法西斯，一致意識到德國霸權的君臨勢力，然而除了這個共同點之外，彼此之間卻殊難尋出相似之處。像這樣一類理性不足，全靠直覺意志當家的運動，理論基礎往往甚爲薄弱。雖然在保守知識分子活躍的國家裡——德國即是一例——反動理論家深受法西斯思想的吸引，可是吸引他們的成分，往往是法西斯表面裝飾性的一層，而非法西斯主義眞正的內部構成。墨索里尼雖然有宮廷理論家秦悌利(Giovanni Gentile)供其御用，希特勒也有哲學家海德格(Heidegger)在一旁大敲邊鼓認可。可是墨索里尼大可請秦氏走路，於法西斯的存在也無妨礙。而希特勒本人，恐怕根本就不知道,更不在乎海德格是否支持。此外,法西斯也不主張如「統合國家」等特定的國家組織形態——希特勒很快便對這類做法失去興趣了。更何況一國之內，企業組合群立的現象，根本上就和以個人爲參政基本單位的平民社會觀念(Volksgemeinschaft, People's Community)相衝突。甚至連佔法西斯思想中心地位的種族主義，一開始也不見於原版的義大利式法西斯。相反地，法西斯主義卻和右派非法西斯者，持有甚多相同的看法，如國家主義、反共立場，以及反自由主義等等。兩者之間，還有一個相似之處，尤其在非法西斯性質的法國反動團體當中，更爲接近：雙方都喜歡採用街頭暴力形式，以遂本身的政治訴求。

至於法西斯與非法西斯的右派，其間最大的不同，在於前者的存在，係採用由下而上的群眾動員方式。傳統的保守分子，往往悲嘆民主的出現，對全民政治感到極端厭惡。而鼓吹「組織性國家」的旗手，則恨不得越過民主階段，直接進入統合主義立國。法西斯主義，就出現在這樣一個時代氣氛之中，藉著動員群眾，發光發熱，並利用盛大的公眾場面，維繫其象徵意義——如德國的紐倫堡(Nuremberg)群眾大會；義大利民眾齊集威尼斯廣場(Piazza Venezia)，遙瞻墨索里尼的身影在陽台上揮手致意皆是——不論法西斯還是共產黨，得權之後，也都一再使用種種運用群眾力量的象徵舉措，始終不曾放棄這個法寶。法西斯可說是一場「反革命」的「革命」：它的革命性質，繫諸於其辭彙，於其向那些自以為社會受害人提出的動聽訴求，亦在其主張全面改變社會形態的呼籲之中。此外，它還刻意借用改造社會革命主義者的符誌名號，越發散現其革命氣質。希特勒一手組織「國家社會主義工人黨」(National Socialist Workers Party)，借用(略事修改)左派紅旗為自己的黨旗，並在一九三三年立即響應，採納赤色革命的五一勞動節，訂立為德國的國定假日。黨名、黨旗、國定節日，納粹襲用社會革命運動手法的意圖，明顯已極。

法西斯與傳統右派，還有另外一項不同之處。雖說前者也大鼓其如簧之舌，主張回到傳統的過去，而那些恨不得一手抹掉過去這個紛亂世紀的懷古派，也給予法西斯人熱烈的支持。然而歸根究柢，法西斯並不是西班牙內戰期間，在那瓦爾(Navarra)地區大力支持佛朗哥將軍的保皇黨王室正統派(Carlist)；也非印度甘地，一心想望回返工業革命以前，那種樸素自然，小村落手工製造生產的年代。在眞實的意義上，法西斯畢竟不屬於傳統主義的運動潮流。不錯，法西斯也認同許多傳統的「價值觀」(至於這些「價值觀」到底有沒有任何「眞價值」，則是另一回事，在此不予討論)。法西斯抨擊自由派要求從父權之下解放出來的主張，認爲婦女應該留在家中，生養眾多子嗣。法西斯也不信任現代文化，認爲它會腐蝕社會人心，其中尤以現代派的藝術，更屬罪大惡極。這些藝術家，被德國國社黨目爲墮落下流的左翼文人，是「文化界的布爾什維克黨徒」。但是儘管如此，法西斯的中心路線——義德兩國的法西斯運動——也卻不圖保存保守秩序的傳統守護人，亦即國王與敎會。法西斯的打算，是設立一股與傳統勢力全然無關的領導原則取而代之。而新領導階層的具現，即在白手成家自我奮鬥的成功者。他們的合法地位，經廣大群眾的支持而確立，靠俗世的思想意識而鞏固。而他們所以奠基的俗世思想，有時甚至可以狂熱到成爲一種俗世宗敎崇拜的地步。

因此，法西斯推崇訴諸的「往日時光」，不過是人工製造的假物。他們的傳統，是人爲的發明建造。即使連法西斯宣揚的種族主義，也與美國人尋根續譜的意義不同。後者是爲了一系萬世血統純正的虛榮，想要證明自己是十六世紀英格蘭蘇福克(Suffolk)鄉間某位具有武士身分的小地主的血胤後裔。可是法西斯的種族思想，卻來自十九世紀末期，後達爾文主義(post-Darwinism)力主遺傳科學的雜家學說之流(噫吁哉！遺傳學在德國尤受歡迎)。說得更明白一點，法西斯傾心的是應用遺傳派(亦即優生學〔eugenics〕)，該派妄想藉用篩選淘汰的過程，選留優種，剔除劣種，創造出一支超級的優秀人種。而這一支藉希特勒之力將命定主宰世界的人種，原是無中生有，其實並非歷史上眞正存在的種族，本來連個名字也沒有，到了十九世紀末期的一八九八年，才由某位人類學家爲其創造了一個新種名：所謂「北歐民族」（Nordic，譯按：意指居於斯堪地那維亞地區高個長顱金髮白膚之人）。法西斯主義秉持的信仰原則，既對十八世紀的遺產如啓蒙運動、法國大革命感到深惡痛絕，連帶之下，自然應該不喜現代化的發展及進步才對。可是矛盾的是，遇有實際需要，它卻又迫不及待，忙將自己那一套瘋狂無理的念頭，與現代科技串連在一起。唯一的例外，是其曾以思想意識的理由，削減本身在基礎科學方面的研究（見第十八章）。在打擊自由主義一事上面，法西斯更獲得全面大勝。文明社會出現法西斯這種現象，證實人類可以一手推銷精神錯亂的人生理念，一手卻牢牢掌握當代高度發展的科學文明。兩者並行，不費吹灰之力。這種兩極矛盾的水乳交融，到了二十世紀後期，從基本教義派宗教狂熱分子以電視電腦爲工具大肆發揮其募款能力的現象，今人可以再見一斑。

因此，極端的國家主義，兼有保守圈子的價值觀點，以及從群眾出發的民主政治，再加上本身自創的一套野蠻無理的新型意識。但是，對此我們尙須做進一步的闡釋。極右派興起的非傳統主義運動潮流，早於十九世紀末期，即在歐洲數國出現。當其時也，自由主義之風日甚一日（亦即社會在資本主義之下加速改變面貌的現象），而社會主義的思想也流風四處，工人階級的運動，聲勢益發浩大。一股民族大遷徙的移民潮，也將一波又一波的外來民族，帶往世界各處。自由主義、社會運動、移民浪潮，種種挑戰之下，極右派的反動心理因此應勢而生。這些離鄉背井的男女老少，不但飄洋過海，遠去異邦。即在一國之內，人口更大量地由鄉間遷往都市，從東區移向西區——換句話說，人人離開家園，去到陌生之地。反過來看，陌生外鄉人擁向的去處，正是他民他族的家園。每百名波蘭人中，就有十五名永遠去國遠適；另外尙有每年以五十萬計的季節性波蘭外勞移民——這些移民當中，多數都加入移入國的勞工階層。十九世紀末期，正如同二十世紀末期的前鑑，各國民眾興起一股仇外情緒。仇外心緒表達於外，最普遍的現象就是種族主義——亦即保護本地國族的純正，免於外來劣等民族的汚染甚或淹沒。連向來篤信自由思想的德國社會學大家韋伯(Max Weber)，都深懼波蘭移民過盛，有段時期竟也認爲，「泛日耳曼民族聯盟」(Pangerman League)有其必要。而在大西洋的另一邊，美國境內反移民運動的氣氛同樣熾熱狂烈。乃至在一次大戰期間及戰後，反移民心理之盛，竟使自由女神之邦關上大門，拒絕嚮往自由的子民進入。而當初女神巨像之聳立，本是爲了歡迎這些子民來到她的懷抱啊。種種事例，可見種族主義心理深重之一斑。

各種右派潮流運動之所繫，是一股社會小人物的憤懣之情。小人物身處社會之中，一邊是大公司大企業的巨石迎面擊來，一邊是日益升高的勞工運動硬壁擋住去路；兩面夾攻之下，小人物一切美夢，都告粉碎。即使未曾破滅，但那變化中的世情，若非奪走他們原已在社會秩序中佔有，同時也深信本身該得的可敬地位；便是剝去了他們覺得在這樣一個動態變化的社會中，自己有能力有權利取得的身分地位。這種不滿的心緒，在反猶太主義(anti-semitism)的現象中表達得最爲典型。在十九世紀最後二十五個年頭裡面，以仇恨猶太民族爲宗旨的政治運動，開始在某些國家出現。而當時猶太人遍布各地，正好成爲這不公平世界中一切可恨事物之所寄。更何況猶太人一心尊奉啓蒙思想，又因在法國大革命裡插了一腳獲得解放。但是也正因爲他們對這些新時代思想運動的參與，猶太民族成爲眾矢之的的目標變得更爲顯著。猶太人是萬惡資本家／有財者的象徵，也是革命煽動者的象徵，更代表著這一代「無根的知識分子」，以及新媒體階級造成的邪惡腐蝕力量。猶太人的重視知識，更使得他們在一些需要教育背景的職業競爭中，取得高比例的優勢——而在他人眼中，這種競爭，除了不公平，當然還是只有不公平囉。種種象徵而外，猶太民族又代表著外族外民與外人。至於基督教那一向堅信的舊思想：猶太人是殺害耶穌的元凶首惡，猶太民族之罪，自然更不在話下。

西方人痛惡猶太人的情緒，的確相當普及深入。而猶太人在十九世紀社會的地位，也相當曖昧不明。當時罷工的工人，甚至與種族主義意識無關的勞工運動，往往動不動就攻擊猶太人開設的店面。工人也經常假定，自己的僱主是猶太老闆（在中歐及東歐的大部地區，這一點倒相當正確）。然而，我們卻不可因此將這些工人視爲德國國社黨的原型。他們最多只像愛德華時代英國的自由派知識分子一般（如布盧姆斯伯里團體〔Bloomsbury Group〕），由於天生認爲排猶爲理所當然，因此在政治上成爲急進右派反猶路線的同路人。在中東歐地區，猶太人是農村居民與其生活所需之外界經濟活動的中間人，所以當地小農反猶情緒的歷史比較久遠，程度上也更具爆炸性。新時代新世界的大震動，對斯拉夫、馬札兒、羅馬尼亞的鄉農來說，是如此地不可解，卻爲他們的生活帶來莫大的撼變。這一切，更都只有怪罪到猶太人的頭上了。而傳說中猶太人殺害基督教幼童以爲獻祭牲禮的傳統迷信，當時這一群膚色黝黑的無知鄉民對此依然深信不疑。因此，社會大變動的時刻一到，對猶太人的屠殺迫害（pogrom），自不可免。一八八一年，社會革命者暗殺沙皇亞歷山大二世之後，舊俄帝國的反動分子，即曾鼓勵民眾向猶太人報復。在此等歷史風氣心理背景之下，一條直路大道，便從原本草根性的反猶情緒，筆直通往二次大戰期間的滅猶活動了。而草根性的反猶主義，不啻也爲東歐的法西斯運動提供了群眾基礎——尤以羅馬尼亞的「鐵衞隊」，與匈牙利的「箭十字」爲著。

至少在前哈布斯堡及羅曼諾夫的王朝境內，草根運動及法西斯的反猶現象掛勾甚強。相較之下，在號稱日耳曼第三帝國（German Reich）的德國境內，農村及地方上草根性的反猶情緒，雖然也根深柢固，並且極爲強烈，但其暴力傾向卻低出甚多，我們甚至可以說，他們比較默認猶太人的存在。一九三八年間，德軍鐵蹄進佔奧地利首都維也納，當地猶太人逃往柏林，卻訝異地發現此地的街頭不見同樣的反猶情緒。柏林街頭的反猶暴力，來自上級的命令，一九三八年十一月對猶太人的攻擊即是（Kershaw, 1983）。然而，上一世紀話雖如此，中東歐民間對猶太人的間歇屠殺，雖也極其野蠻殘忍，但若和一個世紀之後，大規模系統化的滅猶行動相比，卻不免小巫見大巫了。一八八一年死在俄皇亞歷山大事件中的猶太人數甚少，一九〇三年死於啓夕諾夫（Kishinev，今獨立國協成員國摩達維亞共和國首都）屠殺者，則約爲四、五十名左右。可是數目雖低，卻引起舉世——當然的——公憤，因爲當其時也，在今世野蠻行爲時代尙未來臨之前，區區犧牲之數，便足以令那些以爲文明理當不斷躍進的世人側目。甚至到了一九〇五年之際，隨著俄國農家的起義，雖有更多猶太人不幸遭到屠殺，但是根據以後更大的比較標準而言，當時的死傷之數也相當輕微——全部只死去八百名左右。相形之下，到了一九四一年德軍向俄境挺進之際，三天之內，立陶宛人就在維爾紐斯（Vilnius，即維爾拿，今立陶宛國都）殺害了三千八百名猶太人。數字雖高，卻還是大規模有計畫集體屠殺猶太人開始之前的死亡人數。

激進右派的新興運動，一開始雖然以傳統的褊狹心態爲訴求，至終卻在根本上改變了舊傳統的結構。對於歐洲社會的下中階層，魅力尤大。一八九〇年代時尙成風的國家主義派知識分子，更以此為其中心理論及言論。而「國家主義」（Nationalism）一詞本身，就是在那十年當中，由反動陣營一群新發言人新創出來的名詞。於是中產階級，以及下中階級的好戰之士，一舉而向右急急轉去。這種向右大轉彎的現象，多發生於民主及自由主義思想不甚昌盛的國家，或自身不與民主自由認同的階級。換言之，主要都是一些尚未經歷類似法國式大革命重大轉變的國家與地區。事實上，在西方自由主義的核心陣營裡面——如英法美三國——革命的傳統瀰漫一切，勢足抵擋任何大規模的法西斯運動產生作用。美式的民粹主義，固有種族主義的心態，而法國的共和人士，也許沙文自大無比，卻萬不可將之與法西斯混為一談：這兩者都屬於左派，並不是法西斯主義的原型。

然而這並不表示，一旦法國革命精神標榜的「自由平等博愛」的老調不再重彈，革命老將就不再追隨新起的政治口號了。在奧地利阿爾卑斯山區，揮舞著反萬字納粹記號的活動者，多徵自地方上執有專業的人士——包括獸醫、土地測量員等等——而他們原都是當地自由派的一員，屬於受過教育，從鄉下教區環境之下解放出來的新一代。同樣地，日後到了二十世紀，正統的普羅勞工社會運動解體，許多體力勞動者從此一無所忌，性情中本能原有的沙文思想與種族偏見，便開始宣洩無遺。在過去，他們雖然也不免接觸這些偏見心理，但為了效忠普羅運動起見，他們不好意思跟自己支持的黨派唱反調。黨的立場既是熱情反對頑固老舊的沙文及種族思想，自己當然不便公開表露眞實的感覺。一九六〇年代以降，西方世界排外仇外以及種族歧視的思想，主要存在於體力勞動階層之中。但是回到法西斯主義初生孕育的時期，這類想法卻僅局限於四體不勤的勞心者。

某些歷史學者，迫不及待地想要為納粹支持者翻案，凡是一九三〇至八〇年間對這方面所作的

「任何」研究，都想將其中原有的共識予以推翻(Childers, 1983; Childers, 1991, pp.8,14-15)。然而，法西斯思想興起成長的年代裡，以中產及下中階層爲其主要支持者的現象，卻是連這一批學者也無法否認的事實。著眼於法西斯黨階層成分的研究甚多，就以其中一個對兩次大戰期間奧地利議會成員階級的分析爲例：一九三二年，當選維也納區議員的國社黨員之中，百分十八係營自由業，百分之五十六爲白領階級，寫字間職員，及政府公務人員，百分之十六屬藍領階級。同年入選維也納以外五個奧國議會的納粹黨人裡面，百分之十六爲執自由業及農人，百分之五十一業寫字間職員等職，另百分之十爲藍領工人(Larsen et al., 1978, pp.766-67)。

這些數字，並不表示法西斯運動得不到勞工階層的廣大支持。姑且不論羅馬尼亞鐵衞隊的幹部成分如何，支持這個組織的絕大部分民眾，畢竟還是來自貧農大眾。至於匈牙利箭十字團體的選民，則多屬工人階級(共產黨在該國不合法，而社會民主黨則因受到霍爾蒂政權的包容而在選票上付出代價，成員始終不多)。在奧地利方面，自一九三四年社會民主黨受到重挫之後，大量的工人選票流失到納粹黨去，此種趨勢，在鄉間尤其明顯。更有甚者，一旦法西斯政權身分篤定，建立了合法的群眾地位之後，如德義兩國的法西斯黨，許多原本支持社會主義或共產黨的工人，也都紛紛轉向與新政權認同，人數之高，實非堅持左派傳統者所樂見。不過儘管如此，法西斯路線畢竟跟農業社會的眞傳統相違(除非像在克羅埃西亞地區，受到羅馬天主教會之類組織的助陣而強化)。而一般與組織性工人力量認同的黨派，在意識形態上，也往往和法西斯思想勢不兩立。因此之故，支持法西斯的核心民眾，自然要以社會上的中產階級爲主。

然而，法西斯的原始訴求，到底能引起中產階級民眾多少共鳴，這卻是個沒有標準答案的問題。它對年輕一代中產階級的吸引力之強，自是不在話下，尤其是歐陸的大學生，夾在兩戰之間的年代，眾所周知，一向都強烈傾向極端右派。一九二一年之際（亦即早先「進軍羅馬」事件發生之前），義大利法西斯黨成員的百分之十三爲學生。至於德國，早在一九三〇年時，就已經有百分之五到十的學生加入黨派，但那些在日後成爲納粹黨員的德人，在這個時候，多數根本對希特勒還沒有多大興趣呢(Kater, 1985, p.467; Noelle/Neumann, 1967, p.196)。我們也可以看出，法西斯黨員之中，中產階級的前軍官比例甚高。這些人經歷了一次大戰那場前所未有的曠古大戰，戰事雖然慘烈，卻是他們人生事業的高峯。與戰時璀璨的成就相較，後來的平民生活實在太平淡，太令人失望了。當然，持有這類心態之人，畢竟只是中產階層中的一部分，屬於對行動派醉心的分子。而對多數人而言，最大的威脅，是來自中產階層職業地位的破滅——不管這是眞實的地位，還是傳統心態自以爲該有的地位。總之，隨著維繫舊有社會秩序架構的變形崩裂，極右派的訴求，在他們耳中變得更爲動聽。德國幣值在通貨膨脹之下，已經變得一文不值，繼之又是普世的經濟大蕭條。雙重打擊實難以堪，連中產階級的中高層公務人員，其政治立場也走上極端。這些中高級的政府官員的職位，通常都被視爲鐵飯碗，若非情勢極端險惡，誰不樂得在那些緬懷遜皇威廉的老派保守愛國政權之下逍遙自在呢？要不是國家已經在他們眼前、在他們腳下四分五裂了，誰又願意爲興登堡元師(Field Marshal Hindenburg)領導的共和國效命呢？兩次大戰之間，多數與政治沒有關係的德國百姓，都相當懷念德皇威廉統治的帝國時代。甚至到了一九六〇年代之際，雖然多數西德居民都以爲，德國史上最好的日子就是現在(想當然爾)，但是在六十歲以上的老人家當中，卻有百分之四十二覺得一九一四年以前的年代比現在更好。相形之下，只有百分之三十二深受今日經濟奇蹟(Wirtschaftswunder)的打動(Noelle/Neumann, 1967, p. 1967)。一九三○至三二年間，一批又一批右派及中間路線的布爾喬亞選民，紛紛倒向納粹，但是，這些人並不是法西斯的眞正建築師。

鑑於戰間期政治鬥爭路線劃分的方式，保守派的中產階級自然有可能成爲法西斯的支持者，甚至成爲後者的同路人。一般而言，對自由主義社會及其價值觀的最大威脅，主要來自右派。但就既有社會秩序來說，其威脅卻在左派。夾在中間的中產階級百姓，只好依自己心中最懼之事選擇依從。傳統派的保守人士，通常比較同意法西斯宣傳家的論調，隨時可以與之攜手，對付共同的頭號敵人。一九二○年代，義大利法西斯陣營在報界極得好評，甚至到了一九三○年，也有著相當不錯的輿論風評。唯一不給他們好臉色的，只有自由派的左翼文人。英國著名的保守人士，擅長恐怖小說的約翰布肯(John Buchan)曾這樣寫道：「多虧了法西斯主義的大膽實驗，否則過去這十年來，政壇人士恐將繳張白卷，毫無建樹可言。」(這倒是眞的：通常擅寫恐怖小說之人，鮮有爲左派思想所動者。)(Graves/Hodge, 1941, p. 248) 希特勒之所以奪權成功，還得感謝傳統右派陣營的一臂之力，可是一旦上台，他卻過河拆橋，把他們全部給呑滅了。至於西班牙的佛朗哥將軍，也將當時尙沒沒無聞的小黨派，長槍黨(Falange，西班牙法西斯黨派)，招納爲他的門下，因爲他領導的陣營，是以右派全體大聯合爲名，共同對抗一七八九年及一九一七年兩場革命的幽靈——雖然這兩場革命之間有何不同，老將軍可並不淸楚。佛朗哥運氣好，二次大戰期間不曾正式站到希特勒的一邊，可是他卻派了一支志願部隊，「藍色分隊」(Blue Division)，前往俄國戰區與德軍並肩作戰，對付那一群主張無神論的共產黨徒。而法國的貝當元帥(Pétain)，當然更非法西斯或納粹一路的人。這也就是爲什麼到了二次大戰結束，在法國被德佔領地區當中，世人很難分辨，到底哪些法人是眞正的法西斯及德國走狗，哪些又只是擁護貝當元帥領導下的維琪政府的小配角而已。兩者之間，實難劃出一條清楚的界線。某些法國人的父祖，曾在德雷福斯事件中(Dreyfus，譯註：一八九四年，法國陸軍上尉德雷福斯，因受反猶陰謀所陷而遭判叛國罪名。事件爆發，法國各界均捲入這場風暴，各政治黨派也分成兩個陣營，互相攻訐。法國文學家左拉因支持德氏，而被迫去國)加入反德氏的一邊，不但深恨猶太人，對這個狗屎共和國更無好感——維琪政府裡一些老人，自己當年甚至就幹過這樁子事——於是在上一輩或本身類此情緒的影響之下，糊里糊塗，便染上了傾心「希特勒氏歐洲」狂熱分子的色彩。簡單地說，所謂兩戰之間右派分子「自然」的大聯盟，成員範圍極廣，從主張老式反動思想的傳統保守派，一直到法西斯病態心理的邊緣偏激分子，可謂五花八門，無所不有。但是保守主義及反革命者，力量雖稱強大，通常卻甚欠行動。因此法西斯主義的出世，不啻爲他們帶來一股蓬勃的動力，更重要的是，讓他們看見保守力量戰勝失序亂流的實例。(親法西斯義大利的那群人，與人辯論時不是總喜歡拿這件事做例子嗎：「在墨索里尼領導之下，連火車也準時了。」) 正如一九三三年之後，活躍有生氣的共產黨，爲當時群龍無首茫然無向的左派，提供了一股極大的吸引力一般；一時之間，法西斯的成功，宛如爲右派指出了未來的光明大道。在國社黨奪得德國政權之後，尤其如此。更有甚者，就在這個節骨眼上，法西斯竟然也叩開了——想想看在全球所有這些國家之中——保守派英國政治的大門，時間雖然短暫，卻足證這股「實證效果」的強大。英國政壇最顯赫的人物之一，摩斯里爵士(Oswald Mosley)皈依法西斯的門下，報界令主之一的羅得莫爾爵士(Lord Rothermere)，也爲法西斯大吹法螺。前者領導的運動，不久即爲該國可敬的政壇人士所唾棄，後者的《每日郵報》(*Daily Mail*)，也旋即停止了對英國法西斯聯盟(British Union of Facists，摩斯里所創)的支持。但是法西斯的思想，居然能夠贏得兩人的歡心，不可不謂意義深長。畢竟當時的大英帝國，仍被世人視作政治社會穩定的模範。對於這個令譽，它也十足當之無愧。

3

一次大戰之後，激進右派的呼聲之所以甚囂塵上，總的來看，毫無疑問，是對社會革命以及工人階級勢力的危險性——事實上，也是眞實性——的反動力。就個別而言，右派針對的目標，自然是俄國的十月革命及列寧領導的共產主義。若沒有以上這個新勢力新現象的出現，世間也就不會有法西斯的存在了。雖說自十九世紀末期以來，那些替極端右派思想煽火的宣傳家，就已經在歐洲多國政壇上野心勃勃大聲疾呼，但是直到一九一四年以前，他們的行動一律都在相當的控制之下。就這個觀點而言，一些專爲法西斯辯護說項者的看法也許沒有錯：都是因爲先有了列寧，而後才有墨索里尼和希特勒。但若要說法西斯本身的野蠻行爲無罪，卻是完全站不住腳的謬論。一九八〇年代某些德國歷史學者，就企圖爲法西斯脫罪，他們認爲，都是先有俄國革命開了野蠻的先例，才有法西斯受其惑動起而模仿(Nolte, 1987)。

然而，若要肯定「右派基本上是對革命左派的反座力」的說法，必須先提出兩項重要的補充條件。首先，我們不可忽略，一次大戰本身，對一組重要的社會階層產生了極大的衝擊，也就是以中產及低中人士爲主，信仰國家主義的士兵階級。這一群德國青年男子，在一九一八年十一月俄國因革命退出戰事之後，痛失殺敵立功的良機，對人生英雄歲月的不再，大感悵惘。所謂的「第一線戰士」(front-line soldier, frontsoldat)，日後在極右派的運動當中，扮演了最重要的角色——希特勒本人，就是其中一員——他們當年來不及在一次大戰中一顯身手，創立功業，此時卻成爲第一批極端國家主義陣營暴力部隊的主要成員，如義大利的戰鬥團(squadristi)，德國的義勇軍(freikorps)皆是。一九一九年初，密謀殺害了德國共產黨二頭目李卜克內西與羅莎盧森堡的德國軍官，即屬這一類人。早期義大利法西斯成員當中，更有百分之五十七是一次大戰退伍的戰士。我們在前面已經看見，一次大戰是一部殘殺強暴世界的機器，而這些人的獸性，雖在當時不得抒發，日後卻因終能得逞而沾沾自喜。

同時在左派矢志鼓吹之下，從自由派人士開始，一直到反戰、反軍事的各種運動，世人對一次大戰的大量屠殺嫌惡已極，普遍希求和平，卻忽略了一小撮好戰人士的出現。他們的人數，在比例上雖然極小，實際數目卻不可低估。一九一四至一八年間的戰事雖然可怖，對這些人來說，卻是一場重要的經驗，帶給他們無比鼓舞激勵。軍服、紀律、犧牲——不管是自我還是他人的犧牲——以及鮮血和權力，這才是男子漢大丈夫活在世上的意義(除了其中一兩位之外〔尤以德國爲最〕，這些勇夫不曾對戰爭出版過任何著作）。他們是當代的「藍波」（Rambo），自然成爲激進右派爭取的當然目標。

我們要補充的第二點是，右派反動的風潮，並非只針對布爾什維克黨人而發，右派反對的是所有類此的運動，特別是組織性的工人階級。工人階級運動，不僅脅及既有的社會秩序，根本就是傳統秩序解體的罪魁禍首。列寧其人，與其說是「眞正的威脅」，不如視爲「威脅的象徵」更爲貼切。在許多政客眼中，社會主義的勞工黨派並不可畏，它們的領導人其實相當溫和。可怕的是工人階級顯示的勢力、信心，及其極端的走向，舊有的社會主義黨派，在此衝擊之下，煥然一新，變成一股嶄新的政治力量，進而成爲自由主義國家不可或缺的後盾。難怪一次大戰方告結束，自一八八九年以來，即爲社會主義宣傳家大聲疾呼的中心訴求——一天工作八小時的要求——馬上在歐洲各國讓步之下獲得實現。

勞工階級的潛在力量如此強大，保守派觀之思之，不覺膽顫心驚，深受威脅。眼看那些雄辯滔滔的反對黨、工會領袖，搖身一變，紛紛上台成爲政府的部會首長。看在眼裡，滋味自然不好受。但是比較起來，更令人心驚之事，卻是這股新興力量蘊涵的威脅意味。算起來，這夥人不都屬於左派嗎？回到當年社會紊亂不安的年代，實在很難劃分他們跟布爾什維克有何不同。老實說，論起大戰剛結束的那幾年，要不是共產黨拒絕收納，許多社會主義黨派早就欣然投入前者的懷抱了。「前進羅馬」之後，墨索里尼刺殺的那個傢伙馬泰奧蒂（Matteotti），並不是什麼共黨頭目，其實根本只是個社會主義分子。傳統的右派，恐怕把堅持無神論的俄羅斯，看成了全世界罪惡的淵藪。可是一九三六年間的騷動，表面看來似以共產黨爲目標——對共黨開刀，唯一的原因只是它是人民陣線成員當中最弱小的一環罷了（見第五章）——事實上，它們所要對付的對象，卻是當時風起雲湧，甚受動盪民情偏好的社會主義及無政府主義思想；而後者的氣勢，一直到內戰時期方告結束。列寧和史達林，之所以成爲法西斯反動思想興起的起因，其實完全是事後找的藉口。

然而，一次大戰後出現的右派反彈，爲什麼往往以法西斯的形式佔得上風？這一點也需要進一步的解釋。其實激進性質的右派，在一九一四年以前就已存在——它們的特性，是普遍患了歇斯底里的國家主義及懼外症，將戰爭及暴力予以理想化，思想褊狹，傾心高壓統治，狂熱地反自由主義、反民主、反普羅、反社會主義、反理性，重血統、貴身分、戀土地，一心想要重回已經被現代世界破壞無餘的舊日價值體系。在右派自己的圈子當中，以及某些知識分子、極端分子雖有其政治影響力，卻始終不曾佔有任何支配性的地位。

一次大戰之後，激進分子的機會卻來了。舊政權紛紛倒坍，隨之而去的，是原有的統治階級，及爲其發揮權力、影響、霸權的整套機關體系。但凡是舊系統依然運作良好的地方，法西斯之流毫無動彈餘地。比方在英國，雖然曾造起一時的小小騷動（如前所提），卻一點進展也沒有，傳統的保守右派，始終掌握全局。至於在法國方面，一直到一九四〇年敗於德國之前，法西斯派也沒有多大成就。法國雖有傳統的極右派——主張君主制的法蘭西行動派（Action Française），以及拉羅克上校（La Rocque）率領的火十字團（Croix de Feu, Fiery Cross）——它們固然等不及痛毆左派，卻算不上法西斯一黨。事實上，其中有些人甚至還參加了左派地下抗敵的組織。

此外，在新興的獨立國家裡面，若有新起的國家主義階級或團體起來執政，往往也無須法西斯主義效勞。新興的統治階級，立場也許反動，手段極可能威權，但若論起其法西斯的性質，往往言過於實。兩次大戰之間的歐洲反民主右派集團，通常只是在嘴皮子上與法西斯認同，骨子裡卻完全是兩家人。新復國的波蘭，在集權好戰者統治之下；捷克斯洛伐克的捷克部分，則屬於民主政權；兩者卻均不見有分量的法西斯運動伸展。此外，法西斯的勢力，同樣不見於塞爾維亞部族在新成立的南斯拉夫的聚居地。即使在法西斯或類似運動侵入的國家裡，如匈牙利、羅馬尼亞、芬蘭，甚至包括佛朗哥治下的西班牙——雖然佛氏本人可不是法西斯——領導人本身也許是老牌的右翼或反動分子，但除非情不得已，屈服在德國壓力之下(如一九四四年的匈牙利)，通常都將法西斯勢力控制得相當牢固。當然，在這些少數國家主義者當權的新舊國家裡面，法西斯自有其不可忽視的魅力，至少看在可以藉此向義大利以及德國(一九三三年之後)索取某些財源及政治助力的分上，向法西斯靠攏總不是傻事。比方當年的(比屬)法蘭德斯，斯洛伐克，以及克羅埃西亞等國，就是打著這個主意。

能夠讓超右派瘋狂分子得勢的條件有幾：國家老大，統治機制不復作用；百姓人心渙散，茫然不知所從，對國家局勢極度不滿，不知道到底應該跟從何人的腳蹤；社會主義運動甚囂塵上，大有社會革命一發不可收拾之象，事實上卻又缺乏革命的條件；國家主義興起，對一九一八至二〇年間制定的和約極端憎恨。只有各種狀況齊集之下，原有的統治特權階級束手無策，對極右派的主張難免心動，不得不向其求援。一九二〇至二二年，義大利的自由主義政府之求於墨索里尼的法西斯黨；

一九三二至三三年，德國保守派之求於希特勒的國社黨，便都是勢窮力竭而出的下策。同理，極端右派的運動組成了龐大的組織力量，有時甚而組成穿著制服的非正規部隊（墨索里尼的戰鬥團）。經濟大蕭條期間，極右派並在德國組成大規模的投票部隊。然而，德義兩國雖然成爲法西斯國家，法西斯黨卻非靠「奪權」上台。無論它們如何喜歡吹噓自己「佔得街頭」及「進軍羅馬」的輝煌戰績，法西斯之所以登上德義的政壇，卻是在原有政權的許可之下，方才實現（在義大利，甚至是出於原政權的主動）。也就是說，它們是以「憲政合法嬗遞」的形式發生。

法西斯一黨眞正的新猷，是一旦登壇稱王，就再也不肯遵守舊有政治的規則。只要是它有辦法控制的地方，不論大小，法西斯一律全盤通吃。所謂權力完全轉移，亦即消滅所有對手的過程，在德國不過兩年（一九三三—三四），在義大利則較爲長久（一九二二—二八）。但是不論時間長短，一經確立，內部就再也沒有約束法西斯一黨專權的力量了。最典型的現象，就是在一位超級民粹的「元首」(Duce; Führer) 領導之下，形成一個權力無限的獨裁政權。

筆鋒至此，不得不提一下，一般對法西斯主義有兩項不甚恰當的看法。其中一項與法西斯派有關，但爲許多自由派歷史學家借用。另一項是與正統的蘇維埃馬克思學說有關。總而言之，世上根本沒有所謂的「法西斯式革命」。而法西斯主義本身，也不是「獨佔性資本主義」或大企業的具現。

法西斯運動的確帶有幾分革命運動的氣質，因爲只要法西斯從眾渴望社會來一場脫胎換骨的大改變，並且反對資本主義及寡頭的獨佔，它就具備了幾分革命的成分。可是，革命法西斯這匹怒馬，卻始終不曾起跑。納粹全名雖爲「德意志國家社會主義工人黨」，可是任誰如果對黨名中的「社會主義」部分開始認眞的話，希特勒馬上便將之打入冷宮——希特勒本人，顯然並不把社會主義這個名字當成一回事。所謂回歸中古時代的小民世界，小農工匠、漢斯少年、金辮姑娘，人人安位守分，世業相傳的烏托邦社會，畢竟不可能在二十世紀這個重要的國家裡實現（唯一的例外，恐怕是納粹二號頭子希姆萊〔Himmler〕一手規劃的夢魘國度。在那裡，他計畫製造出一批血統純正的人種來）。更遑論在世上所有政權之中，德義兩國一心一意，只想向朝現代化及科技進步的方向前進。

因此，國社黨最大的成就，在於一舉清除了舊有的帝國階級及制度。事實上希特勒得權之後，唯一曾經起來向他挑戰反抗的一群，只有舊貴族階級的普魯士陸軍，此事發生於一九四四年七月。事後，這批軍官悉遭殲滅。因此，德國舊有的上層階級及組織制度，先有納粹的鐵腕粉碎在先，繼有二次戰後西方佔領軍進一步徹底掃除在後，事實上卻爲德意志聯邦共和國建立了堅固的基礎。而一次大戰後在德國成立的威瑪共和（Weimar Republic, 1918–1933）則不然，充其量不過是戰敗的德意志帝國少掉一個皇帝罷了。不過若論社會政策，納粹也的確爲民衆做了幾件事：國定假日、國民體育運動，以及計畫中的「國民車」等等（國民車的構想，二次大戰後成爲衆所皆知的金龜車〔Volk-swagen，即 bettle〕）。但是國社黨最大的建樹，還在爲德國掃除了經濟大蕭條的現象，其功效之強，比其他任何政府都大。這還多虧納粹反自由的立場，他們根本就不相信什麼自由市場的玩意，方才得放手一搏。話雖如此，納粹不過是老酒新瓶，一個重新裝修重新得力的舊式政權，在根本上，並非迥異於以往的全新政權。這一點，德國跟一九三○年代軍國主義的天皇日本相同（相信不會有人把當時的日本，視作革命性的政權吧），兩者都是實行一種非自由主義的資本經濟制度，將本國的工業系統，推上令人矚目的高峯。至於法西斯的義大利，不論是經濟或其他成就，比起德國，則不過爾爾，我們從它在二次大戰中的表現可以看得出來。義大利的戰時經濟，出奇得萎弱，所謂「法西斯革命」的高論，不過是嘴上說得好聽罷了。當然對法西斯小民大衆來說，這個美麗的辭藻雖屬舌燦蓮花，卻是眞心實意。而義大利的法西斯，跟德國完全是兩回事，後者是在大蕭條的痛苦經驗，以及威瑪政府無能表現的交夾之下，激發出來的反彈。而義國法西斯，卻是舊統治階級公開的護法，爲抵禦一九一八年後因革命造成的動盪而生。事實上，它多少帶有十九世紀以來義大利統一過程的傳統，其結果是產生了一個較前強大的中央政府，因此就這一點而言，義大利法西斯也算功不可沒。比方說歷屆政府以來，它是唯一能夠徹底鎭壓西西里黑手黨(Sicilian Mafia)以及那不勒斯卡莫拉祕密會黨(Neapolitan Camorra)勢力的一個。然而就歷史的意義而言，義大利法西斯的目標及功業都不重要，最要緊的，在於它爲全球首創了反革命風潮的成功新範例。墨索里尼的作爲，給了希特勒極大的靈感；而希特勒也從未忘記恩師的啓示；義國之事，在他的心頭上也始終居於第一要位。而由另一方面來看，長久以來，在衆極右派運動之中，義大利法西斯一直是個異數。它不但容忍「現代派」(modernism)前衛藝術的存在，甚至還有幾分欣賞。更重要的是，直到一九三八年墨索里尼與德國採取同一陣線以前，義國法西斯對於反猶太的種族主義思想，也始終不感興趣。

至於法西斯是「獨佔資本家」化身的說法，也值得商榷。談到那些超大級的大企業組織，只要政府不眞的去將之收爲國有，它跟哪一種政權都可以水乳交融，而無論哪一個政權，也不得不與其交好。所謂法西斯對「獨佔性資本利益」的具現程度，其實並不高於美國民主黨的新政，或英國工黨政府，以及德國的威瑪共和。一九三〇年代初期的德國大企業，並不特別想要這個希特勒；他們若有選擇，恐怕還比較喜歡正統的保守主義。一直到經濟大蕭條襲擊世界，德國企業才開始對希特勒稍微假以辭色。待得希氏上台，企業界方才開始衷心擁戴，到了二次大戰期間，德國企業甚至開始使用奴工，以及死亡集中營的死囚。而猶太人的資產遭到充公，德人大小企業自然利益均沾。

然而，對資本企業而言，法西斯主義自然有幾項其他政制不及的優點。首先，法西斯清除（至少擊敗了）左派的社會革命，事實上不啻爲抵擋赤洪的中流砥柱。第二，法西斯治下，沒有工會的組織，管理階層不受任何限制，可以盡量管理使用其人力資源。許多大老闆經理人，他們管束屬下奉行的教條，根本就是法西斯本身的「領導原則」，而法西斯主義也充分授予其威權的合理身分。第三，勞工運動既然不存，政府便可採取雖不合理，卻對企業極爲有利的整治蕭條的手段。一九二九至四一年間，同一時期在美國，前百分之五消費階層的（全國）總收入，跌落了百分之二十（英國及北歐則呈類似卻較平均的跌勢），可是德國卻躍升了百分之十五（Kuznets, 1956）。最後一點，我們曾經提過，法西斯相當擅長刺激工業的成長及現代化——雖然在風險性及長程科技計畫方面，比起西方民主國家的表現，卻要落後一截。

4

假設經濟大恐慌不曾發生，法西斯主義在歷史意義上還會佔有一席之地嗎？答案可能是否定的。光靠義大利單打獨鬥，缺乏震撼世界的條件。義國而外，一九二〇年代的歐洲，另外也沒有什麼前途看好的極右派反革命運動，當其時也，極右派欲振乏力，而以顛覆爲職志的共產社會革命也好不到哪裡去。原因無他：一九一七年後掀起的革命激情，已經逐漸消退，世界經濟局勢也正日漸好轉。十一月革命之後，德國的極右派狂人，以及他們組成的非正規軍隊伍，雖然也曾受到德意志帝國時代社會的中堅：軍事將領、公務人員等輩的支持，但可想而知，後者的著眼點，主要在於確保新生的共和國能夠守住保守及反革命的立場。更重要的是，維持德國在國際間的地位，依然有活動的餘地。因此支持固支持，遇到緊要關頭非作選擇不可的時候，保守集團毫不猶疑，還是會回頭力保現狀。一九二〇年右派發動的卡普叛變(Kapp Putsch)，及一九二三年慕尼黑暴動即是二例——也就在慕尼黑的暴動中，希特勒頭一回刊上了報紙的頭條。然而一旦經濟情況好轉(一九二四年)，國社黨的勢力立刻一落千丈，變成了微不足道的殘餘小黨。一九二八年的大選中，國社黨敬陪末座，只得到百分之二點五至三的選票，僅爲共產黨得票率的五分之一強，更不及社會民主黨的十分之一。票數之低，甚至還比不上當時德國最小的黨派——斯文溫和的德國民主黨(German Democratic Party)，只有後者的半數再稍多一點。然而兩年之後，國社黨卻躍升爲德國第二大黨，一舉攻下百分之十八的選票。四年之後，一九三二年夏，更登上德國第一大黨的寶座，席捲了全部選票的百分之三十七。但是在眞正民主式選舉舉辦的期間，國社黨的成績就沒有這麼威風了。希特勒現象之所以能從一種偏激的邊緣政治，地位一再躍升，最終成爲國家命運的主宰，顯然都拜大蕭條之賜。

然而，儘管經濟大蕭條是促成法西斯得勢的一大原因，若沒有德國湊上一腳，法西斯主義也不可能在一九三〇年代一發不可收拾，變成力量如此龐大，影響如此深重的狂潮。論面積、論經濟、論軍事潛力，更遑論其地理位置，德國都是歐洲數一數二的國家，不管由哪一型的政府執政，都不能影響其政治地位的重要。請看兩次世界大戰的慘敗，卻都不曾打倒德國深厚的實力，即可見一斑。二十世紀即將結束，德意志畢竟仍是歐陸的第一大國。德意志之於法西斯，正如蘇聯之於共產黨。共馬克思主義分子，爲左派奪下了世界上土地面積最大的國家(「足足佔有全球六分之一的陸地」——共產黨人在兩次大戰之間常常喜歡這麼誇口)，使得共產主義在國際上嶄頭露角，揚眉吐氣。即使共黨勢力在蘇聯境外勢消力蹙之際，其重要性也一樣不容忽視。同樣地，希特勒奪得德國政權，足證墨索里尼義大利的成功不虛，從此爲法西斯加足馬力，一舉送上國際政治舞台的中心。以後的十年裡，德義兩國同採軍事主義向外擴張，大逞其狼子野心(見第五章)——又有亞洲的日本隔洋助陣，聲勢更見強悍——東西攜手，共同包辦了國際政治的動向。如此一來水到渠成，其他一些條件合適的國家或運動，自然也深受法西斯主張的吸引，紛紛來歸，尋求德國及義大利的護翼——而德義兩國野心勃勃，正中下懷，自然欣然接納它們的投效來歸。

在歐洲地區，這一類投入法西斯懷抱的運動多屬政治上的右派，其中道理自然不言可喻。在猶太復國運動的陣營裡，具有義大利法西斯傾向的一派，傑保汀斯基率領的「修正路線」，顯然就自居爲右派。對於復國運動組織中佔絕大多數主張社會主義及自由派的左翼團體，傑派採取對立的立場。不過，法西斯之所以能在一九三〇年代在國際間甚囂塵上，單靠德義兩大強國推波助瀾，就足見其功了。其實在歐洲地區以外，其他各國幾乎不具備任何促使法西斯思想誕生的條件。因此，若連這些國家也出現法西斯分子，或出現受法西斯影響的運動風潮；其政治意義，不論就位置還是作用而言，法西斯究竟扮演著何種角色，就更值得玩味了。

當然話說回來，歐式法西斯在海外，的確也有其回響存在。耶路撒冷的回教官員穆夫提(mufti)，以及其他各地反對猶太人殖民巴勒斯坦的阿拉伯人(猶太人有英方作後台)，自然覺得希特勒的反猶太意識跟自己意氣相投。雖然在傳統上，伊斯蘭教始終與各種不信的異教人共居並存。至於所謂「阿利安種」(Aryans)的印度教(Hindu)徒，則自以為血統高人一等，是正字標記——還是眞正原版呢——的阿利安人，瞧不起同居印度次大陸的膚色較深的他族。這種心態，與現代斯里蘭卡(Sri Lanka)島上的僧伽羅(Sinhalese)極端分子相同。而南非荷蘭後裔的布耳人，二次大戰期間，曾被加入同盟國的南非政府拘留。戰後南非實行黑白隔離(一九四八年)，領導這項政策的政府中人，某些便是當年關在拘留營裡的布耳人。他們的心態意識，自與希特勒有幾分淵源——一對種族思想深信不移，二受盛行於尼德蘭低地一帶的喀爾文教義影響，具有秀異分子超右派的氣質。但若因此便說，法西斯不同於共產黨，根本不曾存在於亞非地區(唯一的例外可能是在歐洲移民當中)，因爲它似乎與當地政治談不上關係。這種說法卻不能成立。

就廣義而言，日本就是一個極佳的例子。二次大戰期間，日本與德義聯盟，在一條陣線上共同作戰。日本國內的政治，更全爲右派把持。東西之間，軸心國家眞是心神交會，意氣相投。日本人種族意識之強，舉世無出其右，他們自認是全球最優秀的民族。爲了維護種族的純正及優越，在軍事上，日本人深信自我犧牲、絕對服從、禁欲自制爲必要的美德。武士道的精神，也必然衷心服膺希特勒親衛隊(SS)的精神標語('Meine Ehre ist Treue'最貼切的翻譯，恐怕就是「榮譽，即盲目的服從」)。當時的日本社會，階級制度謹嚴分明，個人則全然奉獻於國家及天皇，對於自由平等博愛，更是絕對的拒斥。華格納歌劇裡蠻族世界的眾神，神聖純潔的中古騎士，尤其是日耳曼山林的自然風光，充斥著德國民族主義(völkisch)的夢幻，種種神話傳說，日本人心領神會，毫無接納吸收的困難。日德兩民族都具有同樣的特質，可以在野蠻的行爲裡揉進纖細精緻的美感：集中營裡殘忍的屠夫劊子手，卻有喜好舒伯特四重奏的品味。如果法西斯思想可以迻譯爲禪家偈語，日本人八成也會趨之若鶩，迎之唯恐不及吧。但是他們自家的「精神糧食」已經夠用，不需要法西斯再來錦上添花。不過，卻也有部分日本人士，看出東西法西斯精神的一家親，大力鼓吹日本加強與歐系法西斯列強之間的認同。這些人士，包括有日本駐歐洲法西斯國家的駐外人員。但主張最力者，則屬專嗜暗殺政壇人物的超國家主義恐怖團體，誰若被它們認爲愛國不力，勢必難逃毒手。此外，尚有聲名狼藉的日本關東軍，在滿洲及中國燒殺擄掠奴役，無所不爲。

但是，歐洲法西斯運動風潮涵義重大，並非區區東方式封建思想外帶帝國式國家使命所可包含爾爾。法西斯興起於民主的時代，屬於黎民百姓出頭天的世紀。單單就廣大群眾動員起來，形成一股「運動」潮流，眾人從自己中間選出領袖，進而以前所未有的革命爲目標的意義而言，對裕仁天皇治下的日本，根本就是匪夷所思格格不入的觀念。日本相中的德國事物，是普魯士的陸軍及傳統，只有這兩樣事物，才正合日人的世界觀胃口。簡單地說，日本的軍國主義，雖然與德國的國家社會主義貌似神近，骨子裡面，日本人卻絕對不能算作眞正的法西斯。至於日人跟義大利之間的精神接攘，其間的距離，就更爲遙遠了。

再論其他那些希冀德義援手的國家。尤其在二次大戰之期，一時之間，軸心勢力似乎勝券在握，此時紛紛來就法西斯的諸國，思想意識的認同，更不是它們主要的動機。雖然在表面上，如克羅埃西亞烏斯達莎等倡行國家主義的小國，由於其一線生存完全靠德國撐腰，因此毫不躊躇地便大肆臉上貼金，吹捧自己比希特勒的親衛軍還要納粹。此外，兩次大戰之中，爭取愛爾蘭統一的愛爾蘭共和軍，以及以柏林爲基地的印度國家主義分子，也都有人士向德國謀求合作，我們若因此便將它們當作「法西斯」，那可是大錯特錯。因爲它們的動機，乃是建立在「敵人之敵，便是吾友」負負得正的原則之上。事實上，當年愛爾蘭共和軍的首領芮恩(Frank Ryan)，就曾經與德方有過合作協議。可是芮恩其人，卻是法西斯思想的大反對者。反對之激，甚至在西班牙內戰期間，加入國際旅(International Brigade)，大戰佛朗哥，最後被佛軍擄獲送交德國。像這樣一類的例子，應該不至於影響我們的判斷。

看過歐亞非三洲之後，還剩下另一大洲。在這片大陸之上，不可否認的，歐系法西斯的思想確曾發揮過不可忽視的衝擊力。那就是美洲大陸。

在北美地區，歐洲風雲激起的反響，主要多局限在特定的移民群內。這些來自歐陸的一群，帶著故國舊有的思想移居新大陸，比方遷自北歐及猶太的移民，就具有一股親社會主義的氣質。另外有一些人，則不忘故國之思，對別去的母國多少留有幾分依戀舊忠。因此在德國情愫影響之下——義大利也包括在內，不過程度淡得多——美國的孤立主義其來有自。雖然在實際上，並沒有足夠證明顯示，大量的美國人轉爲法西斯派。德國國民軍部隊的那一套行頭、迷彩軍裝、振臂高呼向元首敬禮的形象，與北美本地的右派組織及種族歧視活動（最著名的有美國三K黨），可並不是一家人。當時美國境內，反猶太的情緒自然極爲強烈，不過此時反猶太的右派化身——如庫格林神父(Coughlin)從底特律向外播出的廣播講道節目即是一例——其靈感來源，其實跟歐洲天主教系右派統合主義的掛鉤較強。一九三〇年代美國最典型的意識現象，以美國人眼光來看，顯然屬於極端激進的左派傳統。十年之間，這一類民粹派煽動行爲之中，成就最大之人，要數奪得路易斯安那州長席位，以獨裁手法治理該州的朗格氏(Huey Long)。美國左派以民主之名大肆削弱民主，以平等主義爲訴求，大大贏得貧苦民衆的歡心。至於小資產階級之徒，以及天生直覺就具有反革命自衛本能的富貴人家，自然對之恨之入骨。可是美式的政治風潮，不論左右，都不屬種族主義。因爲不管哪一種派系的運動，只要呼喊著「人人是王」(Every Man a King)爲口號，怎麼也不可能與法西斯傳統沾親帶戚。

法西斯思想在美洲大陸的勢力，只有在拉丁美洲地區方才掛號開張。不但有政壇之士個人的深受影響，如哥倫比亞的蓋坦(Jorge Eliezer Gaitán, 1898–1948) 以及阿根廷的貝隆(Juan Domingo Perón, 1895–1974)。也有國家政權正式以法西斯名號成立，如一九三七至四五年間，瓦加斯在巴西成立的「新國度」(Estado Novo, New State)。當時美國政府深恐法西斯風氣煽動之下，納粹勢力在南美坐大，會向北美形成包抄之勢。其實這種擔憂根本是過慮，因爲法西斯對拉丁美洲諸國的影響，多半僅限於本國政治。除了阿根廷明顯地傾向軸心力量之外——不過只有在貝隆當政前後方才如此（一九四三年）——二次大戰當中，西半球的政府一律加入美國陣線作戰，起碼在名義上屬於同盟一方。但另有一個事實也不可否認：當時某些南美國家的軍隊制度，均係師法德國；有的還由德國，甚或納粹教官負責訓練。

格蘭特河以南的美洲地區（Rio Grande，譯註：格蘭特河係美墨邊界河流，其南即指中南美洲），之所以深受法西斯的影響，理由其實很簡單。從南方諸國的眼裡看來，一九一四年之後的美國，已不復當年反帝先鋒的形象。十九世紀的美利堅，是追求進步的中南美洲人民的友人，在外交上，曾幫助他們對抗英法西班牙三國的帝國或前帝國勢力。可是一八九八年的美西戰爭（譯註：此戰美方告勝，美國帝國主義從西班牙帝國主義手裡佔取了波多黎各、關島，及菲律賓的土地），繼之而來的墨西哥革命（一九一〇），更遑論石油及香蕉工業的興起，在在使得拉丁美洲政治圈子，勾起了一股反美國佬、反帝國主義的風潮。二十世紀前三分之一的年代裡，美國的華盛頓當局，顯然只對砲艇外交及海軍陸戰隊的登陸戰果感到興趣，至於拉丁美洲風起雲湧的反對運動，則沒有絲毫阻止的作爲。祕魯的阿亞德拉托雷（Victor Raul Haya de la Torre），建立了反帝國主義陣線的「美洲人民革命聯盟」。阿亞德拉托雷的野心是以全拉丁美洲爲目標，不過其聯盟組織只在其本國祕魯奠定了一定的地位。他的計畫，是請尼加拉瓜著名的反美叛軍桑定部隊的軍官爲教習，爲其組織訓練出一批顛覆暴亂分子來（桑定叛軍曾於一九二七年後實行游擊作戰，長期對抗美方的佔領。一九八〇年代的尼加拉瓜桑定黨革命，其革命感召即來自當年的桑定系叛軍）。再加上經濟大蕭條的打擊，一九三〇年代的美國看來雄風不再，雄霸美洲的聲勢大減。羅斯福總統放棄了諸位前任堅持的砲艇登陸政策，在南方的鄰國眼裡，這不但是一種「睦鄰」的手勢，同時也意味著美國國勢的衰弱（這一點他們卻看錯了）。因此，一九三〇年代的拉丁美洲，不再把北方的鄰居看作自己的導師。

但是向大西洋另一邊望去，法西斯一派顯然成爲三〇年代的成功典範。拉丁美洲這塊大陸，向來往文化霸權地區尋找靈感。它們未來的領袖，總是不斷向外眺望，渴望尋得一份可以幫助本國富強現代的祕方。如果說，世上眞有這樣一個典範，可供這些想要更上一層樓的拉丁政客模仿學習，那麼自然非柏林羅馬莫屬。因爲倫敦巴黎已經提不出任何政治靈感，而華盛頓更是毫無作爲。（至於莫斯科，仍被外界視爲社會革命的典型，因此多少限制其政治上的吸引力。）

然而，儘管這些拉丁美洲的領導分子，多麼感謝墨希兩人提供的政治養分，他們本身的作風及成果，卻與其歐洲祖師爺有著多麼巨大的差異！當年玻利維亞革命政權的總統，私底下卻曾親口承認，欠下法西斯多少思想恩情。作者至今猶記當時聆得此語之時，心中感受的驚詫之情。玻利維亞的戰士及政客，眼裡雖然看著德國爲榜樣，手底下實現的組織結果，卻是一九五二年的革命。革命不但將該國的錫礦收歸國有，並爲印第安小農階級實行了激進的土改政策。在哥倫比亞國內，偉大的人民保護師蓋坦，不從右派著手，卻一舉奪下了自由黨（Liberal Party）領導人的位置，若非其於一九四八年四月九日在波哥大（Bogota）遭人暗殺，當選總統後勢必引導該國走上激進的路線。蓋坦的暗殺事件，立刻在哥國首都掀起大規模的暴動（包括警察在內），多省首府更馬上宣布成立革命公社。拉丁美洲首領汲取於歐式法西斯榜樣的成分，其實是後者對行動果決之人民領袖的神化。可是拉丁美洲革命者打算動員並且的確動員起來的群眾，卻不是歐式法西斯那些因恐失去本身擁有的事物，因而起來反抗的一群。而眾人動員之下對抗的大敵，既非外人也非外群（雖然貝隆派人及阿根廷的其他黨派，都難否認其反猶太的色彩），卻是本國的寡頭階層——也就是富人，當地的統治階級。貝隆的核心支持群眾，來自阿國的工人階級；而他最基本的政治機關，則在他於各地培養的大規模勞工運動之下發展出來的類似勞工政黨。巴西在瓦加斯領導之下的運動，也有同樣的結果。先於一九四五年迫他下台，終於一九五四年逼他自殺的政敵，是該國的陸軍當局。而如同失怙之痛悲悼瓦加斯之死的一方，則是他曾賜予社會保護，以交換其輩政治支持的都市工人階級。歐洲的法西斯政權，摧毀了勞工運動；而受其靈感激發而起的拉丁美洲領袖，卻相反地一手帶起了勞工運動。不管兩者在思想意識上有何等嫡親血胤的關係，就歷史意義而言，這兩種不同的運動卻斷斷不能混作一談。

5

然而前述各類運動的興起，正是災難大時代自由主義衰亡現象的一部分。雖然自由陣營的敗退，及至法西斯主義出現爲其最戲劇性的高潮點。但若完全用法西斯來解釋自由主義的衰亡，這種看法，即使用在一九三〇年代也值得商榷。因此，在本章結束之前，我們必須爲自由主義的敗落尋出眞正的原因。不過首先，先得釐清一項經常爲人混淆的觀點：那就是把法西斯主義誤認爲國家主義的想法。

法西斯主義的訴求，往往迎合國家主義者追求的熱情及偏見，這一點自是顯而易見。但仔細計較起來，屬於半法西斯的統合國家，如葡萄牙及奧地利（一九三四—三八），雖然其主要靈感來源沿自羅馬天主教會，卻不得不對其他異族或無神的國家民族稍事辭色。更進一步來看，對德義兩國佔領地當地的法西斯活動而言，原始的國家主義簡直窒礙難行。用到那些靠外人征服本地，而發其賣國財之人的身上，國家主義自然更行不通了。條件若配合得好，這些國家中人還能跟德國認同，彼此同屬大條頓民族的旗幟之下（如比利時的法蘭德斯地區，荷蘭，北歐諸國）。可是站住法西斯立場，有著另一個更爲方便得力的觀點（戰時此說曾由納粹宣傳部長戈培爾〔Goebbels〕大力宣傳），卻是恰與國家主義矛盾相反的「國際主義」之說。在國際主義的觀點之下，德國被看作未來歐洲秩序（European order）的核心，更是此秩序唯一的保證力量。當然其中更不可少查理曼（Charlemagne）光榮，以及反共產主義的訴求。在歐洲一系觀念建立發展的過程中，所謂「歐洲秩序」，既曾沾染過濃厚的法西斯氣味；難怪到了戰後，歐體的史學家們，對這個名詞都不大喜歡多費筆墨。而二次大戰中曾在德國旗幟下作戰的非德國部隊（主要多屬於希特勒的武裝親衛隊），往往也強調其中超國際的成分以爲藉口。

從另一角度來看，國家主義者也非一律支持法西斯。希特勒野心勃勃（墨索里尼多少也可以算在其內），不由令人生起戒心，固是一個原因（如波蘭、捷克即是）。但在另一方面，我們在第五章將會看見，多國反法西斯的運動，往往也造成一股主張愛國主義的左派勢力。尤其在大戰期間，地下抗敵的運動組織，多數係由「民族陣線」或政府主導，這股對抗軸心的力量，深布政治系統的各個層面，卻獨缺法西斯主義之徒及其同路人。廣義而言，各地國家主義是否倒向法西斯陣營，其中最大的決定因素，端視其本身在軸心勢力進佔上風之時得失的輕重。此外，也得看他們對他國他族（如猶太人，塞爾維亞族）的仇視深淺，是否更勝於他們討厭德國或義大利的程度。因此，波蘭人雖然極其厭視俄國人及猶太人，卻始終與納粹德國不甚熱絡。可是立陶宛與烏克蘭部分地區（一九三九至四一年間被蘇聯佔領），卻投入納粹懷抱，自是因其與俄羅斯的血海世仇所致。

那麼，爲什麼自由主義會在兩次大戰之間花果飄零，銷聲匿跡，甚至在不曾接受法西斯思想的國度也不例外？西方國家之中，親歷過這段時間的極端分子、社會主義者，以及共產黨徒，都將之視作資本主義最後瀕死的苦況。他們認爲，建築在個人自由之上，並透過國會民主實行的政治制度，資本主義已經再也負擔不起了。因爲無巧不巧，各種自由權利的授與，同時也爲溫和改革派的勞工運動建立了強大的群眾基礎。面對著無解的經濟難題，再加上日益強盛的革命工人階級，布爾喬亞分子只會回到舊路，使出蠻力高壓的手段，也就是說，訴諸某種類似法西斯路線的辦法。

一九四五年開始，資本主義與民主自由重新恢復生機，再度蓬勃發展。勝利的風采之下，世人卻往往忘卻當年灰暗的論調裡面，煽惑性的言辭固然不少，但依然有幾分道理存在。一國之內，對於國家及社會制度的可接受性，國民若缺乏基本的共識，民主政治勢難以發揮眞正的功效。至少在國民之間，應該對社會方向具有磋商協議的共識及準備。而共識與準備，卻需要先有了經濟繁榮才能助其實現。可是直截了當地說吧，一九一八年後到二次大戰之間的歐洲，絕大多數國家都不具備這樣的條件。當時的歐洲，一場社會激變，不是迫在眉睫，就是已經當頭。眾人對革命戒慎恐懼之極，整個東歐及東南歐地區，加上部分地中海一帶，共產黨派連合法地位都難於取得。左右兩派在思想意識上鴻溝之深，右派跟溫和左派之間也無法溝通，一九三○至三四年間，奧地利的民主政治，因此受到嚴重打擊而垮台。不過從一九四五年以至於今，與當年同樣的兩黨系統——羅馬天主教徒與社會主義者——卻使奧國民主開出了燦爛的花朵(Seton Watson, 1962, p.184)。西班牙的民主政權，也在一九三○年代陷落於同樣的壓力。相形之下，到了一九七○年代，西國竟然能夠經由磋商協談，便將佛朗哥遺下的獨裁統治，和平轉移為多元的民主政制，實不得不令人驚嘆。

但回到當年種種政權之下，又有哪一處能夠穩如泰山，安然躲過經濟大蕭條的襲擊呢？德意志的威瑪共和之所以不支倒塌，主因即在大蕭條衝擊之下，共和國再也無法繼續它與僱主及組織工人力量之間一向所維持的默契了。而這股默契，卻正是十多年共和國所以維生，不致沉淪的主力啊。蕭條大風一起，工業界與政府無計可施，只有實行經濟社會縮減的下策，隨之而來的，自然便是大量的失業。到了一九三二年中期，單憑國社黨及共產黨兩黨之力，便奪去了德國全部選票的絕大多數。而支持共和國立場的其他黨派，則一落而為只有比三分之一略強的選票。相反地，二次大戰之後各國民主政權的繁榮，無可否認，主要係建立在這些年來經濟奇蹟的榮景上，戰後新興的德意志聯邦共和國，當然也不例外(見第九章)。只要政府有足夠的能力，能夠分配滿足各方的需求；同時多數國民的生活水準，也一直在穩定上升，民主政治的溫度就會保留在溫和的度數，而不會冒升到發熱點。在這種情況之下，一般都願意妥協讓步，在意見上取得一致。甚至連最熱烈相信非推翻資本主義不可的革命發燒友，恐怕也覺得就實際而言，維持現狀並不如理論上那麼難以忍受。而資本主義大本營中最頑固的分子，在爲其信仰申命之餘，應該也認同社會安全體制的必要性，認爲工會與僱主定期協談調整工資福利，是天經地義的事情吧。

然而，大蕭條本身種種跡象顯示，它也只是自由主義敗潰的其中一個原因而已。因爲同樣的狀況——組織性工人拒絕接受蕭條造成的裁員，在德國導致國會政府垮台，最終促成希特勒被提名主政；在英國，卻只不過使國家由工黨政府，一個大急轉，倒向了一個（保守派）「國家主義政府」而已。可是這項轉變，卻依然在英國原有的政治體系，一個穩定到簡直難以動搖的國會體制裡面運作❹。可見蕭條一事，並不會自動造成代議民主政制的中止或流產。美國及北歐國家因應蕭條而生的政治情況，也同樣證實這項論點（美國有羅斯福的新政，北歐則有社會民主派的勝利）。只有在拉丁美洲，政府財政的極大部分，係靠一兩項主要產品出口的收入，一旦蕭條的無情魔掌將其價格打入無底深淵（見第三章），不論當地政府係採取何種形態存在——絕大多數是軍事統治——便馬上紛紛自動倒台。同樣地，智利及哥倫比亞兩國的政局，也走上了與之前完全相反的逆路。

歸根究柢而言，自由式的政治是有其弱點存在。因爲其中的政府組織，代議式的民主政體，根本上並不是一直具有說服力的治國方式。而大災難時代各國的經濟社會情況，連保證自由民主政制存活的條件都嫌不夠，更遑論令其發生功效了。

民主政治的首要條件，在於公意承認的合法地位。民主雖然建立在這項公認的基礎之上，民主自己卻無法製造這項公認。唯一的例外，是在根基穩固的民主國家裡面，經常性投票行爲的本身，已經授與其選民——甚至包括弱勢團體在內——一種「選舉就是予以當選政府合法化地位過程」的意識。可是在兩次大戰之間的年代裡，鮮有幾個民主政制根深柢固，事實上，直到二十世紀初期開始，美法兩國以外，世上根本還找不出幾個民主國家(見《帝國的年代》第四章)。再說一次大戰結束之後，歐洲諸國當中，至少有十個國家不是方才成立，就是剛從前朝手下翻身重立。因此對居民來說，這些政權都沒有特定的合法地位。至於穩定的民主政權，更如鳳毛麟角。總之，大災難的世代裡，各國的政情，通常都屬危機四伏的變局。

民主政治的第二項要件，在於各種成分的「斯民」(the people)之間，擁有相當程度的相容性質。斯民的選票，將決定眾人普選共有的政府。自由化布爾喬亞社會的正式理論，其實並不把「斯民」看作個別不同的群體、社區，及各式擁有特定興趣利益的集團。雖然人類學家、社會學家和參與實際政治之人，看法完全相反。照自由主義的正式講法，「斯民」屬於一種理論的概念，而非由眞人結合組成的實體。這些自足完備的個人，形成人民大會的總體。他們投下的選票，加起來便決定了代議政治裡的多數與少數，多數作爲政府，少數則持有反對黨的身分。一國的民主選舉，若能超越不同人口之間的分野，或至少可以協調溝通彼此之間的衝突，這個民主便具有存活的條件了。可是回到革命激變的年代，階級鬥爭，而非階級和諧，才是政治遊戲的法則，意識上與階級上的不妥協性，可以徹底破壞民主的政治。再有一件，一九一八年後大戰和約的笨拙手法，硬將各國依不同族裔或宗教劃分成立(Glenny, 1992, pp. 146-48)，更加深了日後族裔宗派衝突的禍害。今天站在二十世紀末期的我們，都知道這沿淸一色方式立定國界的手法，正是戕害民主甚深的病毒。前南斯拉夫及北愛爾蘭地區今日不斷的戰亂，就是當年的遺毒所致。在波士尼亞一地，三種不同的族裔宗派人民，各依其族裔背景及信仰路線而投票。而北愛爾蘭的厄斯特地方(Ulster)，住有兩群勢不兩立的居民。非洲的索馬利亞(Somalia)，六十二個政治黨派，代表著六十二個不同的部落或部族，自然無法爲民主政治提供任何基礎，這已是眾所周知的事實——索國所能寄望者，就是永無休止的紛爭與內戰。除非其中一支競爭力量出奇強大，或有外來勢力，建立起(非民主的)支配地位，才能取得片刻的「安定」。三大古老帝國(奧匈、俄羅斯，及土耳其)的覆落，使得三個原本治有多元種族，政府立場超然的超級大國從此消失。代之而起的則是更多的多元小國，每一個國家，都至少與國界以外的某一個——最多甚至有二到三個——族裔的社群認同。

民主政治的第三項要件，在於民主政府無須做太多的治理。國會之所以存在，主要目的不在治理，卻在於制衡那治理之人，美國國會與總統之間的關係，就清楚地闡釋了這一點。民主政府的設計本意，是爲煞車制動之用，結果卻擔上了引擎發動的擔子。革命時代以來，主權性的議會逐漸增多，雖然一開始只有少數人具有選舉權，但這項參政權卻逐漸普遍。可是十九世紀的布爾喬亞社會，假定大多數公民的生活行動，不屬政府管轄的範圍，卻在於自我規律的經濟社會，在非官方性質私有的結社團體之中(市民社會)❺。單靠選舉出來的議會代表管理政府，當然不易，民主派規避這項困難的妙方有二：一是對政府，甚至對國會立法的期望不要太高；二是不管政府——其實就是行政當局——如何怪誕不經，依然確保其獨門生意繼續經營下去。我們在第一章裡已經看見，一群管你上台下台，始終獨立存在，經由指派任命的公務人員，已經成爲現代國家政府不可或缺的經營工具。

所謂國會多數的意見，只有在重大並具有爭議性的行政決策面臨決定之際，才有其存在的必要性。而政府首長的第一要務，就是在國會裡組織維繫適當的支持力量，因爲除了美洲各國之外，當時國會式政權的領袖，通常都非經直接選出。至於那些實行限制性選舉權的國家（亦即只有少數富貴名人，或特殊人物才能擁有參政權），尋求多數認同的動員整合就更方便容易了。因爲這些身分特殊的「眾人」，對它們的集體利益（所謂的「國家利益」）都持有共同一致的看法，更遑論選舉階級擁有的驚人財力實力了。

二十世紀的降臨，卻使得政府治理的功能愈形重要。舊有的政府職事，局限於提供基本法則以供企業及市民社會運作，局限於提供軍警監獄以維國內治安以防外來侵害。舊政治圈裡原有一句機妙好詞，以「守夜」職責來形容政府功能，這句妙語，卻隨著時代演變，跟「守夜人」這個職業一般，已經開始過時了。

民主的第四項要件是富裕繁榮。一九二〇年代民主的破產，或因爲不堪革命與反革命之間的緊張壓力所致（匈牙利、義大利、葡萄牙），或由於國家衝突而亡（波蘭、南斯拉夫）。三〇年代民主政治的傾覆，則是因爲受不住大蕭條的打擊。這一點，我們只消看看威瑪共和的德國與二〇年代的奧地利，再看看今日德意志聯邦與一九四五年後的奧國，兩相比較，自然一目了然。國家一旦富強，連國族之間的衝突也不再那麼難於處理了，只要眾弱小團體的政客，都能從國家這個大碗裡面分得一匙就可以了。當時中東歐各國之中，只有一個眞正的民主政治，那就是重農黨當權的捷克，而該黨的力量所在，也就在人人分得一杯羹這項原則：依據各個國族，均分利益。但到了一九三〇年代之際，連它也撐持不下去了，再也無法維持境內各族——捷克、斯洛伐克、日耳曼、匈牙利、烏克蘭——共聚一條船上。

在這種種情況之下，民主反而成爲將原本就不可妥協的群體正式化分的工具了。何況即使在最好的狀況裡面，如果各群無法共存，民主政府都難長治久安。如果更進一步，一國又以最嚴格的比例代表制度，執行民主代議的理論，情況就更爲艱難❻。一旦遇到危機，國會裡卻沒有多數可以依循之際，於是另謀解決之路的誘惑就極大了，如德國即是一例（英國卻完全相反）❼。甚至在安定的民主政體，多數國民也將民主政制裡意味的政治分化，看作民主制度的成本，而非效益。競選的廣告往往大肆宣傳，表示候選人的政見不是出於政黨路線，而是以國家利益爲念，即此可見一斑。一旦遇到危難臨頭，民主的成本代價太高，民主的好處可就更難看出來了。

因此，在繼舊有政權而起的新國度裡，以及絕大多地中海與拉丁美洲國家當中，民主政治不啻一株萎弱的幼樹，企圖在滿地石塊的瘠土裡掙扎生長。這一點，實在不難了解。民主政治最大的辯護是，雖然不夠理想，但總比其他任何制度爲佳吧。此一說辭其實也極軟弱，兩次大戰之間，這番話聽來更虛無得令人難以相信。連向來擁護民主的鬥士，此時也啞然無言。民主潮流的沒落，似乎無可挽回，甚至在老牌民主國家美國境內，觀察家也嚴肅悲觀地表示：「即使美國也可能無法倖免。」(Sinclair Lewis, 1935) 當時沒有人預言，或期待民主會有戰後的復興，更別提一九九〇年代初期，民主竟一時成爲全球最主要的政府形式——雖然爲期甚短。回望兩次大戰之間的那段歲月，自由政治體制的沒落，彷彿只是其征服全世界路上的一小節挫敗。不幸地是，隨著公元兩千年的到來，民主政治的前途卻又開始不太確實了。民主制度的優點，在五〇及六〇年代曾一度極爲彰明。可是這個世界，也許又要再度快快地進入一個民主優點不那麼明顯的時期了。

註釋

❶一九四〇年蘇聯併呑愛沙尼亞，算是最接近左派推翻既有政權的例子。這個波羅的海邊上的小國，當時已邁過威權獨裁統治的歲月，正進一步走上比較民主的憲政階段。

❷羅馬教皇在頒給全球教會人員的新事件通喻（Rerum Novarum）中，提出這項政策宣告。四十年後，正值經濟不景氣的最低潮，又再度於「四十年通諭」（Quadragesimo Anno）中提出，時間上自然不是巧合。這項主張，一直到今日仍爲天主教會社會政策的基石，並在「新事件通諭」發布百年紀念的一九九一年，再度由教宗若望保祿二世的通喻「百年通諭」（Centesimus Annus）予以證實。不過歷次通諭定罪輕重的比重，卻依政治情況有所不同。

❸值得一提的是，二次大戰時期，義大利軍隊斷然拒絕將其佔領區內的猶太人——主要在法國東南部及巴爾幹部分地區——送交德國人或任何人予以根決。看在這一點分上，墨索里尼的國人實在值得我們的敬意。但是在義大利本地，雖然義國政府顯然也同樣缺乏消滅猶太人的幹勁，當地爲數不多的猶太族群卻有半數盡遭滅絕。不過，義國境內某些猶太人之所以遭劫，係因他們武裝反法西斯的身分，而非種族主義下無辜受害的犧牲者。(Steinberg, 1990; Hughes, 1983)

❹面臨蕭條問題，英國工黨政府在一九三一年分裂。工黨內的部分領袖，以及某些支持他們的自由派人士，一起倒向保守派的一邊。接下來的大選，保守派獲得全面大勝，一直到一九四〇年五月，其執政勢力都穩坐寶座，未曾受到挑戰。

❺日後在一九八〇年代，東西兩方都將發出充滿著懷舊情緒的言論，眾人不切實際地期盼，希望回到一種建立在諸如此類理想化基礎之上的十九世紀世界。

❻民主選舉制度不斷運用的排列組合——不論是比例制或其他任何方式——都莫不是爲了意圖保證，或維繫穩定的多數統治，得以穩固政治系統中的政府。可是比例式選舉政治的本質，卻反使這項目標更難達到。

❼英國根本就拒絕任何形式的比例代表制（它的原則是「誰贏誰全吃」）。英國人中意的是兩黨政治，其他黨派都只是微不足道的點綴——一度稱霸英國政壇的自由黨（Liberal Party），就是其中之一。雖然自一次大戰以來，該黨始終固定地在全國大選中得到百分之十的選票（直到一九九二年依然）。可是德國不然。其比例代表制雖然對大黨還是比較有利，但在一九二〇年後，五大黨，十二小黨之中，卻沒有一黨能夠取得三分之一的席位（只有一九三二年的納粹黨是例外）。多數黨不曾出現的情況下，憲法授與行政元首以緊急權力，也就是說，民主暫時取消了。

第五章
共禦強敵

明日，多如砲火燎原的年輕孩子，詩人
湖濱漫步，週復一週心神交流，喁喁密談，
　明日，單車上青春競逐
於夏日向晚的市郊住宅之間。但是今日，奮鬥……

——英裔美籍詩人奧登詩作〈西班牙〉(W. H. Auden, 1937)

親愛的姆媽啊，所有人之中，我知道您將最為悲痛，因此我最後的思念屬於您。請不要因我的死亡而責備任何人，因為是我，為自己選擇了這條命運之路。

我不知道該說些什麼才好，雖然我的神智清楚，卻找不出恰當的言詞。我加入了解放軍的行列，就在勝利的光芒已經開始閃耀之際，我卻要死去了……不一會兒，我就馬上要與其他二十三名同志一同被槍決了。

戰事一旦結束，您一定得設法爭取到一筆養老金。他們會把我留在獄中之物都交還給您，我帶走的，只有爹爹的貼身內衣，因爲我不想冷得發抖啊！……

再說一次再會吧。您千萬要有勇氣啊！

不孝子

史巴泰可敬上

——一九四四年，法國馬努尚（Misak Manouchian）地下抗敵組織分子，鋼鐵工人史巴泰可絕筆，時年二十二歲（Lettre, p.306）

1

民意調查可說是一九三○年代誕生於美國的產物，因爲原屬商品市場調查範疇的「抽樣調查」，係自一九三六年喬治蓋洛普(George Gallup)開始，方才正式延伸入政治領域。而早期根據這項新技術採得的各項民意當中曾有一項結果，恐怕會使羅斯福之前的歷任美國總統，以及二次大戰以後方才出生的讀者大吃一驚。一九三九年一月，針對「如果德蘇之間開戰，你希望哪一方獲勝」的訪題作答，受訪的美國民眾之中，有百分之八十三答以希望蘇俄勝利，支持德國者卻只有百分之十七(Miller, 1989, pp.283-84)。在這個以資本共產兩大陣營對抗爲基調的世紀裡；在這個以蘇聯爲首宣揚十月革命反資本精神的共產陣營，與以美國領頭並作表率的反共資本陣營對抗當中，美國民意竟然捨德就蘇，不但不支持在政治上堅決反共，在經濟上公認爲資本主義的德國；反而出現這種對世界革命老家大表同情，至少也頗爲偏向的論調，無寧怪哉。更有甚者，當其時也，史達林在蘇聯境內倒行逆施，一般人都同意正是其暴政最惡劣的時候。

這一段捨德就蘇的民意史，自然屬於歷史上的一次例外，爲時也相當短暫，充其量約略可從一九三三年美國正式承認蘇聯算起，一直到一九四七年兩大意識陣營在「冷戰」中正式對敵爲止。不過更確切一點來看，應該只包括一九三五到一九四五年的十年之間。換句話說，這段時期的範圍，純係以希特勒德國的興亡爲始終(一九三三—四五，見第四章)。以此爲背景，美蘇兩國有著共同的目標，雙方都認爲德國之爲患，遠比對方對自己的威脅更爲嚴重。

當時美蘇之所以有這種認定，實在超出傳統國際政治關係或強權政治可以解釋的範疇。而且正因如此，各國之間超乎尋常法則的合縱連橫，至終攜手作戰贏得二次大戰勝利的意義便顯得格外重大。各國最後之所以聯合對德，其中眞正的主要因素，係因德方之所作所爲，並非只是在一次大戰不公處置的前提之下，急欲爲本身找回公道而已。德國的政策及野心，事實上完全受到特有的意識形態左右——簡單地說，德國根本就是法西斯強權。反之，如果略過法西斯主義不提，現實權力政治的經營計較，則一時尙可勉強行之。因此在這種背景之下，各國對德國的態度，是反對是懷柔是抗衡，必要時甚至是戰是和，均視當事國國策及大局情況而轉移。事實上，在一九三三到一九四一年之間，國際政治舞台上的各大要角，基本上都係根據這項原則對待德國。因此倫敦巴黎當局對德國一味姑息(也就是說，慷他人之慨而讓步)。莫斯科也一反以往與德國對立的立場，改採中立，以求在國土上有所回收。甚至連義日兩國，雖然基於共同利益與德國結盟，一九三九年際，卻也發現利之所在，先不妨暫時觀望，不忙著涉入二次大戰第一階段的戰局。但是最後事實演變的結果，證明眾人都無法倖免於希特勒發動這場戰爭背後依循的邏輯。義大利、日本、美國，紛紛被拖下水。

於是在一九三〇年代，大勢隨著時間過去愈發明顯，國際間（主要以歐洲爲主）勢力的跌宕平衡越來越成了大問號。西方各國的政治問題——從蘇聯開始，一直到歐洲、美國——已經不再能單純地由國與國間的競爭抗衡來解釋。如今這場衝突，必須從一種國際全面性、並且係屬人民與人民間的意識之爭來了解（不過，從第七章可以看出，意識形態的角度卻不能詮釋受到殖民主義主控的亞非及遠東地區的政局），而且事實的發展也證明，這場屬於內部性質的平民之戰，其中的敵我之分，不在當時所謂資本主義與共產黨社會革命的對立，卻在兩系相對意識陣營的大對決：一方是自十八世紀啓蒙運動及多次大革命以來一脈傳承的思想傳統（其中自然包括了俄國革命）；另一方則是這股革命思想的頭號死敵。簡單地說，雙方交戰的前線，不在資本與共產之爭，卻是一場若回到十九世紀，將以「進步」與「反動」之名劃清界線的殊死戰。只是到了二十世紀的三〇年代，這兩個名詞已經不再如當年般適用了。

這是一場國際性的全面戰爭，因爲它在西方多數國家內部，挑起了同樣的一組問題。這也是一場民對民的內戰，因爲贊同及反對法西斯兩方的力量，橫跨了人類每一個社會。過去從來沒有任何一個時期，所謂一國國民對本國國家及政府自然生發的效忠之心——也就是愛國之情——佔有過這麼不重要的地位。及至二次大戰結束，原有的歐洲國家裡面，至少有十國的領導階層已經換人，繼任者卻是戰爭爆發之初(有的則像西班牙，係於內戰之初)原屬叛黨或政治流亡中人——即或風雲變幻不致如此極端，至少，這些新得道者也是一批認爲本國原有政府不道德或不合法的異議分子。男男女女，通常是來自各國政治階級核心的人物，都選擇了向共產主義(亦即蘇聯)而非自己祖國的效忠之路。因此所謂「劍橋間諜」(Cambridge spies)——或從更實際的觀點視之，日本的索吉間諜圈(編註：由蘇聯情報員索吉〔Richard Sorge〕於一九三三至四一年間所建立的情報網)❶，亦不過是眾多例子之中的兩個而已。而從另一方面來看，「國奸走狗」(quisling)一詞的發明——源自挪威一位納粹之姓名——則係用來形容在希特勒鐵蹄侵略之下，那些基於思想觀念的認同，而非純係貪生怕死的苟免心理，甘爲敵人走狗的政界人物。

這種矛盾狀況，甚至連那些純粹爲愛國心所動，而非由全球性意識形態出發的人士也不例外。因爲傳統的愛國主義，如今也分裂爲二。堅持帝國精神並強烈反共的保守人士如邱吉爾者，以及天主教反動背景根深柢固之人如戴高樂者，如今亦都選擇與德國作戰一途。這一類人士之所以反德，並非對法西斯素有敵意；卻係因爲在他們的心中，對本國的角色地位自有某種一定的「看法」。然而，即使就這一類人士而言，他們奮鬥堅持的目標也屬於一場國際層次的「國內」(civil)戰爭；因爲對於愛國一事，他們的觀念並不見得與其政府的立場相合。一九四〇年六月十四日巴黎陷落，十六日法國開始謀和行動，戴高樂卻於十八日赴倫敦宣布，「自由法國」將在他的領導之下繼續作戰，對抗德國。他的這項行動，事實上是向當時法國的合法政權進行叛變。這個政府不但已經依據憲法，決定結束作戰，其決定並獲得當時絕大多數法人的支持。而在英倫海峽彼端的邱吉爾，假定面對與戴氏相同的情況，必定也會作出同樣的反應。事實上，萬一大戰的結果係德方獲勝，邱氏一定會被他的政府以叛國處罪，就像戰時曾協助德國與蘇聯作戰的俄人於一九四五年後被本國當作賣國賊論罪一般。同理，諸如斯洛伐克、克羅埃西亞等民族，戰時卻在希特勒德國的羽翼之下，頭一次嘗到了國家獨立的滋味（雖然是有條件的獨立）。戰時獨立立國時期的領袖，究竟係被該國人民視爲愛國英雄，還是與法西斯沆瀣一氣的通敵者呢，就端看意識觀點而定了：兩種截然不同的立場，在斯克兩族內部各有民眾支持而戰❷。

於是各國境內民心分歧，最後之所以匯合成一場既屬國際戰爭，亦是國內戰爭的全面性世界大戰，究其癥結，端在希特勒德意志的崛起。更精確一點來說，決定性的關鍵，出在一九三一到一九四一年間德日義三國發動併吞其他國家的侵略行動。希特勒治下的德國，更是侵略行動的主力核心。三國之中，也只有希氏德國，最最公然無情，決意摧毀革命世代「西方文明」的各項制度建樹與價值體系，它也是最有能力執行其野蠻計畫的一國。於是一步又一步，凡是有可能成爲日德義魔掌下犧牲者的國家，便眼睜睜地看著這三個後來被稱爲「軸心勢力」的侵略強權，向外逼近它們的鐵蹄。逼到最後，終於只有戰爭一途。一九三一年開始，戰爭似乎已無可避免。就像當時流行的一句話所說，「法西斯即戰爭」（fascism means war）。一九三一年，日本侵入中國滿洲，在那裡成立了一個傀儡政權。一九三二年，日本佔據中國內蒙地區，並攻陷上海。一九三三年，希特勒取得德國政權，明目張膽，毫不掩飾他的野心計畫。一九三四年奧地利發生了一場短暫的內戰，奧國民主被一掃而空，取而代之的是一個半法西斯式的政權。這個政權的最大作爲，便是抗拒德國的野心併吞；並在義大利的協助之下，鎮壓了一場謀殺奧國首相的納粹政變。一九三五年，德國宣布廢止一次大戰和約，重新以陸海軍強國的姿態出現，並(用公民投票的手段)奪回德國西部邊界的薩爾區(Saar)，又以極端侮慢的姿態，悍然退出國聯。同年，義大利的墨索里尼，也以同等輕慢國際輿論的態度，進攻衣索比亞，並於一九三六至三七年間，逕行將該國當作殖民地般予以征服佔領。隨著這項侵略行動，義國又師法德國前例，一手撕廢了它的國聯會員證。一九三六年，德國收復萊茵失地，西班牙則在德義兩國的公然協助與干預之下，發起一場軍事政變，掀開了西班牙內戰的序幕——我們在下節將對此多有描述。於是法西斯兩大強國，進入正式結盟，亦即「羅馬—柏林軸心」。在此同時，德日兩國簽定一紙「反共公約」(Anti-Comintern Pact)。一九三七年，不出所料，日本果然發動侵華，從此中日全面大戰，一直到一九四五年方告結束。一九三八年，德國也覺得侵略時機成熟，於該年三月先吞併奧國，不曾遭到任何軍事抵抗。然後在接連恐嚇之下，十月間的慕尼黑協定終使捷克斯洛伐克遭到割讓命運，在沒有任何軍事衝突的情況之下，捷克極大一部分領土以「和平」方式轉移，併入希勒特的麾下；至於餘下部分，亦於一九三九年三月全部爲德國佔領。而數月間一直按兵不動，未曾展露其帝國狼子野心的義大利，見此大受鼓勵，便也出兵佔領了阿爾巴尼亞。緊接著一場波蘭危機，再度出於德國的領土要脅，歐洲陷入癱瘓狀態。一九三九至四一年的歐戰於焉爆發，至終並演變爲第二次世界大戰。

除了希特勒納粹德國崛起爲一大主因之外，各國政局糾纏，最後竟發展成一張國際大網的原因還有另外一項：亦即當時自由民主國家一再軟弱退讓，進而達到令人感嘆的地步(這些國家，卻剛巧也是二次大戰的戰勝國)。不論是獨力對敵還是聯合出擊,它們既無能也不願採取任何行動抵禦敵人的挺進。我們在前面已經看見,正是因爲自由主義陷入危境,方才導致法西斯與集權勢力的升高及其言論的壯大(見第四章)。於是兩相對照,一邊信心十足野心勃勃,另一邊卻怯懦膽小恐懼讓步。一九三八年的慕尼黑協定,便是這種情況的最佳寫照。一代以來,在有關西方政治的討論裡面,「慕尼黑」一詞遂成爲懦弱退卻的同義詞。慕尼黑協定造成的恥辱,當時便立刻爲人感受,連那些親手簽定協定之人也不例外。這份恥辱的來源,不單單在於拱手送予希特勒一個廉價的勝利;更在於簽約之前,眾人對戰爭持有的那份戰兢恐懼心理;以及簽約之後,眾人如釋重負,總算不惜任何代價,終得一免戰爭的解脫情緒。聽說法國總理達拉第(Daladier)在一手簽下了這個倒楣盟友的命運之後,曾經羞慚地吶吶說道:「眞是瘋了。」他心中已經準備妥當,歸國之時必然受到國人的噓聲相迎。沒想到,迎接他的群眾裡不但沒有噓聲,巴黎人一片興奮,喝采歡呼迎他歸來。因此當時蘇聯之所以能孚眾望,眾人之所以不願對其境內發生的暴行加以批評,究其原因,主要便係蘇聯堅持反對納粹德國所致。相形之下,與西方世界的躊躇遲疑比較,蘇方的立場有著多麼顯著的不同。因此,當一九三九年德蘇兩國竟然簽定互不侵犯條約之際,帶來的震盪也就更爲巨大了。

2

全面動員抵抗法西斯——亦即德國陣營——的召呼,需要三方面的響應。其一,凡在對抗軸心勢力一事上具有共同利害關係的政治力量，必須結合起來。其二，擬定一套實際可行的抗敵方針。其三，各國政府作好準備，徹底實行這一套抗敵方針。而在事實上，這項動員計畫一共花了八年工夫方才大功告成——如果我們把全速邁向世界大戰的起點由一九三一年算起，前後甚至有十年之久——然而，當時眾人對這三項召呼的反應，不外猶疑遲鈍、混淆不一。

聯合一致，對抗法西斯。基本上，這第一項呼聲比較有可能贏得大多數立即的響應。因為法西斯對異己者「一視同仁」，無論是各門各派的自由主義分子、社會主義者、共產黨，還是任何一種形式的民主或蘇維埃式政權，一律被其視為大敵，務必摧毀。套句英國老話，大家夥若不想被個別「絞死」，那就最好彼此「絞在一起」出力對敵。當其時也，在「啓蒙左派」(Enlightenment Left)的陣營裡，共產黨原是最具分裂性質的一支政治勢力。它們的砲火(攻訐鬥爭，不幸正是政治激進分子的特色)，往往不打向那最明顯的敵人，反而集中全力轟打身邊的頭號競爭對手——社會民主黨派人士尤為其主要目標。可是希特勒奪權之後，十八個月間，共產黨的方針便有了一百八十度的大轉變，一舉成為抗法西斯聯合陣營當中最有組織、也最有效率(一向如此)的鬥士。共產黨的轉變，根除了妨礙左翼陣營內部攜手合作的最大阻力。不過，它們彼此之間那種根深柢固的懷疑心態，卻依然縈繞不去。

共產國際提出的策略，本質上屬於一種同心圓式的圍堵(此議係與史達林共同提出)。當時共產國際已經選出保加利亞籍的迪米特羅夫(Georgi Dimitrov)為總書記，迪氏曾在一九三三年德國國會縱火一案的審判中，公開向納粹當局勇敢挑戰，激起各地反法西斯的洪流❸。於是以勞工階級聯合勢力組成的「聯合陣線」(United Front)為基礎，共產黨開始與民主分子及自由人士組成的「人民陣線」(Popular Front)攜手合作，形成廣大的選民及政治聯盟。除此之外，隨著德國力量的挺進，共產黨更進一步擬出策略，將前述兩陣線擴大成為「民族陣線」(National Front)，全國上下，不分意識形態、政治信仰，一律以法西斯(或軸心勢力)為眾人的頭號威脅。這項由左而中而右，超越政治路線的反法西斯合作主張——法國共產黨「向天主教徒伸出友誼之手」；英國共產黨擁抱一向「聲名狼藉」、專門對付共產人士的邱吉爾——卻較不為傳統左派所接受。一直到了戰爭迫在眉睫，實在不得不出此下策之際，後者方才勉力相從。然而中間路線與左派人士的相結合，在政治上的確有其道理存在。於是「人民陣線」分別在法國與西班牙兩地奠立陣腳(法國是首試此策的國家)，一舉鎮住國內的右派勢力，於選舉中獲得戲劇性的大勝(西班牙於一九三六年二月，法國於同年五月)。

中左派聯手於選戰中獲得重大勝利，證明以往分裂不和的不智。左派陣營內部的人心，更開始顯著地向共產一路移轉——尤其以法國為著，然而，共產黨的政治基礎固然擴大，反法西斯的力量卻不曾眞正受惠。事實上，法國人民陣線雖然在選舉中得到多數支持，並選出法國有史以來首次由一名社會主義人士——知識分子布魯姆(Léon Blum, 1872–1950)領導的政府，可是激進派—社會主義者—共產黨三方結合獲得的實際票數，卻只不過比三者於一九三二年的選票總和多出百分之一而已。西班牙人民陣線領先對手的差距雖然比此稍大，新政府卻面對著幾達半數依然反對它的選民(西國右派的力量，比前還更強盛)。但是儘管現實不盡理想，勝利的果實畢竟甜美，不但為當地的勞工及社會主義運動激出了希望，更帶來了陶醉的喜悅。但在事實上，當時英國工黨的境遇極慘，先有經濟蕭條，後有一九三一年的政治危機——議席一潰而爲只佔五十席的慘況——四年之後，票數雖有提升，卻始終不曾恢復蕭條前的盛況，其席次僅略多於一九二九年的半數。一九三一至一九三五年間的保守黨票數雖有減少，也僅從百分之六十一左右略降爲百分之五十四。一九三七年起由張伯倫(Neville Chamberlain)領導的所謂英國「國民」(National)政府(其名日後成爲姑息希特勒的代名詞)，事實上擁有著雄厚的多數民意基礎。如若一九三九年的戰事不曾爆發，英國必於一九四〇年舉行大選，相信保守黨必能再度輕騎過關。其實，除了斯堪地那維亞的社會民主黨派甚有斬獲是爲例外之外，西歐各國在一九三〇年代的選舉結果，並沒有大規模向左轉移的跡象。反之，在東歐及東南歐選舉依然倖存的地區裡，卻有著相當大的選票流向右翼。但是新舊大陸之間的政治氣象則截然不同。一九三二年美國大選，出現了歐洲各地均不曾有過的戲劇變化，美國選民紛紛棄共和黨而轉投民主黨(四年之間，民主黨的選票由一千五、六百萬票驟升，幾乎高達二千八百萬票)。四年後的一九三六年，羅斯福再度獲勝，此番贏得的選票比前稍少(此事除了選民之外，人人跌破眼鏡)。不過就選舉意義而言，羅氏政治生涯的高峯已於一九三二年度過。

因此，傳統右派的眾家對頭，雖然在反法西斯的呼聲之下組織起來，其支持人數卻不曾因此而有所增加。總的來說，反法西斯一事比較能夠動員政治上的少數分子，遠勝其對主流多數的影響。而在非主流的少數當中，又以知識分子及關心藝術的人士，最具接受其訴求的開放心靈。因爲國家社會主義高高在上的姿態，以及其對既有文明價值觀的侵略敵意，文學藝術人士對此首當其衝，感受最爲敏銳(至於另一批受到國家主義暨反民主思潮鼓動而興起的國際文學流派，則不在此類人士之列，見第六章）。於是納粹種族主義立即採取行動出擊，造成散布於這些尚存寬容異己氣氛的園地裡的猶太及左翼學者大批出亡。納粹分子敵視知識自由的心態，立刻使得德國各大學幾達三分之一的師資遭到被逐的命運。希特勒上台的同時，便是納粹版「焚書坑儒」的開始：「現代派」文化受到猛烈攻擊，凡屬猶太及其他不合納粹心意的書籍均遭焚燒。令人感到沉痛的是，對於排猶一事，除了某些確屬倒行逆施的作爲之外——如納粹集中營的設置，以及剝奪猶裔德人的權利，令其離群索居，貶爲下等人民等等（根據當時的辨定標準，只要內外祖父中有一位係猶太血統便被判爲猶太人）——當時一般民眾並不以此爲意，充其量只把它們視爲一時有限度地脫離常軌罷了。因爲說起來，集中營也不是什麼新玩意，向來不都是嚇阻共產勢力的法寶，以及專門用來關顛覆分子的牢獄嗎。老派保守分子對此法還頗具好感呢。而大戰爆發之際，各集中營裡一共只有八千餘名人犯（這一類監獄，後來轉變成數十萬人，甚或數百萬人遭受恐怖酷刑的死亡集中營，則係在戰爭進行當中才發生的演變）。同時，一直到戰事正式展開之前，不論納粹當局待猶太人何等野蠻，何等兇殘，其解決「猶太問題」的「最後對策」，似乎也僅限於集體逐出，而非集體屠殺一途。何況若從政治以外的角度觀之，當時的德國雖有不甚討喜之處，卻是一個國勢安定、經濟繁榮的國家，並擁有一個頗受人民愛戴的平民政府。但在貌似正常的表象之下，有心人卻可以從當時出版的書籍之中——包括「領袖」本人所著的《我的奮鬥》（*Mein Kampf*）一書——發現一樁事實：亦即在種種挑動種族情緒、充滿嗜殺口吻的言詞背後，以及達豪（Dachau）、布痕瓦爾德（Buchenwald）等地集中營裡發生的殘酷謀殺裡面，還潛藏著一個處心積慮、意圖將現有文明完全翻轉顛覆的世界。因此，一九三〇年代第一批大規模起來反對法西斯的社會人士，即屬西方的知識分子階層(他們當時雖只居少數學生，多數卻出身「人人敬重」的中產家庭，其本身在未來也將躋入中產階級之列)。這批人的實際人數雖然甚少，影響力卻極爲可觀，當然也是因爲其中包括新聞從業人員在內之故。後者頻頻向西方非法西斯國家保守的讀者群及決策人士發出警訊，提醒他們注意國家社會主義背後眞正的本質。在這一方面，新聞界人士扮演了相當重要的角色。

至於如何抵制法西斯陣營的興起，實際的方針在紙面上看來既簡單又合理。各國應該聯合起來，共同抵禦侵略者的行爲(國際聯盟的存在，就爲這個目標提供了一個極可大有作爲的運作架構)。對侵略者的狼子野心，也絕不可有任何妥協讓步。並經由威脅恫嚇的手段——必要時採取共同行動，付諸實施——以嚇阻或擊敗侵略者的意圖及行動。蘇聯外長李維諾夫(Maxim Litvinov, 1876–1952)，便自命爲這項「集體共同安全」(Collective Security)防禦體系的發言人。但是說來容易做來難，妨礙眾人合作的最大難處，在於其心不一。當其時也(於今猶然)，各國縱對侵略者同具疑懼之心；彼此之間，卻也有著其他現實的利害衝突，致令意見行動分裂不和。

雙方之間最明顯的隔閡，在於蘇聯與西方世界的相對抗。一邊是處心積慮、一意以推翻布爾喬亞政權，並終結其遍布全球之帝國爲己任的蘇維埃社會主義共和國。一邊則是洞悉蘇聯心意、視其爲叛亂傾覆始作俑者及教唆之徒的西方國家。這股造成雙方貌不合神亦離的主因，到底產生多少影響，使得眾人無法順利合作，實在很難估算。雖說一九三三年之後，世上主要國家多已承認蘇聯政權，而且只要合乎己身利益，各國政府隨時願意與之修好。但在各國內外，卻依然存在著各股反對布爾什維克的力量，將其視爲人類的頭號敵人。這種情況，與一九四五年後冷戰時期的抗共心態殊無二致。英國情報單位更集中一切力量，專事對付赤色分子的威脅。用力之專，甚至遲至一九三〇年代中期，方才放棄將共黨視作主要目標的做法(Andrew, 1985, p.530)。無論如何，當時許多保守人士都認爲——尤以英國爲最——這一切問題的最好解決辦法，就是德俄之間開戰，鷸蚌相爭，一舉將兩個禍害的力量減弱，甚而毀去。就算布爾什維克敗在德國手裡，但同時能使後者國力大減，卻也未嘗不是一件好事。於是西方政府遲遲不願與赤色政權有效協商；甚至到了一九三八至三九年間，眾人聯盟以抗希特勒的必要性已經迫在眉睫，不容任何人否認之際，各國依然不改其猶疑態度。抗阻合作的力量之大，迫使一九三四年以來便與西方採取共同陣線，堅定帶頭反對希特勒的史達林一反前定，深恐自己落入單獨對付希氏的泥淖之中，遂於一九三九年八月，與德國簽下了互不侵犯條約。藉此條約，史達林希望蘇聯可以置身事外，坐觀德國與西方各強相鬥，互挫銳氣。而蘇聯則得以坐收漁利，根據條約中的祕密條款，取回俄國自革命以還失去的一大片西部領土。最後證明，史達林這個如意算盤完全打錯。但是他這番舉動，卻與前此共同禦德的意願遭到失敗一般，再次證實各國之間利害分歧之嚴重。而一九三三到一九三八年間，納粹德國之所以令人咋舌地順利興起，幾乎未曾受到任何抵制，極可能便肇因於此。

尤有甚者，由於地理位置、歷史情節，加以經濟力量的種種緣由，各種政府的世界觀也殊有差異。比如以美日兩國爲例，它們的重心分別在太平洋地區以及美洲，歐洲的局勢與其實在沒有什麼重大相干。對於英國而言，歐洲大陸的風雲也同樣無足輕重，因爲它一心仍然繫於自己的世界帝國地位，並以維持全球海事霸權的戰略爲主——雖然在事實上，英國國勢已經大衰，其兩重目的一重也難以維持。至於東歐各國身蹐德俄兩強之間，情勢使然，國策自然受其地理位置左右——尤其在後來的事實發展之下，西方各國顯然不能保護它們之際更是如此。其中更有數國，已於一九一七年後自俄國取得部分土地；因此它們雖然反德，卻也不願見到任何抗德的聯盟行動把俄國勢力再度帶回到自己的國土之內。但是最後事實證明，眞正能夠發揮作用，予以法西斯有效打擊的聯盟行動，卻少不了蘇聯這一份力量。再從經濟角度觀之，英國等國都心知肚明，上一回已經發動過一場遠超自己財力物力所及的大戰，如今再度面對重整軍備的局面，便都不禁望而卻步。簡而言之，各國雖然都體認軸心勢力的存在確屬一大威脅，但是在認知與行動之間，卻有一段極大的距離。

而自由派的民主思想，更擴大了這道「知易行難」的鴻溝（依照自由民主觀念的定義，天生便與法西斯及極權思想扞格不合）。民主自由的政制，不但減緩甚或阻止了政治上的決策過程——美國便是一個明顯的例子——而且對於那些不受民意歡迎的理念方針，執行起來必然更爲困難，有時甚且絕不可行。於是某些政府當局便以此爲藉口，掩飾自己的顢頇麻木。而美國的例子更進一步顯示，甚至如羅斯福總統這般具有廣大民意基礎的強勢總統，也無法違逆選民意志，遂行自己反法西斯的外交方針。因此若非珍珠港事變事起，以及希特勒對美宣戰，美國自始至終必將置身二次大戰之外。因爲除此二事之外，我們實在找不出其他任何理由把美國捲入這場戰爭。

可是，眞正使西方重要的民主國家——如英法兩國——抗敵意志削弱的癥結所在，卻不是民主政治的機關運作，而在一次大戰戰事的慘烈記憶。這段傷痛，不論是選民抑或政府，上下衆人都痛銘於心，永遠不能忘懷。因爲那場戰爭造成的衝擊，不但史無前例，而且無人倖免。若以人命計（而非以物質計），一次大戰的損失對英法兩國來說，遠比日後二次大戰的犧牲爲大（見第一章）。因此它們不計任何代價，務必防止這類戰事的再起。只有在用盡一切政治手段，卻依然無計可施之下，方可訴諸一戰。

然而，各國這種「不願開戰」的心理，卻不可與「拒絕作戰」一事相混淆。不過法國身爲一次大戰交戰國中損失最爲慘重的國家，此時軍中的士氣，確已因此大挫。參戰各國，沒有一個是興致勃勃快快樂樂去的，即使連德國人也不例外。而在另一方面，所謂完全無條件的和平綏靖論調，雖然曾於一九三〇年代在英國流行一時，卻從來不曾成爲一場普遍的群眾運動；及至一九四〇年際，更完全消褪無形。二次大戰期間，社會上對於「基於良知理由的反戰人士」雖然相當容忍，但是事實上眞正主張「拒絕作戰」權利的人數卻也少之又少（Calvocoressi, 1987, p.63）。

至於非共產一派的左翼眾人，自一九一八年後，對戰爭及軍事主義的殘酷更是深惡痛絕，比起一九一四年以前的厭戰心理，其恨惡程度更勝當年（至少在理論上係如此）。但是反戰儘管反戰，不計代價的和平理論仍屬少數分子的訴求，即使在反戰呼聲最強烈的國家如法國也不例外。一九三一年在英國，主張和平主義的蘭斯伯里（George Lansbury）由於一場意外的選舉混亂，發現自己變成英國工黨的頭目。及至一九三五年，卻又被迅速無情地趕下黨魁寶座。英國工黨與一九三六至三八年間由社會主義領銜的法國人民陣線政府不同，我們不可責其不夠堅定，缺乏對抗法西斯侵略者的決心。所該責備者，卻是其拒絕支持必要的軍事手段，如重整軍備、進行徵兵等可以徹底發揮抗德作用的備戰措施。同此，共產黨人雖然從來不曾爲和平言論所誘，卻與英國工黨政府同樣可議。

左翼陣營在當時，其實陷入了左右爲難的尷尬境地。就一方面來說，眾人雖戰慄於上一戰的陰影，並對未來一戰懷有不可知的恐懼，如今卻因反法西斯的聲勢浩大受到鼓舞，因而動員起來。法西斯主義本身，具有著強烈的戰爭意味，足使人起而與其決一死戰。而就另一方面而言，對法西斯徒事抗拒，卻不訴諸軍事行動解決，分明難有成功之望。更進一步來說，若想徒憑眾人的堅定意志，以和平手法造成納粹德國、甚至墨索里尼義大利的坍覆，這種想法不啻妄求。不但對希特勒的本質太不了解，對德國境內的反對力量也寄予過多不實幻想。總而言之，凡親身經歷過這段時期之人，「**當時**」便都很清楚一樁事實，那便是至終不免一戰。不論我們如何策劃種種方案，以求避此一禍，大家也知道終屬徒然。猶記得當時眾人的內心深處——作爲歷史學家，作者也不得不求助自己的記憶——都料定戰爭一定會來，都知道自己必將走上戰場，甚至爲此送命。身爲法西斯的反對者，我們知道，一旦大事爆發，別無選擇，只有走進戰鬥隊伍。

然而，左派人士在政治上兩難的局面，並不能用來解釋其政府失敗的原因。因爲有效的軍備措施，並不繫於政黨政治中國會的決議(或不決)——甚至在某一段時間裡，政客們對選舉的計較也不能決定一切。但是各國政府，尤其是英法兩國，實在被一次大戰傷害得創鉅痛深。法國經此一戰，筋疲力盡，已達失血地步，國力之弱小，基本上可能比戰敗的德國還不如。自德國復興之後，法國更瞠乎其後，若沒有盟國撐腰，可說什麼都不是。而其他唯一與法國有同等利害關係，可與之共攜手的歐洲國家，只有波蘭以及繼承哈布斯堡王朝領土的諸小國。但是這幾個國家實在太弱小，根本無濟於事。於是法人舉全國財力，挹注於區區一線防禦工事——馬奇諾防線(Maginot Line)，係依一名不久即爲人所忘的部長之名而命名——希望藉此可以像當年凡爾登(Verdun)一役，以大量傷亡遏止住德軍的攻擊(見第一章)。除此之外，法人唯一的指望只有英國；及至一九三三年，更只有看向蘇聯。

而英國政府呢，同樣也意識到自己在根本上的虛虧。在財力上，它們實在打不起另一場戰爭。在戰略上，英國也不復擁有一支可以同時在三大洋及地中海運作的強大海軍。在此同時，眞正讓英人操心的倒不是歐洲的情勢。它最大的頭痛問題，是如何運用這支已然不足的軍力，挽回自家在地理上，這前所未有的龐大，但實質上，卻顯然瀕臨解體的帝國殘業。

英法兩國都深知本身的國力太弱，實不足捍衛泰半於一九一九年建立的國際政治現狀，以期配合自己的需要。它們也都知道，目前這種局勢極其不穩，繼續維持實在難上加難。再戰一場，非但無益，徒招更大損失。因此眼前現實的上上之策，便是與已然再度興起的德國進行磋商，以求建立一個較爲持久的歐洲秩序。但是這種做法，顯然便意味著向日漸強大的德國讓步。不幸的是，新復興的德意志帝國，卻掌握在黷武獨夫希特勒的手中。

所謂「綏靖」政策，自一九三九年以來即被報界口誅筆伐，可說聲名狼藉。因此我們不得不提醒自己，其實這種做法，在當時許多西方政客眼中看來極有道理。這些人心底並不十分反對德國，在原則上也沒有強烈反對法西斯的熱情。尤其對英國人來說，歐洲大陸的版圖更迭，特別是在那些「我們極不熟悉的遙遠國度」(張伯倫語，一九三八年論捷克斯洛伐克事)裡發生的變換，可不是什麼令英人血壓升高的大事。(法國人可就不同了。想當然爾,任何有利於德國的舉動,都使得法人神經緊張。德國人遲早會跟法國作對,可是法國弱得很,哪裡禁得起。)但是如果再來一場世界大戰,鐵定會使英國經濟傾家蕩產,大英帝國必也解散大半。後來事實證明,果如所料。雖然就社會主義者、共產黨、殖民地解放運動,以及美國羅斯福總統的觀點來看,只要能夠打倒法西斯,隨時願意付出這筆代價。可是我們不要忘記,對講究理性與實際的大英帝國主義者來說,如此犧牲實乃太過,絕無必要可言。

然而事實發展顯示,希特勒德國的國家主義根本不講道理,其政策目標既無理性又無止境,與之妥協談判,無異與虎謀皮。擴張侵略,先天就是希特勒這套系統的基本質素。除非眾人趁早認命,接受德國必然取得支配霸權的情勢——亦即打定主意,不去抵抗納粹挺進的行動——否則除此一途,戰爭必不可免,只是遲早而已。因此在一九三〇年代,意識思想便在政策形成上扮演著一個中心角色:如果納粹德國的意圖係由意識思想掛帥,那麼講求現實政治的做法就完全失去可能;有識之士於是體認到一個事實,那就是與希特勒之間完全沒有妥協餘地。不過,前者對現實狀況的評估雖然相當正確,其結論卻奠基於極不實際的理由之上。他們之中,有人係認為法西斯在原則及先驗上殊難容忍而反法西斯;有人則站在同屬先驗性質的立場上持另外一種理由反對法西斯——他們以為,吾國及吾家帝國「代表的理念大義之所在」,豈可妄言犧牲低頭(邱吉爾即為第二類人士之代表)。邱吉爾所處的矛盾情境是:這一套浪漫偉大的念頭應用在政治判斷之上,自一九一四年以來已經證明一錯再錯——包括他自己一向沾沾自喜,自以為高明的軍事對策在內——可是面對德國問題，這一寶卻竟然給他押中了，再合乎實際不過。

反之，主張姑息手段的一班政治現實主義者，對當時狀況的看法卻一點也不實際。甚至到了只要頭腦清楚的人士，都可以看出與希特勒達成任何協議簡直難於登天的一九三八至三九年間，那群姑息主義者仍不死心，抱著他們莫名的和平幻想。就是在這種背景之下，才會發生一九三九年三月到九月間那場黑色荒謬的悲喜劇。可笑的一幕，終於以一場大戰宣告結束——這卻是一場其時其地，沒有一個人想打的戰爭(甚至連德國人也不例外)。而英法兩國，則被莫名其妙地捲入這場戰事，一直到一九四〇年德人發動閃擊戰將它們摧枯拉朽掃到角落之際，才弄清楚自己作爲交戰國家到底應該扮演著怎樣的角色。大勢所趨，英法雖然不得不接受眼前的事實，它們卻始終無法面對現實，從而認眞考慮與蘇聯洽談合作一事。然而若沒有蘇聯參與，盟國既不可能延後，更不可能贏得這場戰事。若沒有蘇聯相助，張伯倫提出的承諾——保證助東歐各國抵擋德國的突擊攻勢——無異一張廢紙。倫敦巴黎當局其實並不想戰，充其量只願意一展其止戰的實力而已。當此片刻，希史兩人都認爲不動武簡直不切實際。史達林並且一再遣使與西方協商，建議雙方在波羅的海共同布陣，奈何對方相應不理，只有徒呼負負。及至德軍鐵蹄開進波蘭境內，張伯倫領導的英國政府猶自意存觀望，打算與希特勒再開和議。事實上，希特勒也盤算著張伯倫會有此一圖 (Watt, 1989, p.215)。

結果，希特勒的如意算盤卻意外地落了空。西方各國向德宣戰。宣戰的原因，並不是因爲各國政治人物想要一戰，卻出在希特勒自己身上。慕尼黑一會之後，希氏採取的東進政策太絕，使得姑息一派完全沒有立足之地。原本對反抗法西斯一事無甚所謂的廣大群眾，現在一舉動員，起而相抗，這種情勢都是希特勒本人一手造成。根本上來說，一九三九年三月德國正式佔領捷克一事，徹底地改變了英國的民意，輿論一反過去妥協的語氣，轉而支持抵抗法西斯。民心向背既定，政府雖不情願，也只有被迫從之。英國政府的政策既轉了方向，法國政府別無他計，也只有立即跟進，追隨自己這個唯一還算有點辦法的盟友。於是破天荒的第一遭，英國國內的民氣同仇敵愾，眾人決意與希特勒作殊死戰，不再分歧不合——可是爲時已晚，情勢一發不可收拾。德軍鐵蹄迅速無情，躪盡波蘭，並與史達林瓜分共食該國殘餘。史達林退居中立，猶不知自己後患已定。一場德國大唱獨腳戲，英法只能虛張聲勢的「假戰」(phony war)，便在西方世界妄求和平的假象後到來。

其實在慕尼黑會議以後，任由哪一種現實政治的說詞，都無法再解釋姑息者的做法了。一旦大局既明，開戰之勢不免——而在一九三九年際，又有誰能否認這個情勢？——唯一可做之事，應該只有加緊備戰；可是當時的西方各國卻不此之圖。矛盾的是，在大勢已定之前，英國——即使在張伯倫執政之下的英國——自然不願見希特勒的雄霸在歐洲出現。雖然於法國徹底崩潰之後，英方曾認眞考慮贊成與德展開和議——換句話說，就是接受戰敗的事實。而在法國的政客與軍人當中，雖說失敗主義瀰漫，悲觀氣氛冒頭，法國政府卻並不打算，也不曾放棄最後一線虛幻的希望。一直到一九四〇年六月，法國守軍全面瓦解，此念方告終止。然而法國的政策有氣無力，左右不逢源。它第一不敢依照權力政治中強者爲王的法則早早低頭；第二不敢追隨左派抵抗人士的先驗理念起而抗德；第三同樣不敢貿然相從右翼反共一派的先驗理念對付共產黨。對左派一脈來說，天底下再沒有一件事能比打倒法西斯更爲重要(不論是法西斯思想本身，或希特勒治下的德國)。對右翼一系而言，

「希特勒如果失敗，即意味著對抗共產革命的主要壁壘——極權體系——的徹底崩解。」（Thierry Maulnier, 1938 in Ory, 1976, p.24）我們很難斷言，到底是什麼因素左右了這些政治人物的行動，因爲他們的決定，不但受其本身才智的影響；他們判事的眼光，也爲其固有的偏見、先入爲主的觀念、希望、畏懼等種種情事所蒙蔽曲導。一次大戰的悲慘回憶，尙在衆人腦中縈迴；自由民主的政治經濟體制，似乎也正面臨最後敗亡的局面。西方政治人物心中，對固有制度失去了信心，充滿著自我懷疑；這種茫然疑慮的心理，在歐陸比英國更爲充斥。衆人的確在擔著心，他們眞的不敢肯定，在這種無望的情況之下，抵抗政策到底能否發生作用。前途未卜，勝負猶不可期，爲此花上高昂代價，是否值得？但是對英法兩國多數政界人士來說，他們至多只能做到一個勉力維持目前不甚令人滿意，也難以長久的局面。而在這一切現象後面，又有一個根本問題：如果命中注定，現狀難逃，法西斯主義是否畢竟勝過另外一條路呢——亦即社會革命與布爾什維克之路。如果說，在法西斯的菜單上只有義式法西斯一道菜，保守人士或溫和派政客恐怕便少有人疑慮了；甚至就連邱吉爾也傾向義大利。可是現實的問題卻是，大家面對的法西斯不只是墨索里尼，而是還有希特勒。但在一九三〇年代之時，儘管義大利並非法西斯的掌門要角，衆家政府與外交人士依然絡驛於羅馬道上，紛紛前去與義交好。他們希望藉此可以穩定歐洲局勢，或至少將墨老拉得離希特勒遠一點，不讓他與他的得意門生牽手合作。我們不可輕看這種企望的意義，不幸的是，種種籠絡手段最後卻沒有成功。雖然連墨索里尼本人一開始也相當實際，盡量保有某種程度的自我行動空間。一直到一九四〇年，他方才做出結論——雖然是個錯誤的結論，卻並非完全沒有理性依據——認爲德國大贏已成定局。

於是他也急忙跟進，向西方盟國宣戰。

3

一九三〇年代面對的重大課題——到底是守在國境之內個別爲戰，抑或跨越國境彼此串聯相戰——至此大局已明，顯然是屬於後者的了。其中又以一九三六至三九年的西班牙內戰，最能具現這種趨勢。西國內戰，遂成爲國際對抗最典型的範例。

如今回溯當年，我們難免感到不解：爲何西國內部一場衝突，竟然立即演變擴大，迅速煽動了歐美兩地左右雙方的同情火苗。而西方知識界的如斯響應，更令人驚奇不已。西班牙其實只是歐洲的邊緣配角，其國歷史，又一向與以庇里牛斯山(Pyrenees)爲界的歐陸各國不合節拍。自拿破崙時代以來，西國向與歐洲大小戰事無涉；事實上，它也不打算參與第二次世界大戰。十九世紀初期以還，歐洲政府已經對西國情事不甚關心，只有遠在大西洋另一岸的美國，倒曾激怒它大動干戈。兩方一場短暫交手，遂使得這個建立於十六世紀的老大帝國的海外僅餘疆土全失，被國際新秀的美利堅盡數搶去——包括古巴、波多黎各，以及菲律賓群島諸地❹。作者一代眾人總以爲，西班牙內戰是二次大戰的第一階段。其實不然。我們已經看見，佛朗哥將軍本人絕對算不得法西斯一號的人物；他的勝利，也對國際政情沒有任何重大影響。西國一役，只不過使得西班牙(及葡萄牙)的歷史，再度與世界其他地區隔離上另外三十個年頭罷了。

這個一向與外界極不搭調，兼且封閉自足的國度，內部爆發的一場政治紛爭，竟然變成一九三〇年代國際間殊死鬥爭的象徵，其來卻是有自。西班牙內戰掀起了當代基本的政治論題：一邊是民主與社會革命；一邊則是絕不妥協、誓反革命的反動陣營。就第一面來說，西國是當時全歐唯一醞釀著革命爆發之勢的國家。就第二面而言，西國境內則有天主教會作爲反動勢力的源頭，對馬丁路德宗教改革以來世界發生的大小事件一律排斥。但是說也奇怪，在內戰爆發以前，左右各門黨派不論其來源係由莫斯科共黨主導，抑或受法西斯思想啓發，都不曾在西班牙有過任何重要的現身。因爲西國自有其古怪的政治路數正在活動：左有極端激進的無政府主義分子，右則有極端激進的王室正統派人❺。

一九三一年間，西班牙發生一場革命，政權由波旁王朝手中，和平移轉到自由人士手中。這些立意良善的自由主義人士，頗具十九世紀拉丁裔國家反對神權的共濟會精神。可是西國窮苦階級的恚忿太深，這股怨氣遍及城鄉，自由派的政府既無法妥爲控制，也未曾推行任何社會改革（亦即農地改革）予以疏解。於是一九三三年際被保守勢力趕下台去，新政府上台之後，採取高壓政策鎭壓各地民亂，如一九三四年阿斯土里亞(Asturian)地方的礦工之亂。強制手段之下，革命的潛在壓力愈形升高。就在這個緊要關頭，共產國際的人民陣線自北鄰法國頻頻招手，主張左翼人士不分黨派，共同合作藉選票對付右派。當時正不知如何是好的西班牙左派，發現這個新觀念倒不失一項好計。甚至連以西班牙爲其全球最後據點的無政府主義者，也一反過去認爲選舉一事配不得眞正革命大業的藐視態度，開始呼籲支持者使用這個屬於「布爾喬亞之惡」的手段——不過投票儘管投票，無政府主義人士卻始終不曾出馬競選玷汚自己的風骨。一九三六年二月，人民陣線在選戰中打了一場勝仗，雖屬小勝，畢竟獲得了多數選票。並在協調得法之下，奪得西班牙國會(Cortes)可觀的多數席次。左派聯合獲得的戰果，不在誕生了一個有為的左派政府，卻在為積壓已久的民怨，提供了一個發洩崩流的出口。接下來數月當中，這個情勢愈發明顯。

傳統的右翼政體既告失敗，西班牙再度回歸由它首創，一種已經成為伊比利半島特色的拉丁國家政治手法——亦即軍事政變。於是正當西班牙左派將眼界超越國界，擁抱全球共產人民陣線之際，西班牙的右派也開始向法西斯勢力靠攏。不過，西國境內雖然也有小規模的法西斯運動進行，如長槍黨等；右派與法西斯聯合的現象，主要卻係由教會及君主主義者而起。在教會及鼓吹君主制的人士眼裡，自由主義及共產主義目中無神的可惡程度相當，兩大惡者當中無論與哪一方都沒有妥協餘地。至於義德兩國，則希望從西國右派的得勝裡獲得一點道德支持，此外或可沾得些許政治利益也未可知。於是選舉之後，西班牙的軍事統領開始認眞醞釀政變。他們需要財力及實質的幫助，義大利便在這個時候跟他們談妥了條件。

不過，在當時民主選舉勝利及全民政治力量動員的氣氛之下，發動軍事政變的時機並不合宜。軍事政變的成功背景，端在民心向背，而軍中意向更是決定因素。政變人士發現自己發出的信號不被接受，便默默地承認失敗了。標準的軍事政變，最恰當的時機是在民氣不彰，或政府失去合法性地位之際，可是當時的西班牙並不具備以上任何一項條件。西國將領在一九三六年七月十七日發動的政變，雖於幾處城鎭得手，卻在他處遭逢民眾及忠貞部隊的強烈抵抗，他們原打算奪佔包括首都馬德里在內兩大都市的計畫也告流產。一心想要取得革命先機的政變，反而加速了社會革命在部分地區的進行；並且更進一步，流變爲蔓延西國全境的一場長期內戰。交戰的雙方，一邊是經由選舉組成的共和國合法政府，如今更擴大延伸，涵括了社會主義者、共產黨人，甚至加上部分無政府主義者，與之同時倡促共存者，尙有各地擊敗了政變的人民義軍。而另一邊則是叛亂的軍方將領，自居爲對抗國際共產主義入侵的國家主義聖戰戰士。將領之中，年紀最輕，而且最具政治智商者便屬佛朗哥。佛氏遂成爲新政權的領導人，隨著戰爭年月的演進，這個政權逐漸取得了權威性格，變成一黨獨大——成爲從法西斯開始，一直到君主制、王室正統派極端主義的右派大混合，並取了一個極其可笑的怪名字：西班牙傳統長槍黨(Spanish Traditionalist Falange)。內戰的交戰雙方，都亟需外人支持，它們也都向個別的可能支持者尋求幫助。

西國軍事叛變一起，外界反法西斯的輿論立即對共和國加以聲援。可是各國非法西斯性質的政府，如蘇聯，如法國剛剛上台的人民陣線社會主義政府，雖然心向共和國，它們表現的反應卻遠較輿論審愼(義大利與德國則立刻派遣部隊軍火，出援它們支持的軍方)。法國很想伸出援手，事實上也曾給予共和國某些(在官方上可以「不予承認」的)幫助。後來卻因國內意見不合，加上英國政府的插手，方才被迫採取「不干預」的官方政策。至於英國政府，對伊比利半島局勢採取極爲敵視的態度，認爲當地正陷入社會革命及布爾什維克高張的惡焰。西方的中產階級及保守輿論，一般也多持相同看法。不過除了天主教會及傾法西斯派之外，眾人對西國將領倒也不甚熱烈認同。而俄國雖然堅定站在西班牙共和國的一邊，卻也加入由英國一手促起的不干預協定(Non-Intervention

Agreement)。該協定的主要目的，係避免德義兩國前往相助西國將領。不過這項目的卻沒有人認眞看待，各國無意也無心達成。於是原本便「模稜兩可的含混協定，很快就流爲徒具形式的假惺惺」(Thomas, 1977, p.395)。一九三六年九月起，俄國便開始高高興興地——也許在官方上並不完全正式地——將人員物資送往共和國相助。結果，所謂的不干預，只表示英法兩國對軸心勢力在西班牙大量插手的現象袖手，拒絕予以任何干預而已。如此一來，不僅意味著它們對共和國完全放棄，同時也進一步證實了法西斯及反法西斯兩方對大言不慚主張不干預人士的鄙視心理。列強之中，唯有蘇聯出力濟助西國的合法政府，名望因而大噪。西國內外的共產黨人，也隨之水漲船高，聲勢大振。因爲它們不但在國際間組織了這股援西的力量，同時其本身也親身參與，成爲共和國軍事行動裡的中堅。

甚至遠在蘇聯動員援西之前，自由派圈中包括左派極端分子在內，就立即把西班牙人民的奮鬥當作切身攸關的大事。三〇年代英國最優秀的詩人奧登，便曾如此寫道：

在乾燥的四方地面之上，那塊殘角零地，擰自炎熱
非洲一隅，如此粗糙地焊接於富饒多產的歐洲，
在那河道縱橫切割的台地之上，
我們的思想具化形體；我們的狂熱赫赫成形，
如此精準鮮活。

西班牙內戰的意義不僅於此。在這裡，也只有在這裡，男男女女拿起武器，迎上前去與節節逼進的右派作戰，爲士氣頹喪不斷敗退的左翼陣營挽回了頹勢。早在國際共產組織的國際志願旅第一批梯次分遣隊於十月間抵達它們未來的基地以前，甚至在第一批有組織的志願部隊——義大利自由派社會主義運動「正義與自由」(Giustizia e Libertà)——在前線出現之前，大批的外國志願者便已經赴西班牙爲共和國作戰了，至終一共有五十五國以上四萬多名年輕的外國人志願前來參戰。他們當中有許多人，對這個國家的認識最多只限於在學校地圖上獲得的知識；可是現在，卻有許多位戰死在這個陌生的國度裡。相形之下，志願站在佛朗哥一邊作戰的外人，卻只有區區千人而已(Thomas, 1977, p.980)。兩相對照，其中意義頗堪咀嚼。爲幫助諸位在二十世紀後期特有的道德世界裡成長的讀者了解起見，我們在此必須澄清一件事實。所有這些前往西國出力的志願人士，他們既非想去大發利市的商賈；除了極少數的例外之外，也非尋求刺激的冒險家。這一群人，都是懷著一個理想，爲了一個崇高的目標而戰。

對於生活在一九三〇年代的自由分子與左派來說，西班牙一事到底意義何在，當年的印象如今已經很難說得清了。但是對我們這些年事已高，早已活過聖經爲我們命定的七十壽數的時代生還者而言，這是唯一一件至今動機依然純正，理由依然迫切的政治目標。當年如此，今日回顧依然如此。回想起來，它恍如一場史前舊事；即使在西班牙本地，亦屬於一件前塵舊夢。可是在當時力抗法西斯的人士心中，這卻是他們奮鬥的最中心，戰鬥的最前線。因爲只有在這場戰鬥裡，抗爭的行動得以不斷，一連持續了兩年半以上之久。只有在這場戰鬥裡，他們得以以個人的身分參與；即使不能穿著制服正式直接上戰場，也可以藉著募集款項、濟助難民，發起活動向我們膽小如鼠的政府不斷施壓，而以間接的方式參與。然而佛朗哥率領的國民政府日佔上風，情勢顯然再也無法逆轉，共和國的敗象已定，大限就在眼前。危急之勢，更令眾人感到刻不容緩，務必凝聚力量，攜手共抗法西斯氣燄在世界各地的猖獗不可。

至於西班牙共和國呢，雖然有各方同情及(事實上極為不足的)協助，從一開始，卻只能打一場後備的防守戰而已。現在回頭考察，其中癥結顯然出在它本身力量的微弱。根據二十世紀人民戰爭的標準來看，一九三六至三九年共和戰爭的後果不論輸贏，英勇事蹟儘管可泣，論其表現實在不佳。究其原因，部分出於它不曾充分發揮游擊戰術——說也奇怪，這項對付傳統軍隊的最佳非正規戰術，其名稱來歷雖然得自西班牙，卻在西國這場戰爭中不見蹤影。佛朗哥領導的國民政府，政令軍令統一；共和部隊卻政見分歧，而且——雖有共產黨的協助——軍事意願及行動也雜沓不一。待得它覺悟之際，為時已晚。共和國的最好表現則在守勢，幸虧它不斷抵擋住對方的致命攻擊，戰事方才得以延續。否則早在一九三六年十一月馬德里陷落之際，內戰就可以結束了。

當其時也，西班牙內戰毫無預示未來法西斯潰敗的兆頭。就國際觀點而言，此戰只是一場小型歐戰，由法西斯及共產國家交手。而後者在態度上比較謹慎，意志上也沒有前者堅定。至於西方民主國家，除了不干預政策之外，其他什麼也不敢肯定。就西國內部而言，這場戰爭則證明了右派總動員的效率，遠比左派的大集合為顯著。最後左派全面潰敗，數十萬人喪失了性命，數十萬難民流落他邦，輾轉於幾個願意收留他們的國家。西班牙的知識分子及藝術家，除了絕無僅有的少數例外，在內戰中都與共和國同一陣線。此時他們僥倖烽火餘生，多位亦淪爲浪跡他鄉的難民。而共產國際也傾其所有，動員旗下每一位最厲害的人才前來相助。日後成爲南斯拉夫解放元帥及共黨政權首領的狄托，此時也從巴黎招募組織一批又一批的志願兵勇，送往援西的國際志願旅中。缺乏經驗的西班牙共產黨，當時事實上係由義大利共黨領袖陶里亞蒂一手領導；陶氏且是一九三九年最後一批逃離西國之人。在這一仗裡，西班牙共產黨失敗了，並且也知道自己難逃一敗。蘇聯雖曾派遣本國最出色的將領前往西班牙助戰，最後也同遭失敗命運——這批蘇聯軍事人才，包括日後俄國多名元帥；計有柯涅夫(Konev)、馬林諾夫斯基(Malinovsky)、弗羅諾夫(Voronov)、羅柯索夫斯基(Rokossovsky)，以及日後蘇聯海軍司令庫茲涅特斯夫上將(Kuznetsov)等。

4

然而未來那股在佛朗哥獲勝不數年間即將擊敗法西斯勢力的力量，卻因西班牙內戰而雛型略具。從中我們也預見了二次世界大戰的政治組合：各國聯合戰線，從愛國保守人士開始，一直到社會革命分子，共同作戰，以求擊退國家的共同敵人，同時也達成社會的再生。對二次大戰勝利的一方來說——甚至包括英美兩國在內——此戰不僅只求軍事上的勝利，同時也爲了替人類建立一個更美好的社會。一次大戰之後，眾人急欲返回一九一三年的世界；可是二次大戰中人卻沒有一人夢想回返一九三九年——甚或一九二八、一九一八的年代。大戰中在邱吉爾領導下的英國政府，雖然處於緊急的戰局，同時卻也全力推動社會福利及全面就業的政策。主張這項政策的貝弗里奇報告(Beveridge Report，編註：亦即《社會保險及聯合服務報告》，是一套「從搖籃到墳墓」的社會安全制度)問世於英國仍值大戰黑暗時期的一九四二年，卻也並非偶然。在美國對戰後研擬的政策裡面，對於如何防止希特勒之流人物的再起，也只是附帶提上一筆。致力於戰後計畫的美方人員，他們關注的重點主要係投注於如何從大蕭條及一九三〇年代中取得教訓，裨使這類悲劇不再重演。至於爲軸心勢力所敗所佔的國家，在地下抵抗運動人士心中，解放一事與社會革命更是密不可分，至少也該有重大變革。更有甚者，從東到西，戰時被德國佔領的所有歐洲國家，勝利後新起的政府都屬於同一性質：它們不帶任何特殊意識傾向，卻屬於集合眾家反法西斯力量的國民結合。有史以來，歐洲政壇上頭一次出現了共產黨員與保守人士、自由分子、社會民主人士，並肩共同組閣執政的情況。但是這種狀況，自然難以持久。

羅斯福與史達林，邱吉爾與英國社會主義者，戴高樂與法國共產黨，眾人固然係因面對共同威脅方才攜手。但是十月革命支持者與其死敵之間，彼此的敵意及疑心若未減低，勢必無法達到這種難能可貴的共事程度。西班牙的內戰，即爲日後的合作預先鋪下了路。在自由派總統及總理領導之下的西班牙政府，面對著將領叛變，不得不向外求援，但是在憲法上及道德上，它畢竟是西國合法的政府。此事甚至連反革命的政府也不能否認；而連那些爲保全自己而背叛西國政府的民主人士，也不免有愧於心。西國政府堅稱——甚至連對西國政府影響力日深的共產黨也如此表示——社會革命其實非其目的。而西國共和政府在其能力範圍以內，的確也曾盡力控制並扭轉革命造成的結果——此事實在大出乎革命狂熱分子所料。共和政府與共產黨都堅稱，內戰的癥結問題不在革命，而是如何維護民主。

有趣的是，這種立場並非僅出於機會主義，也非如極左派所指控般係一種對革命的背叛。它反映了一種微妙轉變的心態，由起事作亂，過渡爲漸進主義；由對立衝突，過渡爲談判調停；甚至經由國會選舉，達到掌權之路。徵諸西國人民對政變的反應——顯然多係傾向革命一端❻——共產黨發現了一項新的防衛策略。這項策略，本來是在希特勒得權之後，因應共黨運動陷入緊急狀態而採取的應急措施，現在卻因此爲革命大業頓開新猷。亦即在戰時政治及經濟的特殊情況之下，反而促成一種「新型民主」的產生。支持叛軍的地主及資本家們，在戰爭中失去了他們的產業，不是因爲他們的身分，卻是因爲他們叛國。經濟結構既生變化，政府便得進行規畫，必要時加以接收——不是出於意識形態的緣故，卻是由於戰時經濟的必要。照此發展下去，最後若獲勝利，如此這般的「新型民主，勢必成爲保守精神的死對頭……爲西班牙工人群衆在未來的政治經濟奪權上提供莫大的保證。」(ibid., p.176)

因此在一九三六年十月間共產國際頒發的小册中，對於一九三九至四五年間反法西斯戰爭中的政治面貌有著相當正確的描述。這將是一場歐洲大戰，由各界「人民」、「國家陣線」政府、地下抗敵聯盟共同發起，並將在國家主導的經濟活動之下進行。戰爭結束之際，由於當地資本家的產業均被徵用——被徵用的理由，不是因爲他們作爲資本家的身分，而是因爲他們是德國人或通敵的緣故

——被佔領區的群眾力量勢將獲得極大進展。事實發展，果不其然。在中歐及東歐的好幾個國家裡面，戰爭之路果然由反法西斯直通「新型民主」的大道，共產黨更在新型民主裡當家作主，最終並將其全面吞噬。不過在事實上，一直到冷戰爆發之際，這些戰後新政權並不以立即脫胎換骨向社會主義制度大轉彎，或全面消滅政治多元及私有財產制為目標❼。至於在西方的國家裡，多年的戰爭及最後的勝利雖然也為社會及經濟面帶來類似的衝擊，但是政治氣候則截然不同。西方國家於二次戰後進行社會經濟改革，並非出於民眾的壓力所致（這一點與一次戰後有異），而是因為政府本身便在原則上認為應該進行改革——這些政府，部分係由原來的改革派人士當家，如美國的民主黨、英國的工黨。部分則係由各派反法西斯地下抗敵運動發展而成的改革派，及國家復興黨派組成。簡言之，對抗法西斯之戰，至終一律歸衍到左派之路上去。

5

但在一九三六年際，甚至到了一九三九年時，西班牙戰爭背後的眞正意義不但仍然十分遙遠，甚至不甚眞切。共產國際的反法西斯聯合路線，在虛擲了十年的努力之下，終於被史達林從他的議程表上抹去——至少一時彷彿如此。他不但一轉與希特勒交好（雖然雙方都知道難以持久），甚至還指示共產國際運動放棄反法西斯的策略。這項決定愚不可及，也許只能用一個理由解釋，就是史達林向來以不願意冒任何風險聞名❽。但是到了一九四一年際，共產國際總算尋得一個名正言順反對法西斯的理由。這一年，德國入侵蘇聯，美國因而參戰——簡單地說，對抗法西斯之戰終於演變成一場國際性的大戰——從此，這場戰爭不但具有軍事性，同時也帶有高度的政治意義。美國的資主本義，與蘇聯的共產主義，在國際上攜手合作。歐洲境內每一個國家——不過不包括當時尚仰西方帝國主義鼻息的依附國家在內——但凡有志之士，不分政治意識，從左到右，只要願意起來抵抗德國或義大利，現在都因大戰而有合作之機。更何況歐洲各參戰國家除英國以外，都已落入軸心勢力手中，因此這場抗敵志士之戰，基本上便屬於一場平民之戰，或可說由前述平民組成的武裝之戰。

歐洲各國地下抗敵運動的歷史眞相，至今多數依然如神話般成謎。因爲戰後各國政權的合法地位，主要係建立於戰時抗敵的紀錄。法國的例子尤其極端，因爲勝利之後的法國政府，和一九四〇年與德求和合作的政府在法統上毫無任何眞實的傳承延續。而法國地下抗德組織的力量，一直到一九四四年際依然甚弱，其武裝力量更差，民眾的支持並不普遍。戰後的法國，係由戴高樂將軍一手重建。戴氏立國的根基，其實是基於一個神話：那就是永恆不朽的眞正法國，從來不曾接受過戰敗的事實。他本人便曾說過：「地下抗敵活動，不過是僥倖得勝的紙老虎。」(Gillois, 1973, p.164) 時至今日，法國紀念二次大戰的原則依然不變：只有那些地下抗敵志士，以及加入戴氏自由法國部隊者，才算是大戰的勇士。事實上建立於地下抗敵神話興起的歐洲政權，並不止法國一國。

對於歐洲的地下抗敵運動，在此必須先做兩點闡明。首先，一直到一九四三年義大利退出大戰之前，地下活動的軍事力量甚微，除了在巴爾幹部分地區以外，也不具任何決定性的作用；它們發揮的作用主要是在政治及道德層面。法西斯勢力在義大利浸淫二十餘年，極受歡迎，甚至連知識分子也予以支持。現在卻在一九四三至四五年間各地普遍動員的地下抗敵運動風潮之下，義國的群眾生活發生重大轉變。義大利的中部及北部，便曾興起一股武裝黨派運動，十萬民眾加入戰鬥，其中四萬五千名不幸陣亡(Bocca, 1966, pp.297-302, 385-89, 569-70; Pavone, 1991, p.413)。有了這類運動的光榮紀錄，義大利佬便可以心安理得地將墨索里尼的記憶丟在腦後。可是德國民眾卻沒有這麼輕鬆，無法將自己與一九三三至四五年間的納粹活動劃清界限，因為他們始終團結不移地站在他們的政府身後，一路支持到底。德國內部的抵抗人士，主要是一小群共產好戰分子、普魯士軍方保守人士，以及一批稀稀落落的宗教及自由派異議分子，這般人不是早已於戰火中死去，便是繫身於集中營。相反地，一班法西斯同路人以及被佔領國的通敵人士，自一九四五年後便由公眾生活中消失了一代的時間。一直到對抗共產的冷戰揭幕，這類人士才又重新活躍於西方國家的軍事及情報作業，在地下祕密活動大展身手❾。

其次——除了波蘭是一大例外之外——歐洲地下抵抗運動的政治路線多向左傾，其中理由十分明顯。各國的法西斯分子、極右派、保守人士，這些當地的有錢有勢階級，心裡最恐懼的就是社會革命，因此對德人多表同情，至少不會起來反對。而一向在意識思想上屬於右派的區域主義者，或那些規模較小的國家主義運動，對德國也心存好感，甚至一心希望從中得利，藉著與德人合作達到己群的政治目的——如法蘭德斯人、斯洛伐克，以及克羅埃西亞等國家運動即是。此外，我們也不可忽略另外一樁事實，那就是羅馬天主教會堅決反共的立場，天生便與共產主義誓不兩立。各地虔誠的天主教徒，對教會又一向言聽計從。不過，教會中的政治相當複雜，殊難理清，若隨便將之歸劃爲「通敵派」也不甚妥。但是就基本立場而言，右派中人起來反抗法西斯，往往不是其所屬政治路線裡的常態。比方邱吉爾及戴高樂，就是其意識陣營裡的異數。然而話說回來，再死硬的右派傳統分子，一旦家國有難，直覺反應自然也是起來武力捍國。若說他們缺乏這種愛國心，自是令人難以置信。

基於以上種種原因，難怪共黨人士在地下抵抗運動中的表現如此引人注目了。大戰期間，歐洲的共產運動也因而在政治上獲得極大斬獲，其影響力於一九四五至四七年間達到高峯。只有德國一地，大批共產黨人在一九三三年慘遭逮捕殺害，接下來三年裡又不斷從事自殺式的英勇對抗，自此始終不曾恢復元氣。除此之外，甚至在那些離社會主義之路甚遙的國家，如比利時、丹麥、荷蘭等地，共產黨的得票也比以往倍增，囊括了百分之十到十二的選票，成爲國會第四甚而第三大的勢力。法國共產黨更在一九四五年的選舉中一躍而成該國的最大黨，並首度領先它多年的競爭對手——社會主義黨派。共產黨在義大利的斬獲更爲驚人，戰前它們原本只有一小撮核心幹部，人數既少，又屢遭圍剿，一再潰敗之下，地位更屬非法——一九三八年際，連共產國際也口口聲聲威脅著要將他們解散——可是兩年之間，在抵抗運動的聲勢助陣之下，水漲船高，竟然一變而爲擁有八十萬眾的大黨；及至一九四六年，更幾達兩百萬名黨員之眾。至於南斯拉夫、阿爾巴尼亞、希臘等國，主要係以內部的地下武裝力量對抗軸心勢力；這類國家的政治黨派，便更多爲共產分子主控。共產勢力之強，連邱吉爾這個對共產黨最不假以辭色之人，一旦大局明朗化，也不得不見風轉舵，放棄了南國的保皇派米哈伊洛維奇（Mihailović），改將英國政府的各項援助，轉到由共產分子狄托領導的部眾身上：因為後者對德國人造成的威脅，顯然比前者大得多了。

共產黨人之所以以地下抗敵為己任，其中有兩重原因。一是列寧一手策劃的先鋒黨（vanguard party）結構，正係用來供應一批紀律精良又大義無私的革命中堅。他們的唯一任務，就是在行動上發揮最大效率。二是當時極端險惡的情勢，如共產黨在政治上的非法地位，他們所遭受的無比迫害，以及戰爭本身帶來的患難；種種惡劣的環境狀況，完全符合當初設計出這一批「職業革命人」的目的，正好讓他們大顯身手。事實上也正是這一群共黨鬥士，「認清了地下抵抗戰爭一事的可能性」（M. R. D. Foot, 1976, p.84）。就這一點認知而言，共黨人士與其餘社會主義黨派有著極大的不同。後者認為，在缺乏合法地位的前提之下——亦即未經由選舉，公共議事等合法程序——根本不可能進行任何抗敵活動。面對法西斯一派的當權，或德國的佔領，社會民主黨派在大戰期間往往銷聲匿跡，藉冬眠以避秦。及至戰爭過去，黑暗未了，運氣好的還可以再度出洞——如德奧兩國的社會主義者人士即是——挾帶著往日舊眾的支持，重新崛起，準備在政壇上再顯身手。這些人士在戰時雖然也與抵抗運動有分，但由於基本架構相異的緣由，參與人數比例甚低。更極端的例子則有丹麥，該國的社會民主黨派政府甚至在德國佔領期間也始終當政，一直到戰事結束方告下台。雖然在基本上我們假定它們與納粹並非同一聲氣，但是這段歷史對該黨損害甚重，費去好多年工夫才重建聲譽。

共產黨之所以在抗敵活動中聲名大噪，尚有另外兩項因素：其一是共產思想本身的國際性訴求，其二則為共產黨人為主義理想獻身的無比信念熱情（見第二章）。共產思想的國際性質，比起其他任何限於一國一族的愛國訴求，更能打動傾向反法西斯的男女眾人，並將之動員起來。比方在法國境內，即有西班牙內戰的難民成爲西南地區武裝游擊力量的主力——及至盟軍在諾曼第登陸之前，總數達一萬兩千之眾(Pons Prades, 1975, p.66)。此外，還有來自十七國的難民、勞工移民，在移民勞工組織(Main d'Oeuvre Immigrée, MOI)的名義之下，爲共產黨執行了某些最爲艱險的任務，如馬努尚地下抗敵組織(Manouchian Group)即是。這個小團體由亞美尼亞及波蘭的猶太人士組成，曾在巴黎對德國軍官發動攻擊⑩。在其熱情與信念的鼓舞之下，共產黨人奮不顧身，英烈犧牲，連敵人都對他們油生敬意。種種偉大事蹟，在南斯拉夫作者吉拉斯所著的《戰時記實》(*Wartime*)一書裡，有著極爲生動翔實的記載。甚至連某位政治立場溫和的史家，也喻揚共產黨人爲「勇者之最」(Foot, 1976, p.86)。他們的組織訓練嚴密有素，因此能夠熬過監獄及集中營的折磨，存活的機率甚高。但是他們犧牲仍然極爲慘重。法國的共黨中央，素來爲人不喜，甚至連他國共產黨人也對其十分厭惡，但是我們也不能因此便完全否認他們自詡爲「血肉築成的黨」(le parti des fusillés)的誇稱——大戰期間，至少有一萬五千名共產鬥士，在敵人虎口下慘遭殺害(Jean Touchard, 1977, p.258)。共產黨對熱血男女的號召力極大，對青年人尤甚。在法國及捷克斯洛伐克這類國家裡面，一般群眾鮮少支持積極的抗敵活動，共產黨的訴求便益顯突出。此外，知識圈也極受共黨感召。知識分子最能夠在反法西斯的大旗下動員起來，他們往往成爲非黨派抵抗運動組織的核心(雖然這些組織通常都帶有左翼色彩)。法國讀書人愛上馬克思，共黨文化人則主導著義大利的文藝界。這種左翼當家的現象，在兩國都持續了一代之久，究其根由，均係受戰時抵抗運動所賜。流風所及，不管他們是否親身加入抵抗行列——如某家大出版公司即曾驕傲宣稱，戰時社內每位員工都曾拿起武器打過游擊——或只是站在一旁默默贊同——有些人，或其家人，事實上恐怕還站在另外一邊呢——眾人都同感到共產黨那股強大的牽引力。

不過，除了在巴爾幹地區游擊勢力的根據要塞之外，共產黨於戰時一般並不曾嘗試建立革命政權。當然，就算有心一試，他們在的港(Trieste)以西的政治實力顯然不足。但另外一個重要原因，卻出在各國共產黨矢志效忠的宗主蘇聯。這位老大哥，嚴厲禁止眾家小弟個別向政權問鼎。而那些起事成功的共產革命(如南斯拉夫、阿爾巴尼亞，以及後來的中國)，事實上都違背了史達林的旨意。蘇聯的觀點是，不論在國際間抑或各國國內的行動之上，戰後的政治賽程，都應該延續戰時眾家大聯盟反法西斯的架構進行。也就是說，蘇聯希望在資本與共產兩大系統之間，維持著一種長期共存，甚或共生的架構。它認爲因著兩大陣營在戰時的聯合，將促生一種所謂的「新型民主國家」。藉著這些新型民主政權內部的不斷更迭，日久必將造成社會與政治層面的變革。這種一廂情願的蘇式世界觀，旋即在現實的冷戰長夜中消失無痕，消失得如此徹底，如今大多數人已無復記憶：當年史達林曾經力促南斯拉夫共產黨維持該國的君主政權，而英國共產黨也在一九四五年極力反對解散邱吉爾於戰時成立的聯合內閣——也就是說，當時將把英國工黨送上台執政的大選，竟然受到同爲左派的英國共黨極力反對。史達林當時的誠意不容我們抹煞：他甚至以行動佐證，於一九四三及一九四四兩年，先後分別一手解散了共產國際與美國共產黨。

史達林的心意，在其決策下愈發闡明。他的決策方針，借用某位美國共黨領袖之語，就是「絕不在危及……聯合的情況及方式下，提出社會主義的訴求」(Browder, 1944, in J. Starobin, 1972, p.57）。但是如此一來——正如同其他革命異議分子的體認一般——勢必與世界革命永遠分道揚鑣。社會主義將從此局限於蘇聯境內，除此之外，則不出那些經由各國外交協商，決定交與蘇聯勢力進佔的地區——基本上多為大戰終止之際為紅軍佔領的地帶。而且，即使在蘇聯的勢力範圍之內，在這些新形態的「人民國家」之中，共產主義的前途也將未卜，必無法如火如荼地立即展開。但是歷史向來不顧政策設計的本意，卻走上了完全相反的一條路——只有一點例外。全球在一九四四至四五年間的協議之下，一分而成兩大勢力範圍——至少世上絕大部分地區，都落在這種劃分之下——從此楚河漢界，了無變動。三十年間，除了偶發的短暫事件之外，雙方均不曾越界犯邊，兩邊也都未曾有過任何公開正面的衝突或對立。邀此之幸，冷戰人間畢竟沒有升溫成熱戰地獄。

6

自由派資本主義與共產主義共禦法西斯的國際聯盟，並不因史達林一廂情願，意欲於戰後與美國攜手的美夢而有所強化。但也正因為史氏大夢的曇花一現，反而愈發印證雙方合作力量強度深度的不足。當時這一場跨越思想意識的國際聯手行動，顯然屬於一種軍事上的合作，以共同對抗納粹侵略。若沒有納粹德國的野心在前，至終並攻打蘇聯、對美宣戰，造成戰事的最高潮，這類合作永遠都不會出現。戰爭的本質，歷證一九三六年西班牙內戰的意義深長：這是一場軍事與民間力量加上社會變革的總動員；對盟國而言，尤其如此。這次大戰，是改革家的戰爭，其中原因有二。一是連最有信心的資本勢力，此番也不得不承認若不改弦更張，要想贏得這場長期戰事勢必無望。二則由於短短二十年間大戰再度爆發，十足凸顯了兩戰之間一切努力的破產。而眾志不能聯合共禦強寇，不過是諸多失敗中的一小端病徵而已。

社會改革的新希望將與勝利一同到來的心態，可以從當時各國民意的演變中愈發闡明。奇怪的是，儘管其他參戰國或光復國家的民眾都能暢所欲言，表達這種想法；獨獨在美國，自一九三六年以來，民主黨總統候選人的得票卻稍見減少，共和黨則大幅上升。當時的美國，關心焦點都集中在內政事務，比起其他任何一國，美國因戰爭付出的代價也最少。反之，凡在眞實意義的選舉能夠舉行的其他國家裡面，民意卻急遽地普遍向左倒去。其中最引人注目的要屬英國，廣為世人崇敬愛戴的邱吉爾，竟然在一九四五年的大選中敗下陣來。而工黨的票數卻作百分之五十的跳升，被選民送上台去執政。接下來的五年裡，工黨政府在英國進行了一連串前所未有的社會改革。其實保守及勞工兩黨，為大戰效力不分軒輊；選民的抉擇，則顯示勝利與社會改革兩者缺一不可。這種魚與熊掌務必得兼的意願，在二次大戰的西歐各國成為極為普遍的現象。不過，當時的民意雖然看似激進，甚至一度將前法西斯或通敵的戰時政府推翻下台，我們卻也不用過度渲染其中激烈的程度。

至於其他靠游擊革命或紅軍而解放光復的歐洲國家，實際局勢則較難判定。其中最起碼有一項因素，使得這項民意認定的工作難上加難。這些地區，曾經發生過大量的種族滅絕行動，並有大批人口被迫流放遷徙。同樣一個國家，戰前戰後雖然掛著同樣一個名字，人事卻已大非，何從判定民意的變化去向。在這一大片地區裡面，曾經被軸心勢力侵佔的諸國人民，絕大部分都將自己看作軸心施暴的受害者。其中卻也有著例外，那便是政治立場相左的斯洛伐克與克羅埃西亞——它們在德國羽翼之下，戰時均曾獲得表面的獨立國家的地位——以及德國的盟邦匈牙利及羅馬尼亞的民眾；還有想當然爾，遷住於這片地區的德國人士。不過，儘管大多數人都自認爲德國鐵蹄下的被害者，卻不意味著他們便贊同共產黨發動的地下抗敵行動（也許猶太人是個例外，大家都不放過他們），更不表示他們因此便對俄羅斯大表同情（除了那些一向偏愛老俄的巴爾幹斯拉夫裔人是爲例外）。比方波蘭人，便普遍對德俄兩國恨惡交加，對於猶太人，更是天生具有反感。至於一九四〇年被俄國強行佔領的波羅的海小國，在一九四一至四五年間難得可以表示意見的那幾個年頭裡，則反俄反猶卻親德。在羅馬尼亞境內，共產黨人及地下抗德運動兩不見蹤影；在匈牙利亦少得可憐。反之，保加利亞則有著強烈的共產思想及親俄感情，不過地下活動的聲勢卻不見配合。捷克斯洛伐克的共產黨，向爲該國大黨之一，此時則在眞正的自由大選當中脫穎而出，成爲有史以來的最大黨派。但是政治立場上的種種分歧，卻在隨後而來的蘇聯佔領下迅速化成空談。然而，游擊武力的勝利，雖然不能與公民投票的意義相提並論，但是絕大多數的南斯拉夫民眾，卻都眞心歡迎狄托游擊隊的勝利。唯一的例外，只有作爲少數的南國日耳曼裔，以及克羅埃西亞烏斯達莎的政權（該政權曾大肆屠殺塞族，大戰落幕，輪到塞族進行殘忍報復），再加上塞爾維亞地區主張傳統派的大本營。以致狄托領導的共黨活動，以及後來的抗德戰爭，始終不曾在這一地區開花結果⑪。至於希臘，雖說史達林斷然拒絕支援共產黨及親左翼人士——其對手則有英國爲其撐腰——該國卻不改其分裂傳統紛爭不休。阿爾巴尼亞的情況更爲複雜，只有對該國親族系統具有深入研究之人，才敢對共產勝利之後阿國民心的政治風向冒然嘗試分析。但是，儘管各國情況不一，總的來說，當時都正在向著一頁社會巨大變革的時代邁進。

說來奇怪，環顧舉世滔滔，蘇聯(連同美國)卻是唯一不曾因大戰帶來重大社會及制度變革的國家。戰爭揭幕及落幕之際，蘇聯的龍頭老大，都是史達林一人(見第十三章)。但是儘管如此，大戰對於共產制度穩定性造成的壓力卻不可謂不大，在鎮壓箝制特別厲害的鄉間地區尤爲嚴重。若不是國家社會主義根深柢固的思想認爲斯拉夫人是劣等的次民族，德國侵略者恐怕將會贏得許多蘇聯民眾的長期支持。相反地，蘇聯最後終獲勝利，主要卻奠基於境內多數民族的愛國情切——也就是大俄羅斯本部的人民，紅軍部隊的核心，危急存亡之際，蘇聯當局發出緊急呼籲的對象。事實上在蘇聯國內，第二次世界大戰正式的官方名稱正是「愛國大戰爭」(the Great Patiotic War)，而此名也誠然不虛。

7

走筆至此，作爲一名史家，作者的筆鋒必須一轉，轉敍其他場景，以免落入只重西方的褊狹窠臼。因爲截至目前爲止，本章所敍情事鮮少涉及世上其他更大部分的地區。其實就日本與東亞大陸之間的衝突而言，其中種種關節，與西方情勢不可謂毫無牽連。因爲當時日本國內的政治，正爲極端國家主義的右派把持，而中國的抗日主力則爲共產黨。至於拉丁美洲地區，更一向熱烈追隨歐洲的意識風向，熱心輸入各種當行的主義思想如法西斯、共產主張等等，自然也脫不了某種程度的相關。墨西哥尤爲其中之最，在卡德納斯總統的領導之下（一九三四—四〇），於一九三〇年代重新燃起大革命的火炬；更在西班牙內戰期間，熱烈地爲西班牙共和國助陣。事實上在共和政府戰敗之後，墨西哥是全球唯一繼續承認共和國爲西班牙合法政權代表的國家。然而，對絕大多數亞非地區以及伊斯蘭世界而言，法西斯一事，不管作爲一種思想意識，或某一侵略國的當行國策，向來都算不得——也永遠不是——這些國家與人民的大敵，更遑論他們唯一的仇敵了。他們眞正的深仇大恨，是「帝國主義」，是「殖民主義」；而絕大多數的帝國勢力，碰巧都是實行自由式民主的國家：如英法荷比美等國。更重要的是，除去日本是唯一的例外之外，所有的帝國霸權，淸一色都是白人天下。

根據邏輯演練，敵人的敵人，便是朋友。因此帝國強權的敵人，自然有可能成爲脫離殖民鎖鍊，爭取自由解放者的夥伴。甚至連日本，雖然在自己的殖民禁臠之內，也有它特有的倒行逆施之處——這一點，韓國、台灣、中國等地的人民均可作證——但是對東南亞及南亞各地，日本人卻可以擺出非白人民族的鬥士姿態進行訴求，並號召當地反殖民的力量起來對抗白人。反帝國的鬥爭，遂與反法西斯的鬥爭背道而馳。因此之故，一九三九年史達林與德國立約之舉，雖使西方左翼人士大感沮喪；東方印度及越南兩地的共產黨人卻不以爲忤，反而高高興興地專心對付英法。可是到了一九四一年際，德國反撲蘇聯，殖民地的共產黨爲扮演好同志好黨徒的角色，只得被迫更改意願及計畫，放下自己大事不論，先把軸心勢力打退再說。這種做法不但不受歡迎，就策略而言也極不高明，因爲其時正是西方殖民帝國最爲脆弱的時刻，即使還不到倒坍的地步，卻也極爲不堪一擊。於是，對共產國際的鐵腕約束不甚介意的當地其他左派人士，便趁此機會大舉起事。一九四二年印度國大黨發起「英人退出印度」(Quit India)的運動。孟加拉派的激進分子博斯(Subhas Bose)，則替日方組成了一支印度解放軍，成員來自日軍閃電襲印之初，印度部隊中爲日方所擒的戰俘。緬甸與印尼兩地的反殖民武裝分子，也正中下懷，認爲大戰乃天賜良機。將這種不擇手段的反殖民邏輯，發揮得最爲淋漓盡致近乎荒謬的例子，要數巴勒斯坦的一個偏激的猶太邊緣團體。它們與德方談判(經由當時在法國維琪政府治下的大馬士革)，要求德人助其一臂之力，將巴勒斯坦由英人治下解放出來。這件事，是這批人眼中錫安復國運動的首要大事——該團體中某名好戰人士，即係日後成爲以色列總理的謝米爾(Yitzhak Shamir)。但是諸如此類的舉措，並不表示殖民地人民在意識思想上偏好法西斯。不過巴勒斯坦的阿拉伯民族，既與猶太復國派的移住民時生齟齬，納粹一派的反猶主張自然頗投他們所好。而位於南亞大陸的印度，其中必也不乏相信納粹神話，自以爲屬於所謂阿利安優秀種族之人。可是這些多屬例外情況(見第十二及十五章)。

反帝國主義與殖民地解放運動，畢竟向左派一面倒，至終並與全球性的反法西斯動員匯合，至少在大戰末期如此。其中緣故，必須加以說明。西方的左派，其實便是反帝國理論與政策的搖籃，而殖民解放運動的支持力量，也一律來自國際左派路線的人士。自一九二〇年布爾什維克人士在裏海邊上的巴庫組成東方民族國會(Congress of the Eastern Peoples)以來，共產國際及蘇聯更成爲主力來源。更有甚者，獨立運動的眾家未來領袖及倡議人士，在本國多屬受過西方教育的菁英分子。他們來到了殖民地的宗主國，往往只有在當地自由分子、民主人士、社會主義者，以及共產黨人的圈子裡，才能找到不含種族主義色彩，反對殖民手段的溫暖氛圍。這些人均屬於現代化的改革派，而所謂懷古派的中古神話思想、納粹論調，以及其中濃烈的種族排外意味，在他們眼中不過是傳統「地方意識」及「部落主義」的重彈，徒代表本國飽受帝國主義剝削利用的落後狀態。

簡單地說，基於「敵人的敵人就是朋友」的原則，與軸心勢力進行合作，基本上只能屬於一種戰術性的手段。即使在東南亞一帶，雖說日本的統治不似舊帝國般箝制，而且係由非白人之手施於白人之身，這種局面也只能維持一個短時期。原因在日人本身具有極爲褊狹的種族意識，因此對於解放其他殖民地區的意願自然不甚高(事實上這段日治時期果然極短，因爲日本旋即戰敗)。而法西斯主義，或所謂軸心式的國家主義，對殖民地人士的吸引力也不甚高。由另一方面來看，以尼赫魯(Jawaharlal Nehru)這類人物爲例，雖然他毫不遲疑，便投入一九四二年大英帝國危機年的「英人退出印度」反抗活動(在這一點上，他與共產分子大異其趣)，可是尼赫魯卻始終深信，獨立自由之後的印度，應該建立一個篤行社會主義的新社會。而作爲社會主義老大哥的蘇聯，必將在此大事上擔任印度的盟友——蘇聯典範俱在，甚至有可能成爲印度立國的榜樣。

鼓吹殖民地解放的領導人物與發言人士本身，在他們意欲解救的廣大民眾當中，往往係居於少數的異數。可是這樁事實，卻更使其向反法西斯的力量匯集。因爲絕大多數殖民地民眾的心靈感情，比較容易受到法西斯同類訴求的感動與動員。這一類感情包括了傳統思想、宗教與族裔的排外性、對現代世界的疑慮心理等等。若不是因爲納粹還有著無比的種族優越感，他們早已爲納粹感召。但在事實上，民氣雖然可用，當時卻不爲任何一方充分動員，至少不曾發揮過重大的政治作用。雖說在回教世界裡面，伊斯蘭教眾的確在一九一八至四五年間進行過大規模的動員，對自由主義與共產主義敵意甚深的哈桑(Hassan al-Banna)回教兄弟黨，更曾於一九四〇年代成爲宣洩埃及民怨的旗手。該組織與納粹意識的結合，更非暫時性戰術的應用，它對猶太錫安復國主義的敵意，證實了其中意味的深長。但是最後眞正在回教國家登台掌權的人物，有些雖係騎著基本教義派群眾的肩頭登上枱面，骨子裡卻屬於主張現代改革派的俗世中人。發動一九五二年埃及革命的校級軍官，便是解放後的知識分子。他們與埃及爲數甚少的共產團體一直有著聯繫，而後者的領導分子卻湊巧多爲猶太籍人(Perrault, 1987)。至於在印度次大陸地方，所謂「巴基斯坦」自成一地的概念(此係一九三〇及一九四〇年代的產物)，有人將之形容爲「一群非宗教菁英分子的精心設計。一方面係受到回教大眾領土分離主張的壓迫，另一方面則係爲了與屬於多數的印度教人口競爭，只好將自己的政治社會稱爲一種『伊斯蘭』式的宗教社會，而非國家分離運動」——此種描述極爲正確(Lapidu, 1988, p. 738)。在中東的敍利亞，策動民氣的先驅則爲阿拉伯復興社會黨(Ba'ath)黨人，該黨於一九四〇年代由兩位在巴黎接受法式教育的教師創立。他們的行事思想，儘管充滿了阿拉伯的神祕氣息，在意識形態上卻屬於道道地地的社會主義者，堅決地反對帝國主義——敍利亞的憲法，對回教信仰即一字不提。而伊拉克的政局(一直到一九九一年波斯灣戰爭爆發爲止)，則係由各種不同的國家主義軍官、共產黨人，以及阿拉伯復興社會黨人混合而成，名目雖然有異，卻同樣致力於阿拉伯世界的聯合，以及社會主義的追求(至少在理論上係如此)——值得注意的是，可蘭經卻不是他們共同奮鬥的目標。至於阿爾及利亞一地，由於當地特殊原因所致，加以該國革命運動具有廣大的群眾基礎(此中不乏前往法國的大量勞工移民），阿國革命因此具有著強烈的回教成分。不過（一九五六年際）革命人士卻一致同意，「他們的革命乃是一場鬥爭，旨在破壞違反時代潮流的殖民主義，卻非一場宗教戰爭。」（Lapidus, 1988, p.693）眾人並建議建立一個社會民主的共和國，最後阿國在憲法上成爲遵行一黨制的共和國。事實上唯有在反法西斯的年代，正宗的共產黨派才能在部分回教世界中得到廣泛的支持與影響力。其中尤以敍利亞、伊拉克、伊朗三國爲著。一直要到相當後面的時期，俗世派主張現代化改革的政治呼聲，方才在基本教義派思想復興之下逐漸隱晦淡去（見第十二章與十五章）。

已開發的西方國家反法西斯，它們的殖民地則反殖民，雙方的利害衝突，必將在二次大戰之後重新浮現。而眼前眾人卻獲得暫時的會合，共同在一種對未來戰後社會轉型的憧憬上找到交點。蘇聯與殖民地當地的共產分子，正好在鴻溝中間爲雙方搭橋。因爲對於一方來說，它們代表著反帝國的精神，而對另一方來說，它們則意味著對勝利的全面投入。不過，發生在殖民地的戰爭，與歐洲舞台相異，戰爭的結束並不曾爲共產黨帶來政治的果實。只有在幾個特殊例子裡面，反法西斯的戰爭與國家社會的解放運動相結合。如日本侵略者之於中韓二國，既是殖民者又是法西斯。而法國殖民政府之於中南半島（越南、高棉、寮國），既是當地人民追求自由的敵人，又在日軍席捲東南亞之際，屈服於日方之手。幾地的共產黨便分別在毛澤東、金日成、胡志明的領導之下，於戰後高奏凱歌。至於其他各處待解放的殖民地領導人，雖然多數出身自左派領導的運動，可是他們在一九四一至四五年間的活動卻多少受到擊敗軸心爲第一要務的影響。然而他們的行動雖受牽制，他們對於軸心勢力敗後的世局，卻也不禁同樣抱著樂觀的想望。如今的兩大超級強國顯然對舊日殖民政策不抱好感——至少在紙面上如此。而世上最強大的帝國中心，現在正由舉世皆知堅決反殖民的黨派當權。舊殖民主義的勢力及合法性，如今俱都遭到嚴重破壞。自由希望的美景，似乎勝過以往任何一個時期。日後的事實發展，果然不虛，可是在老大帝國的頑強抵抗之下，眾人卻爲此付出了血腥的代價。

8

軸心之敗——更精確一點，德日兩國之敗——自是眾人欣見的成果。只有愚忠的德日人民，多年發揮最高效率作戰到底，如今卻只有爲祖國的潰敗心傷。但是自始至終，法西斯所能動員的力量也只局限在其核心國家之內。對於外圍，最多只能在意識形態上零星收編極右派的少數分子，而後者在本國也往往不成氣候，只是政治上的邊緣人物。其中有希望藉著與德國的聯盟達成一己目的的國家主義團體，也有許多在戰爭侵略下被納粹佔領軍徵用的走狗殘渣。至於日本，它所能動員的資源更是少得可憐，最多只不過在黃種人中短暫地激起過一股同種相憐的感情罷了。而歐洲法西斯的主要訴求，卻在保守的有錢人中間贏得極大擁護，因爲它在工人階級、社會主義、共產主義，以及罪惡淵藪無神頭目的莫斯科來勢洶洶之下，提供了最有力的防禦作用。此外，大企業對法西斯的支持，自然出於實際考量，與思想原則沒有關聯。法西斯既已戰敗，它的訴求也就失去效力。總而言之，國家社會主義縱橫歐陸十二年，如今留下的唯一後效，便是極大一部分的歐洲土地，都變成了由布爾什維克黨人擺布的舞台。

於是，法西斯兵敗如山倒，宛如土塊扔入河中迅速崩解，立時灰飛煙滅，永遠消失於政治舞台。只有在義大利一地依然苟延殘喘，多年來始終有一支以墨索里尼爲師尊的新法西斯運動——「社會義大利運動」(the Movimento Sociale Italiano)——在義國政壇上扮演著卑微的小配角。法西斯勢力之所以從政治圈裡銷聲匿跡，並非只因它當年的要角已被永遠禁足(其實有許多人依然在公職及公眾生活裡插有一腳，在經濟活動上更是活躍)，與德日兩國昔日好國民心靈的創傷幻滅，也沒有任何關係。這些人的外在與道德世界，已經俱於一九四五年同時毀滅，因此對他們來說，繼續效忠過去的老舊信仰，對實際生活反具有不良效果。現在盟軍來到，帶著他們的制度與方式，加諸於戰敗國人民的身上；前者鋪下軌道，後者的火車便只能循著這個方向開去。於是只有調整自己，重新面對這剛一開始極爲迷亂難以理解的新生活。若一味抓住以往的舊思想不放，不但無濟於事，反而徒增煩惱。國家社會主義的舊夢，除了憑添回憶，對一九四五年後的德國毫無助益。因此即使在一度是希特勒大德意志國家帝國主義重鎮的奧地利，戰後的政局也旋即回復舊貌，重返一九三三年前的民主政制。唯一與前不同之處，只是如今稍帶點左傾風味(說也奇怪，在迂迴複雜的國際政治之下，原爲納粹作倀的奧國，卻被列入無辜的受害國之一)。一時風雲不可一世的法西斯，此時就如風捲下的殘雲消散，當初因亂世而出，如今因太平而滅。它畢竟從來不曾是個世界性的政治運動，即使在理論上也沒有這種地位。

同時，就另一方面而言，儘管反法西斯的組合多麼龐雜不一，動員的結合性質多麼短暫，在它旗下聯合起來的力量，其範圍卻極其廣大。更有甚者，這份結合之勢有著正面的意義，而且從某些層面言之，更具有持久性的延續生命。在意識思想方面，反法西斯的精神乃建立於眾人共享的價值觀念及希望，亦即啓蒙時代和革命時代的意義：經由理性與科學，爲人類創造進步；普及教育與民選政制；不憑世襲，人人生而平等；不戀傳統，建立具有前瞻性的社會。種種觀念手段，各國的體認實行也許並不一致，但卻有許多與西方民主理念相違甚遠的國家，也紛紛選擇以「民主」或「人民共和」爲國名，如曼吉斯都(Mengistu)治下的衣索比亞，巴烈(Siad Barre)傾覆以前的索馬利亞政權、金日成的北韓，以及阿爾及利亞，和共黨統治的東德等等。雖然名不副實，此中意義卻也不可輕易抹煞。若是回到兩戰之間的年代，這一類國號必定爲各國法西斯、極權主義，甚至傳統的保守思想諸政權所鄙斥並大加撻伐。

再由其他層面觀之，眾人共同的冀望也離共有的實際狀況相差不遠。不論係西方式的立憲資本主義、共產制度，抑或第三世界的國家，同樣均致力於種族與兩性間的平等。雖然大家都力有未逮，離共同的理想程度尚有一段距離，可是在做法上卻大同小異⓬。各國政府都係政教分離的俗世政權，更值得一提的是，各國幾乎都有意並主動地放棄了市場經濟的絕對優越性，改採由國家積極管理計畫的路線。在今天這個「新自由經濟神學」昌行的時代，我們已經很難想像，回到一九四〇年代早期，以迄一九七〇年代之間，最負盛名，一向主張「全面市場自由論」最力的經濟大師，如海耶克(Friedrich von Hayek)等人，曾經以曠野先知自命，大聲疾呼，警告西方資本主義若如此向計畫性經濟道路貿然偏行，等於步上了「到奴役之路」的險徑(Hayek, 1944)。但在事實上，資本主義卻一躍而上了經濟奇蹟的陽關大道(見第九章)。各資本國家堅信，政府若再不出手干預，世界經濟必將再陷兩次大戰之間的巨大災難，也唯有如此，才能避免人民鋌而走險，激進地採取共產主義的政治險招——就像他們曾一度選擇了希特勒一般。第三世界國家更深信，若要脫離落後依附的經濟地位，只有靠公家動手一途。在蘇聯楷模的鼓舞激勵之下，也唯有社會主義，才是各個前殖民地眼中前往光明的大道。而蘇聯這個老大哥自己，以及其他新近加入它這個大家庭的新成員們，更是什麼都不相信，只信中央計畫的法力無邊。於是東西兩方，以及第三世界，都紛紛帶著同樣的信念，躍入了戰後的新世界：那便是藉著鐵與血，藉著政治動員，藉著革命手段，終於換來對軸心勢力的最後勝利，如今正爲人類打開了一頁社會轉型變革的新紀元。

就某種意義而言，這種想法倒不失爲正確。因爲自古以來，舉世社會及人類生活的面貌，從來不曾經歷過廣島、長崎兩朵蕈狀雲綻後發生的巨大改變。但是在千古之下，歷史自有它遞嬗的軌跡，卻往往不循人的意志行進。即使是那些堂堂制定國策之人的意念主張，也不能決定歷史的路線於分毫。這個世代以來，人類社會實際發生的轉型變貌，既非人定也不從人願。管它戰時的千籌萬策，戰後的世界卻馬上面對了計畫以外的第一樁意外事故：那就是烽火甫息，因反法西斯而形成的戰時偉大聯合便立告瓦解。共同的敵人一旦不存，眾志從此也無復合一。於是資本主義與共產主義再度分道揚鑣，一變而回原本誓不兩立彼此虎視眈眈的死敵。

註釋

❶有人認爲，一九四一年後期根據索吉極爲可靠的情報來源顯示，日本並不打算進攻蘇聯，因此史達林才斷然決定將主力部隊調往西部前線。當時德軍已經兵臨莫斯科的城郊 (Deakin and Storry, 1964, chapter 13; Andrew and Gordievsky, 1991, pp.281-82)。

❷但是意見上的不同，卻不能成其理由，不能替「以暴制暴」的行爲脫罪。一九四二至四五年間，克羅埃西亞境內即因此血流成河。斯洛伐克一地的亂象，恐亦與此有關。

❸希特勒掌權之後一個月內，位於柏林的德國國會大樓神祕燒燬。納粹政府立即歸咎於共黨所爲，利用這個機會大肆鎮壓共黨人。共產黨則反控此事全係納粹自己一手導演，以遂其追索逼迫共產黨人的目的。一名素來係革命同路人的荷蘭人盧比 (Van der Lubbe)，以及當時共黨議會黨團的負責人，和三名在柏林爲共產國際工作的保加利亞人，均因此被捕。盧比其人獨來獨往，精神有些錯亂，和縱火一事絕對脫不了關係。可是另外被捕的那四名共產黨人，以及德國共產黨組織，顯係被納粹羅織罪名。但是根據目前各項歷史考證，也不見有納粹在後面指使縱火的嫌疑。

❹西國依然在摩洛哥留下了最後一個立足點，當地好戰的柏柏人(Berber)爲此與其抗鬥不休。柏柏人驍勇善戰，同時也是西班牙陸軍中英名遠播的一員。此外，往南在非洲一帶，西國尚有幾處零星領土，不過外人都不記得了。

❺王室正統派是一群堅決的君主主義者，思想極端傳統，在農間擁有大量支持，主要根據地在那瓦爾地方。他們曾參與一八三〇年代及一八七〇年代兩度內戰，支持西班牙皇室內的一支。

❻依照共產國際的講法，西班牙革命係以社會全面爲基礎的反法西斯抗爭中不可或分的一部，屬於一場全民戰爭，

一場國族之戰，更是一場反法西斯的革命。(Ercoli, October 1936, Hobsbawm, 1986, p.175)

❼即使到新冷戰期間，共產國際情報中心會議召開研討大會之際，保加利亞代表柴文科夫（Vlko Tchervenkov）還依然從這個方向討論其國家的前途。(Reale, 1954, pp.66-67, 73-74)

❽也許史達林擔心共產黨人若太熱心參與法英等國的反法西斯活動，會被希特勒看成他私底下背信毀約，將此作爲攻擊他的藉口。

❾根據一九九〇年一位義國政治人物的透露，以「劍」(Gladio) 爲名的祕密反共武裝組織，係於一九四九年成立，以備萬一歐洲國家爲蘇聯佔領，將可繼續留在敵後從事內部抵抗活動。成員的武裝及財源係由美國提供，並由美國中央情報局（CIA）及英國祕密特勤單位負責訓練。這類組織的存在，除了少數特殊人士之外，一般均瞞著所在國的政府。在義大利一地，這類組織的成員原係由當地法西斯餘孽組成。軸心勢力撤退之前，將他們留在該地作爲抵抗活動的核心分子。這些人遂重新尋找到新的存在價值，搖身一變，成爲狂熱的反共分子。及至一九七〇年代，連美國特勤單位都認爲赤色勢力已不復有入侵可能，這些「劍客」(Gladiator) 便又爲自己找到新的活動場地，成爲右派恐怖分子，有時甚至假託左派之名行之。

❾作者的一位友人，即曾在捷克人阿圖爾倫敦（Artur London）任內，擔任過MOI的副司令一職。此人係來自波蘭的猶裔奧地利人，其主要任務，是在駐法德軍當中組織反納粹的宣傳。

❿不過居住在克羅埃西亞及波士尼亞兩地的塞爾維亞族與門地內哥羅民眾，卻強烈支持狄托（狄托游擊部隊裡百分之十七的軍官係門地內哥羅族人）。狄托的本族克羅埃西亞的主要勢力也多傾向於他，斯洛文尼亞族亦然。游擊隊的作戰地區，多半發生在波士尼亞一帶。

⓫各國婦女在大戰期間，以及對地下抗敵和解放運動所做的重大貢獻，卻旋即被各國政權忘得一乾二淨。

第六章

一九一四至四五年的藝術

超現實主義藝術家彩筆下的「巴黎」，就是一個小小的「宇宙」世界……那個外在的天體大宇宙，與這個小小人間世的種種物象殊無二致。同樣有著十字岔路，鬼魅的車流燈影交錯閃爍。生活之中充斥不可解的相關事件，糾葛纏繞，兩者之間具有驚人的類似面貌。超現實主義的詩情蘊意，便是在描摹這一片亂中有序的離奇地域。

——班雅明〈超現實主義論〉(Walter Benjamin, *One Way Street*, 1979, p.231)

新建築主義在美國似乎進展甚微……鼓吹這股新風格的人士過分熱心，老是喋喋不休地大發議論，其教訓執拗的口吻，與信仰單一稅制者如出一轍，幾至令人反感的地步。……然而叨叨辛苦說教之下，至今只有工廠建築設計染其流緒，餘外卻不見其他任何信徒景慕風從。

——美國報人門肯(H. L. Mencken, 1931)

時裝設計家這一族，一向被譴稱爲不具理性分析性質的一支品種。但是說來奇怪，他們對事物未來走向的預言能力，有時卻勝過以預測分析爲業的專家。這種現象，毋寧是歷史上的超級大謎題；對於專事研究文化史的學者來說，更是一件中心議題。無論何人，若想一探大動亂時代對人類高級文化活動——亦即高級純藝術，尤其是前衛派的藝術——帶來何種衝擊，實不可不究其中奧妙。因爲一般都相信，早在布爾喬亞式自由社會崩解之前的幾年，前衛派藝術的出現便已預見了這場變局的發生（見《帝國的年代》第九章）。及至一九一四年際，幾乎所有可以包括在「現代主義」(modernism)這把涵蓋雖廣卻定義不清的大傘之下的各門藝術均已問世：不論是立體派(cubism)，表現主義(expressionism)，還是未來派(futurism)，此時都已紛紛出籠。繪畫上走純粹抽象，建築上重功能避繁飾，音樂上全然迴棄音律(tonality)，文學上與傳統徹底分家。

今天被許多人認定爲「現代派大師」的名單上，有許多名字在一九一四年之際，便已擺脫青澀時期，不特創作甚豐，有的並已卓然成家❶。即使連大詩人艾略特，其作品雖然到一九一七年際及其後方才出版，此時卻早已儼然倫敦前衛文藝界的一員了——這段時期，他曾與美國詩人龐德(Pound)共同執筆，爲路易士(Wyndham Lewis)主編的《鼓風》(*Blast*)寫稿。此中眾人，最晚在十九世紀八〇年代即已成名，可是作爲現代派名家大師，他們的盛名在四十年後依然不墜。雖說多位在一次戰後方才嶄露頭角的男女新人，竟然也能通過考驗，躍登「現代主義名家」的高級文化名人錄。可是老一代人霸位猶佔，續領一代風騷的現象，卻更令人詫異不止❷。（至於荀白克〔Schönberg〕的後繼之秀——柏格〔Alban Berg〕與魏本〔Anton Webern〕——也可算是一八八〇年代的一輩。）

因此事實上，在已成氣候的「正統」前衛藝術地盤裡，似乎只能舉出兩項於一九一四年後方才出現的正式新猷：達達主義(Dadaism)與構成主義(constructivism)。前者的虛無色彩，在西歐地區逐漸變化爲超現實主義(surrealism)，或可謂爲其先導。後者則自東而來，誕生於蘇聯大地。構成主義由眞實的人生物件出發，逸入三度空間骨架並以具有游移性質爲上品的結構，在露天建物上取得了最大的構成形似(如巨型的輪子、大杓子等)。它的精神風格，很快便被建築界及工業設計吸納吮取；而最大的接收管道，係美國建築師葛羅培亞斯(Gropius)於一九一九年在德國創立的包浩斯(Bauhaus)工業暨設計學院(後文續有介紹)。但是欲表現構成主義的代表作裡，那些規模野心最大的工程，不是始終未曾建成，如塔特林(Tatlin)設計的有名旋轉斜塔，原係爲喻揚共產國際而設計；就是曇花一現，只在蘇維埃早期的公眾儀式中短暫地出現過。論其手法風格，新奇則新奇矣；但是構成主義的唯一成就，僅在爲建築學上的現代主義踵事增華而已。

達達主義之成形，源自一九一六年際避居瑞士蘇黎士的一批成員混雜的流亡人士(當時同在該地伺機而動的另一群流亡者，係由列寧領導靜候革命爆發的一批人)。達達主義，是他們向第一次世界大戰，以及孕育了這個戰爭惡果的社會，提出的一種抗議，無限鬱悶苦惱中卻矛盾地帶著一股虛無論的氣息。抗議的對象，也包括這個虛空苦悶社會中的一切藝術形式。既然拒斥所有的藝術，達達一派自然便不拘泥於任何外在的形相法則。不過在表現技巧方面，他們還是向一九一四年之前興起的前衛藝術(立體派及未來派)，借來幾許手法。其中最有名的便是裱貼技法(collage)，也就是把各式碎布片紙，包括圖畫碎片，拼貼而成。達達主義基本上來者不拒，但凡能把愛好傳統布爾喬亞式藝術趣味之人氣得腦溢血的玩意兒，都可納入門戶。驚世駭俗，是達達中人的不二法門，是他們最高的向心凝聚之力。因此一九一七年杜象(Marcel Duchamp, 1887–1968)在紐約，把搪瓷小便壺當作「現成藝術」(ready-made art)展出，便完全體現了達達主義的眞髓——杜象自美返回之後，便立即拜入達達門下。不過他後來更進一步，寧可下棋，卻默然拒絕從事任何與藝術有關的行爲，則根本有違達達的眞精神。因爲達達主義什麼都是，卻絕不是安靜沉默的一路。

至於超現實主義，同樣也拒斥現知的一切藝術形式，對於驚世駭俗的表現手法，著迷的程度也不在話下(下文將有描述)。但是比起達達主義，它對社會革命更爲酷愛，因此便不僅僅是一種消極的抗議表現了。單看它的發源地是在法國，這個凡有流行必有理論的國家，這一點便可想而知。事實上我們可以斷言，隨著達達主義在一九二〇年代初期的退潮，超現實主義便跟著應運而生。前者因戰爭與革命而孕育，戰爭結束，革命偃旗息鼓，流行便也漸去。後者遂成爲新時代的藝術呼聲，「要求以心理分析暴露的無意識狀態爲基礎，重振人類的想像活力。並對魔幻性、偶然性、無理性，以及象徵、夢境，多所強調注重。」(Willett, 1978)

從某一角度來看，這其實是浪漫思想以二十世紀的打扮重新粉墨登場(見《革命的年代》第十四章)，不過卻較前者帶有更多的荒謬性與趣味。超現實主義不似主流的「現代派」前衛一門，卻如「達達」一般，對形式創新沒有多大興趣：不論係無意識地信筆成篇，筆下隨意流出字串——所謂「自動寫作」(automatic writing)；或以十九世紀一絲不苟的學者精細風格——如達利(Salvador Dali, 1904-89)所勾勒那隻溶化在沙漠中的錶——都不是超現實的興趣所在。其中重要的關鍵，在於它承認即興自發式想像(spontaneous imagination)的無窮能力，不受任何理性系統控制的調節，由支離中產生和諧，從渙散中產生內聚，自全然不合理甚或不可能之中，產出完全必要性的邏輯。比利時畫家馬格利特(René Magritte, 1898-1967)的作品〈庇里牛斯山中的城堡〉(*Castle in the Pyrenees*)，就係以一種風景明信片般的風格仔細繪成。但見城堡自一塊巨石之巔冒現，彷彿從中衍生而出一般。只有那塊大石，有如一個巨蛋，飄浮於海面上的天際之間，亦係以同樣小心翼翼的寫實筆法爲之。

超現實主義實在是前衛藝術門下的一大添新。它的新奇之處，可由它製造驚嚇、難解，及尷尬笑聲等種種情緒反應的能力證之，甚至在老一派的前衛人士中間亦不例外。坦白說，這正是筆者當年——自是年輕不成熟的眼光——對一九三六年國際超現實主義倫敦大展(International Surrealist Exhibition)，以及日後一位巴黎友人超現實主義畫家作品的反應(這位朋友堅持以照片般的精確度，用油畫描繪人體內臟，實在令我百思不解)。然而如今回溯，這項運動的成果卻極豐碩，雖然其風行之地主要係在法國，以及深受法國影響的西語裔國家；但是它的精神風格，同時也影響及眾多國家的一流詩人：法國的艾呂雅(Eluard)、阿拉貢(Aragon)，西班牙的洛爾卡(Lorca)，東歐以及拉丁美洲——祕魯的瓦利霍(César Vallejo)、智利的聶魯達(Pablo Neruda)。甚至直到多年以後，仍可在南美大陸特有的「魔幻寫實」(magical realist)寫作風格中找到回響。超現實的圖形與想像——如恩斯特(Max Ernst, 1891-1976)、馬格利特、米羅(Joan Miró, 1893-1983)，甚至包括達利在內——已經成爲我們的一部分，更爲二十世紀的中心藝術，電影，提供了一片眞正沃土，不似已然風流雲散的更早期前衛派藝術，電影的確受超現實主義惠澤良多，不只是布紐爾(Luis Buñuel, 1900-83)，更包括本世紀最重要的編劇家普維(Jacques Prévert, 1900-77)。而對卡蒂埃布烈松(Henri Cartier-Bresson, 1908-)來說，他的攝影新聞(photo-journalism)也同樣欠下超現實主義的恩情。

總的來看，這一切均是高級藝術的前衛革命，是其發揚光大的極致。這場革命，描繪的對象乃是世界的崩潰，而早在這個世界眞正粉碎之前，它就已經出現。在這個變亂的世代裡，這場藝術革命共有三事值得注意：前衛藝術成爲既定文化的一部，至少被吸收入日常生活的脈絡之中。尤有甚者，它竟高度地政治化了，其性質之強烈，比起革命的年代以來任何世代的高級藝術更甚。然而我們卻也不可忘記，在整個這段時期裡面，它卻始終隔離於一般大眾的趣味及心田之外，即使連西方群眾亦不例外——雖然它已日復一日侵入平常的生活領域，只是眾人猶未覺其程度之深罷了。當其時也，接受它的人數，固然比一九一四年前的絕少數爲多，超現實卻仍不是被多數人眞正喜愛、並自覺欣賞的藝術格式。

然而，雖說前衛藝術已成爲既定文化的中心部分，卻不表示它已取代了古典及流行藝術的地位。

它的角色，乃是一種補足，並有證據作用，足證當代對於文化事務亦有其嚴肅的品味興趣。其實當時國際間歌劇舞台上演出的劇目，與帝國時代大同小異，依然是一八六〇年代初期出生的作曲家的天下，如德國的理察史特勞斯(Richard Strauss)、義大利的馬斯卡尼(Mascagni)，或更早者如義大利的普西尼(Puccini)、萊翁卡瓦洛(Leoncavallo)、捷克的雅那切克(Janacek)等。以上諸人，均屬「現代派」外緣地帶。廣義而言，至今猶然❸。

不過歌劇的傳統搭檔——芭蕾，卻改頭換面，在偉大的俄國歌劇製作人佳吉列夫(Sergei Diaghilev, 1872–1929)的帶動之下，自覺地成爲一項前衛藝術的媒介，主要係於一次大戰時期發生。自他的《遊行》(*Parade*)一劇於一九一七年製作發表之後——此劇由畢卡索設計，沙提(Satie)作曲，科克托(Jean Cocteau)作詞，法國的阿波里耐(Guillaume Apollinaire)寫作節目單——由立體派人士如法國畫家布拉克(Georges Braque, 1882–1963)、葛里斯(Juan Gris, 1887–1927)所作的裝飾設計；由史特拉汶斯基(Stravinskey)、法拉(de Falla)、米堯(Milhaud)、普朗克(Poulenc)編寫或改作的樂曲等，從此遂成爲「禮儀之必要」、「時尚之不可缺」(de rigueur)。在此同時，舞蹈及編舞也隨之換上現代化的風貌。一九一四年前(至少在英國一地如此)，「後期印象派大展」(Post-Impressionist Exhibition)原本備受庸俗大眾鄙夷；但凡史特拉汶斯基所到之地，莫不引起騷動物議。正如現代畫派大展於一九一三年在紐約軍械庫展覽會(Armory Show)以及其他多地造成的軒然大波一般。但是及至戰後，一般庸人在「現代派」驚世駭俗的展示之前，卻開始噤然無聲。這是一個經過深思、透過熟慮、有計畫、有用意的獨立宣告，向那已經名譽掃地的戰前世界斷然告別，這是一場文化革命的堅決聲明。並經由現代芭蕾，徹底利用其獨特的融合手法——將它對那些自以爲高人一等上流社會者的吸引力，與時尚流行的魅力，以及菁英藝術的地位聚之一堂——再加上新出的《時尚雜誌》（*Vogue*），於是前衛派遂破繭而出，衝破了一向對它設築的堤防。一九二〇年代，英國文化新聞界一位典型的人士曾寫道，多謝佳吉列夫的製作，「大眾方有機會，正面地欣賞當代最傑出卻也最常被取笑的畫家的設計。他帶給我們不再流淚哭泣的現代音樂，不再引發嘲笑聲的現代繪畫。」(Mortimer, 1925)

佳吉列夫的芭蕾，不過係促使前衛藝術流傳散布的媒介之一。而前衛本身，亦面貌多端，因國而異。當時的巴黎，雖然繼續壟斷著菁英文化的大部地帶，並有一九一八年後美國自我流放文人及藝術家的湧入愈發強化其領導地位——如海明威、費滋傑羅(Scott Fitzgerald)的一代——但是傳布於西方世界的前衛藝術，卻不盡屬一支，因爲舊世界亦不復擁有統一的高級藝術。在歐洲，巴黎正與莫斯科—柏林軸心襲來的風格對抗，一直到史達林及希特勒的勝利，靜默或解散了俄德兩國的前衛人士爲止。而前哈布斯堡及鄂圖曼兩大帝國餘下的殘餘支零，亦各走其藝術之路，被它們那無人在乎、也無人願意有系統認眞譯介的語言蔽障之下，與外界長期隔離，直到一九三〇年代反法西斯人士向外流亡爲止。至於大西洋的兩岸，西班牙語系的詩作花葉燦然，卻對國際間毫無衝擊，及至一九三六至三九年間西班牙內戰爆發之後，這股繁華花事才得以向外界顯露。甚至連最不受巴別語言高塔阻隔的藝術——形象與聲音——其國際性的取向也不及一般以爲之盛，只需將德國作曲家興德米特(Hindemith)或法國的普朗克，在國內外的聲名一較可知。英國教育階級的藝術愛好者，甚至對兩戰之間巴黎派(École de Paris)名氣較小的人物都耳熟能詳，可是對德國最重要的表現主義大家，如諾爾德(Nolde)、馬爾克(Franz Marc)的大名，卻可能從未聽過。

所有的前衛之中，恐怕只有兩門藝術，被所有相關國家中爲「新款藝術」搖旗吶喊者所一致熱愛：電影與爵士音樂(jazz)；而這兩項藝術，也均係新世界而非舊世界的產物。一次大戰之前，電影原被前衛藝術莫名地忽略(見《帝國的年代》)，卻在戰爭期間開始爲其擁戴。從此，前衛中人不但得向這項藝術形式本身，及其最偉大的代表人物卓別林(Charlie Chaplin)頂禮膜拜(但凡自重自尊的現代詩人，幾乎莫不向卓氏致上一作以表敬意)；藝術家本人，也開始投入電影製作，尤以威瑪德國及蘇維埃俄羅斯爲最，眞正地獨霸了當地電影的產製。於是「藝術電影」的正典精品，遂於大動亂時期在各地出現，在小小的專門電影廟堂之內，接受那群「品味高級」的電影知識人瞻仰，主要即係由這一類前衛人士創作。如俄國大導演艾森斯坦於一九二五年攝製的《波坦金戰艦》(*Battleship Potemkin*)，即被公認爲空前傑作。凡是觀賞過這部作品的觀眾，都永遠不會忘記哥薩克兵一路掃射，殺下奧德薩(Odessa)階梯的那一景——作者即其中之一，係於一九三〇年代在倫敦市中心廣場查令十字區(Charing Cross)某家前衛戲院聆賞。有人曾譽揚此片情節爲「一切默片的經典，甚至可能是整個電影史中最具影響力的六分鐘。」(Manvell, 1944, pp.47-48)

自一九三〇年代中期起，知識界開始欣賞帶有民粹風味的法國電影，如克萊爾(René Clair)、尚雷諾（大畫家雷諾瓦之子）、卡內(Marcel Carné)、前超現實派普維，以及前衛音樂卡特爾「六人組」(Les Six)的前成員奧瑞克(Auric)。這些作品，一如非知識界喜歡提出的批評一般，看起來比較沒趣；雖然其藝術價值，顯然比千萬人(包括知識分子在內)每週在愈來愈豪華的大電影院中所觀賞的產品爲高(亦即好萊塢的出品)。而在另一方面，精明的好萊塢娛樂商人，也跟佳吉列夫一般靈敏，立即嗅出前衛藝術可能帶來的厚利。當時聯合影城的「爺叔」卡爾勒姆利(Carl Laemmle)，可能是好萊塢大亨之中最不具知識趣味企圖者，卻在每年重訪其母國德國之際，藉機招集大批新人才，吸取大量新觀念。於是其影棚出產的典型成品，即恐怖電影如《科學怪人》(*Frankenstein*)及《吸血鬼》(*Dracula*)等等，有時根本就是相當接近德國表現主義原作的翻版。中歐導演如朗格(Lang)、劉別謙(Lubitsch)、威爾德(Wilder)也紛紛橫渡重洋來到美國；這些人在母國幾乎都屬於「高級知識人群」，對好萊塢本身亦產生重大影響。至於技術人才的西流，如弗洛因德(Karl Freund, 1890-1969)及史方登(Eugen Schufftan, 1893-1977)，他們的貢獻自更不在話下。有關電影及大眾藝術的發展方向，後文將有更進一步的討論。

至於「爵士年代」的「爵士」，源起於美國黑人音樂，攙合以切分式節奏的舞樂，加上背離傳統的器樂編曲手法，幾乎在前衛藝術界中立即掀起熱情回響。其中原因，不完全在爵士樂本身的優點，更多的因素，卻係出於這種表現風格乃是現代的又一象徵，代表著機器時代，與舊時代的過去相決裂。簡單地說，這是文化革命的又一宣示——包浩斯成員的相片，便係與薩克斯風合影。可是，雖然爵士樂已被公認爲美國對二十世紀音樂的一大貢獻，爵士作品的眞正喜好者，當時卻僅限於極少數的既有知識圈內(無論前衛與否)，直到二十世紀下半時期方才改觀。當其時也，對爵士樂滋生眞心熱愛的人士，往往屬於人數甚少的稀有少數——如作者本人，即係於別號「公爵」的爵士樂巨匠艾林頓(Duke Ellington)在一九三三年蒞臨倫敦之後，成爲爵士樂迷。

現代主義的面貌雖然多端，及至兩戰之間，但凡想證明自己既有文化素養，又能緊跟時代脈動之人，莫不掛上「現代主義」的名牌自示。不管他們是否眞的讀過、看過、聽過、甚至喜歡這些當時爲衆人認可的大家作品，若不能煞有介事儼然引經據典一番，簡直就不可思議——如艾略特、龐德、喬艾思、勞倫斯等，即是一九三〇年代前半期英國「文藝青年」朗朗口上的流行辭彙。更有趣的是，各個國家文化先鋒，此時亦將「過去」重新改寫或重予評價，以符合當代的藝術要求。他們告訴英國人，絕對得把彌爾頓(Milton)及丁尼生(Tennyson)給忘了，如今崇拜的對象，應換作多恩(John Donne, 1572-1631)才是。當時英國最負盛名的批評家，劍橋的利維斯(F. R. Leavis)，甚至爲英國小說編列出一部新的「正典法統」，或所謂「大傳統」，與一脈相承的眞傳統完全相反。因爲歷代以來，凡是不入這位批評家法眼的文學創作，通通一律予以除名，包括狄更斯(Dickens)的全部作品亦不能夠倖免，只有《苦難時代》(*Hard Times*)一作僥倖過關；雖然一直到當時爲止，這部小說都被認爲是大文豪的次要作品❹。

至於對西班牙繪畫的愛好者來說，如今慕里歐(Murillo)被打入冷宮，起而代之務必欣賞讚揚的大家則是格列柯(El Greco)。尤有甚者，任何與資本年代及帝國年代有關的事務(除去前衛藝術之外)，不但被冷落拒斥，而且根本就遭掃地出門，從此消失不見。十九世紀學院派畫作的價格非但一落千丈，及至一九六〇年代之前，簡直無人問津，愈發彰顯了這種改朝換代的激烈現象(相對地，印象派及其後的現代派作品則身價上漲，不過幅度仍輕)。同理，若有人對維多利亞式建築稍事任何讚美，便不啻有故意冒犯「眞正」高妙品味之嫌，並帶有反動集團的氣味。即使是自幼生長在自由派布爾喬亞式偉大建築物環繞之中的作者本人——維也納的舊都「內城」，即因它們而豐潤濃郁——卻在新時代文化氛圍的耳濡目染之下，襲得了一種習氣，認爲這些舊建築不是矯揉造作，便是浮飾虛華，或甚至兩罪並俱。不過，一直要到了一九五〇及一九六〇年代，它們才眞正遭到「大批」鏟除的命運，可謂現代建築史上損失最慘重的十年。也正因如此，及至一九五八年際，方有「維多利亞學社」(Victorian Society)成立，欲圖保存一八四〇至一九一四年間的時期建築。這已經是「喬治亞社」(Georgian Group)成立的二十餘年之後，後者的立社宗旨，乃係爲了保存那些命運比較不及此期悽慘的十八世紀遺產。

前衛風格對商業電影的衝擊，更顯示「現代主義」的足跡，已經深入日常生活之中。然而它的行動拐彎抹角，仍係經由一般大眾不視爲「藝術」的製作生產途徑，最後並依據某些美學價值的先驗標準而判其高下：主要係靠公共宣傳、工業設計、商業平面美術，以及眞實的日常用品。因此在現代主義諸大家中，美籍匈牙利裔建築師暨設計師布羅伊爾(Marcel Breuer)著名的管式座椅(tubular char, 1925-29)，遂同時帶有著一股意識風格及美學任務(Giedion, 1948, pp.488-95)。可是這把椅子風行現代世界，卻非以前衛宣言的姿態出之，而是它樸素實用的設計——方便搬動並可椅椅疊落。但是無可否認，一次大戰爆發後不到二十年間，西方世界的都會生活便已布滿了現代主義的印記，甚至在美英兩國，原在一九二〇年代期間對現代主義似乎完全不能接收，如今也伏在它的腳下。流線型的風格，遂於一九三〇年代開始——不顧適合與否——風靡了全美各項產品的設計，與義大利的未來派回聲應合。源起於一九二五年「巴黎裝飾藝術大展」(Paris Exposition of Decorative Arts) 的「裝飾藝術」(Art Deco)，則將現代派的幾何多角線條(angularity)及抽象風格，帶入家庭生活。一九三〇年代出現的現代出版業平裝本革命——企鵝叢書(Penguin Books)，也是舉著柴齊休德(Jan Tschichold, 1902-74)的前衛印刷體裁旗號。不過現代主義的攻勢，仍未能直接命中一切；直到二次戰後，所謂現代派建築的國際風格，方才全面席捲城市景觀。雖然它的主要號手及實行家如葛羅培亞斯、柯比思耶、密斯范德羅厄、萊特(Frank Lloyd Wright)等人，早已活躍一時。在此之前，除去某些特例之外，絕大多數的公共建築，包括左派都會興建的平民住宅計畫在內，卻都極少展現現代主義的雪泥鴻爪(一般原以爲，左派對富於社會意識的新建築，應該表示親近才是)。唯一的影響，只是它們都對建物的裝飾線條表示極度厭惡而已。一九二〇年代工人階級洄居的「紅色」維也納，曾大興土木進行重建，主其事的建築師多在建築史上沒沒無聞，即或小有地位，也是名不見經傳的普通角色。可是在此同時，日常生活中的次要用品，卻正在現代主義的衝擊下快速改頭換面。

這種現象，有多少係歸功於美術工藝(arts-and-crafts)的流風，以及新藝術(art nouveau)的影響，先驅型的藝術在其中身先士卒，投入日常用品的製作；或有多少係來自俄羅斯「構成主義」人士的影響，他們之中的某些人，刻意進入群眾，爲大眾生產的設計帶來革命；而又有多少是出於現代主義的純粹性，與現代家庭科技(如廚房設計)之間的眞實契合？這些問題，都得留予藝術史來決定。事實的發展，則係如下：一間爲期短暫的機構，主要係爲擔任政治及藝術前衛中心的目的成立，卻為兩代人制定了建築及應用藝術的風格主調。此即包浩斯，亦為威瑪德國及日後中德德索(Dessau)地方的藝術及設計學校(一九一九—三三)。它的校史時間，與威瑪共和國共存亡，希特勒奪權之後，國家社會主義者旋即將該校解散。與包浩斯有關係的藝術界人士，讀來彷彿萊茵河至烏拉山之間的高等藝術名人錄：計有葛羅培亞斯、密斯范德羅厄、費寧格(Lyonel Feininger)、克利(Paul Klee)、康丁斯基(Wassily Kandinsky)、馬勒維奇(Malevich)、李西茨基(El Lissitzky)、莫霍伊那吉(Moholy-Nagy)等等。它的影響所及，不僅及於以上諸位人才——自一九二一年起——甚至刻意離開舊有的工藝與(前衛的)美術傳統，轉向實用及工業生產的設計之途：如汽車車體(葛羅培亞斯)、飛機座位、廣告平面設計(俄國構成派大家李西茨基的一大嗜好)等等。更別忘了一九二三年間德國通貨瘋狂大膨脹期間，一百萬及兩百萬元馬克大鈔的設計，也得算上一筆。

包浩斯在當時被認為極具顛覆意味，此事從它與那些對它缺乏好感的政客之間，素來存在著扞格不合即可看出。事實上在大災難的時期裡面，「嚴肅」藝術始終為這一種或那一類的政治使命所把持。到了一九三〇年間，這股風氣甚至及於英美兩國。前者在當時歐洲處處革命的風暴之中，仍是一處可以尋得社會及政治穩定的避風港；而後者雖然離烽火的戰場甚遙，卻距經濟的大蕭條不遠。政治上的使命，當然並不僅限於向左看齊——雖然在激烈的藝術愛好者眼裡，尤其當他們依然年少之際，的確很難接受創造性天才竟然不與進步性思想同步同途的事實。然而現實的狀況不然，尤其以文學界尤最，高度反動派的思想——有時更化為法西斯的實際手段——在西歐也所見不鮮。不論是身在國內或流亡在外的英國詩人艾略特及龐德、愛爾蘭詩人葉慈、挪威小說家漢姆生(Knut Hamsun, 1859-1952)——漢姆生其人，是納粹的狂熱支持者——英國小說家勞倫斯，以及法國小說家謝林(Louis Ferdinand Céline, 1884-1961)等等，其實都是這一類文學人士的顯例。不過自俄國向外流亡的各路人才，卻不可自動便歸入「反動」之流(雖然其中有些人確乎如此，或轉變爲此)。因爲拒絕接受布爾什維克的外移者中，持有著廣大不同的各種政治意見。

儘管如此，我們卻可以說，在世界大戰及十月革命之後的年月裡吸引了前衛藝術的政治是左派路線，而且經常是革命左派——在一九三〇及一九四〇年代，那反法西斯的歲月之間甚至更甚。事實上，由於起了戰爭及革命，使得許多原本在戰前與政治無涉的俄法前衛運動，從此亦染上政治色彩——不過剛一開始，多數俄羅斯前衛人士對十月大風卻無甚熱情。隨著列寧的影響將馬克思學說帶回西方世界，並成爲社會革命唯一的重要理論及意識思想，同時也果然使得前衛派紛紛來歸，接受這個被國家社會主義者甚爲正確地稱爲「文化布爾什維克主義」(Kultur-bolshewismus)的新信仰。達達之起，是爲了革命；它的繼起者，超現實主義，所面對的唯一難題也只在該走哪一條革命路線——而其門下絕大多數，捨史達林而選擇了托洛斯基。莫斯科—柏林軸心聯手，係建立於共有的政治共鳴之上，對威瑪文化影響重大。密斯范德羅厄爲德國共產黨蓋了一座紀念碑，悼念被刺身亡的斯巴達克思主義者(Spartacist)領袖李卜克內西及羅莎盧森堡。葛羅培亞斯、塔特(Bruno Taut, 1880-1938)、柯比思耶、梅耶(Hannes Meyer)，以及整個「包浩斯門派」(Bauhaus Brigade)，都接受蘇維埃委託從事設計——當其時也，在大蕭條的陪襯之下，不論在思想意識或建築專業的前途方面，蘇聯對這些西方建築師的吸引力顯然大得多了——甚至連基本上政治色彩並不強烈的德國電影界，此時也走上激進，由大導演派斯特（G. W. Pabst, 1885-1967）的所作所為即可證之。派斯特其人，對描述女人的興趣，顯然比表現政治事物濃厚多了，日後並心甘情願地在納粹羽翼下效命。可是回到威瑪共和國的最後數年，他卻曾執導了數部最為激進的作品，包括布萊希特與韋爾（Weill）合作的《三便士歌劇》（*Threepenny Opera*）。

悲哀的是無分左派右派，不論他們獻身的政治理想為何，現代派藝術家卻被當局及群眾所排斥——而敵人對其攻擊之力，自更不在話下。除了受到未來派影響的義大利法西斯是為部分例外，新興的威權政府，無分左右，在建築上都偏愛舊式龐然大物似的建物及街景，在繪畫雕刻上鍾情激勵壯大性的表現，在舞台上青睞古典作品精緻細膩的演出，在文學上則強調意識思想的可接受性。希特勒本人，自然便是一名飽受挫折的藝術家，他最後終於找到一位年輕能幹的建築家斯皮爾（Albert Speer），總算藉其之手，一遂他那種巨大無朋的創作觀念。而墨索里尼、史達林，及佛朗哥將軍等人，雖沒有這等個人藝術野心，卻也都各自興建了一棟棟恐龍式的大建築群。因此德俄兩國的前衛藝術，俱皆無法在希特勒及史達林兩人的新政權下生存。原本在一九二〇年代作為一切重大先進藝術先驅的德意志及俄羅斯，便幾乎自文化舞台上銷聲匿跡。

如今回溯起來，我們可以比當年眾人看得更為清楚，希特勒及史達林之崛起，對文化造成多麼大的戕害。前衛藝術，深植於中東歐的革命土壤之內；藝術的佳釀，似乎生長自溶岩縱橫的火山坡上。此中因由，並非單純出自政治革命政權的文化當局，所給予藝術革命家的官方關注（亦即物質支助），勝於它們所取代的保守政權——即使其政治當局對藝術本身並無熱心。蘇聯的「教化政委」

(Commissar for Enlightenment)盧納察爾斯基(Anatol Lunacharsky)，即積極鼓勵前衛藝術的創作，雖然列寧本人的藝術品味偏向傳統。一九三二年被那更右派的德意志第三帝國縛手就擒趕下台前的普魯士社會民主政府，亦對前進派指揮克萊姆珀雷(Otto Klemperer)鼓勵有加，遂令柏林的眾歌劇院成爲一九二八至一九三一年間最先進音樂的展示場。但是除了這個因素以外，時代的動盪不安，似乎也莫名地加深了藝術的敏感心靈，令居於中東歐地區之人的熱情更爲深化尖銳。他們眼中所見，心中所感，不是一個美好人間，卻是一個冷酷世界。而也正是促成這股冷酷悲情背後的殘忍現實及悲劇意識，卻令某些原本並不傑出的藝術家們，意外地流洩出一股批評非難的苦澀辭鋒。如美國的崔文(B. Traven)，原係一名主張無政府的天涯浪子，一度與一九一九年短命的慕尼黑蘇維埃共和國有些關係。此時卻拿起筆來，動人地描述了水手與墨西哥的故事——休斯頓(John Huston)導演，亨佛萊鮑嘉(Humphrey Bogart)主演的《馬德雷山脈寶藏》(*Treasure of the Sierra Madre*)，即是以此爲本拍攝。若無這部作品，他本該沒沒無名終了一生。但是一旦藝術家失去了他的視野，不再感到人世的苦難荒謬不可忍受，他的苦澀動力也就隨之失去，所餘者只有技術上的纖情，卻失去了內在熱火。如德國諷刺大家葛羅茲(George Grosz)於一九三三年移居美國後的創作表現即是。

大動亂時代的中歐前衛藝術，鮮少表達出「希望」的感覺，雖然其獻身政治革命的同志，卻在意識信念的鼓舞之下，對未來充滿樂觀熱情。此地前衛藝術的最大成就，多數在希史兩人上台之前即已完成。「對希特勒，我實在無話可說。」❺奧國的諷刺大家克勞斯，即曾對希氏政權如此譏刺，然而當年一次大戰之際，他可是滔滔不絕(Kraus, 1922)。這些藝術作品的創作背景，是末日的動盪與悲情，包括柏格的歌劇《伍采克》(*Wozzek*，於一九二六年首次演出)、布萊希特與韋爾合作的《三便士歌劇》及《馬哈哥尼城的興衰》(*Mahagonny*, 1931)、布萊希特與艾斯勒合作的《採取的手段》(*Die Massnahme*, 1930)、巴伯爾的小說《紅色騎兵》(*Red Cavalry*, 1926)、艾森斯坦的電影《波坦金戰艦》、德布林(Alfred Döblin)的小說《柏林亞歷山大廣場》(*Berlin-Alexanderplatz*, 1929)。而哈布斯堡帝國的倒坍，亦造成眾多文學傑作潮湧，從克勞斯的警世劇作《人類文明末日》，到哈謝克企圖龐大的詼諧作品《好兵帥克》，以至羅斯《憂傷的悲歌》(*Radetskymarsch*, 1932)、慕席爾(Robert Musil)不斷自我反照的作品《無行之人》(*Man without Qualities*, 1930)等等皆是。終二十世紀之世，沒有任何政治事件，曾在創作的想像心靈上激起過如此眾大的波瀾。唯一的例外，也許只有愛爾蘭的革命與內戰(一九一六—二二)，還有墨西哥的革命(一九一〇—二〇)——俄國革命卻不曾——曾分別藉著前者的劇作家奧凱希(O'Casey)，以及後者的壁畫者(此事象徵意義更甚)，以它們個別的方式，激發本國藝術創作。這一個注定傾覆的帝國，隱喻著另一個本身亦注定幻滅崩離的西方菁英文化：這幅意象，長久以來便已在中歐想像心靈的陰暗角落潛伏。舊有秩序的告終，在大詩人里爾克(Rainer Maria Rilke, 1875–1926)的《杜伊諾哀歌》(*Duino Elegies*, 1913–23)中獲得宣洩。另一位以德文創作的布拉格作家——亦即卡夫卡(Franz Kafka, 1883–1924)——則以更絕對的方式，表達出人類那全然不可理解的困境：個人的，與集體的。卡夫卡的作品，幾乎全係於身後方才出版。

因此，這個藝術，乃是

創造於世界潰散的日子，
誕生於地基崩離的時刻。

以上是古典學者暨詩人豪斯曼(A. E. Housman)的詩句，他與前衛創作之間，自然是背道而馳(Housman, 1988, p.138)。這門藝術的觀照角度，是「歷史守護神」(angel of history)的觀點。而這名守護天使，根據猶太裔德籍馬克思派學人士班雅明(Walter Benjamin, 1892-1940)的意見，正是克利畫作〈新天使〉(*Angelus Novus*)中的那一位：

> 他的臉龐面向過去。我們所認爲屬於一連串的事件，在他眼中，卻只是一樁單一的大災難，其中的殘骸灰燼，不斷堆積，直抵他的腳下。哦，但願他能留下，喚醒死者，修補那已毀的殘破片片！但是從樂園的方向，卻興起了一陣暴風，如此狂厲凜冽，吹得天使的雙翅無法收起。狂風使他無力招架，不斷地將他送往未來之境。他背向著未來，腳下的殘灰卻快速增高，一直進入天際。這股狂暴的大風，就是我們稱作進步的狂飆啊。(Benjamin, 1971, pp.84-85)

在崩離瓦解地帶以西的地方，悲劇及大禍難逃的意識雖然稍輕，可是未來的前途同樣黯淡如謎。

在這裡，雖有一次大戰的創傷累累，但是與過去歷史的相連感卻不曾明顯斷裂。一直到了一九三〇年代，那個大蕭條、法西斯，以及戰爭日近的十年間方才改觀❻。即使如此，如今回溯起來，當時西歐知識分子的情緒心靈，似乎不似中東歐那般彷徨迫切，希望的感覺也濃厚得多。而他們在中歐的同僚，此刻正從莫斯科到好萊塢，四處飄零、散落、隔絕；或在東歐，陷於失敗及恐怖的魔掌之下噤聲無語。居於西歐的他們，卻覺得自己仍在捍衛著那雖然尚未毀滅，卻備受威脅的價值觀點；並爲一度曾活躍於其社會的思想意識，重新點燃火炬——若有必要，甚至可以進行改造以圖存留。我們在第十八章將會看見，當時西方知識界之所以對史達林蘇維埃聯邦的所作所爲如此盲目，主要係出於一項迷信，認爲它依然是代表「啓蒙理性」對抗「理性解體」的一大力量，象徵著「進步」的原始單純意義，它的問題處遠比班雅明所說，「從樂園吹來的那股狂風」爲少。只有在極端反動分子中間，才可以發現那種「世界已陷不可理解悲劇」的末世意識；或如當時英國最偉大的小說家沃氏(Evelyn Waugh, 1903-66)的筆下，世事已成斯多噶禁欲派(stoics)的一幕黑色喜劇；或更如法國小說家謝林所描述——甚至包括好譏嘲的犬儒在內——人間世均有如一場噩夢。雖然當代英國年輕前衛詩人中最傑出優秀的一名，奧登，也抱有歷史是爲悲劇的深刻感受——《西班牙，美術之鄉》(*Spain, Palais des Beaux Arts*)——然而以他爲中心的那群前衛團體，卻覺得人類的困境並非不可接受。英國前衛藝術家中最予人深刻印象者，莫過於雕刻大家亨利摩爾(Henry Moore, 1898-1986)以及作曲家布瑞頓(Benjamin Britten, 1913-76)。但論其二人給人的感受，彷彿只要世界危機不去打擾他們，他們就可以讓它從旁邊掠身而過。可是世界的危機，畢竟不曾放過一人。

而前衛藝術的概念，在當時依然僅限於歐洲的文化領域及其外圍依附地帶。甚至在這裡，藝術革命的開拓先鋒們也仍舊渴慕地引頸望向巴黎，有時甚或倫敦——倫敦此時的分量雖淺，卻足令人訝異不已❼。而紐約則不是它們切盼的目標。這種現象表示，在西半球的領域以外，非歐系的前衛圈子幾乎完全不存在；而它在西半球的立錨所在，卻與藝術實驗和社會革命牢不可分。當其時也，它的最佳代表莫過於墨西哥革命的壁畫家，畫者們的意見，只有在史達林與托洛斯基兩人上有所分歧，對於墨西哥革命分子薩帕塔與列寧兩人，卻一體愛戴。墨西哥畫家里維拉(Diego Rivera, 1886-1957)即曾堅持將薩帕塔及列寧的圖像，繪入他爲紐約洛克菲勒中心新廈所繪製的壁畫之內——此畫係裝飾藝術的一大勝利，僅次於克萊斯勒大樓(Chrysler Building)——惹得洛克菲勒家族大爲不快。

但是對非西方世界的多數藝術家而言，根本的問題卻在「現代化」而非「現代主義」。作家們如何才能將本國本地的日常語言，轉化成富有變化、包羅萬象，適用於當代世界的文學用語。正如十九世紀中期以來的孟加拉人(Bengalis)在印度所做的改革一般，文學男子(在這個新時代裡，或許包括文學女子在內)如何才能以烏爾都(Urdu)語創作詩詞，而不再倚賴一向以來，但凡作詩非以古典波斯文出之不可的文學傳統？如何以土耳其文，取代那被凱末爾革命扔入歷史垃圾箱的古典阿拉伯文(同時一併被扔掉的，還有土耳其的氈帽及女子面紗)？至於那些擁有悠久歷史的古老國度，該當如何處理它們的固有傳統，如何面對那些不論多麼優雅引人，卻不再屬於二十世紀的文化藝術？其實單就棄絕傳統一事，就具有十足的革命意味，與此相較之下，西方那此起彼落，以這一波現代化對抗那一波現代化的所謂「革命」，愈顯得無謂甚或不可理解。然而，當追求現代化的藝術家同時也是政治的革命者之際，這種情況更爲顯著——事實上的情況亦多係如此。對於那些深覺自己的使命（以及自己的靈感來源），乃係「走入群眾」，並描述群眾苦痛，幫助群眾翻身的人來說，契訶夫（Chekhov）與托爾斯泰（Tolstoy）兩人，顯然比喬艾思更符合他們的理想典型。甚至連自一九二〇年代起即已耽於現代主義的日本作家（極可能係接觸義大利「未來派」而形成），也經常有著一支極爲強烈的社會主義或共產「普羅」中堅部隊（Keene, 1984, chapter 15）。事實上，現代中國的頭號大作家魯迅（一八八一—一九三六），即曾刻意排斥西式典型，卻轉向俄羅斯文學，因爲從中「看見了被壓迫者的善良的靈魂、的辛酸、的掙扎。」（編註：引自魯迅《南腔北調集》〈祝中俄文字之交〉）（Lu Hsün, 1975, p.23）

對於大多數視界並不僅限本身傳統，也非一味西化的非歐系世界創作人才而言，他們的主要任務，似乎在於去發現、去揭開、去呈現廣大人民的生活現實。寫實主義，是他們的行動天地。

2

就某種方式而言，東西藝術之間，因此產生結合。因爲二十世紀的走向愈發顯明，這是一個平常人的世紀，並將由平常人本身所創造的藝術，以及以平常人爲對象而創造的藝術所壟斷。兩大相關工具的發明，更使平常人的世界得做前所未有的呈現及記錄：即報導文學（reportage）及照相機。

其實兩者皆非新創(見《資本的年代》第十五章及《帝國的年代》第九章),可是卻都在一九一四年後,方才進入自覺的黃金年代。作家,此時不但自視爲記錄人或報導人(尤以美國爲最),更開始親爲報紙撰稿,有些甚至親自下海,或一度成爲報人:如海明威、德萊賽(Theodore Dreiser, 1871–1945)、辛克萊路易斯等人皆是。一九二九年首度納入法語辭典,一九三一年登列英語辭典的「報導文學」一詞,遂於一九二〇年代,成爲公認具有社會批評意識的文學與視覺表現類型,最大的影響來源,來自俄羅斯的革命前衛人士。後者高舉現實的旗幟,力抗被歐洲左派譴責爲人民鴉片的大眾通俗娛樂。捷克共黨新聞人克希(Egon Erwin Kisch),即因〈匆匆報導〉(Der rasende Reporter, 1925)聲名大噪,此詞即因他在中歐地區大爲流行廣布——〈匆匆報導〉,是他一連串報導的首篇篇名。報導性的作品,亦遍傳西方前衛圈中,主要管道係經由電影。它的起源,顯然在多斯帕索斯(John Dos Passos, 1896–1970)所著的《美國》(*USA*)三部曲中(係這位作家左傾時期的作品),可以清楚尋得。文中以「新聞片」(Newsreel)及「電影眼」(the Camera Eye)——暗指向前衛派紀錄片導演維多夫(Dziga Vertov)——等片段交互穿插,構成故事情節。在前衛左派手中,「紀錄片」遂成爲一種自覺性的運動。到了一九三〇年代,甚至連報章雜誌界中頑固的實際派,也可以經由這一型作品獲取更高的智識及創作聲望。他們將電影膠捲中的片段——通常係充任不要緊的補白作用——添添補補,升級成氣勢較爲壯大有如「時光隧道」(March of Time)般的紀錄性質,並借用前衛攝影的技術創新,如一九二〇年代共黨AIZ首創的手法,爲畫刊雜誌創下了一個黃金年代:美國的《生活雜誌》(*Life*)、英國的《圖畫郵報》(*Picture Post*)、法國的《看》(*Vu*)等皆是。不過在盎格魯撒克遜的國家以外，此種風格直到二次大戰之後方才大爲風行。

「攝影新聞」的興起，得歸功以下數點。其一，那些發現了攝影術這個媒介的攝影人才(甚至包括某些女性在內)；其二，世人以爲「照相機不會撒謊」的莫名錯覺(亦即相機也者，其鏡頭下捕捉住的世界，似乎可以代表「眞實」人生)；其三，技術的改良進步，新型的迷你相機，可以輕易拍得那些不是刻意擺出的自然姿態，如一九二四年推出的萊卡相機(Leica)。可是其中最重要的一項因素，卻得歸之於電影在世界各地的流行。男男女女，都知道可以經由攝影鏡頭，觀得眞實人生。當其時也，印刷文字的發行雖然也有增幅(如今更在通俗小報上面與凹版印刷相片交錯排列)，可是卻在電影大軍的壓境下相形失色。大災難的年代，是電影大銀幕稱雄作王的年代。及至一九三○年代末期，英國人每買一份報紙，就有兩人買一張電影戲票(Stevenson, pp.396, 403)。事實上，隨著不景氣愈形嚴重，世界被戰爭的千軍橫掃，西方電影觀眾的人次亦達空前高潮。

在這個視覺媒體新秀的世界之中，前衛與大眾藝術相互交融彼此澆灌。在舊有的西方國度裡面，教育階層及部分的菁英思想，甚至進而滲入大眾電影領域，遂爲威瑪時代的德國無聲電影，一九三○年代的法國有聲電影，以及一旦席捲其人才的法西斯思想盡去之後的義大利電影界，分別創造了黃金時代。其中恐怕要數一九三○年代具有民粹風格的法國影片，最能將知識分子對文化的需求，與一般大眾對娛樂的需求相結合。這些作品，是唯一在高級品味當中，猶不忘故事情節重要性的作品——尤其是「愛」與「罪」的題材——同時也是唯一能表達「高級笑話」(good joke)的影片。而通常一旦讓前衛派(不論係政治或藝術)完全自行其是——如當時的紀錄片流行潮及煽動藝術

(agitprop art)即是——它們的作品卻鮮少能及於大眾，只能限於極少數的小圈子中欣賞。

然而，這個時期的大眾藝術之所以意義重大，並非由於前衛路線的參與投入。最令人深刻難忘者，乃在大眾藝術，已經日益取得無可否認的文化霸勢地位，即使如我們在前所見，出了美國境外，當時的大眾藝術，猶未能擺脫教育階級趣味的監督管轄。步上獨霸地位的藝術(或者應該說娛樂)形式，乃係以最廣泛的群眾爲目標，而非人數日漸浩大的中產階級，或品味仍停留在保守階段的低下階層。這些藝術趣味，仍然壟斷著歐洲「大道」(boulevard)、「西區」(West End)舞台，或其他種種品味相當的表演國度——至少，一直到希特勒將這些產品的製作者紛紛驅散之前係如此，可是他們的興趣已經不重要了。在這個中級趣味的領域裡面，最有趣的趨勢要數其中一種類型，於此時開始如火如荼熱烈發展。亦即早在一九一四年前，即已露出某些活動跡象，卻完全不能逆料日後竟大受歡迎的偵探推理題材，現在開始一本又一本的長篇推出。這個新的文學類型，主要屬英國風味——可能得歸功於柯南道爾(A. Conan Doyle)的福爾摩斯(Sherlock Holmes)，他筆下的這名高明大偵探，於一八九〇年代成爲舉世家喻戶曉的知名人物——但是更令人驚奇的事實，卻在這個類型具有著強烈的女性及學者色彩。它的創始先鋒，克莉絲蒂(Agatha Christie, 1891-976)的作品，到今日依然暢銷不衰。偵探類型小說的各種國際版本，也深受英國創下的模式影響。亦即一律將凶殺案的謎團，當作客廳裡的斯文遊戲，需要幾分智慧才能破解。就彷彿高級的塡字遊戲，靠著幾處謎樣的線索找出答案——此舉更屬英國的獨家專長。這種文學類型，最適由以下觀點視之：亦即訴諸於那面臨威脅，卻尚不足完全破壞的既有社會秩序。謀殺，在此成爲中心焦點，幾乎是促使偵探探取行動的唯一事件。它侵入一個原本井然有序的天地——俱樂部的會所，或某些習見的專業場所——然後抽絲剝繭，一路循線索找出那只腐壞的爛蘋果，確保全桶其餘的健全正常。於是經由偵探的理性手法，問題獲致解決，小小世界也再度恢復井然秩序；而偵探本人（大多數是爲男性），同時也代表著那小小的大千世界。因此，主角務必爲「私家」偵探，除非警探本人（與他的多數同僚不同），亦屬於上中階級的一員。這是一個極度保守——雖然擁有相當自我肯定——的文學類型，與同時代興起的較爲恐怖驚悚的諜報小說不同。後者也多出自英國，在本世紀下半期大受歡迎，其作者的文學水準亦屬平平，通常係在本國的祕密勤務單位中找到最大專長❽。

早在一九一四年際，具有現代氣息的大眾媒體，已在許多西方國家成爲當然。但是它們在大災難時代的驚人成長，依然令人嘆爲觀止。美國報紙發行數的增加，比人口還要快速，於一九二〇至一九五〇年間激增一倍。到了那個時期，在典型的「已開發」國家裡面，每一千名男女老幼，即有三百至三百五十份報紙售出，北歐及奧地利國民的報紙消耗量，比此更甚。至於都會化的大英子民，也許更由於英國的報刊出版，係爲全國發行而非限於地方，每千名人口，竟然購讀高達六百份的報紙，的確令人咋舌（UN *Statistical Yearbook*, 1948）。報業係以識字階級爲訴求對象，不過在基本教育普及的國度裡面，它也盡量利用圖片與漫畫（漫畫也者，當時尚未爲知識分子青睞），並發展出一種特殊的新聞用語：如語氣誇張鮮明、極力攫取讀者注意力、故做通俗、音節盡量減少等等，以滿足一般識字程度不高民眾的需求。這種風格，對文學的影響不爲不重。而另一方面，電影對其觀眾的識字要求甚低。等到它於一九二〇年代末期學會開口講話以後，英語系的觀眾更不需要認識任何字了。

更有甚者，電影不似報紙，後者在世上多數地區，都只能引起一小部分菁英階級的興趣。電影剛一起步，便幾乎以國際性的大眾媒體姿態出現。無聲電影，及其已經通過考驗、能以跨越不同文化的電影符碼，原有可能成為國際性的共同語言。它們的黯然下台，很可能是促使英語在世上通用，並發展成二十世紀後期國際洋涇濱的一大原因。因為在好萊塢的黃金年代裡，電影幾乎全部來自美國——只有日本例外，其大型電影產量幾與美國並駕齊驅。至於在二次大戰前夕的世界其餘地區，即使將印度包括在內，好萊塢生產的影片也幾乎等於它們的總和（當時印度已經年產一百七十部影片，其觀眾人數幾與日本同等，並與美國極為接近）。一九三七年間，好萊塢一共製作了五百六十七部影片，其速度直等於每週超過十片。在資本主義的獨霸性生產力與社會主義的官僚化之間，其中的差異，就在前者年產電影五百六十七部，而蘇聯於一九三八年卻只能號稱產製了四十一部。不過基於明顯的語言因素，這種由一家獨霸全球的異常現象自然不能持久。無論如何，它果然不能熬過「影棚制度」的解散。好萊塢的影棚作業，於此時達於高峯，宛如機器般大量製造美麗夢境，卻在二次大戰後不旋踵間煙消雲散。

大眾媒體的第三項：無線電廣播，則是嶄新的當代發明。它與前二者不同，純係建立於當時猶屬精密器材的私人擁有權上，因此基本上多限於相對較為繁榮的「已開發」國家境內。義大利的收音機台數，直到一九三一年前始終不曾超過汽車的擁有數（Isola, 1990）。二次大戰前夕，擁有收音機比例最高的國家地區，計有美國、斯堪地那維亞、紐西蘭，及英國。在這些國家裡面，收音機的持有數以驚人速度成長，甚至連窮人也買得起。一九三九年在英國的九百萬台收音機之中，有半數係爲每週工資在二點五鎊至四鎊之間的小民持有——這算是普通收入——另外兩百萬機主的所得則比此爲低(Briggs, II, p.254)。因此大蕭條的數年間，廣播聽眾呈倍數激增，成長比例可謂空前絕後，此事也許亦不足爲奇了。因爲無線電廣播改變了窮人的生活內容，尤其是困守家中的窮家婦女，其影響力前所未有。收音機將外面的世界帶進她們房中，從此這些最爲寂寞之人不再完全孤單。但凡可以經由說話、歌唱、演戲，以及所有能以聲音表情傳達的事物，如今都在她們的指掌之間。這個於一次大戰結束之際尚無人知曉的新奇媒體，及至股市大崩的那一年，竟已攫取住美國千萬家庭的歡心，到了一九三九年際，更達於二千七百萬家，一九五〇年時，超過四千萬戶。這個驚人發展趨勢，是可驚否，是可異否？

可是無線電廣播，與電影以及改革後的大眾報業不同，並不曾大幅改變人類觀照現實的角度。它不曾創造新的觀事方式,也不曾在感官印象與理性觀念之間建立新的關係（參看《帝國的年代》）。它只是一個媒介，不是訊息本身。但是，它可以向數不盡的數百萬眾同時說話，而每一名聽者，都覺得它是在向自己單獨發言。因此無線電遂成傳播大眾資訊的有力管道;統治者及推銷員們，也迅即發現它是上好的宣傳廣告工具。及至一九三〇年代初期，連美國總統及英國國王，也分別體認到自己在收音機上「爐邊閒話」(fireside chat)及聖誕節廣播談話(分別於一九三二及一九三三年)的潛力無窮。二次大戰期間，由於對新聞需求殷切，無線電更地位確立，成爲一代政治工具與一大資訊媒介。歐洲大陸各國的收音機數大幅增加，有時甚至呈倍數甚或倍數以上躍升，只有某些在戰火中受到重大犧牲的國家是爲例外(Briggs, III, Appendix C)。至於歐洲以外的國家，增幅更爲驚人。不過一開始即已控制美國空中頻道的商業用途，在他處的進展則不及美國順利。因爲根據傳統，對國民影響力如此強大的一個媒介，政府自然不願輕易放棄。英國國家廣播公司(BBC)，便始終維持其公共獨佔機構(public monopoly)的身分。在此同時，但凡容許商業廣播播出的地方，其經營單位都一律得對官方意見表示應當的尊敬。

無線電收音機文化的創新之處，在今人眼中極難辨認，因爲許許多多由它領導創新的項目，已經成爲我們日常生活中固定的一部分——如體育評論、新聞報導、名人訪談、連續劇，以及任何以集數形式播出的節目均是。它帶來的諸多影響之中，最重大、最深入的一項，便是依據一個嚴格規定的時間表，將眾人的生活同時予以私人化與固定化。從此，我們的工作，我們的休閒，都被這張作息表牢牢控制。然而奇怪的是，這個傳播媒介——以及後來繼起的電視，並繼之以錄影機——雖然基本上係以個人與家庭爲接收中心，卻也創造出它獨有的公共空間。於是在歷史上第一次，原本互不認識的陌生人們，碰面之際，卻都知道十之八九，對方昨晚上大概也收聽了那場大比賽的轉播、那齣最受歡迎的喜劇節目、邱吉爾的演說，以及新聞報導的內容。

受到無線電廣播影響最大的一門藝術是音樂，因爲它完全解脫了聲音本身及機械對原音傳送的諸般限制。音樂，是最後一項掙脫出人體對口頭傳播所作的禁錮的藝術，原於一九一四年前，即已因留聲機的發明進入機械複製的新紀元，不過當時卻猶在多數人所能及的範圍以外。及至兩戰之間的年代，留聲機及唱片固然終於抵達大眾手中，然而「種族唱片」市場的幾於崩潰(亦即美國大蕭條期間的典型窮人音樂），卻證實這種擴張繁榮的脆弱性。而唱片本身的技術品質，雖然在一九三〇年左右之後大爲改進，卻依然有其限制，長度便是其中一項。更有甚者，它的花樣種類，也得視銷路決定命運。可是無線電廣播，卻頭一次使得音樂的播送無遠弗屆，在遠距離外亦可聽聞。並且一次播放時間，可以超過五分鐘，沒有任何間斷。在理論上，它的聽眾人數亦毫無限制。於是少數人的音樂遂得由普及（包括古典音樂在內），無線電廣播亦成爲唱片推銷的最大利器，至今猶然。可是收音機並未改變音樂的面貌——它對音樂的影響，顯然次於舞台及電影（後者也開始學會將音樂在片中再現）——可是若沒有無線電廣播出現，音樂在現代生活中扮演的角色，包括它在日常作息中如聽覺壁紙般擔任的背景地位，勢將難以想像，也許根本便不可能發生。

因此，壟斷著大眾通俗藝術的幾大力量：報業、攝影、電影、唱片、無線電廣播，基本上屬於科技與工業的發展結果。然而自十九世紀後期以來，在一些大城市的通俗娛樂角落裡面，某種獨立的眞實創造精神，也已然開始明顯地迸發湧現出來（見《帝國的年代》）。進入二十世紀，這股創造靈感的源泉一點也未枯竭，隨著媒體革命反而更上層樓，遠超過當初源起的原始環境。於是阿根廷的探戈（tango）正式登場，尤其更從舞蹈擴大而爲音樂，並於一九二〇及一九三〇年代達其成就及影響巔峯。當探戈天王巨星加戴爾（Carlos Gardel, 1890–1935），不幸於一九三五年因飛機失事殞命時，全拉丁美洲爲之同聲哀悼，更由於唱片之功，永垂不朽長存樂壇。森巴（samba）對巴西的象徵作用，亦如探戈之於阿根廷，乃是一九二〇年代里約嘉年華會（Rio carnival）大眾化下的產物。然而一切新音樂形式之中，予人印象最爲深刻，影響最爲深遠者莫過於爵士樂在美國境內的發展，主要係受到南部黑人移往中西部及東北部大城的衝擊形成：乃是專業演藝人員（多係黑人）獨有的藝術性音樂。

不過，這些大眾化創新及發展的力量，在本土之外往往有其限制；比起本世紀下半時期產生的革命性變化，當時的狀況亦有所不及。因爲進入二十世紀第二個五十年，即以最明顯的例子爲證，某個由美國黑人藍調音樂直接襲得的名詞——搖滾——竟然一舉成爲全球青少年文化的共同語言。不過回到二十世紀上半時期，大眾媒體與通俗性的創造力——只有電影除外——雖然遠不及後來的下半場熱鬧（後文將予討論），其質量之高，卻已足以令人咋舌，尤以美國爲最。此時的美國，已經開始在這些行業中執牛耳地位，具有無可挑戰的霸勢。其中原因，自然多虧它高人一等的無比經濟優勢、對於商業及民主的肯定投入，以及在大蕭條後，羅斯福民粹政策的重大影響。在通俗文化的領域裡，美國就是世界，不然就只有淪於地方性鄉下地位。在這些娛樂工業裡面，再沒有其他任何個別國家或地區發展出來的模式，可以獲得如此尊崇的國際聲勢——不過，某些國家確實也擁有相當雄厚的地區性影響（如埃及音樂在伊斯蘭世界）；不時並偶有異國風情，進入國際商業通俗文化主流，造成一時流行（如加勒比海及拉丁美洲的伴舞音樂）。唯一特殊的例外，是爲運動。在大眾文化的這一方舞台之上——任誰欣賞過巴西足球隊全盛時期的演出，能夠否認運動也是一門藝術？——美國的影響力，始終僅限於華盛頓政治的支配範圍之內。正如板球，只有在當年大英帝國米字旗飄揚過的地方，才猶爲一門大眾運動；同樣地，在美國陸戰隊登陸以外的地方，棒球的勢力始終極微。眞正擁有世界性地位的運動，只有足球。這個在當年隨著英國經濟的足跡，前往其全球所到之處的競技產物，遂從北極冰區，到赤道熱帶，帶給了球迷許多以英國公司，或海外英人爲隊名的球隊——如聖保羅運動俱樂部（São Paulo Athletic Club）。這個簡單卻極優雅的運動，沒有複雜的規則與裝備，可以在任何大小尺寸符合、並大致不失平坦的開放場地練習。它之走遍全球，完全係出於其作爲運動本身的優點所致。隨著一九三〇年第一屆世界盃的揭幕（烏拉圭奪魁），足球，確已成爲眞正的國際性運動。

不過依據我們當代的標準，此時的大眾運動，雖然已經走上國際化之路，卻仍然相當原始。它們的從業人員，尙未爲資本主義經濟的巨喙呑噬。偉大的運動明星，如網球名將，也依然還是業餘運動人士(亦即猶具傳統的布爾喬亞地位)。即使身爲職業運動員，薪資也不比普通技術工人高出甚多，如英國足球界即是。至於欣賞的方式，也依然得靠面對面親臨觀看，因爲連收音機的轉播，也只能藉著播報員的聲音分貝，將賽況的緊張氣氛傳送而已。電視時代，以及運動員天文數字的高薪，有如電影明星身價一般的日子，離此際尙有幾年時光。但是，我們在後文將會看見(第九至十一章)，其實爲時也不太遠了。

註釋

❶登上這份名單的大家，畫壇有法國的馬蒂斯（Matisse）、西班牙的畢卡索（Picasso）；樂壇有德國的荀白克、俄國的史特拉汶斯基；建築界有美國的葛羅培亞斯及密斯范德羅厄（Mies van der Rohe）；文壇有法國的普魯斯特

(Proust)、愛爾蘭的喬艾思(James Joyce)、德國的湯瑪斯曼(Thomas Mann)、捷克的卡夫卡(Franz Kafka)；詩人有英國的葉慈（Yeats）、美國的龐德、俄國的布洛克（Alexander Blok）及女詩人阿赫馬托娃（Anna Akhmatova）等多人。

❷後起之秀中值得一記者，包括俄國小說家巴伯爾（Isaac Babel, 1894）、法國建築師柯比思耶（Le Corbusier, 1897）、美國作家海明威（Ernest Hemingway, 1899）、德國劇作家布萊希特、西班牙詩人加西亞洛爾卡（Garcia Lorca）、艾斯勒（Hannus Eisler）（以上三人均生於一八九八年）、美國作曲家威爾（Kurt Weill, 1900）、法國作家沙特（Jean Paul Sartre, 1905）、美籍英裔作家奧登（W. H. Auden, 1907）等人。

❸除了極少的例外以外——如柏格、布瑞頓——一九一八年後樂壇的主要創作，如《三便士歌劇》、《馬哈哥尼城的興衰》、《乞丐與蕩婦》（*Porgy and Bess*），都不是爲正式歌劇院的演出而作。

❹爲了公平起見，在此必須聲明，對於狄更斯這位偉大作家，李維博士最後畢竟找出比較沒有那麼不恰當的言辭予以讚美——也許多少有點勉強罷。

❺「Mir fallt zu Hitler nichts ein」。不過在長期沉默之後，克勞斯卻能洋洋灑灑，就這個題目發揮了數百頁長，遠超過他力所能及。

❻事實上一次大戰的主要文學回響，直到一九二〇年代方才開始大作。雷馬克（Erich Maria Remarque）所著的《西線無戰事》（*All Quiet on the Western Front*）——係於一九二九年方才出版，好萊塢版的電影則於一九三〇年問世——十八個月之間，即以二十五種文字售出兩百五十萬本。

❼阿根廷作家波赫斯(Jose Luis Borges, 1899–1986)，尤其以崇尚英國出名；亞歷山大城的出色希臘詩人卡瓦非(C. P. Cavafy, 1863–1933)，則以英文爲其第一語言；本世紀最偉大的葡萄牙大詩人佩索亞（Fernando Pessoa, 1888-

1935)亦然——至少在寫作上係如此。吉卜齡(Kipling)對布萊希特的影響，更是眾所皆知。

❽現代這種「冷酷」派驚悚小說，或所謂「私家偵探」小說的文學始祖，其大眾性的草根味則遠比早期偵探推理小說爲重。哈梅特（Dashiell Hammett, 1894–1961）其人，係以平克頓（Pinkerton）偵探社的警探出身，其作品則刊載在一些廉價雜誌上面。講到這裡，唯一將偵探小說轉變成眞文學的作家，只有比利時自學成功的西默農(Georges Simenon, 1903–89)，原靠爲人撰文鬻字爲生。

第七章
帝國告終

他在一九一八年投身恐怖分子的革命陣營。在他婚禮當天，他的革命導師也在場。自此開始一直到一九二八年他死亡之時爲止，十年之間，他不曾與妻子共同生活一天。革命人的鋼鐵戒命，就是遠離女性……他常常告訴我，印度若能效法愛爾蘭的方式奮鬥，必將獲得自由。我就是在與他共事之時，開始讀到丹布倫(Dan Breen)所著的那本《我爲愛爾蘭自由而戰》(*My Fight for Irish Freedom*)。丹布倫是瑪斯特達(Masterda)心目中的理想。他還依愛爾蘭共和軍的名字，把自己的組織也命名爲印度「共和軍」奇德岡支部(Chittagong)。

——杜特 (Kalpana Dutt, 1945, pp.16–17)

殖民地官員天生就有一種特性，他們不但容忍殖民當地賄賂貪污的惡質文化，並且還有意地加以鼓勵。因爲這種現成的惡習，正方便他們控制那一群蠢蠢欲動，而且經常有異議的廣大人口。在這種作業方式之下，如果一個人有所圖求(不論是想打贏官司，取得政府合同，獲得英皇頒授勳爵名位，或是拿到一份公家工作)，都可以藉著向握有取予權利之人示惠而達到目的。至於所示之「惠」，倒不一定都出之以金錢(此舉既露骨又粗鄙，在印度的歐人很少願意用這種方式汚髒他們的手)。惠贈的方式，可能是交情或尊敬，熱情的款待，或對某些「善事大義」的慨然捐款。但是最被看重的方式，則屬對英國統治的忠誠。

——卡里特 (M. Carritt, 1985, pp.63–64)

1

十九世紀之際，曾有幾個國家——多數係沿北大西洋之岸——不費吹灰之力，便征服了世上其他非歐系的國家。在這幾國的勢力範圍以內，它們倒不忙著佔領並統治臣下之地。卻靠著政治經濟的系統，加上其組織及科技，在各地建立了比直接統佔更爲優越的無上地位。資本主義與布爾喬亞社會，不但改變了世界，統領了世界，更成爲一種模範的典型——一九一七年以前，且是全人類唯一的模範，凡不願被時代巨輪掃過或輾斃之人，莫不以其爲師。一九一七年後，蘇維埃共產主義雖然提供了另一條路，但是在基本上，仍然屬於同種性質的典範，不同之處僅在共產黨揚棄了私有企業與自由主義的制度。因此，少數幾個國家，在十九世紀臣服了世上眾國，成爲人類共主。而對非西方國家來說，甚至更精確一點，對西方世界北部以外的國家而言，它們在二十世紀的一頁歷史，根本上就決定於其與作爲時代共主的幾個國家之間的關係。

在如此依存主調之下，史家若欲從國際角度觀察短促二十世紀演變之勢，筆下的地理重心，難免出現不對稱的情況。然而除此處理方式之外，別無他途。這種做法，絕非認同任何族裔甚或種族優越的心態，也不表示史家贊同那些國家至今不去的自滿意識。事實上，本人在此聲明，堅決反對湯普森(E. P. Thompson)所稱，一些先進國家對落後貧窮地區持有的「無比恩惠」的優越態度。可是事實俱在，在短促二十世紀年代裡，世上絕大部分地區的歷史係屬於被動的他處衍生(derived)，而非主動性的原生自發(original)。各處非布爾喬亞性質社會中的秀異分子，紛紛模仿西方先進國家開拓的榜樣。西方模式，基本上被視爲代表著開創進步的社會。其形式，具現於財富與文化的雄厚；其手段，出於經濟及科技的「開發」；而其組織，則立於資本或社會主義的各式變體❶。除了「西化」、「現代化」，或隨便你怎麼愛稱呼它的名稱之外，世界上其實並沒有第二個可供實際作業參考的模式。反之，也只有政治上爲求入耳，才出現把「落後現象」細分爲各種不同層次的委婉說法(列寧即曾迫不及待地將他自己的祖國，與其他「殖民落後國家」劃清界限)。殖民地紛紛自治獨立之後，國際外交上便充盈著這一類虛飾的名辭(如「未開發」、「開發中」等等)。

達成「開發」目的的實際作業模式，可以與多種不同的信仰意識並行不悖，只要後者不妨礙前者的實行即可。比方欲開發的國家，如信仰回教，不因爲可蘭經未曾認可；或尊奉基督，不由於聖經從未允許；更不因爲與中古騎士風格相違，或不合於斯拉夫深厚精神，便因此禁止機場的興建。反之，一國的信仰基調，若不單單在理論上，並且在**實際上**與「開發」過程大唱反調，其開發結果便注定失敗。不怕刀槍入，可令彈頭反轉去；不管眾人對奇門遁甲的神術信得多麼入迷多麼虔誠，不幸的是，法術神技卻從來也沒有靈驗過。電報電話，可比通靈大師的感應術來得有效多了。

然而如此說法，並非看輕各個社會本身特有的傳統、信仰，與意識觀念。舊社會在接觸「開發」之際，原有的觀念或許修正，也可能始終一成不變，但是必將以此爲依據對新世界做出價值判斷。比方說，不論是傳統主義或社會主義，兩方都同時看出，在資本式自由主義經濟高呼勝利之餘——包括政治層面在內——人生道德卻蕩然無存，人與人之間的聯繫全失，唯一的關係，只剩下亞當斯密(Adam Smith)所謂的人類「交易性格」(propensity to barter)，人人只顧得追求個人的滿足與利益。就維繫道德體系、重整人生秩序而言，就確認「開發」、「進步」造成的毀壞而言，隨著船堅砲利、教士商人，以及殖民官吏而帶來的新觀念，往往不如資本主義出現以前，或非資本主義式的思想意識及價值系統來得有價值。因此，後者便動員傳統社會的群眾，起來對抗資本主義或社會主義代表的現代化——或者更確切一點，一同對抗將資本或社會主義文化輸入的外來侵略者。不過，傳統思想的力量有時雖然頗爲成功，但是事實上在一九七〇年代以前，凡在落後世界發動的自由解放運動，鮮有受傳統或新派傳統意識激起或由其完成者。唯一的例外，只有基拉法(Khilafat)一派在英屬印度發起的保王運動(編註：一九二〇至二二年間的回教區域性叛亂，旨在反對塞爾夫條約中廢除土耳其蘇丹一事)。他們要求保留土耳其蘇丹的名號，作爲世界各地信徒的哈里發(Caliph，回教國王之意)，並主張維持原鄂圖曼帝國在一九一四年際的疆界，以及由回教徒取得伊斯蘭聖地的控制權(Holy Places of Islam，包括巴勒斯坦之地)。運動爲時雖短，卻可能是迫使印度國大黨(Indian National

Congress)採取大規模不合作平民抵抗的主因之一(Minault, 1982)。然而在宗教之名護佑下發起的群眾動員——「教會」也者，對平民百姓的影響力，畢竟仍大於世俗「國王」——多屬後衞性防守姿態。不過偶爾也有宗教大軍衝鋒陷陣，領頭頑強抗敵的情況出現。比如墨西哥的農民，即曾在「基督國王」的大纛之下，奮起抗拒墨西哥革命政教分離的運動(一九二六—三二)。在其大史官的筆下，農民的壯舉化作史詩般的浩浩「基督精兵」(Meyer, 1973-79)。除此之外，以基本教義派爲主力的大規模動員力量，一直到二十世紀最後的數十年間，方才出現成功的事例——在這些新一代的知識分子中間，甚至產生一股回歸傳統的奇異現象。矛盾的是，新一代所要回歸的事務，若在當年他們饒有學養的父祖眼裡看來，卻恐怕盡屬務必掃除的迷信野蠻呢。

與本土傳統兩相映照，這一切的改革計畫，甚至包括其中的政治組織與形態——使倚賴他人生存者追求解放，令落後貧窮者奮力突破——所有的靈感理念，全部來自西方：自由思想、社會主義、共產主義、國家主義、俗世的政教分離主義(secularist)、護教主義(clericalism)，還有布爾喬亞社會用以進行公共生活事務的種種設置——報界、公共會議、黨派、群眾活動。種種新思想，新制度，雖然有時不得不假借社會大眾信服的宗教口吻行之，根本上卻都出於西洋。這種現象，意味著本世紀在第三世界發動改造之人，事實上只限於當地居於少數的秀異階級，有時甚至少到屈指可數的地步——因爲在這裡，莫說處處不見民主政治的制度以及必要的教育知識，甚至連初級的識字程度，也只限於極其少數的階層。印度次大陸地區在獨立以前，百分之九十的人口爲文盲，識得西方語文(亦即英文)者更如鳳毛麟角——一九一四年前，三億人口裡面，大約只有五十萬名識得外文，也就是每六百人中僅得一名❷。即使在教育熱度最切的西孟加拉(West Bengal)，獨立之初(一九四九—五〇)，每十萬人口中也只有兩百七十二名大學生。可是這個數字居然還是北印度心臟地區的五倍之高。然而，這群天之驕子人數雖少，發揮的影響力卻極爲驚人。英屬印度之下最主要的行政區之一孟買(Bombay Presidency)，及至十九世紀尾聲，該區三萬八千名祆教男子裡面，四分之一以上嫻熟英語，難怪個個成爲活躍於印度次大陸的貿易商、工業家、金融家。而一八九〇年至一九〇〇年間，經孟買高等法院核准辦案資格的百名律師之中，即包括日後獨立印度裡兩名最重要的領袖——聖雄甘地(Mohandas Karamchand Gandhi, 1869-1948)，以及印度獨立後的首任副總理帕特爾(Vallabhai Patel)——並有巴基斯坦未來的國父眞納(Muhammad Ali Jinnah)(Seal, 1968, p. 884; Misra, 1961, p.328)。在西方教育之下，這批菁英在本國歷史上發揮了全方位的作用。作者本人就認識一家人，可以充分證明這種現象之一斑。這家人的父親，是位地主暨業務發達的律師，也是英人統治下卓有地位的社會人物。一九四七年印度獨立之後，曾在外交界任事，至終並榮膺省長之職。母親則是印度國大黨於一九三七年間成立的地方政府中的首位女性部會首長。四個孩子均在英國接受教育，三名曾經加入共產黨;其中一位日後成爲印度陸軍總司令，第二位則成爲共產黨籍的國會議員，第三位歷經一番動盪政治生涯之後，成爲甘地夫人政府中一名首長，至於第四名兄弟，則在商界一展身手。

但是這些現象，並不表示深受西方洗禮的秀異菁英，對於外來價值文化便毫無異議地一切照單全收。外國事物雖同是他們學習的榜樣，個人之間的觀點卻有著極大的歧異——從百分之百的吸收同化，到對西方深刻的不信任，所在多有。然而在疑納之間，卻都深信唯有採用西方的新制度及新發明，方能維繫本國特有的文明於不墜。各國現代化運動之中，推動最力且最成功的例子，首推明治維新之後的日本。然而日本之維新，事實上並不以日本的全盤西化爲宗旨，卻在保守傳統之日本的再生。同理，第三世界的維新之士所寄於西方計畫意識者，不在其表面的理論文字，卻在其本身寄寓的言外文章。因此，殖民地紛紛獨立的年代裡，社會主義(亦即蘇聯式共產主義)甚受甫自殖民政權解放的新政府的歡迎。不單單因爲反帝國主義向爲城市左派力申的主張，更由於蘇聯的計畫性工業化模式深得其心。在它們的眼裡，蘇聯式的計畫可以將落後的本國拉拔長大。這項目的，遠比解放本國普羅階級更爲重要——且不管這一國的普羅階級，到底該如何定義(見第十二章)。同樣地，巴西共黨雖始終矢志於馬克思的學說，並主張超越國界的勞工聯合；但自一九三〇年以還，強調建設發展的「民族主義」，卻成爲該黨黨綱的一項「主要成分」，重視之程度，甚至與勞工利益相衝突也在所不惜(Martins Rodrigues, p.437)。總而言之，這些一手改變落後地區面貌的領袖人物，不論係有意無意，更不論其目的爲何，現代化一事——亦即對西方模式的仿效——往往是此輩人士達成目的不可或缺的必要手段。

第三世界的菁英分子，在思想觀念上，與一般同胞百姓有著極大的差異，更可見西化扮演地位之重要。大君與賤民之間唯一的共通點，往往只剩下對白人種族主義(亦即北大西洋白人)的同仇敵愾。但是就這種被歧視的心理而言，下層社會的匹夫匹婦(尤以「匹婦」爲甚)，被外洋歧視的感受反不如上層人士爲深——因爲下層階級的小老百姓，在本國社會的身分地位一向就不如人，與膚色沒有任何關係。至於伊斯蘭世界，則有共同的信仰維繫上下眾人——回教徒對不信者一律蔑視——不過在其他非宗教性的文化裡，就鮮有信仰共繫一國之感情了。

2

資本主義的世界性經濟，到了帝國時代更爲發揚光大，深入全球每一角落，徹底地改變了人類世界的面貌。自十月革命以還，資本主義的腳步雖然曾在蘇聯大門口暫事停留，其勢卻已不復可擋。一九二九至三三年間的經濟大恐慌，因此成爲反帝國主義及第三世界爭取解放運動一個重要的分水嶺。因爲挾帶著資本主義而來的北大西洋勢力，來勢洶洶；任何一個地區，只要在西方商人及政府眼中稍具某種程度的經濟吸引力，不論其該地原來的政經文化如何，都將無可逃遁，被吸入世界性市場的控制之中。唯一的例外，只有那些不適人居的地區，如阿拉伯的沙漠地帶，在石油或天然瓦斯發現以前雖然神祕多彩，卻因爲缺乏經濟價値，一時得以逃過資本主義在全世界撒下的天羅地網。一般來說，第三世界對世界市場的貢獻多屬農產品類的供應——包括工業原料、能源，以及農畜飼牧——同時也爲北國資金提供了投資的出路，包括政府貸款、運輸通訊及城市的基礎建設。若無這方面的建設，從屬國的資源就沒有那麼方便供其剝削了。一九一三年間，英國四分之三以上的海外投資——當時英國資金的輸出，遠超出其他各國資金輸出的總和——都集中在政府股票、鐵路、港口，以及運輸方面(Brown, 1963, p.153)。

然而，這些從屬國家之所以工業化，卻非任何人有意的計畫，即使在南美國家也不例外。畜牧業發達的南美洲，將當地出產的肉類加以處理，做成罐頭以便運輸，本是最合理的發展，可是罐頭工業的出現，其意並不在幫助南美國家的工業化。說起來，葡萄牙不也有沙丁魚裝罐業及葡萄酒裝瓶業？可是葡萄牙並未因此而工業化。該國的工業化，也不是這兩項工業成立的目的。事實上，北方各國政府及實業家對待這些從屬國家的主要做法，是以出口養入口，也就是以當地農產品的收入，換購西方國家製造業的成品。一九一四年以前在英國控制下的世界經濟，就是建立在這種基礎之上（見《帝國的年代》第二章）。不過實際上，除了某些由殖民建立的國家所謂「移居國資本經濟」(settler capitalism) 之外，一般從屬國對西方國家產品的消化胃納並不大。印度次大陸上三億居民，中國境內四億人口，俱皆貧窮不堪，加以本地生產足供國民日常所需，實在沒有多餘的能力再向外購買任何產品。不過大英帝國運氣好，在它雄霸世界經濟的年頭，中印兩國貧苦大眾的購買力雖小，但是七億之眾的錙銖之數加起來，畢竟還是可以維持蘭開夏(Lancashire，英國紡織工業重地)綿紡工業的生意繼續運轉。英國紡織業利益之所在，與北方諸國其他製造業沒有兩樣，無非使得依賴性市場對其產品仰仗日深，以至走上完全依賴之路。亦即令前者始終停留在靠天吃飯的農業型經濟狀態之下。

然而，不管西方是何居心，他們的如意算盤卻往往無法全盤得逞，部分原因，也就出在世界經濟社會那股強大的吸納力。本土經濟一旦被捲入了這股買進賣出的商業社會大旋流，當地市場便油然而生，連帶刺激了當地消費產品的生產活動。而本地的生產設施，置辦成本自然也比較低廉。另外部分原因，則由於多處從屬地區的經濟生產——尤以亞洲爲最——原本便具有高複雜度且悠久的組織源流及製造背景，更擁有相當成熟複雜的生產技術，以及豐富優良的人力資源。於是巨型的集散城市——從布宜諾斯艾利斯、雪梨，到孟買、上海、西貢——便成爲北方諸國與從屬世界聯絡的典型環節。在進口業務大傘一時的護罩之下，這些城市紛紛興起了自己的工業——雖然這種趨勢並非其統治者的本意。一向以來，進口的蘭開夏棉織品不但距離遙遠，而且價錢昂貴。現在既有近在亞美達巴得(Ahmedabad，孟買北邊的商業中心)、上海的本地廠家——不論是由當地人自辦或係爲外商代理——不必花費太多力氣，便可輕易就近供應印度或中國的市場。事實上，這正是一次大戰結束後各地的眞實寫照，英國棉織業的前途便也就此斷送。

馬克思的預言顯然甚合邏輯，工業革命的火花至終果然遍布了全世界。可是我們在深思馬氏預言之餘，卻又不得不爲另一個現象感到驚詫：直到帝國時代結束爲止，事實上直至一九七〇年代以前，絕大部分的工業生產，始終不出已開發資本性經濟之門。若打開世界工業地圖來看，一九三〇年代後期的唯一改變，來自蘇聯五年計畫的實施(見第二章)。遲至一九六〇年代，位於西歐及北美的原有工業化心臟地帶，依然包辦了全世界七成以上的總生產毛額。至於「附加性價値生產」(value added in manufacturing)，也就是工業性的出產，更幾乎高達八成(Harris, 1987, pp.102-03)。舊有西方世界獨霸的重心，一直到二十世紀後三分之一之際，才發生重大並顯著的轉移，其中包括日本工業的興起——一九六〇年時日本的生產總額，還不及全球工業總產額的百分之四。因此直到一九七〇年代，經濟學家才開始著書討論「國際分工的新現象」。換句話說，亦即舊心臟地帶的工業力量，在此時方才開始出現衰退的現象。

帝國主義，也就是那「舊有的國際分工形式」，在骨子裡顯然便有一股積極強化核心老大國獨霸工業地位的傾向。帝國主義別有用心，刻意延續落後國家落後狀態的做法，曾在兩戰之間受到馬克思主義分子的大力攻訐。一九四五年後，新興起的一批專研各種「依賴理論」的學者，也對帝國主義的自私心態提出嚴厲批評。這一類的攻擊固然理直氣壯，然而矛盾的是，工業建設在早年之所以始終留在老家而不曾向外擴展的眞正原因，卻正出在資本主義式世界經濟的發展尚未成熟之故。說得更精確一點，主要是因爲當時運輸通訊的科技不夠完善，方才妨礙了工業種子的傳布。要知道企業以謀利爲目的，以資本累積爲手段。根據它們見錢眼開的這一本帳，若無必要，顯然沒有非將鋼鐵產製的工作留在賓州（州內的匹茲堡爲美國鋼鐵重鎭）或魯爾（Ruhr，德國工業重地）不可的理由。但是工業國的政府則不同，尤其是那些傾向保護主義或擁有龐大殖民地的國家，他們爲保護母國工業，自然會使出全部手段，極力遏止具有潛在競爭可能的對手出現。其實就根本而言，建設殖民地一事對帝國主義的政府也不無好處。但是列數各殖民國家，只有日本在這方面進行過有系統的嘗試。一九一一年併吞朝鮮之後，日本曾在那裡設立了重工業。一九三一年後，又分別在滿洲、台灣兩地興建重工業。日本的動機，在於它看中了殖民地豐富的資源，加以地理位置接近，正可一補母國原料稀少的缺憾，直接爲日本的工業化效命。此外，在作爲世界最大殖民地的印度，殖民政府於一次大戰期間始驚覺該地工業自給及防禦力量之不足。於是雙管齊下，開始採取一系列由政府保護並直接參與的開發政策，以促進當地工業的建設及發展（Misra, 1961, pp.239, 256）。如果說，戰爭使得殖民官吏覺醒，令他們體會到殖民工業不足的害處：那麼一九二三至三三年間的經濟大恐慌，更使他們在財務上深受壓力。農產品價格下降，殖民政府維持收入的來源只有一途，便是提高製造品的關稅，連帶影響到由母國（英國、法蘭西，或荷蘭）製造進口的貨品也難逃高稅率的命運。洋商經營的公司行號，在此以前一直享受免稅進口的優惠；殖民地在它們眼中雖然屬於邊陲次要的市場，此時卻也深深感到在當地設廠直接產銷的必要（Holland, 1985. p.13）。不過，儘管有戰爭及蕭條兩大因素的刺激，依賴性經濟世界在二十世紀前半世紀的生產重點，絕大多數依然停留在直接由土地出產的農業性質。兩相對照，二十世紀中期之後，世界經濟則開始出現了「大躍進」。原本屬於依賴地位國家的經濟生活，也從此進入戲劇化的轉捩點。

3

就當時實際狀況而言，亞非兩地及拉丁美洲各國的命運，可謂全部操在北半球少數幾國手中。全國上下，也都深切體會處處由人不由己的悲哀。更有甚者，（除了美洲地區以外）多數國家不是被西方勢力直接佔領治理，便受其轄制支配。眾人心裡都很清楚，即使本地王公蘇丹的轄權猶在（如「被保護國」、侯國等等），王廷之上，保護國代表大人的「忠告」，卻不可不仔細聆聽。即使像中國這樣依然享有獨立地位的國家，外人在境內也有享著至高無上的治外法權及徵收關稅之權。外侮如此之甚，逐外之思自然難免。不過中南美洲則不然，該處全數爲主權獨立的國家。只有美國抱著老大思想，把中美洲小國當作自己事實上的被保護國。美國這種當家老大哥的心態，在本世紀的前三分之一，以及最後的三分之一中表露得最爲強烈。

但是一九四五年以來，原殖民世界已經全然改觀，紛紛變爲一群在表面上享有自立權的獨立國家。以今日的眼光回溯，這個情況似乎不但無可避免，也是殖民地民眾長久以來期望的實現。就某些擁有悠久政治實體歷史的國家而言，此言自然非虛。比方亞洲諸大帝國——中國、波斯、鄂圖曼即是——其他或許還有一兩個國家，如埃及也可包括在內。其中尤以由絕大多數單一民族組成的國家爲最，如中國的漢族，以及等於伊朗國教的伊斯蘭什葉教派(Shiite)即是。這一類國家的人民，對外人普遍具有強烈的憎惡情緒，因此往往即易被政治化。難怪中國、土耳其及伊朗三國，成爲由內部主動爆發重大革命的舞台。然而這三國實屬例外；因爲所謂建立於永久領土的政治實體，外有固定疆界與其他政治體相隔離，內受獨一性常設政權的統轄治理——亦即一般理所當然認定的獨立主權國家的觀念——對其他絕大多數殖民世界的人民來說，根本毫無意義可言。即使存在，一旦超越了個別村莊的範疇，這項觀念便沒有任何意義(甚至在擁有永久性及固定性農業文化的地區亦然)。事實上，即使當地人民具有我群我「族」的意識——比方某些被歐人以「部落」之名稱呼的特定結合地區——既與其他族群共存、雜處、並分工，卻在領土上分隔的概念，往往不可思議，超出他們所能領略的範圍。在這一類的地區，唯一能爲二十世紀獨立國家形式奠立基礎的疆界線，只有西方帝國侵略競爭之下產生的勢力範圍。外來的勢力將這些地面任意割裂，分疆劃域，通常卻完全罔顧當地固有的政經社會結構。因此，殖民結束後的世界，幾乎全然依照當年帝國主義時代遺留下來的疆界。

更有甚者，第三世界的居民不但對西方人深惡痛絕（痛恨的原因不一：有的在宗教立場上痛恨這些不信的西方人；有的則痛恨他們帶來種種無神邪論的現代發明，破壞了原有的社會秩序；或單純出於對一般大眾生活方式改變的抗拒，認爲種種改變徒然百害而無一益——這種想法，其實不無幾分道理），本國秀異階級以爲現代化爲唯一途徑的信念，老百姓也極力反對。在這種思想觀念不一的狀況之下，要想組成共同抗禦帝國勢力外侮的同一陣線，自然極爲困難。更有甚者，在某些殖民國家，即使殖民統治者對當地上下人等，無論尊卑，一律視之爲劣等民族予以輕視侮辱，也依然難喚起全民團結，起來共同對外。

因此，在這一類國家裡面鼓吹國家運動的中產階級，其主要任務便是如何爭取傳統人士及反對現代化的大眾的支持；在此同時，卻又不致破壞本身設定的現代化大計。早年印度興起的民族主義運動人士之一，如爆炸力十足的提拉克（Bal Ganghadar Tilak, 1856-1920），在爭取低中階級廣大民眾支持一事之上——而非只圖爭取位於印度西部地區的鄉親——掌握的方向便極爲正確。他不但捍衛印度聖牛及十歲女童即可結婚的傳統；面對「西方」文明及崇拜西方文明的本國人士，他更力主古老印度文化——或所謂「阿利安」文明——及其宗教的優越性質。印度民族運動主戰派的第一個重大階段，出現於一九〇五至一〇年時期，主要便藉由這一類「本土性」的名目發動；甚至連孟加拉的那批年輕恐怖分子也不例外。至終並由聖雄甘地動員了印度各地的村落及市集。數以百萬的印度老百姓，都是受到他由印度教優越性出發的感召。在此同時，甘地也同樣注意，不致失去與現代化派人士聯合的必要性(就實際意義的層面而言，甘地本人其實不失爲現代化派的一員)（見《帝國的年代》第十三章)。此外，他極力避免與印度境內回教民眾的對立——主張武力立國的印度教革命主張，先天便具有反回教的傾向。甘地一手將政治人物塑造爲聖人形象；他的這項發明，主張以集體被動的手段，達成革命的目的(亦即其「非暴力的不合作運動」)。更有甚者，他還巧妙地運用了正在發展演變中的印度教本身。因爲在印度教千變萬化、無所不包、含糊混沌的面目及教義之中，包含著接納改革創新的潛在力量。甘地便充分利用並開發了這股力量，從中完成其社會性的現代化運動，如對印度傳統種姓制度的揚棄即是。然而晚年的甘地，在他被刺之前，卻坦承自己的努力畢竟還是失敗了。刺殺他的兇手，原是遵循提拉克一派的傳統，主張印度教排他獨尊地位的主戰分子。甘地知道，自己最中心最基本的努力到頭來還是落空。就長程觀點而言，廣大民眾之所動，與強國立種之所需，兩者之間，終爲扞格不合，難於協調。最後，自由獨立後的印度統治人士，屬於「既不緬懷過去，也不希冀恢復古印度光榮」的一群。他們「對印度的過去，既無感懷共鳴，也不求了解認識。……他們的目光，對準西方；他們的心靈，深受西方先進的吸引。」(Nehru, 1937, pp.23-24)與此相反的，在本書寫作之時，主張提拉克反現代立場的傳統一派，依然有好戰的印度人民黨(BJP)爲代表——即使到了現在——他們始終是一般反對勢力的中心焦點，也是印度境內的一大分裂力量。其分裂性的影響力，不但存在廣大的草民當中，也可見於知識分子階級。聖雄甘地，曾想將印度教建立爲一個同時保有民粹傳統，並具有革新進步雙重精神的新文化。他這項短暫的努力，已然從此消失無痕了。

類似的模式，也曾經出現於回教世界。不過，就主張現代化的伊斯蘭人士而言，不論自己私底下的信仰爲何，他們對全民虔奉的宗教(即使在革命改革成功之後)也依然必須表示尊重。回教世界尚有另一項異於印度之處，亦即前者的改革派人士雖然也試圖爲伊斯蘭教義注入改革及現代化的新義，但論其動機目的，卻不在動員一般小民，事實上也不曾發生過這種作用。哲馬魯丁阿富汗尼(Jamal al-Din al Afghani, 1839–97，編註：埃及民族主義及泛回教主義代表人物)曾在伊朗、埃及、土耳其等地擁有門徒，其從人阿布達(Mohammed Abduh, 1849–1905)則在埃及興起徒眾，阿爾及利亞地方則有巴迪斯(Abdul Hamid Ben Badis, 1889–1940)。以上諸人宣揚思想的所在，不在平民百姓的村莊里落，卻在知識殿堂的學校及大學。課堂之上，自然可以找到一批與其反歐洲勢力信念共鳴的聽眾❸。然而伊斯蘭世界中眞正的革命黨，以及其中的傑出人物(如第五章所述)，卻屬於與伊斯蘭教無關的俗世革新分子。如土耳其的凱末爾，捨土國傳統的紅色黑纓氈帽(原亦爲十九世紀的發明)，而就圓頂窄曲邊的英式硬氈禮帽，並以羅馬字母，取代了帶有回教痕跡的阿拉伯字體。事實上，他一舉將伊斯蘭宗教與國家律法的關聯打破。不過儘管如此，近年來的歷史再度證實，大規模的群眾動員，還是在反現代的民眾信仰上最易獲致實現基礎(如「回教基本教義派」即是)。簡言之，第三世界的現代化人士，與一般民眾有著基本的衝突，雙方之間存在一道巨大的鴻溝。前者往往也是民族主義者，而民族主義本身，便是一個全然非傳統的新觀念。

因此，在一九一四年以前，反帝國反殖民的運動事實上並不如我們現在所想像的那般顯著。我們因爲看見一次大戰爆發後的半個世紀之內，西方各國及日本的殖民勢力幾乎全遭掃盡，便自然產生了這種假定。其實，即使在拉丁美洲地區，儘管眾人對本身依賴性的經濟狀況感到不平，對堅持在該區維持軍事勢力的唯一國家美國，尤感深痛惡絕，這份仇外的情緒，在當時卻尚未發展成當地政治的重要資產。西方殖民帝國當中，只有英國在一些地區面臨某種程度的問題——亦即無法以警察手段解決的問題。一九一四年之前，英國即已將內部的自治權利，讓渡與擁有大量白人移住民的殖民地區。一九〇七年開始，有加拿大、澳大利亞、紐西蘭、南非等「自治領」的成立。而在糾紛麻煩不斷的愛爾蘭地區，英國也允以將來授予自治地位的承諾（「地方自治」）。至於印度及埃及地區，不論從帝國本身利益的角度觀之，或由當地對自治，甚至對獨立發出的主張要求來看，整體事實的發展已經相當明顯——兩者都需要用政治手段尋得解決。一九〇五年開始，對於印度、埃及兩地的民族運動而言，可說已經出現民眾普遍支持的跡象。

但是話又得說回來，第一次世界大戰的爆發，畢竟是一組首度嚴重震撼世界性殖民主義現象的事件，並且摧毀了當時的兩大帝國（德意志及鄂圖曼；二國轄下原有的領土，遭到以英法兩國為主的瓜分）。一次大戰還暫時擊倒了另外一個大帝國——俄羅斯（然而不到幾年的工夫，俄國便重新取得其在亞洲的屬地）。對於各地屈於經濟依從地位的殖民地區而言，英國迫切需要動員當地的資源應付戰事，在戰爭的需索及壓力之下，殖民社會開始動盪不安。加以十月革命事起，老舊政權相繼垮台，接下來又有愛爾蘭南部二十六郡既成的獨立事實（一九二一）。外來的帝國勢力，第一次出現了難逃一死的跡象。及至大戰結束，埃及由札格盧勒（Said Zaghlul）領導的華夫脫黨（Wafd），受到美國威爾遜總統言辭的激勵，提出了破天荒全面獨立的要求，歷經三年的掙扎奮鬥（一九一九—二二），終於迫使英國將這個保護國轉變爲一個在英國控制之下的半獨立國家。有了這套轉換公式，英國便很方便地應用到它由前鄂圖曼土耳其帝國取得的其他亞洲領地，亦即伊拉克及約旦。（唯一的例外係巴勒斯坦地區，依然由英人直接治理。英人在大戰時期，一方面爲求猶太復國主義人士相助對抗德國，另一方面卻又動員阿拉伯人對抗土耳其的勢力，因此對猶阿雙方均做出了承諾。兩相矛盾之下，手忙腳亂，百般努力也無法擺平。）

但是在英國最大的殖民地印度，就很難找出一個簡單的標準公式，應付當地日益動盪不安的局面了。一九〇六年，印度國大黨首度採用「自治」一詞爲口號，現在這項口號漸次逼進，已經演進成要求全面獨立的呼聲。革命年代的來臨（一九一八—二二），更促使印度次大陸全民民族主義運動的政治生態發生質變。部分原因係出於回教民眾起來反英；另一部分原因，卻出在一九一九年那動盪的一年裡，英方某位將領過度反應的失誤之故。他大事血腥殺戮，將沒有武裝的民眾四面包圍。毫無退路之下，慘遭殺害的人數高達數百之眾（亦即「阿木里查大屠殺」〔Amritsar Massacre〕）。不過造成印度民族主義運動改變的主因，卻在於工人一波又一波的罷工；再加上甘地本人，以及立場已轉趨激進的國大黨頻頻呼籲，鼓動大規模的平民不合作運動所致。一時之間，一股幾乎有如千禧年的興奮氣氛，整個地攫取了自由解放的運動潮流。甘地宣稱，「自治」的美景，即將在一九二一年前到來。而政府當局卻「對當前局勢造成的騷動現象，毫無尋求任何解決之道的跡象」。一個村鎮又一個村鎮，因不合作運動完全癱瘓，印度北部廣大地區的鄉間如孟加拉、奧立沙（Orissa）、阿薩密（Assam）局勢一片混亂，「全國各地許多的回教民眾，境況惡劣，心情甚爲沉重。」（Cmd 1586, 1922, p.13）從此時斷時續，印度政局開始進入難於控制的局面。到最後印度一地終於得以保全，不致墜入群眾無法無天，四處叛亂起事的野蠻黑暗局面，恐怕多虧包括甘地本人在內國大黨多數領袖的保留，因爲他們不願往這條毀滅的不歸路走去。也許正因如此，加以領袖諸人對自己缺乏充分信心，以及他們始終相信英國政府眞心想幫助印度改革的誠意——這分信念雖然受到動搖，卻不曾完全毀去——終才保全了英人統治的地位。一九二二年初，基於「平民不合作」運動已經導致某地村莊屠殺事起的緣故，甘地宣告停止推行這項運動。從此，我們可以說英人在印的統治，開始轉而仰仗甘地的居中調節，遠超過軍警手段的力量。

這個說法並非沒有道理。當時在英國本土，雖然還有著一群主張帝國主義的死硬派，邱吉爾便自命該派人士的發言人。但自一九一九年以後，英國統治階級眞正當行的看法卻認爲，類似於「自治領地位」某種形式的印度自治，已屬大勢所趨必然發展的方向了。他們同時認爲，若想保全英國勢力在印度的前途，必須與印度菁英階級達成協議，包括民族主義人士在內。英國在印度的單方面統治，至終必將結束，只是時間遲早的問題罷了。印度一地既是整個不列顛帝國的核心，因此，帝國作爲一個整體的存在，目前看來不免岌岌可危。唯一的例外，只剩下非洲地區，以及散布在加勒比海及太平洋水域的幾處島嶼。在那裡，帝國大家長的統治地位，所幸尚未受到挑戰。英人在全球直接或間接控制的土地面積，在兩次大戰之間達於前所未有的巔峯；然而在此同時，英國統治者對其維持原有老大帝國霸權的信心，卻也達到前所未有的低谷。二次大戰之後，英人持續稱霸的地位顯然不再，對各地殖民地紛紛瓦解、自治的風潮，基本上都不事任何抗拒，主要原因正出於此。恐怕也正是基於同樣的理由，一九四五年之後，其他各大帝國，尤以法國爲著——但也包括荷蘭在內——卻依然試圖以武力維繫其殖民帝國的境遇。因爲它們的帝國，並未爲一次大戰所動搖。唯一最令法國頭痛的問題，只是它們尚未完全征服摩洛哥一地而已。可是北非亞特拉斯(Atlas)山間，那好戰的柏柏族人(Berber)，基本上只屬一樁待解決的軍事麻煩，而非政治問題。事實上柏柏人的問題，對摩洛哥當地西班牙殖民政權威脅的嚴重性，遠比對法國爲大。一九二三年，一位柏柏族的知識分子阿布杜勒克里姆(Abd-el-Krim)，宣布在高地成立里夫(Rif)共和國，受到法國共黨分子及其他左派人士熱烈的支持。在法國政府協助之下，該派人士於一九二六年被西班牙殖民當局擊潰。從此，高山上的柏柏人重操舊業，在海外回到法西兩國的殖民軍隊中爲其作戰效命，在家鄉則抗拒任何一種中央政府形式的存在。至於法屬的回教殖民地區以及法屬印度支那一帶，追求現代化的反殖民運動一直到二次大戰之後才開始眞正出現。只有突尼西亞一地，曾經微光一現，有過小小的發展。

4

革命風起雲湧的年代，基本上只有大英帝國本身受到震撼。可是一九二九至三三年之際的經濟大恐慌，卻整個地搖動了居於依附地位的世界。因爲就實際情況而言，這些地區在帝國主義時代一直有著持續的成長，甚至連大戰也不曾中斷這股繁榮，因爲它們絕大多數都與大戰地區距離遙遠。而當時許多殖民地的人民，與擴張中的世界經濟自然也尚未發生任何關係，更不覺得自己遭受到任何與前不同的新影響。對於那些自古以來就胼手胝足，辛苦挖掘運送的黎民男女來說，自己日夜從事的勞動，究竟是在哪一種全球性的環境之下付出，又有什麼相干，有什麼不同呢？不過儘管如此，帝國式的經濟，畢竟爲一般人民的日常生活帶來相當影響，在以出口爲生產重心的地區，情況尤其顯著。有些時候，這些改變甚至早已以某種爲當地民眾或外來統治者認知的政治形態浮現。一九〇〇至三〇年代，祕魯的農莊田園開始轉型，變成了沿海的製糖工廠，或內陸高地的商業性牧羊場。於是印第安族勞工原本向海口城市移民的涓滴，開始匯變爲一股廣大的潮流，新思想隨之向傳統的內地逐漸滲透。因此及至一九三〇年代之際，一個位於安地斯山脈（Andes）三千七百公尺之上，外人極難到達，「極爲遙遠」的小村落瓦斯坎卡（Huasicancha），卻已經在辯論到底哪一個全國性黨派最能代表它的利益了（Smith, 1989, esp. p.175）。不過絕大多數時候，除了當地人之外，外人根本不知道，也不在乎這些小村落已經發生了多少改變。

比方說，對於一個幾乎從來不曾用過金錢，或僅只在有限用途上使用金錢的經濟社會而言，一旦進入一個以金錢爲普世唯一交換標準的經濟世界裡，意味著什麼樣的變化？那些位於印度及太平洋上的眾多島嶼，即是一例。舉凡財貨、勞務，以及人與人之間的交易，都產生了根本的改變。原有的社會價值，事實上甚至連原有的社會分配形式，也都因此發生變化。對於以產米爲主，遵奉母系社會，位於馬來西亞的森美蘭州（Negri Sembilan）農民來說，祖宗傳下的農地，一向係由女人擔負主要的耕種責任，而且也只能經由女系或女子繼承。至於叢林之間，新近由男人清理開墾出來用以種植次要作物的土地，卻可以直接留傳給男性。但是隨著橡膠價格的上漲，其利潤遠比稻米爲高，兩性之間原有的平衡便開始改變，由男性相傳承的家產分量愈形加重。這項轉變，加強了傳統回教派領袖的地位。他們一心以父系威權爲主，自然無時無刻，不想把他們的「道統」觀點強加於當地的風俗習慣之上。更遑論當地的統治者及其家族，亦係該區普遍母系社會當中唯一實行父系社會的例外(Firth, 1954)。依賴性的經濟社會，便充滿了諸如此類的改變與轉型。但是生活於其中的各個社群，與外界的直接接觸卻甚微——就眼前馬來社會的例子而言，也許便只是經由一名中國貿易商人的中介。而商人本人呢，最常見的情況，恐怕原是一名來自中國福建的農民或工匠。母國的文化傳統，使其習於勤儉維生，尤有甚者，使其深諳金錢奧祕複雜的功用。但是，除了這兩項不同的特點之外，這位出身寒微的中國商人的天地，距亨利福特及通用汽車現代世界的距離同樣甚爲遙遠。

儘管殖民世界產生了諸般變化，世界性的經濟看來卻依然遙遠，因爲它帶來的立即性，及可辨識的衝擊力，基本上並無巨變性的影響力。不過在印度及中國等地，卻有一些孤立的工業地區出現，它們成長快速，勞力低廉。因此一九一七年以來，勞工階級的衝突鬥爭便開始不斷蔓延，其中甚至不乏以西方模式爲師的勞工組織。此外，並出現一些大型港口及工業城市，以此爲據點，依賴性經濟的世界便與操縱其命運的外在世界經濟相互往還。如孟買、上海(其人口總數由十九世紀中期的二十萬人，一躍而爲一九三〇年代的三百五十萬)、布宜諾斯艾利斯，以及規模較小的卡薩布蘭加(Casablanca)均是。卡薩布蘭加的人口自開埠成爲現代港市之後不到三十年的時光裡，便成長爲二十五萬人之眾(Bairoch, 1985, pp.517, 525)。

經濟大蕭條的出現，卻改變了一切。依賴地區與通都大埠，兩種截然不同的經濟社會的利益，一下子猛烈交疊，衝擊力之大明顯可見。單就農產品價格一項，便足以造成這種強烈的效果。一向爲第三世界經濟賴以生存的農產價格慘跌，遠低於他們向西方購進的成品的價格（見第三章）。於是殖民主義與經濟依賴的狀態，甚至對那些曾由其中受惠的人士而言，也變得無法接受了。「開羅、仰光、雅加達——即荷屬時期舊稱的巴達維亞（Batavia）——各地學生紛紛動亂。並不是由於政治的希望渺不可期，卻因爲眼前的蕭條，已經將以往支持殖民主義的心態一掃而空，其父母一代對殖民主義的接受度至此蕩然無存。」（Holland, 1985, p.12）其實其中原因不止於此：一般平民百姓的生活，也首度感受到天災以外的大震撼（戰爭時期除外）。這種災害，非祈禱可以解決，只有出之以抗議一途。於是，政治動員的廣大基礎自此成形，在農民生活廣受世界市場作物通貨經濟體系擺布的地區裡尤其如此，如西非沿海，以及東南亞一帶均是。在此同時，大蕭條也將依賴地區的國內外政局，帶入極不穩定的狀態。

因此一九三〇年代，是第三世界關鍵性的十年。主要原因，並不全在蕭條導致政治走上激進的方向。卻更在蕭條一事，爲政治化的少數人與本國一般人民之間，從此建立了共同的接觸面。這種情況，在印度等地已經存有民族主義運動動員民眾的國家也不例外。一九三〇年代初期，印度再度掀起廣大的不合作運動浪潮，英國政府最後讓步，同意頒布一部妥協性的憲法。一九三七年，印度各地首次舉辦省級選舉，國大黨獲得全國性的支持。在心臟地區恆河（Gange）一地，其黨員人數便由一九三五年的六萬餘人，暴增爲一九三〇年代末期的一百五十萬餘（Tomlinson, 1976, p.86）。這種現象，在迄今尚未如此廣大動員過的國家裡更爲顯著。未來世代群眾政治的輪廓，不論模糊抑或清晰，自此開始逐漸現形。如拉丁美洲的民粹主張，便以具有極權性格的領袖爲基礎，開始尋求都市工人的支持。加勒比海等地的工會組織，進行了大規模的政治動員；他們的領導人，日後儼然都有成爲黨派要人的可能。風塵僕僕往來於法國之途的阿爾及利亞工人移民，成爲該國革命運動的強大基礎。而在越南等地，則出現了一個與小農有強烈聯繫，以共產分子爲基礎的全國性抵抗運動。凡此種種，不勝枚舉。至少在馬來亞一地，蕭條的年月從此挫斷了殖民統治當局與小農大眾的結合力量，爲未來世代的政治發展，挪出一片空間。

及至一九三〇年代結束之際，殖民主義的危機，已經延伸至其他各大帝國。雖然其中的義大利及日本二國，當時仍在不斷擴張之中（前者方才侵佔了衣索比亞，後者則正力圖征服中國）——不過它們的好日子也不長久了。至於一九三五年時頒布的印度新憲法，原爲英方殖民政府勉強與勢力甚囂塵上的印度民族主義妥協的產物，此時卻因國大黨在各地選舉中的全面勝利，成爲英國向印度民族主義一大讓步的象徵。在法屬北非地區，嚴肅的政治運動首度在突尼西尼、阿爾及利亞等地興起——甚至連摩洛哥地方，也發生了零星的衝突事件——而法屬的印度支那，在正統的共黨異議分子煽動之下的群眾叛變，首次開始變得至爲嚴重。在印尼，荷蘭也力圖維持控制，而印尼該地，「對於近年來發生於東方各種運動的感應，一向與其他國家不同。」（Van Asbeck, 1939）其不同之處，倒不在它比別人格外安靜；而在當地各種的反抗勢力——伊斯蘭、共產黨，以及俗世的民族主義運動——不但內部分歧不斷，彼此之間也衝突頻頻。甚至在一向被殖民當局看作昏昏欲睡的加勒比海地區，千里達（Trinidad）的油田地帶也興起了一連串的罷工事件。而牙買加的農林墾殖區及城市，也於一九三五至三八年間轉變爲暴亂不斷遍及全島的衝突之地，暴露出前此從未見過的民眾不滿情緒。

在這段騷動不安的年月裡，只有撒哈拉以南的非洲大陸一片死寂。然而在一九三五年後，蕭條的年月卻也爲這片沉默不語的大地帶來了罷工。罷工的怒火，由中非的產銅帶點燃。倫敦當局從中體認到一樁事實：農村男子由鄉間大量移往礦區的現況，對社會、對政治，都有著不安定的破壞力量。於是，它呼籲殖民政府改革現狀，要他們籌設勞工部門，著手改良工人的工作環境及條件，穩定勞工階級的力量。一九三五至四〇年代興起的罷工風浪，遍及全非各地，可是在基本上卻不具任何反對殖民統治的政治意味。除非我們把當時以黑人爲對象的非洲教會及預言家迅速擴張的現象，以及如產銅帶一地興起的千禧年瞭望運動（Watchtower，源自美國）等反對俗世政府運動的流行，也算作政治性的產物。殖民政府開始首度尋思反省，省察經濟變局對非洲農業社會帶來的不安後果——事實上當其時也，非洲社會正度過一段相當繁榮的成長時期——並且開始鼓勵社會人類學者，對這項題目進行深入研究。

然而就政治角度而言，當時的非洲殖民當局似乎大可高枕無憂。在廣大的非洲鄉間，此時正是白人行政官僚的黃金時期。不論當地有無唯唯是諾的土著「頭目」居間協調，一切都是那麼順暢快意。有時爲了便於殖民當局的「間接」統治，還特意設置「頭目」一職以茲管理。至於非洲的城市知識階級，既受過新式教育，對現況日漸心生不滿。及至一九三〇年代中期，他們的人數已經相當龐大，足以維持一個極爲興旺的政治性報業的存在，如黃金海岸（Gold Coast，即今迦納〔Ghanan〕）

的《非洲晨郵報》(*African Morning Post*)、奈及利亞的《西非導航報》(*West African Pilot*)，以及象牙海岸(Ivory Coast)的《象牙海岸斥候報》(*Éclaireur de la Côte d'Ivoire*)。「《斥候報》曾帶動一場運動與高級軍官及警方對抗，要求政府採取手段重整社會，並爲遭受經濟重創的失業人士及非洲農民爭取福利。」(Hodgkin, 1961, p.32) 非洲當地倡導民族主義的政治領袖，此時也已經開始嶄頭露角。他們的思想受到美國興起的黑人運動影響，受到人民陣線時代的法國影響，甚至受到共黨運動的影響❹。這股思潮在倫敦的西非學生聯盟(West African Students Union)群中開始流傳。日後非洲各共和國的總統之中，有幾位也於此時登上舞台——如肯亞的首任總統肯亞達(Jomo Kenyatta, 1889-1978)，以及後來成爲奈及利亞總統的阿奇克偉醫生(Namdi Azikiwe)。不過及至當時爲止，以上諸人都還不曾爲歐洲各國的殖民當局帶來過任何輾轉失眠的夜晚。

殖民帝國在全球的終結，於一九三九年之際雖有可能出現，但是否真的已經迫在眉睫，就作者記憶所及，並不盡然。回想那一年，在某間專爲英國及「殖民地」共黨學生設置的「學校」裡，校中氣氛並沒有反映這種看法——然而當其時也，若說任何人對時局的演變抱有期盼，還有誰能比那批年輕狂熱的馬克思派好戰分子更樂觀呢？眞正使得殖民世界全然改觀的事件，卻是第二次世界大戰。二次大戰的背景緣由極爲複雜，不過絕對是一場帝國主義之間的大對決。而且一直到一九四三年局勢反轉之前，幾處殖民帝國大字號都始終居於下風。法國不用說，一下子便在敵前屈辱地潰敗了。它的屬國屬地，只有在軸心勢力的開恩允准之下，方得苟延殘喘。而在東南亞及西太平洋一帶，英屬、荷屬，以及其他西方國家擁有的幾處殖民地，也都盡入日軍魔掌。即使在北非地區，德國也一逞所願，勢力大張，距離亞歷山大港僅有區區數十里路。情況嚴重到英方甚至曾一度認眞考慮撤出埃及的地步。只有沙漠以南的非洲一帶，依然維繫在西方嚴密的控制之下。事實上，英國還不費吹灰之力，將義大利勢力逐出了東部的海岬（衣索比亞）。

這些老大殖民帝國眞正的致命傷，在於戰爭一事顯示了一項事實：原來這些白人大爺，以及他們不可一世的母國，也有招架不住羞羞辱辱被人打敗的一天。原來這些老大帝國，外強中乾，即使終於打了勝仗，卻再也沒有力氣重整旗鼓了。一九四二年，印度國大黨高喊著「退出印度！」的口號，發起了一場重大叛亂。其實這場叛亂尚不是英方在印度受到的最大考驗，因爲亂事很快便敉平了。眞正讓英方統治地位陷入嚴重考驗的事件，是五萬五千名印度官兵的叛變投敵。他們投效一名國大黨的左翼人士博斯，成立了一支「印度國民軍」（Indian Nataional Army）。而博斯其人，則決意尋求日方支持以謀印度獨立（Bhargava/Singh Gill, 1988, p.10; Sareen, 1988, pp.20-21）。日方老謀深算，它的動機可沒有印度士兵那般單純。日本的政策顯然受到該國海軍的影響，意圖利用印度士兵的膚色問題居間挑撥，並儼然以殖民地的解放者自居。日方玩弄種族牌的手法頗具成效（不過卻無法在海外華人的身上得逞）；在越南地方，它們也同樣鎩羽，讓法方繼續維持當地行政）。一九四三年際，日人甚至在東京組織了「大東亞國家會議」（Assembly of Greater East Asiatic Nations）❺。出席的各國「總統」、「總理」，來自日人操縱之下的各國傀儡政府，包括中國、印度、泰國、緬甸與滿洲國。各個殖民地內的民族主義分子，儘管很感激日方的支持，以印尼爲例，日人給予的協助的確非同小可。可是感激歸感激，大家心裡卻看得很清楚，不可能跟日本站在一邊。一旦日方敗象已定，殖民地眾人便立刻掉轉槍頭。在此同時，他們卻永遠忘不了先前看透的事實：西方老大帝國何等不堪一擊。雖然美國旋即因爲國內的反共思想所致，致使華盛頓當局一改初衷，反成爲第三世界舊有保守勢力的捍護者。眾殖民地人民卻沒有忽視另外一樁事實：那就是戰勝了軸心勢力的兩大強國——羅斯福的美國以及史達林的蘇聯——儘管動機緣由不同，基本上對舊有的殖民主義卻都抱有惡感。

5

舊有的殖民體系，果然在亞洲首先宣告破產。敍利亞及黎巴嫩兩國（原法屬），於一九四五年宣布獨立。印度及巴基斯坦，在一九四七年獨立。次年一九四八年，則有緬甸、錫蘭（Ceylon，即斯里蘭卡）、巴勒斯坦地區（以色列）、荷屬東印度群島的印度尼西亞宣布獨立。一九四六年，美國予以一八九八年以來即佔有的菲律賓群島正式獨立地位。至於日本帝國，自然已經在一九四五年壽終正寢。回教北非一帶，殖民勢力也岌岌不保，不過一時還算穩住陣腳。撒哈拉以南的廣大非洲地區，以及加勒比海和太平洋上諸島，則依然沒有任何動靜。只有在東南亞地區，殖民政治的解體遭到殖民當局的頑強抵制，尤以法屬印度支那爲著（即今之越南、高棉、寮國）。盟軍勝利之後，共黨的地下抗日團體在偉大的胡志明領導之下宣告獨立。而法方卻在英美兩國先後支援之下，猶作困獸之鬥，發動後翼攻擊，企圖重新奪取這塊土地，並強迫這個新生的國家與勝利的革命爲敵。法方最後畢竟還是失敗了，於一九五四年退出越南。可是美方不願放手，繼續妨礙著越南的統一，並在分裂的越南南半部，扶持起一個附庸政權。等到這個政權似亦不保，美方便在越南本地發動一場長達十年的大戰，一直到一九七五年，它自己也終於敗出越南爲止。十年之間，美方在這個不幸的國家投下的炸彈之多，遠超過二次大戰期間的總數。

至於東南亞其餘地區，殖民勢力的負隅抵抗就沒有那麼嚴重了。荷蘭國力大衰，已經無法在分布廣大的印尼群島備置足夠的武力。不過若荷國眞有意動武，絕大多數的島嶼倒可作爲砝碼，作爲荷方與佔優勢地位人口五千五百餘萬的爪哇部族（Javanese）之間的平衡（荷蘭的表現比英國好得多了，不曾將原殖民地任意劃分成數個獨立小國）。但是荷人一旦發現美國無意將印尼作爲如越南般防禦共產世界的重要防線，便立即棄守。事實上，印尼根本離共黨統治甚遠；新興的印尼民族主義人士，方才於一九四八年敉平當地共黨發動的一場叛亂。這一表現，遂使美方相信荷國軍力還是回拔歐洲，專心對抗蘇聯的威脅更能發揮作用，遠比留在遠東維繫它的帝國來得划算。因此，荷蘭人打道回府，只有在美拉尼西亞群島中的大島新幾內亞（New Guinea）的西半部，尙殘留一方海外殖民的立處。及至一九六〇年代，荷國這最後的據點也終於移交給印尼。而在馬來半島一帶，英方卻發現自己左右爲難，一邊是當地傳統的蘇丹統治，在帝國羽翼之下，一向以來已經相當發達。而在另外一邊，卻是截然不同兼且相互猜忌的兩大族群：馬來人與華人——並且各有各的激進一面。受到共產黨鼓舞的華人，是大戰期間當地唯一的抗日團體，因而具有相當的影響力。一旦冷戰揭幕，西方自然不容任何共產黨人在前殖民地掌權主政，更不用說華人的共產黨了。一九四八年後，英方花去了一二年的工夫、五萬名部隊、六萬名警察，加上當地二十萬員的警力，方才將一支以華人游擊武力爲主力滋生的叛變敉平。在此我們大可一問，馬國若沒有那些可以一保大英帝國英鎊穩賺不賠的錫礦及橡膠，英人是否還會如此甘心樂意地付出代價，進行這些行動呢？不過無論怎麼說，馬來亞脫離殖民統治一事，都不會是件單純的易事。一直到了一九五七年，總算才告解決，得到馬來亞保守分子及華人百萬富豪雙方尙稱滿意的結果。一九六五年，以華人居民爲主的新加坡脫離馬來亞宣告獨立，成爲一個富有的城市國家。

英國人看得比荷法兩國淸楚，多年在印度的經驗告訴它，一旦民族主義運動認眞嚴肅地展開之後，帝國唯一的自保自利之道便只有放手一途，不可再堅持正式的統治權力。一九四七年，英國在自己的統治地位大爲不保之前，便毫不反抗地退出了印度次大陸。錫蘭（一九七二年更名爲斯里蘭卡）及緬甸兩地，也在同樣的情況之下獲得獨立。錫蘭是又驚又喜，欣然接受；緬人則略有猶疑。因爲緬甸的民族主義分子，雖然係由反法西斯的人民自由聯盟(People's Freedom League)領導，卻也曾與日本人合作。他們對英國敵意甚深，方告獨立，便立即拒絕加入大英國協(British Commonwealth)——在英屬眾前殖民地當中，緬甸是唯一不曾加入的國家。倫敦方面的用意，係想藉這個沒有任何責任義務約束的組織，至少爲大英帝國挽留住一份回憶；冀望的眼光，甚至投注到同年宣布獨立於國協之外的愛爾蘭共和國。總而言之，英人能以和平的方式，由世界上最大一片爲外人轄治的土地上迅速退出，雖可歸功於二次大戰末期執政的英國工黨政府，但這一場善功，卻仍非完滿成功之舉。因爲英方固然全身而退，印度當地卻付出了血淋淋的代價，並被劃分爲兩個國家：一個是回教的巴基斯坦，另一個則是雖無宗派，卻以信印度教爲主的印人組成的印度。分立之時，約略有數十萬民眾因宗教對立慘遭殺害。另外則有數以百萬的居民離開祖居的家園，被迫遷往現在是一個外國的地方。這個慘痛的結果，絕不是印度民族主義人士、回教運動，或前帝國統治者任何一方的初衷。

所謂一個另立門戶的「巴基斯坦」，由印度分離出來，這個想法，到底係如何在一九四七年演變成最後的事實呢？這個觀念，其實連巴基斯坦這個名字，都是晚到一九二三至三三年才被一群學生叫出來的。這個問題，這個「如果當初……」的疑惑，一直到今天還在糾纏著學者專家及愛作夢的人。我們現在擁有後見之明，可以看出沿宗教信仰的分野劃分印度，等於爲日後的世界立下了一個極爲不祥的先例。對此，需作進一步的闡明。就某一方面來說，當年之過，雖不是任何一方的過錯，卻也是眾人共同的過錯。在根據一九三五年憲法舉辦的選舉當中，國大黨在各地大獲全勝，甚至包括多數的回教地域在內。原本宣稱代表少數社群的另一全國性黨派——回教聯盟（Moslem League），表現卻極不理想。國大黨此一非宗教非宗派政治勢力的崛起，自然令許多仍然沒有投票權的回教徒膽戰心驚（當時多數的印度教眾也沒有投票權），深恐印度派勢力從此坐大。因爲在一個以印度教民眾爲多數的國家裡，國大黨的領導人物自然也將多出身於印度教了。這場選舉下來，非但不曾特別關注回教民眾恐懼的心理，並配予他們格外的代表名額。選舉的結果，反而更加強化了國大黨爲自己設定的地位：它是全印唯一的全國性大黨，代表印度教及回教兩方共同的子民。也就是這個印象，促使回教聯盟那位難纏的強硬領袖真納，與國大黨決裂而去，走上了至終導向兩族分離的不歸路。不過及至一九四〇年爲止，眞納始終反對回族獨立建國的主張。

到了最後，卻是一場世界大戰將印度一分爲二。就某方面來說，這場大戰是英國君臨印度的最後一場大勝利——同時，卻也是它筋疲力竭吐出的最後一口氣息。最後一次，英國在印度的統治力量，動員了全印的人員及經濟力量，共赴一場爲不列顛效命的戰事。這場大戰的規模，更勝一九一四至一八年的戰爭。然而，這一回戰爭的行動，卻違背了人民大眾的意願。這一回，人民已經在一個全國性的解放運動下聯合起來。這一回，作戰的對象也與上次大戰不同，是隨時會襲來的日軍攻擊。最後的戰果固然輝煌，付出的代價卻過於慘重。國大黨的反戰立場，不但迫使其領導人物退出政治舞台，一九四二年後，甚至被下到監裡。戰時經濟造成的壓力，也使回教徒中原本支持英人統治的重要成員心存嫌隙，轉投回教聯盟的陣營，其中尤以今巴基斯坦旁遮普(Punjab)一區的成員最著。回教聯盟的勢力迅即躍升，成爲一大群眾力量。在此同時，德里的殖民政府爲恐國大黨的聲勢破壞戰事行動，開始故意並有計畫地利用印回兩民之間的對敵心理製造事端，以圖瓦解民族主義運動的力量。在此，英人的確難逃「裂而治之」的陰謀了。爲求勝利，英方殖民統治不擇手段，不但毀了自己，也抹煞了自己在道德上的正當意圖：那就是在印度次大陸這片土地之上，建立一個單一的國家，眾多社群和平共存，同治於一個單一公正的政府及法律之下。可是機會一去不再回來，等到大戰結束，族群自治的政治引擎已經發動，永遠無法回頭了。

及至一九五〇年際，除了印尼一地之外，亞洲各國的殖民政治已告全面結束。同一時期在西面的伊斯蘭地區，由波斯(伊朗)開始，一路到摩洛哥，也因著一連串的群眾運動、革命政變、叛亂起事而全面改觀。首先發難之事，是伊朗境內西方石油公司的國有化（一九五一），以及該國民情在共產黨支持的莫沙德（Muhammad Mussadiq, 1880–1967）領導之下，向民粹主義的轉進（蘇聯大勝之後，共產黨在中東地區獲得某種程度的影響力，自是不足爲奇）。莫氏本人，後來則於一九五三年在美英兩國特務人員主導的政變中被推翻下台。埃及地方，則有納瑟（Gamal Abdel Nasser, 1918–70）領導的義勇軍官（Free Officers）起來發動革命（一九五二）。接下來，伊拉克及敍利亞人民推翻了西方勢力代理的政權（一九五八）。埃伊敍三國的政局大勢已定，即使在英法兩國聯手之下，再加上新成立的反阿國家以色列，三手合作，極力在一九五六年蘇彝士戰爭（Suez War，見第十二章）中企圖把納瑟拉下台來；但是舉三國之力，卻也無法再逆轉大局。法國則在阿爾及利亞地方，苦澀地力拒當地國家獨立運動的起事（一九五四—六二）。阿爾及利亞一地與南非一樣——雖然兩者情況不同——都屬於當地原住民與大批歐洲移居者難於共存的棘手地區，因此解除殖民統治的問題格外困難。阿爾及利亞進行的戰事尤其殘酷，在這些原本是想要追求文明的國家裡，軍警特務隊伍的殘暴行爲卻從此深化成爲制度的一部分。種種諸如電擊舌頭、乳頭、陰部等不人道的酷行，自阿國戰事開端，日後便被廣泛採行。及至阿爾及利亞終於贏得獨立之前，這場戰爭已經導致法國第四共和政權的垮台（一九五八），第五共和也幾乎不得倖免（一九六一）——雖然戴高樂將軍早已體認阿國獨立終將無可避免。同一時期（一九五六），法國政府卻悄悄地與北非另外兩個保護國——突尼西亞及摩洛哥——就其自治獨立進行協商（突國日後成立共和國，摩國則維持君主政權）。同年，英國也悄然無聲地放手讓埃及南方的蘇丹離去。在英方失去對埃及的控制之後，蘇丹也已經變得無法可管了。

各家老大帝國，到底係在何時恍然大勢已去，省察到帝國時代已近尾聲？這個問題並沒有清楚的答案。英法兩國一度曾企圖重建往日的全球霸權，在一九五六年蘇彝士戰爭付出最後一擊，意圖合以色列之力，用軍事行動推翻埃及納瑟上校的革命政權。如今回頭看去，顯然命運已定，回天乏術。可是當時的倫敦巴黎卻當局者迷，看不出其中眞相。這段插曲的結果，是一場災難性的大失敗（以色列的觀點自然不同）。更可笑的是，當時的英國首相艾登（Anthony Eden），簡直集顢頇無能之大成，幼稚得令人不敢置信。這場行動幾乎尚未發動，便在美國壓力之下取消，卻將埃及推向蘇聯陣營。一九一八年以來「英國在中東的時代」，英國在該區佔有絕對霸權地位的時代，從此永遠地告終了。

及至一九五〇年代末期，殘存的老大帝國都已心知肚明，了然過去採行的正式殖民手段必須徹底出清。只有葡萄牙依然執迷不悟，面對帝國的解體不肯覺醒。葡國本身經濟落後，政治孤立，無法適應新時代的殖民方式。它還需要剝削在非洲的資源，加以其經濟體系缺乏競爭能力，剝削之道也只能出於直接統治一途。至於南非及南羅德西亞（Southern Rhodesia），這幾處擁有龐大白人移住民的非洲國家（肯亞除外），也拒絕配合至終必將產生非洲本地人政權的政策。南羅德西亞的白種移民，甚至逕自宣布脫離英國獨立（一九六五），以免走上黑人多數統治的命運。然而，巴黎、倫敦及布魯塞爾（比利時在非洲擁有比屬剛果）三地的政府，都決定面對現實，認爲與其長期爭鬥下去，最終殖民地仍不免獨立，反而落入左翼政權的手中；倒不如主動讓它們在政治上正式獨立，還可以維繫其文化經濟的依附性。只有肯亞一帶，爆發過大規模的民亂及游擊戰——亦即一九五二至五六年的毛毛運動（Mau Mau Movement）——不過主要也僅限於基庫尤部落（Kikuyu）。在非洲其他地區，預防性的殖民地自治政策，在執行上可謂相當成功。只有比屬剛果（Belgian Congo），在殖民政治結束之後便立刻陷入無政府狀態，進而發展成一場內戰及國際鬥法的場所。至於英屬非洲，前黃金海岸（今迦納）原已有一人民大黨的存在，由才智卓越的非洲政治家，也是全非有名的知識分子恩克魯瑪（Kwame Nkrumah）領導，於一九五七年獲得獨立。至於法屬非洲的幾內亞（Guinea），戴高樂原建議其加入所謂的「法蘭西共同體」（French Community），名為自治，骨子裡卻想使其繼續對法國經濟保持高度的仰賴。幾內亞首領杜瑞（Sekou Touré）斷然拒絕，於是該國在時機尚未成熟之下，便於一九五八年匆匆獨立，一貧如洗，只好成為黑人領袖當中，第一個轉而向莫斯科求援者。英法比三國在非洲其餘的殖民地，到了一九六〇至六二年間，幾乎都紛紛獲得自由。剩下幾處，也很快走上同樣的路途。只有葡國所屬，以及一些由白人移民建立的獨立小國拒絕跟進，不曾將統治權交回當地人民手中。

一九六〇年代，英屬加勒比海殖民地的幾處大島，安安靜靜地解除了殖民狀態。至於其他一些小島嶼，也在此後的二十多年，一批批漸次獨立。印度太平兩洋諸島，則先後在一九六〇年代末期及一九七〇年代宣告獨立。事實上及至一九七〇年之前，世上已找不出幾處具有相當面積的地區，還留在前殖民勢力或其移住民政權的直接統治之下，只有非洲中部及南部例外——當然，還有陷在戰火中的越南。帝國時代，至此終於進入終點。然而在區區不到四分之三個世紀之前，眾帝國的勢力卻似永遠無法摧毀。甚至在不到三十年前，世上多數居民尚在帝國勢力的治下。往日已矣，永無回時，帝國往昔的榮光，只有在前帝國文人的筆下徒自傷悲，在電影鏡頭中黯然回味。可是由前殖民地誕生的國家裡，新生一代的當地作家，卻開始執筆建立起一個嶄新的文學世代。這個新的起點，起始於一個獨立的新時代。

註釋

❶我們應該特別注意，所謂「資本主義對社會主義」的絕對二分法，只是一種政治上的說法，並不能通過分析性的考驗。政治二分法的心態，充分反映當初大規模政治勞工運動之下的社會主義理論，不過是一種企圖把現有社會（亦即資本主義社會）翻轉過來，徹底加以改變的概念。一九一七年十月革命之後的短促二十世紀，赤色陣營與反赤陣營之間的長期冷戰對峙，愈加強化了二分法的觀念。事實上，與其把美國、南韓、奧地利、香港、西德、墨西哥等國家地區，一古腦兒全部歸併到「資本主義」旗下，不如把它們列入不同的名號更爲恰當。

❷本數字係根據受過西式中等學校教育人口之統計數字而定。(Anil Seal, 1971, pp.21-22)

❸在法屬的北非地區，當地農民對神明的崇奉係由回教神祕主義蘇菲派（Sufi）神人控制主宰，後者尤爲改革派攻擊責難的目標。

❹不過非洲各國的領導人物當中，卻沒有一人成爲或繼續作爲共產黨員。

❺「亞洲」（Asiatic）一詞的另一種拼法，即今天通用的「Asian」，直到二次大戰之後，方才開始流行，原因不詳。

第二部 黃金時代

第八章 冷戰年代

儘管蘇俄依然使出渾身解數，意欲擴展其影響力，世界革命的目標卻已不再在其議程之上。即使連蘇聯本身的內部狀況，亦不容其恢復以往的革命傳統。若比較當年德國與今日蘇聯的威脅性，我們一定得考慮……其中基本的不同之處。亦即兩相比較，俄國人突然向世界興起大災難的可能性，絕對遠比戰前的德國爲低。

——羅伯斯（Frank Roberts），英國駐莫斯科使節團向英外務部報告書，倫敦，一九四六（Jensen, 1991, p.56）

戰爭經濟，爲許多人創造了一份輕鬆穩定的好差事。其中有數以萬計的文武官僚，他們每天上班下班的工作內容，不外建造核子武器及計畫核子戰爭。也有數百萬的工人，他們養家餬口的職業，全繫於這套核子恐怖作業的存在。還有科學家與工程師，他們的任務，則是找出可以提供百分之百安全保證的決定性「科技突破」。此外，尚有絕不輕言放棄其豐厚戰爭財的國防包商，以及一力推銷其恐怖理論，鼓吹戰爭之必要性的戰爭專家學者。

——巴尼特 (Richard Barnet, 1981, p.97)

1

從原子彈落地開始，以迄蘇維埃聯邦壽終正寢的四十五年之間，全球歷史的走向並非一成不變的單一期。在以後數章的討論裡，我們可以看見四十五年的光陰，以一九七〇年代爲分水嶺劃分爲兩大時期(見第九及十四章)。不過由於國際間存在的一種特殊狀況始終籠罩期間，這兩大時期因此鎔鑄爲同一種模式存在：也就是二次世界大戰結束以後，兩大超級強國長期對峙的所謂「冷戰」是也。

二次大戰戰鼓方息，人類便又立即陷入了一場可以稱作「第三次世界大戰」的新戰局。正如大哲學家霍布斯(Thomas Hobbes)所說：「戰爭，並不只限於戰鬥行爲；事實上，只要戰鬥意願明白可知，這段時間都可算作戰爭。」(Hobbes, chapter 13) 美蘇兩大陣營之間的冷戰，顯然是短促二十世紀第二階段的主調，當可符合霍氏對戰爭的定義。一整個世代的人，都在全球核子大戰的陰影下成長，大家都相信這場核子戰爭隨時可能爆發，且將造成人類的大災難。固然有些人士以爲，其實雙方都無意發動攻擊，但是連他們也不得不抱著悲觀的想法，因爲「莫非定律」(Murphy's Law) 正是人類事務的最有力法則(「如果事情有變糟的可能，遲早一定會變糟的」)。更不幸的是隨著時間流逝，政治上、科技上，一件又一件可能會出問題的事情紛紛出籠。核子對峙的狀況有增無減，演變成長期存在的對抗：基於「保證同歸於盡」(mutually assured destruction = MAD)的「瘋狂」心理，「以核止核」變成防止任何一方按鈕造成人類文明自取滅亡的唯一途徑。這種自殺動作，所幸並未發生；但是幾乎有四十年之久，人類每天都生活在其恐懼的陰影之中。

客觀而論，冷戰之所以特別，就在於世界大戰的立即威脅性其實並不存在。更進一步來看，儘管雙方大言滔滔——尤其是美國一方——兩大超級強國的政府卻已默默接受二次大戰結束之際全球武力分布的事實；其分布狀況雖然極不均衡，基本上卻相當穩定難以動搖。蘇聯的勢力範圍，局限在當時的紅軍佔領區，以及其他共黨武裝勢力的佔領地帶，並從此不曾試用武力向外擴張半步。而美方的勢力，則涵蓋其餘的資本世界，並加上西半球及諸大洋，一手接收了前殖民勢力舊帝國主義的霸權範圍。同樣的，它也尊重蘇方的霸權地盤，雙方兩不相犯，互不越雷池一步。

在歐洲地區，各國邊界已在一九四三至四五年間劃定。根據有二：一是基於羅斯福、邱吉爾及史達林三巨頭多次高峯會議的協定；一是基於唯有紅軍才能擊潰德國的政治事實。不過其中也有幾處未定之界，尤以德奧兩國爲最。最後的解決辦法，係依東西兩方佔領軍的德國地界一分爲二，卻將各國駐奧部隊全數退出。於是從此奧國成爲瑞士第二——一個堅守中立的小國家，欣欣向榮，人人稱羨，外人眼紅之餘，只有以「枯燥無聊」名之(倒也相當正確)。而西柏林則成爲蘇聯在德國地盤裡的一座化外孤城，蘇方雖不情願，卻也不打算堅持，默默接受了這個事實。

至於在歐洲以外的地區，東西勢力的取向就沒有這麼涇渭分明了。其中只有日本一地例外，從一開始，便由美國一方獨霸佔領，不但將蘇聯排除，其餘大小各參戰國也一律不得染指。至於其他地區，舊殖民帝國已是病入膏肓，結局指日可待：一九四五年之際，它們在亞洲大陸更已回天乏術，命在旦夕。可是問題就出在這裡，舊的勢力即將離去，但是在後殖民期(post colonial)新起的各個國家芳心誰屬，卻猶屬未定之數。如同我們在以後幾章將看見的(第十二及十五章)，於是這一帶便成為兩大超級強國必爭之地，終冷戰之日，明裡暗裡，衝突齟齬無時或止。雙方在此處的地界始終模糊不定，跟歐洲的涇渭分明完全不同。共產黨地盤向外擴張，究將伊於胡底固難逆料，更遑論事先協商預先予以劃定了(即使是暫時性、含糊性的協定也難取得)。因此，雖說蘇聯並沒有讓共產黨接收中國政權的打算❶，事實上它卻發生了。

然而，即使在這些即將被稱之為「第三世界」的地區裡，不數年間，促成國際政局趨於穩定的條件也逐漸成形。因為態勢愈來愈明顯，後殖民期的諸新興國，多數雖然對美國那一夥不起共鳴，本身卻也不是共產國家。事實上對於國內政治的處理，它們多半還持有反共態度，在國際事務上則採「不結盟」的立場(non-aligned，亦即不加入由蘇聯領導的軍事集團)。簡單地說，從中國共產革命成功開始，一直到一九七〇年代，「共產陣營」便不曾有過任何向外重大擴張的跡象。事實上不到一九七〇年代，共產中國早已不屬於唯蘇聯馬首是瞻的共產陣營了。

根據事實發展，二次大戰結束之後，世局便很快地穩定下來，並且一直維持到一九七〇年代國際政經情勢進入另一個長期危機之際，方才開始變化。在此之前，兩大超級強權都頗安於世界並不均分的現實，並竭力避免以公開的武力衝突去解決任何疆界上的爭議，以免一發不可收拾，導致正式開戰。雙方的行動準則，其實跟一般的想法以及冷戰的辭彙恰恰相反，俱都以爲「長期和平共存」確有其實現的可能性。即使到了緊要關頭，儘管在表面的官方言論上，兩邊好像快要甚或已經打起來了。事實上，彼此私底下卻依然相信對方必能自我約束，有所節制。韓戰期間（一九五〇—五三），美國參戰，俄方卻不曾正式加入，雖然美國政府很清楚，中共方面其實足足有一百五十架由俄國飛行員駕駛的俄機(Walker, 1993, pp.75-77)。可是這項情報卻祕而不宣，因爲美方料得很準，莫斯科最不想做的一件事，就是被捲入戰爭。我們現在也都知道，其實在一九六二年古巴飛彈危機期間，雙方最擔心的事情，就是那些虛張聲勢的備戰手勢，被對方誤以爲眞，以爲己方眞的在爲開戰準備(Ball, 1992; Ball, 1993)。

這種心照不宣，以「冷和」(Cold Peace)待「冷戰」的默契，一直到一九七〇年代都還頗行得通。一九五三年間，蘇方智囊團正悄悄捲土重來，乘東德一場嚴重的工人暴動，開始重建共黨勢力。當時蘇聯就已經知道(或可說學到了)，美國表面上要把共產勢力「席捲」倒轉(roll back)回去，事實上這番呼籲，不過是在空中廣播上作戲罷了。從此以後，凡在蘇俄地盤發生的事件，西方都完全袖手；此中態度，由他們對一九五六年繼起的匈牙利革命的反應，即可獲得證實。冷戰時期，雙方雖然都口口聲聲非要爭個你死我活不可，但在事實上各國政府的基本決策並不遵循這項方針，倒是私底下明爭暗鬥的情報活動，才眞正發揮了冷戰中決一死戰口號的眞精神。描繪諜報謀殺的間諜小說，便成了現實世界國際鬥法影響下一項最具代表性的副產品。而此類小說之中，始終又以英國作家的地位最高——佛萊明(Ian Fleming)筆下的龐德(James Bond)，以及勒卡雷(John Le Carré)筆下的甘苦英雄，兩位主人翁都在英國特務單位供職——總算在筆下人間的世界裡，爲現實權力政治中逐日式微的英國佬挽回一點顏面。不過，情報英雄的活動固然比實際的權力遊戲具有戲劇性，若認眞比較起來，除了在某些第三世界的小國之外，蘇聯祕密警察（KGB）、美國中央情報局（CIA）等情報單位的影響力還是小得多了。

在這麼微妙的背景之下，這段漫長的緊張對抗期裡，到底有沒有過眞正危險已極，有可能觸發世界大戰的一刻呢？——當然，其中難免也曾有過幾回險路走得太多了，不得不碰上意外狀況出現的時候。這個問題很難作答；細究起來，最具爆炸性的時期，可能要從一九四七年三月美國總統杜魯門提出他的「杜魯門主義」（Truman Doctrine，「本人相信美國的政策，絕對是幫助那些起來對抗外侮的民族。」）開始，一直到一九五一年四月，這同一位總統將美軍在韓戰的總司令，就是那位不聽主帥調度的麥克阿瑟將軍（General Douglas MacArthur）解職爲止。在這段時間裡，美國極爲害怕歐亞大陸的非共區會爆發革命或瀕臨解體；而這份擔憂，可說並非全屬過慮——因爲環顧現實，豈不見共產黨在一九四九年接收了中國大陸。反過來從蘇聯這一面來看，也正面對著美方在核子武器上的壟斷之勢，以及其威脅性不斷升高的反共叫囂。一九四八年狄托領導南斯拉夫出走，是爲破壞蘇聯共黨集團團結的第一道裂口。更有甚者，從一九四九年開始，中國的新政權便不但全力投入韓戰，而且一心一意準備對付一場眞正核子大戰的爆發❷——這一點，中共與其他國家抱持的「以核止核」心態大異其趣。總而言之，情勢詭譎，什麼情況都可能發生。

原子彈在廣島落地後的四年（一九四九），以及美國氫彈發展成功後的九個月（一九五三），蘇聯也分別取得了這兩種核子武器的製造能力。從這一刻開始，兩大超級強權便放棄了以戰爭對付對方的手段，因爲一旦開戰，無異爲彼此簽下一紙自殺協約。至於二強曾否認眞考慮向第三世界採取核子行動——如一九五一年美國之於韓戰，一九五四年美國爲援法國之於越南，以及一九六九年蘇聯之於中國等等——此中意向並不分明，不過最後的事實卻都不曾採用。但是其中有過幾回，雖然雙方都肯定沒有眞正訴諸核武的用意，卻都曾出言恫嚇對方：如美方爲求加速韓國越南兩處的和平談判(一九五三，一九五四)，以及一九五六年蘇聯要脅美法退出蘇彝士運河等等。可惡的是，正因爲雙方都深信對方無意求戰，自己也從不打算按那致命一鈕，反而愈發虛加聲勢，動不動便以核武相脅以達談判目的，或藉此在國內遂其政治企圖(此乃美國也)。事實證明，這種十足把握的心理戰效果果然不虛，但卻把整代的百姓給害慘了，天天心驚肉跳，活在核戰恐嚇的陰影之下。一九六二年古巴飛彈危機，便是一種完全沒有必要的動作。一連數日，不但差點把全世界投入一場毫無意義的戰火，事實上也把雙方的高層決策人士嚇得清醒過來，一時之間，總算變得比較具有理性了❸。

2

於是四十年間，兩方陣營不斷增強軍備以相抗衡。可是這種長期武裝對峙的情勢，卻建立在一項不切實際而且毫無事實基礎可言的假定之上：那便是世局極其不穩，隨時可能爆發一場世界性的戰爭，只有永久地相互牽制下去，才能防止世界大戰於萬一。這種心理現象，究竟所從何來？首先，冷戰之說純係一種西方觀點，如今回頭看去固然可笑不堪，但是當年在二次大戰餘震之下，卻屬自然反應。當時眾人咸以爲人類的災難時期尚未完結，世界資本主義及自由派社會的前途依然未卜。多數觀察家都認爲，基於一次大戰後的前車之鑑，此番戰後也必會有一場嚴重的經濟危機，甚至連美國也難身免。某位在日後奪得諾貝爾獎的經濟學家，便曾於一九四三年際作此預測，警告美國將「遭遇舉世前所未有的大量失業及工業失序的經濟低潮」(Samuelson, 1943, p.51)。大戰勝利以前，華府當局分身乏術，對經濟事務自是無暇全神顧及。但是對於戰後的國策方針，美國政府用在避免另一場經濟大蕭條襲擊所花費的心血，更勝於爲防止另一場戰爭發生所作的努力(Kolko, 1969, pp. 244-46)。

華盛頓之所以擔心「戰後將爆發大亂」，動搖「世局在社會、政治，以及經濟三方面的安定」(Dean Acheson, cited in Kolko, 1969, p.485)，並非杞人憂天。因爲當時各交戰國家，除了美國之外，戰後一片廢墟。而且在美國人眼裡，各國人民飢貧交迫，很有可能鋌而走險投入社會革命主張的懷抱，走上與提倡自由企業、自由貿易，以及自由投資的國際自由經濟體系相違的道路。而美國及全世界的未來，卻只有在貫徹自由精神的國際經濟制度之下才有救。更有甚者，戰前的國際社會，此時已全面瓦解，廣大的歐洲大陸之上，以及歐洲以外的更大一片土地，只剩下美國獨力面對著聲勢愈形浩大的共黨蘇聯。全球政局的未來難卜，唯一可以確定的卻是在這個紊亂不安、隨時可能爆炸的世局裡面，如果有任何情況發生，資本主義及美國一方只會愈發弱化，而以革命起家的強權卻會更加甚囂塵上。

至於那些重獲光復及解放的國家，戰事甫息，對於各國中間派立場溫和的政治人物來說，情況也好不到哪裡去。在朝在野，這些人士都飽受共產分子的大肆攻擊，唯一可以奧援的力量只有西方盟國。而共產黨人卻在戰火之中崛起，聲勢比以往任何時期都爲浩大，有時甚至一躍而爲國中最大黨派，擁有人數最多的選民。法國總理（隸屬社會黨）便曾前往華盛頓提出警訊，表示若無經濟援助，他極有可能敗於共黨之手。一九四六年全歐歉收，緊接著一場酷寒嚴冬，更令大洋兩岸的歐美政壇同感心驚肉跳。

再意氣相投的夥伴，戰爭一旦結束，往往也會分道揚鑣。更難怪原本就只是一時勉強的兩極結合，一邊是領銜資本主義最大強國的美國，另一邊是儼然本身勢力範圍之內龍頭老大的蘇聯，面對戰後種種情況，兩方勢非分手決裂不可。但是縱然如此，也無法充分解釋美國政策之所以強烈恐共的箇中理由——不過除了英國以外，華府其他諸友邦及羽翼對反共一事卻沒有這般熱中——美方的政策，至少在其公開的宣示裡面，主要係針對莫斯科將發動全球征服行動這種最壞的打算而定。美國認爲蘇俄心懷不軌，意欲導演一場無神論的「共產世界陰謀」行動，隨時準備推翻自由國度。但是在一九六〇年美國總統大選之際，當時被英國首相麥克米倫稱爲「我們現代的自由社會——新形態的資本主義」(Horne, 1989, vol.II, p.283)，其實根本就不曾面對任何可以想見的危機。以此來觀看甘迺迪(J. F. Kennedy)的競選言論，就更令人費解了❹。

爲什麼有人把「美國國務院諸專家」對世局的展望視作替天行道的「天啓洞見」(Hughes, 1969, p.28)？爲什麼冷靜鎮定的英國駐蘇外交人員，在拒絕將蘇聯與納粹德國作任何比較之餘，卻也在報告中指出，世局「正面對著一種可以喻之爲現代版的十六世紀宗教戰爭危機。在這場現代宗教戰爭中，蘇聯的共產主義，正與西方的社會民主政治以及美國版的資本主義爲敵，共爭世界霸權」(Jensen, 1991, pp.41, 53-54; Roberts, 1991)？如今回溯起來——事實上當也極有可能——蘇聯在一九四五至四七年間顯然毫無擴張之意，也不打算擴大它在一九四三至四五年間高峯會議爲共產集團定下的地盤。事實上在莫斯科控制的傀儡國家及共產運動裡面，各個政權往往刻意「不去」依蘇聯的模式立國，反而在多黨制國會民主之下，實行混合性的經濟制度。這種做法，不但跟「無產階級普羅專政」大異其趣，卻「更趨於」一黨專政的事實。在共黨內部文件裡面，甚至將普羅專政稱爲「既無用處且無意義的舉措」(Spriano, 1983, p.265)。(事實上唯一拒絕遵從這項新路線的共產黨，卻是如南斯拉夫一類脫離莫斯科的控制，並爲史達林極欲打消的革命政權。) 更有甚者，雖說蘇聯部隊是其最大軍事資產，可是蘇聯復員之速卻不下於美國，紅軍人數遂由一九四五年最盛時期的一千二百萬名，及至一九四八年，已經驟降爲三百萬人。這一點甚爲外界所忽略(《紐約時報》，一九四六年十月二十四日；一九四八年十月二十四日)。

因此就任何理性的層面探討，當時的蘇聯，其實對紅軍佔領範圍以外的任何人都不具立即的威脅性。當其時也，筋疲力盡的蘇聯正力圖從戰爭的灰燼中振作起來，它的平時經濟一片凋敝，政府的信用除了在大俄羅斯本部以外，盡數掃地，完全失去了向心力。至於西部邊陲一帶，更與烏克蘭，及其他各種民族主義的游擊武力多年齟齬不斷。其獨裁統治者史達林其人，更是惡名昭彰，對外於冒險犯難避之惟恐不及，對內則殘暴高壓無所不用其極(見第十三章)。對外力的援助，蘇聯其求之若渴；因此在短時間之內去冒犯唯一有能力向它伸出援手的超級強權美國，自然無利可圖。身爲一名共產黨，史達林當然相信共產主義最終必將取資本主義而代之，這一點無庸置疑；從這個信仰出發，兩大制度之間任何形式的共存絕難長久。不過正當第二次世界大戰方告結束之際，史達林手下的計畫專家，卻不認爲資本主義已經陷入危機。他們顯然相信，在美國霸權撐腰之下，資本主義還有好長一段日子可走，因爲當時美方財富及勢力的增幅之強，實在太過明顯(Loth, 1988, pp.36-37)。這一點，其實正中蘇聯顧忌擔心的要害❺。蘇方在戰後採取的姿態，與其說成野心勃勃的攻勢，倒不如說是但求自保的守勢更爲貼切。

總之，儘管蘇聯自顧之不暇，但是情勢使然，雙方卻不得不都採取對抗的政策。一方是蘇聯，對自己朝不保夕的地位心知肚明；另一方則是世界超級強國的美國，對中歐及西歐瞬息萬變的局勢，以及亞洲大部地區撲朔迷離的政情也同樣心中忐忑。就算沒有意識形態牽涉其中，對峙之局恐怕也難避免。一九四六年初，美國外交官肯楠(George Kennan)首倡爲華府當局熱烈採納的「圍堵政策」(containment)。肯楠本人，便不相信俄國眞的在爲共產主義聖戰效命，而他自己，更不屬於任何意識戰爭的十字軍先鋒——從其日後職業生涯的動向中可見一斑(唯一的例外，是他對民主政治的評價甚低，因此反對甚力)。肯楠其人，其實只不過是一名由舊式權力政治門派出身的俄國問題專家——美國駐歐人員之中不乏這號人物——在此類人士眼中，舉凡俄羅斯沙皇派，或是布爾什維克派，都屬於一個落後野蠻的社會。而俄羅斯人向來便有一種「缺乏安全感的傳統直覺」，其統治者更是一群充滿了這種恐外心理的白癡。這個國家，老是自絕於外面的世界，一向爲獨裁者所統治，總是處心積慮地從事死亡鬥爭，很有耐性地等著對手徹底毀滅。既不合作也不讓步，斷事行動，從不訴諸理性，只能聽憑武力，硬碰硬地解決。在肯氏眼裡看來，共產主義無疑火上加油，更大大地增高了舊俄帝國的危險性，因爲它標榜著舉世最最無情的烏托邦思想——亦即壟霸全球的思想意識——爲這個舉世最最凶殘的勢力添翼。因此依照肯楠這套理論實行起來，便意味著唯一能與俄國抗衡的強國——美國——絕對不能有半分妥協。無論俄羅斯是否信仰共產主義，都得將之「圍堵」，以防其毒素影響的滲透。

這是美方的觀點。反之，由莫斯科的角度看來，爲了保全進而利用本身在國際上方才建立卻不堪一擊的龐大勢力，唯一的途徑無他，跟美方的做法完全一樣：就是絕不妥協。誰都沒有史達林本人清楚，自己玩的這一手其實力量有多單薄。一九四三至四五年間，當初蘇聯猶是對付希特勒不可或缺的力量——甚至也被看作將是打退日本的主力——羅斯福和邱吉爾即曾在數次高峯會中，尤其是雅爾達會議，許下諾言，允給蘇聯許多好處。這些在蘇聯眼中經由歷次會議講定的地區，比方一九四五至四六年間議定的伊朗與土耳其國界，史達林一口咬定，絕不鬆口。出了這些要塞地區之外，蘇聯也許可以考慮撤離，但若妄想重開雅爾達，門都沒有。事實上在那段時間裡，史達林的外長莫洛托夫(Molotov)無論出席大小國際會議，有名地專會祭出「不」字眞訣。當時美國已擁有核子武力，雖然才剛起步。直到一九四七年十二月，雖然造妥了十二顆原子彈，卻沒有飛機可以運送，軍中也沒有夠格的裝配人員(Moisi, 1981, pp. 78-79)。至於蘇聯，卻仍兩手空空。除非蘇方先讓步，美方絕不會允賜任何濟助。然而這一點卻正中莫斯科的要害，就算是爲了最迫切需要的經濟援助，它也不能有半點示弱讓步的表示。而美國呢，本來就不打算給予蘇聯任何好處。雅爾達會議之前，蘇俄曾請求美方戰後予以借款，可是美方卻聲稱這份文件已經「誤置」，再也找不著了。

簡單的說，正當美國爲了未來可能出現的蘇聯世界霸權而擔憂的同時，莫斯科卻爲了眼前的既存現象，美國在全球除了紅軍佔領區以外的各個地區的威臨事實而難以安枕。當時國力遠比各國總加起來還要強大的美國，輕而易舉，便可以將國疲民乏的蘇聯收入麾下。面對這種態勢，堅持到底絕不妥協，自然是最合邏輯的因應之術。我們不妨姑稱之爲莫斯科的紙老虎計吧。

話雖如此，就算兩強勢不兩立，長期對抗不肯妥協，也並不表示戰爭的危險便迫在眉睫。即使在十九世紀，英國外交人員雖然同樣認爲防止帝俄向外擴張的唯一途徑，便是肯楠式的「圍堵」之法；但在事實上他們也都非常清楚，公開對抗的機會甚小，至於開戰的危險更微乎其微。相互之間的非妥協性，也不意味著你死我活的政治殊死鬥，或宗教性質的大決戰。不過其中有兩項因素，卻使雙方相對抗的局勢由理性層面推變爲情緒層次。跟蘇聯相同的是，美國在世界上也代表著一種意識形態，多數美國人都深深相信這種形態是舉世皆應風從的典範。跟蘇聯相異的是，美國是一個民主國家——不幸的是，美國這民主的特徵，對世界局勢來說卻遠比第一項更具有危險性。

原因如下。雖說蘇聯政府，同樣也得努力去抹黑自己在國際競爭場上的死對頭——美國，不過，它卻大可不必費心爭取本國國會的支持，也不用管本黨是否能在國會及總統大選中贏得選票。可是民主國家的美國政府則不然。於是美利堅的大小政治人物，不管是否眞的相信自己口若懸河的反共辭藻，或是像杜魯門總統的海軍部長佛瑞斯特(James Forrestal, 1882-1949)一般，精神錯亂，竟以爲俄國人正從他醫院的窗口爬進來而自殺；眾人紛紛發現，反共預言的大刺刺口吻不但聽起來義正辭嚴，而且其妙用無限簡直難以拒而不用。對於正確體察到自己已經升任爲世界級霸權的美國政府而言，國內「孤立主義」之風，或所謂國防上的防衛性主張仍然甚盛。因此若外有強敵伺境，不啻提供打破這種孤立心態的工具，行起事來反而更能得心應手。因爲如果連本身的安全都受到威脅，那麼美國自然義無反顧，再不能像當年一次大戰之後的獨善其身，勢必非負起世界領導地位的重責不可——當然連帶也享受其中帶來的報償好處。說得更實在一點，只有在集體歇斯底里的恐懼心態之下，美國總統方可名正言順，向素來以抗稅著名的美國民眾大肆開徵，遂行其對外政策。在這個以「個人主義」及「私有企業」立國的國家裡；在這個連「國家」本身的定義，都以跟「共產」針鋒相對的兩極意識字眼界定的國度裡——亦所謂的「美國精神」是也(Americanism)——反共一事，自然受到人民的眞心歡迎及信仰(我們也不可忽略那些來自蘇維埃東歐國家移民選票的意義)。其實當年美國國內會發生那陣汚鄙的白色恐怖迫害運動，那股無理性的反赤狂風，始作俑者，並非美國政府，而是一小撮微不足道的煽動家之流❻。這一群人發現，大量批發對內部敵人的告發責難，從中可以在官場上獲得豐富的政治利益——就中如惡名昭彰的參議員麥卡錫(Joseph McCarthy)，本人甚至並不特別反共——其間的精采好處，美國聯邦調查局的萬年局長胡佛(J. Edgar Hoover, 1895-1972)，便深諳箇中三昧。亦即藉反共之名，長保個人富貴之實。在一手建立冷戰模式的諸人當中，有一位甚至把共產勢力的威脅冠以「原始人發動的攻擊」之名(the attack of the Primitive)(Acheson, 1970, p.462)。在這種情緒煽動之下，迫使華府當局的政策不得不加速走向極端，尤以中國共產黨勝利之後那段時期最爲激烈。至於造成中國大陸變色的罪名，自然也都怪到莫斯科的頭上。

在此同時，對選票極度過敏的美國政客們，基於政治精神分裂症的需要，強力主張美國政府及友邦執行一種既能退卻「共黨野心」狂潮，又最經濟實惠，對美國百姓優裕生活打擾最低的如意政策。這一套政策不但係指一種以「砲彈」，而不以「人員」取勝的核子戰略，也包括一項於一九五四年提出的「大規模報復」(massive retaliation)的全面策略。亦即一旦敵人來犯，即使對方係採取傳統型武器小幅攻擊，我方也必以核子武器報復之。簡單的說，在現實政客多方箝制之下，美國政府發現自己動彈不得，被局限在一種攻擊性的地位，最多只能在戰術上找到一點變通應用的餘地。

於是雙方進入一場瘋狂的軍備競賽，最終目的顯然只有玉石俱焚的偕亡一途。一切行事方針，唯一群所謂核子將領或核子專家的意見是命。而從事這一行的首要條件，就是忽略其中精神錯亂不合理性的現象。行將卸任的美國總統艾森豪(Eisenhower)，原是老式出身的溫和派軍人，現在卻眼見自己坐鎮於這個步入錯亂的時代。不過艾氏本人，倒不曾被這個現象沖昏腦袋，明眼將之稱爲「軍事及工業的大結合體」(military-industrial complex)。敵我雙方，都投入艾氏銳眼察得的狂流，也就是人力物力大集合，夜以繼日，以備戰一事爲生爲謀。這段時期，各國投注在國防工業上的關係利害，勝過以往任何和平時期。在此同時，各國政府自然也鼓勵本國的軍事工業體多多利用多餘的生產力吸引國外客戶，武裝本國戰友。更重要的是，爭取利潤可觀的外銷市場，同時卻將最先進的軍備及核武，保留給自己使用。因此就實際而言，超級強國基本上還是霸有著核子獨佔的地位。一九五二年英國人發展出自己的核子技術，說來矛盾，同時卻也達成該國的另外一項目的：亦即減少對美仰賴的程度。接下來中法兩國，也分別在一九六〇年代進入核武國家之列（法國的核武發展完全係獨力完成，跟美國沒有任何關係）。但是終冷戰之期，這些國家的核子發展對大局都無足輕重。及至一九七〇及一九八〇年代，其他許多國家也紛紛跟進，取得製造核子武器的技術，其中以以色列及南非（印度或也可以計入）最爲引人注目。不過一直到一九八九年兩極式超強對立的世界秩序終結以前，核武繁衍的狀況均不曾在國際間引發任何嚴重問題。

如此說來，到底該由誰爲冷戰的局面負責呢？這種辯論，就像一場你來我往始終難分勝負的意識形態網球賽一般，一方把過錯全部推在蘇聯身上，另一方則將罪咎一古腦怪在美國頭上（說來有趣，持此見解者卻多是美國的異議分子）。既然找不出結論，我們難免就想做和事佬居中調停，認爲一切都是因雙方面彼此疑懼的誤會造成。由於相持不下，結果越害怕越抗拒，最後才演變成「兩大武裝陣營，高舉相左的意見大旗，全力動員對抗。」（Walker, 1993, p.55）這種說法完全正確，然而卻不能道盡事實眞相的全面。它可以解釋一九四七至四九年間雙方交會前線的「凍結」（congealing）現象；也可解釋從一九四九年開始到一九六一年柏林圍牆造起，德國國土遭到的一步步劃分。這項理論也可以解釋，爲什麼西方各國的反共力量，不得不在軍事上形成徹底同盟，唯美國的馬首是瞻（其中只有法國的戴高樂將軍，膽敢不理會美國的指使）；同時也可以解釋，爲什麼在東西思想分水嶺另一邊的東歐諸國，同樣也無法逃脫向蘇聯全面臣服的命運（就中也只有南斯拉夫的狄托元師，可以不睬莫斯科的號令）。可是這一套說辭，卻無法說明冷戰中帶有替天行道意味的天啓口吻。

這道「天命」呼聲，來自美國。而西歐各國的政府，無論國內共黨勢力大小，卻都一律景然風從，全心全意反共，誓抗蘇聯的可能入侵。若要在美蘇兩大之間擇一而事，無論哪一國都不會有片刻猶疑；甚至連那些向來在傳統上、政策上，或經協商決定堅守中立者也不例外。奇怪的是，其實在這些號稱民主政治的大小國家裡面，所謂「共產世界陰謀論」，跟它們的國內政局並沒有什麼嚴重的關係，至少在大戰方結束的幾年內係如此。諸民主國家之中，也只有美國總統是因以反共爲號召而當選（如一九六〇年甘迺迪氏）；但在實際上就國內政治而言，共產主義之於美國，正如同佛教之於愛爾蘭般風馬牛不相及。然而，若要論起所謂的十字軍東征精神，並把它在國際強權對抗的現實政治之中扮上一角，這扮演十字軍大將者就是華府當局。但是在事實上，甘迺迪的競選辭藻固然足證其雄辯滔滔，論箇中關鍵深意，實不在其警告共產強權將支配全球的危言聳聽，卻在其維繫眼前美國獨霸實權的感性呼籲❼。不過我們也得加上一句，北大西洋公約組織（NATO）的各會員國雖然對美國政策不盡完全贊同，但是只要那個實行恐怖政治制度的軍事強權存在一天，就只有在美國的保護之下，自己的安全才能獲得保障，因此也就心甘情願地奉美國爲正朔了。這些國家對蘇聯不信任的心態，絕不下於美國。總而言之，「圍堵政策」固然合乎眾人心意，徹底消滅共產主義一事則不盡然。

3

冷戰時期最明顯的現象，便是兩方的軍事對峙，以及西方各國日盛一日的瘋狂核武競賽。但是這兩項卻非冷戰造成的最大衝擊。競相儲造的核子武器，固然從來不曾啓用，兩大核子大國，卻曾加入三大戰事(但彼此不曾親自對陣交手)。美國及其盟友(以聯合國爲其化身)，深受共產黨在中國的大勝所撼，遂於一九五〇年介入韓戰，企圖阻擋北方的共黨政權向這個分裂國家的南部入侵。結果美方大佔上風，得意之餘，在越南戰場上故計重施，可是這一回卻吃了敗仗。而蘇聯在軍援親蘇的阿富汗政府，對抗有美國撑腰，並由巴基斯坦供員的游擊隊八年之後，於一九八八年決定退出。簡單的說，超級強權在科技硬體的競賽上花費不貲，所得卻很有限，並沒有任何決定性的成果。戰爭陰影不斷威脅之下，反而推動促起了國際間的和平運動，並以核子武器爲最大的反對目標。在歐洲部分地區，反核風潮不時成爲聲勢浩大的群眾運動，卻被冷戰的推動者視爲共產分子的祕密武器。不過，解除核子軍備的運動成效也不甚彰，只有美國年輕一代的反戰分子，在越戰時期掀起的反抗徵兵浪潮頗具功效(一九六五—七五)。但及至冷戰結束，種種運動的呼聲，如今都成了崇高理想的記憶，徒留下幾許當年的新鮮枝節事物爲今人所用——比方一九六八年後反文化小團體所用的反核子圖號；以及環保人士根深柢固，對任何核能用途一律反對抗議的偏頗態度，也都是當年運動殘留的產物。

冷戰效應之中，更爲明顯的一項則爲其政治作用。幾乎立竿見影，將兩大超級強權控制之下的世界，立即分成水火不容的兩極「陣營」。當初歐洲各國國內政壇左右通力合作，反法西斯之戰終告成立，到了一九四七至四八年，卻又立刻分爲親共與反共的兩大陣營(其中只有三大主要交戰國爲顯著例外，即英美蘇三國)。在西方，共產黨從此被逐出政壇，成爲政治流浪兒。一九四八年義大利舉行大選，如果當時共產黨獲得勝利，美國甚至計畫出兵干預。而蘇聯也不甘示弱，將非共分子從麾下所謂的「多黨制人民民主國家」之內盡數掃除，改頭換面，重新變成「普羅階級專政」，也就是共產黨的專政。同時並成立了一個新的國際共黨組織(共黨情報局)以與美方抗衡，不過說來特別，這個新組織比其前身，不但權限大爲減縮，對象也僅以歐洲爲主。及至一九五六年國際局勢的緊張高溫下降，共黨情報局也便悄然解散了。蘇聯的鐵腕緊緊控制著東歐各國，奇特的是，只有芬蘭一國得以逃過這個厄運。原來蘇聯大發慈悲，一九四八年竟然讓芬蘭政府將共產黨從政府部門裡盡數除名。史達林爲什麼放過這個小國，卻不在那裡建立傀儡政權，其中原因至今成謎。也許芬蘭人的好勇之氣，把他給嚇住了，深怕他們再度拿起武器反抗吧。芬蘭先後曾在一九三九至四〇年與一九四一至四四年間起義，史達林可不想再度捲進一場一發不可收拾的大戰。至於桀驁不馴的南斯拉夫，他也曾嘗試收編，可是狄托不吃蘇聯那一套，終於在一九四八年與莫斯科老大哥正式決裂，從此自行其是，哪一夥也不參加。

共產集團國家的內部政治，可想而知，從此一黨專政不容他人置喙，然而一黨專政的脆弱性不能經久，從一九五六年開始愈發明顯(見第十六章)。至於與美國聯盟的各個國家，內部政局就比較沒有那麼單調;不過大小黨派,除了共產黨外,對蘇維埃制度都深惡痛絕,在這一點上大家倒是意見一致。因此就外交政策而言,無論由誰上台執政都沒有什麼不同。至於大戰中的兩個前共同敵國,日本與義大利,美國一手效勞,替他們把政治問題變得極爲簡單,在這兩國內建立了等於永久一黨制的系統。在東京,美國鼓勵自民黨的成立(Liberal-Democratic Party, 1955)。在義大利,美國則堅持將當然的反對勢力從台上盡數掃除,因爲這個反對黨剛好正是共產黨;義國政權便交到基督教民主黨(Christian Democrats)手中,另外則視情況需要,偶爾也拉一點花瓶黨派進來湊數——如自由黨派,共和黨派等等。一九六〇年代開始,義國境內其他唯一的重要黨派社會黨,自一九五六年跟多年交情的共產黨劃清界線之後,便同基民黨一同組織聯合政府執政至今。如此安排之下的結果是,義大利共產黨及日本社會黨的勢力從此均被鎮住,收編成爲國內主要的反對大黨。依此體制成立的政府,則貪污腐敗至極,終於在一九九二至九三年間東窗事發,內情之醜陋連義日兩國的民眾都目瞪口呆。醜聞既經曝光,朝野黨派同時動彈不得,與當初爲他們存在撐腰的美蘇霸權平衡的世局,同時陷入癱瘓的境地。

一開始,羅斯福左右的顧問曾經在盟軍佔領下的德日兩國,試行過反獨佔性的政治革新。雖然不久美國旋即改弦更張,與這項設計反道而行,可是幸好還有一件事足可讓美國的盟邦大大寬懷。那便是一場大戰已經將國家社會主義、法西斯主義、明目張膽的日本軍國主義,以及其他林林總總、各式各樣的右派組織、民族主義政治主張,從眾人可以接受的政治舞台上一掃而空。因此在所謂的「自由」對「極權」的紛爭中,以上諸般神聖固然是對付共產黨最有力的成分,如今既然銷聲匿跡,自然不可能像德國的大企業或日本的大商社財團般，再度動員爲「反共大業」效力了❽。主力部隊既去，西方冷戰派政府的政治基礎如今便只剩下戰前的左派社會民主人士，以及非民族主義的溫和右派。如此一來，與天主教會掛鉤便變得格外有用，因爲教會的反共立場及保守性格，自是捨我其誰天下第一。更妙的是，教會出身的「基督教民主黨派」（見第四章）不但擁有紮實的反法西斯紀錄，尚有一套（非社會主義性質的）社會改革方案。一九四五年後，這些黨派在西方政治上扮演了中心角色；在法國爲時甚短，在德國、義大利、比利時、奧地利諸國則持續相當長久的時間（見第九章）。

然而，冷戰對歐陸各國內政的衝擊，遠不及其對歐洲國際政局影響爲大。問題重重的「歐洲共同體」因冷戰而生。這是一項前所未有的政治構想，藉著永久性的安排（至少是長久性的），進而整合各個主權國家經濟活動、法律系統（就某種程度而言）。一九五七年初成立時，原始參與國總計有六（法國、西德、義大利、荷蘭、比利時、盧森堡）。及至一九九一年，正如其他各種冷戰時期的產物也開始搖搖欲墜一般，已經又有另外六國加入（英國、愛爾蘭、西班牙、葡萄牙、丹麥、希臘）。此時歐洲組織的設計，業已傾向在政經整合上更進一步，形成更密切的組合，最終目的，係在歐洲建立聯邦或邦聯式的永久政治聯合體。

歐洲組織，跟一九四五年後歐洲出現的其他大小事物一樣，原係由美國一手促成，卻轉而對抗美國。此中情由演變，足證美國勢力之盛，同時也反映其模稜兩可之處，以及其影響力畢竟有其限度的事實。更進一步，我們也可看出各國心事之深重，竟願放棄歧異，組織統一陣線以壯大。它們害怕的對象並不只限於蘇聯，以法國爲例，德國始終是它最大的顧忌。此外，各前參戰國及被佔領國家的擔心程度雖然沒有法國那麼強烈，卻也都不願見中歐地區重新興起一個強勢大國。現在大家卻發現自己被套牢在北大西洋公約組織裡面，與強大的美國，以及在經濟軍事上都再度復興的德國結成盟友——所幸後者的國土已經大不如前，被截成了兩半。想當然爾，眾人對美國也心事重重。說起來美國是對抗蘇聯不可或缺的夥伴，可是這個夥伴卻不甚可靠，更別提——其實這也不足爲奇——它總是把自己世界霸權的利益放在第一位，連它盟友的利益也可以退居其次。讀者諸君可別忘記，二次戰後在世界各地所做的各種安排及設計決策考量，都是以「美國經濟利益的優先爲最高前提」(Maier, 1987, p.125)。

但是對美國的盟友而言，幸好一九四六至四七年間的西歐情勢太過緊張，華盛頓當局不得不仔細斟酌。它決定當前的第一要務便是扶持歐洲復興，不久對日本經濟也做出同樣的結論。於是一個大規模幫助歐洲重整旗鼓的馬歇爾計畫(Marshall Plan)，便在這種背景下於一九四七年六月正式開鑼。這項新計畫與以往野心式的經濟外交不同，多數係出以贈援的形式而非借款。根據美國原本設計的方案，是想在戰後建立一個基於自由貿易、自由匯兌，以及自由市場的世界經濟體系，並由美國當家作主全權支配。還好各國再度鴻運當頭，單就一項因素而論，便使得美國的如意算盤完全不切實際：歐洲及日本頭寸緊張，對日愈稀有的美元求之若渴，自由化的貿易與國際付款方式根本不可能立即實現。而美國隻手之力，也無法強人所難，將自己對歐洲一廂情願的理想強加其身。也就是全面實行單一的歐洲援助計畫，依美國的模式，包括其美式政治及繁榮的自由企業經濟制度，將歐洲各國塑造爲一個單一的歐洲體。這個以美國爲師的理想根本行不通，首先，英國就還把自己視作世界級的大國，法國則日夜夢想躋身強國之列，並且一心一意，務必把德國壓得抬不起頭來，最好陷於永久分裂之境。這兩國對美國的構想當然咬牙切齒。可是從美國的角度來看，馬歇爾計畫的理想若要行得完全，歐洲在軍事上必須同盟，才能共同對付蘇聯——北大西洋公約組織即爲其實現。但是一個眞正有效的歐洲復興，一個眞正能發揮作用的公約組織，少不了強健的德國經濟，而強健的德國經濟，必須靠重整軍備的德國方能強化。如此一來，法國唯一的退路便是想法子跟德國糾纏不清，兩家搞成一家，世仇死敵才能從此斷絕衝突。於是法國便提出自己一套版本來搞歐洲聯合，也就是「歐洲煤鋼組織」(European Coal and Steel Community, 1950)，進一步擴展爲「歐洲經濟共同體」或一般所稱的「歐洲共同市場」(European Economic Community, Common Market, 1957)，最後並簡化爲「歐洲共同體」，一九九三年起，則改名爲「歐洲聯盟」(European Union)。歷來的總部均設於比利時的布魯塞爾，可是其核心卻建立於法德兩國的合作。歐洲組織，其實是針對美方構想另起爐灶的歐洲整合方案，然而冷戰時期結束，原先爲歐洲組織及法德合作所仰賴的基礎便也隨之蝕損。一九九〇年兩德統一，歐洲勢力頓然失衡，但德國統一之後經濟困難重重，卻也是事先不曾預料的發展。種種情由演變，歐洲統一的前途愈發難卜。

但是回首前塵，美國雖然不能按照自己的心意，盡數實行對歐洲政經制度設計的細節，不過它的國力畢竟強大，不容各國在國際政治上不與它同聲合步。歐洲聯合對蘇是美方的主意，歐洲軍事聯盟也是它的構想。於是德國獲准重新武裝了，歐洲渴望中立的念頭也被打消了，西歐各國在國際上的動作，都在美國的統一號令之下。只有過那麼一次，它們打算自作主張獨立行事，也就是一九五六年的蘇彝士戰爭，英法兩國準備聯手對付埃及，可是此戰最後也在美方壓力之下而告流產。壓在美國氣燄之下的盟友或保護國，最了不起的伎倆也只有消極抵制，既離不開美方主導的軍事同盟，卻又同時拒絕充分合作（法國戴高樂正是此中高手）。

但是隨著冷戰年月一天天的過去，華盛頓的勢力，雖然在歐洲軍事合作及政治動向上始終扮演著君臨的要角，可是美方對歐洲經濟的統制力卻一日弱於一日。世界經濟體系的重心，如今漸漸由美國移往西歐及日本，而美國人則覺得，兩者都是自己一手拯救並予重建的受惠者（見第九章）。原本在一九四七年物稀爲貴的美元，多年下來卻像激流急湍般迅速流出美國。再加上美國自己，外則在全球各地用兵（首例當推一九六五年後美軍在越南的行動），內則雄心勃勃，大肆推行各項社會福利措施。如此內外開支浩繁，卻偏好用赤字預算方式貼補，於是美元向外逆流之勢愈發不可收拾，尤以一九六〇年的情況最爲惡劣，於是美國用以推動並保證戰後世界經濟的基石美元，日衰一日。在理論上，美元係由美國諾克斯堡（Fort Knox）金庫積存的大量金條保證——諾克斯堡貯藏的金量幾佔全球四分之三——但是實際上，美元根本就只是成堆成打氾濫成災的紙幣及書面上的帳目——不過美元的穩定性既然來自可以與一定黃金兌換的保證，於是行事謹慎的歐洲人，由作風超級謹慎、對金條特別死心眼的法國佬帶隊，在國際匯兌上便要求以可靠的金錠，兌換極有貶值可能用紙張做的美元。如此一來，黃金便如決堤般湧離諾克斯堡。需求既高，金價自然大漲。其實在整個六〇年代的絕大多數時期，美元及國際償付體系的穩定性，俱都不能再靠美國本身的準備金爲保障，卻完全多虧歐洲各國中央銀行的捧場——在美方施壓之下——不要求以黃金兌換手中的美元，並參加「黃金總庫」(Gold Pool)的運作，穩定市面上的黃金價格。可是這種權宜之計好景不常，一九六八年「黃金總庫」乾涸見底宣告解體。就事實而言，美元作爲標準兌換貨幣的地位從此告終，並於一九七一年八月被正式放棄。國際償付體系的穩定隨之而去，美國或任何一個單獨國家的經濟力量，再也不能隻手控制全局。

冷戰終了，美國的經濟霸權也所剩無幾，連帶之下，甚至連它實行軍事霸權的費用，也再不能單靠自己的荷包獨力支付。一九九一年波斯灣戰爭爆發，對付伊拉克的軍事行動基本上依然以美國爲主，可是這一回，掏腰包的卻是其他支持華盛頓行動的國家——不管它們是主動慷慨解囊還是勉強被動捐獻。這一戰打下來，參戰的大國竟然還賺了幾文，倒是世界戰爭史上少見的怪事。所幸對眾人而言——除了倒楣的伊拉克人民之外——戰事不出幾天就結束了。

4

一九六〇年代初期的某一段時間裡，冷戰似乎向恢復理智正常的方向走了幾步。一九四七年以還直至韓戰高潮的數個危險年頭之間，世界總算有驚無險，不曾發生任何爆炸性的事件。即使是史達林之死(一九五三)，雖然也在蘇聯集團引發了一陣子大地震，最終畢竟安然度過。西歐各國發現，自己不但不必在社會危機之中掙扎，反而開始進入一個始料未及，到處一片欣欣向榮的時代。下一章將對這段時期作更進一步的討論。老派的外交人士，專門有一個行話用來形容緊張關係的緩和，也就是「低盪」(détente)。現在一下子,「低盪」一詞變成家喻戶曉的名辭了。

低盪現象首先出現於一九五〇年代的最後幾年,當其時也,正是赫魯雪夫(N. S. Khrushchev)在史達林死後的一片混亂中奪權成功登上蘇聯寶座的時候(一九五八—六四)。赫魯雪夫外表看來一介莽夫,其實骨子裡能幹得很,值得令人欽佩。他相信改革,主張和平共存,將史達林一手建立的集中營清理一空,並在接下來幾年裡成爲國際舞台上的領銜主角。他恐怕也是唯一由農村男兒出身,躍登世界大國領袖之人。在赫魯雪夫與甘迺迪之間——甘迺迪是美國這個世紀最被過譽的總統(一九六〇—六三)——一個喜歡虛張聲勢專以大聲恫嚇衝動行事爲能事,另一個則擅於故做姿態喜歡玩弄身段。兩人中間有過一段相當緊張對立的時期,「低盪」首先要面對的便是這道難題。於是兩大超級強國,由兩名超級危險玩家負責掌舵;而這個時候,資本主義的西方國家正充滿著危機感,覺得自己在經濟上節節敗退,輸給了一九五〇年代突飛猛進的共產經濟。如今回頭看來,實在很難想像,但是在當時人的眼裡,你瞧,蘇聯在衛星、太空人上的驚人成就,豈不證明它們在科技上已經勝過美國(其實很短暫)?再看,共產主義豈不出乎眾人意料之外,竟在佛羅里達數十哩方圓內的古巴大獲全勝(見第十五章)?

反過來從蘇聯的角度觀之,它也同樣焦心不已。首先,華盛頓當局的辭令曖昧,不過其中充滿了挑釁好鬥的意味絕對錯不了。其次,蘇聯本身又與中國在基本路線上失和決裂,如今中國小老弟一口一聲,定罪老大哥對資本主義的態度軟和下來。面對這項罪名,原本主和的赫魯雪夫也只有在人前板起面孔,被迫採取比較不與西方妥協的態度。在此同時,各地殖民地的解放進程,以及第三世界的革命行動，俱都突然紛紛加速(見第七、十二及十五章)，情勢似乎對蘇聯大爲有利。於是美國提心吊膽，同時卻又信心十足；蘇聯信心十足，同時卻又提心吊膽。雙方爲了柏林，爲了剛果，爲了古巴，威脅恫嚇，僵持得不可開交。

表面看起來驚險詭譎，有如深淵薄冰，事實上若爲這段時期算一筆總帳，卻可以得出一個相當穩定的國際局勢。兩強之間，還保持了一種盡量不去嚇倒對方及世人的默契，而白宮與克里姆林宮之間設立的電話熱線，便是此默契的最佳象徵(一九六三)。柏林圍牆的設立(一九六一)，則確定了東西雙方在歐洲最後一線不確定的界線。對於開在自家門前的共產小店古巴，美國也默不作聲地承認接受了。古巴革命及殖民地解放的火花，分別在拉丁美洲及非洲點起了星星之火，可是卻不曾掀起燎原之勢，最後甚至明滅不定奄奄將息(見第十五章)。一九六三年甘迺迪被刺；一九六四年赫魯雪夫被看不慣他魯莽衝動作風的蘇聯主流派送回老家。六〇年代，以及七〇年代初期，核武的管制及設限也大有進展：諸如禁爆條約的簽定、禁止核武擴散條約的簽署(贊成國都是已經擁有核子武器，或向來不打算取得核子武器的國家；而反對者則是正在建立自己核子新軍備的幾國，如中國、法國與以色列)、美蘇戰略武器限制條約(Strategic Arms Limitation Treaty, SALT)，甚至還針對雙方的反彈道飛彈武器(Anti-Ballistic Missiles, ABM)達成某些協議。更有意義的是，美蘇兩國之間的貿易，長久以來由於政治上的齟齬本已瀕臨窒息狀態，隨著一九六〇年代轉進一九七〇年代，卻開始欣欣向榮。一時之間情況大爲看好，前途一片光明。

前途其實並不光明。一九七〇年代中期，世界開始進入所謂「二度冷戰」的階段(見第十三章)。

這段時期與世界經濟的一場大變局相始終，也就是一九七三年起綿延二十年之久的長期經濟危機，於一九八〇年代初期達到最高潮（見第十四章）。然而超級強權競賽中的對手，一開始並沒有警覺到經濟氣象起了變化，它們只察覺到一件事：在產油國的卡特爾組織——石油輸出國組織（OPEC）——成功奇襲之下，能源價格出現了三級跳。現在看來，此事加上其他幾項發展，似乎表示美國獨控國際的地位逐漸有了衰頹的跡象。可是當其時也，兩大超級強權毫無所覺，猶對本身經濟實力的穩固沾沾自喜。比起歐洲，經濟發展的減速對美國影響顯然小得許多；而蘇聯呢——上帝若要毀滅誰必先令其躊躇滿志——還以爲自己一路順風，一切都照著計畫順利進行呢。繼赫魯雪夫而起的蘇俄頭子布里茲涅夫（Leonid Brezhnev），其掌權二十年間，如今被蘇聯改革人士冠之以「停滯時期」（the era of stagnation）。可是當時在布氏眼中看來，世界情勢確有幾分值得他樂觀的理由存在，單就其中一項，就可以令他理直氣壯：蘇聯從一九六〇年代中期開始，陸續發現豐富的石油及天然氣蘊藏量，請看一九七三年石油危機以來，其國際市場價值水漲船高，已經突漲四倍。

經濟事務除外，當時尙發生了另外兩件關係密切的事件，以今觀昔，似乎也波動了超級強權之間勢力的平衡。首先，在美國縱身躍入一場主要戰爭之際，出現數起看來代表美國挫敗及不穩定的跡象。越戰一事，使美國全國人心頹喪，意見分裂，各地混亂的暴動示威反戰遊行，在電視螢光幕上頻頻播映，一位美國總統因此下台。十年鏖戰（一九六五—七五），美國卻如眾所料，在大敗之下無功而退。意義更深重的則是，越戰道破了美國的孤立。因爲遍數美國之眾友邦，竟沒有一國派兵前往與其並肩作戰，甚至連象徵性的助陣也不曾。美國爲什麼要去蹚這一趟渾水，爲什麼不顧敵友的警告——美國盟邦、其他中立國家，甚至連蘇聯都諄諄勸戒美國莫要介入——卻要把自己糾纏入這場注定毀滅的戰爭呢？此中緣由，實在令人費解，只有把它當作一片撲朔迷離、令人困惑、充斥了偏執固拗的歷史濃霧。迷霧之中，但聞冷戰中眾主角摸索的腳步聲連連。

如果說，越戰還不足證明美國孤立的情勢，那麼一九七三年發生在猶太贖罪日（Yom Kippur）的以阿之戰，總可以更一步的指證了罷。多年來，美國已經讓以色列發展爲它在中東最親密的盟友，而這場戰爭，便發生在以色列與由蘇聯供應裝備的埃及及敍利亞之間。以色列的飛機彈藥兩俱不足，情勢緊迫，只有求美國火速來援。然而歐洲各國友邦，除了依然堅持戰前法西斯尾巴不放的葡萄牙外，竟然一律拒絕伸出援手，甚至不准美國飛機使用美方在其境內的基地進行援以行動——最後美方資源係經大西洋中部葡屬的亞速群島（Azores）方才能援抵以色列。美國政府認爲，以阿之戰與其利害攸關——外人實在很難悟出其中的道理——事實上，當時的美國國務卿季辛吉（Henry Kissinger），甚至還正式作出核戰警告。這是古巴危機以來，此類警告首次再度出現。季式其人，幹練玩世，而此舉正是他一向忝顏無恥缺乏誠意的標準作風（當時他的總統大人尼克森，正在白費力氣苦戰，想要避免不名譽的彈劾下場）。可是季辛吉的夸夸其談並沒有動搖友邦的立場，它們擔心的是自己對中東石油的仰賴，其重要性遠勝過對美國區域性策略的支持。美國再天花亂墜，唇焦舌燥，也不能說服大家相信它的區域性布局與對抗共產之戰息息相關。阿拉伯國家經由石油輸出國組織，已經發現了一項利器，便是藉著石油供量的削減，以及石油禁運的恫嚇，足可嚇阻各國不敢前來相助以色列。更進一步，它們還發現自己可以大幅提升世界石油的價格。世界各國的外長，也不得不注意到一向號稱全能的美國，對此趨勢全然無能爲力，束手無策。

超級強權在全球勢力上的平衡，以及冷戰中雙方在各個區域相互對抗的本質，雖然尚未因越南與中東兩次事件的本身而改變，美國的力量及地位卻因此大爲削弱。不過在一九七四至一九七九年之間，全球極大一片地區再度吹起一波新的革命大風(見第十五章)，這是短促二十世紀當中的第三回合大動亂。一時之間，彷彿超級強權間的平衡點正離開美國傾斜而去。亞非各地，甚至包括美洲本土，眾多政權紛紛轉向蘇聯親近——從實質的角度而言，不啻爲被陸地包圍苦無對外出口的蘇聯，提供了軍事尤其是海軍的基地。第三波世界革命，適逢碰上美國在國際間遭到挫敗的事實，兩相激盪，二度冷戰於焉展開。可是其中布里茲涅夫領導下的蘇聯，在一九七〇年代顧盼得意躊躇滿志的心態，對此更有推波助瀾之功。這段時期的衝突現象，主要係由第三世界當地的大小戰爭構成，越南前車之鑑，現在美國不敢再犯當年同樣的錯誤，只有在後面間接撐腰。此外，雙方更瘋狂地加速核子軍備的競賽。但是兩相比較，各地烽火連綿的廝殺，比起核子競賽更加缺乏理性。

至於歐洲局勢——雖有一九七四年葡萄牙革命，又有西班牙佛朗哥政權的結束——至此顯然已經完全安定下來，雙方楚河漢界，界線分明；事實上兩大超級強權，都把它們競爭的場地轉移到第三世界。歐洲的「低盪」局面，爲尼克森(一九六八—七四)與季辛吉時期的美國提供兩大得分良機：一是將蘇聯勢力由埃及逐出，一是非正式的將中國收編入反蘇聯盟；其中後者代表的意義更爲重大。而各地興起的新一波革命浪潮，卻都具有對抗保守政權的態勢。美國既一向藉著這些保守政權自居爲全球的護法師，如今情勢逆轉，正好爲蘇聯提供先機，一個可以採取主動的好機會。隨著葡萄牙在非洲殖民帝國的崩潰瓦解，舊有地盤安哥拉(Angola)、莫三比克(Mozambique)、幾內亞—維德角(Guinea-CapeVerde)等地，遂一一落入共產黨手中。隨著衣索比亞老皇被革命民眾推翻，衣國政治風向向東轉彎，蘇聯海軍快速成長，在印度洋兩岸獲得一個又一個重要基地。隨著伊朗國王狼狽下台出亡，美國人情緒大壞，不論輿論民意，幾達歇斯底里的地步。否則，我們如何解釋，爲什麼美國一看見蘇聯部隊開進阿富汗就以爲天下大亂將至，風聲鶴唳，認爲蘇聯勢力的挺進不久即將抵達印度洋濱、波斯灣口❾？(見第十六章第三節。其中部分理由，恐怕可以歸之於美國人對亞洲地理的驚人無知罷。)

在此同時，蘇聯方面毫無道理的揚揚得意心態，愈發助長了美國人的抑鬱憂心。其實遠在美國宣傳家大言炎炎，事後之明的在自己臉上貼金，吹噓如何一手贏得冷戰，整垮死對頭之前，布里茲涅夫政權就已經引導蘇聯走上敗家破產的滅亡路了。它在軍備上投下大筆費用，使得蘇聯國防支出平均年增百分之四至五，從一九六四年開始長達二十年之久(係根據眞實數字統計)。這場軍備競賽毫無意義可言，唯一能夠讓蘇聯感到安慰的事情，便是如今自己總算可以在飛彈發射台上和美國平起平坐了，這是一九七一年。及至一九七六年際，它的發射彈台數字更居於優勢，以百分之二十五領先美國(不過蘇聯的實際彈頭數目始終不及美方)。其實早在當年古巴危機之時，蘇俄微不足道的核子彈頭就已經把美國震懾得不敢輕舉妄動，多年瘋狂競備下來，雙方儲存的實力更早就可以把對方炸得瓦礫千層灰燼瀰空了。蘇聯更孜孜建立一支強大海軍，在全球海面佔得立足之點(其實說成在海面以下取得一席之地更爲恰當，因爲其海軍軍力係以核子潛艦爲最大主力)。就戰略觀點而言，蘇聯此舉並不實際，不過作爲一個全球性的超級強權，就有在世界各地揚旗宣威的權利，因此藉海軍展現實力以爲一種政治手勢，倒也情有可原。但是蘇聯不再端坐家中謹守其地盤分界的事實，卻讓美國諸冷戰鬥士感覺宛如電擊，若不及時展現實力，再度號令天下，此中態勢，豈不證明西方霸權長日將盡。莫斯科躊躇滿志，早將當年赫魯雪夫下台之後，自己在國際舞台上步步爲營的那份謹慎拋到九霄雲外。蘇聯信心不斷上升的態度，愈發肯定了美國人的憂心。

華盛頓當局這種歇斯底里的反應，當然不是基於實際的理性考量。雖然美國的名望大不如前，但就實質而言，其實美國實力較之蘇聯，依然具有決定性的優勢。再以兩大陣營的經濟力量及科技水準相比較，西方(及日本)所佔的優勢更是無法估計，差距何止千里萬里。粗糙僵化的蘇維埃，也許可以憑它的無比蠻力，比誰都更有辦法建造出一個一八九〇年代、十九世紀式的強大經濟(Jowitt, 1991, p.78)。但是在這個二十世紀的八〇年代，就算它的鋼鐵產量比美國多出百分之八十，生鐵量比美國多出兩倍，曳引機比美國更勝五倍；如果它不能調整適應自己，趕上這個建立在矽晶與軟體的時代經濟，就算傳統重工業的產品再多再大，對這個老大帝國又有什麼幫助呢(見第十六章)？而當時也沒有任何證據顯示，蘇聯打算發動戰爭，其可能性更是微乎其微(唯一的例外，恐怕只是跟中國開戰)，至於軍事攻擊西方？更不在話下，毫無實現的可能。所謂蘇方發動核武攻擊之說，全都是一九八〇年代西方冷戰人士的自我夢囈，以及西方政府的高燒宣傳。結果適得其反，反而讓蘇聯人大起恐慌，認爲西方很可能先下手爲強，對蘇聯發動核子攻擊——一九八三年某段時間，蘇聯甚至以爲西方核彈隨時便要來襲(Walker, 1993, chapter 13)。美方的危言聳聽，更在歐洲觸發了冷戰時期以來，規模聲勢最爲浩大的反核和平運動，極力反對在歐洲部署新一批的飛彈。

未來二十一世紀的史家，既遠離了一九七〇與八〇年代的親身記憶，對於這一世代發作的瘋狂軍備高熱、侃侃而談的天命預言，以及美國政府在國際間進行的怪誕作爲，尤其是雷根執政年代（一九八〇—八八）初期發生的怪事連連，必將感到大惑不解。這些史家若想了解其中眞相，必須在主觀性上由探討美國心理入手。美國連遭大患，一股股深刻的挫敗感、無力感、恥辱感，其痛之深，其恥之烈，實令一九七〇年代美國政治主流的勢力深感痛心疾首，宛如刀割。尼克森爲了沒有價值的醜事，名譽掃地黯然下台；繼之而起者又是連著兩任毫無分量的輕量級總統。總統人事的失序，愈發使得美國人心上這道重創的痛楚加深。雪上加霜，羞辱性的伊朗人質事件，美國外交人員竟然被伊國當作人質並用以相脅；中美洲數小國接連掀起赤色革命；石油輸出國組織再次提高油價，造成二度國際石油危機。種種情由，更使美國人的痛苦達到極點。

隆納雷根（Ronald Reagan），於一九八〇年際當選美國總統。當其主政時代的美國政策，完全係以掃除多年銘刻在心的羞辱感爲出發點。也只有從這個角度，我們才可以了解雷根之所以大秀鐵腕，汲汲於展示美國高高在上、絕不容任何挑戰，也絕不能動搖的雄霸地位的作風。爲了重振雄風，美國甚至不惜訴諸武力，以軍事行動對付特定目標，如一九八三年入侵加勒比海小島格瑞那達（Grenada）；一九八六年發動大規模海空攻勢轟擊利比亞；至於一九八九年對巴拿馬發動軍事侵略，規模更大，更無意義可言。雷根顯然摸準了人民心理，看透了他們自尊受到的傷害之深。這份能耐，也許正和他是二流好萊塢影星出身有關罷。美國人心理的重創，最後在死對頭突然暴斃之下得到一點安慰，現在總算又只剩下自家是世界一霸了。但是即使到了這個時節，我們也可在一九九一年對付伊拉克的波斯灣行動中，探出一點蛛絲馬跡。美國人是想藉著教訓伊拉克的機會，為一九七三及一九七九年兩度石油危機所遭受的奇恥大辱，找回一點遲來的心理補償作用。想當年，堂堂地球上的最大強國，竟然奈何不了區區幾個第三世界弱國湊合的組織，眼睜睜地被它們以斷油的威嚇要脅。是可忍，孰不可忍。

在這種心理背景之下，雷根所發動的那場十字聖戰——至少在表面看來如此——以全力對抗那股「邪惡帝國」勢力的種種行動，與其說是出於為了重建世界權力平衡的實際目的，不如看作幫助美國癒合的心理治療手段。因為重建世界均勢的這項工程，早在一九七〇年末期，便已然悄悄進行。當時北大西洋公約組織——在美國民主黨總統及英德兩國社會民主黨及工黨政府領導之下——已經開始重整軍備。而且從一開始，非洲地區建立的左翼新政權，便受到美國支持的運動及國家密切的牽制。美國勢力在非洲中部及南部一帶，進展得頗為成功，並與那實行黑白隔離政策、儼然銳不可當的南非共和國共進退。在西非一帶，美國的鋒頭就沒有那麼健了（不過蘇聯勢力在兩地則有古巴派遣的遠征部隊給予重要相助，足證卡斯楚〔Fidel Castro〕忠心耿耿，一心以效命第三世界革命並與蘇聯老大哥聯盟為職志）。雷根對冷戰的付出，卻屬於另外一種類型，並不在平衡世界霸權的勢力。

雷根的貢獻不在實質意義，卻在於意識形態——也就是西方世界對黃金時期之後（見第十四章），世局總是在層出不窮的麻煩及不確定性中打轉的一種反應。黃金時代進行的各項社會經濟政策，顯然宣告失敗；長久以來執政掌權的中間路線及溫和派社會民主黨派，一一下台鞠躬；現在換成一批致力「企業至上」，堅持「完全放任」的右派政府上場。這是一九八〇年代，發生在好幾國之內的景象，其中又以美國的雷根，以及英國自信十足的鐵娘子柴契爾夫人(Thatcher)最爲突出。在這批右派新貴眼裡看來，一九五〇及一九六〇年代由國家大力推動，但從一九七三年開始便不再有經濟成就做後盾的福利式資本主義，根本上就是出自社會主義的一截枝椏——正如經濟學家暨意識專家海耶克大人所言，所謂「到奴役之路」(the road to serfdom)是也——而蘇維埃社會主義共和國聯邦，亦正是這種社會福利制度的最終產物。雷根風格的冷戰，不僅是針對外面的「邪惡帝國」而來，對內而言，也係爲針砭羅斯福系的新政思想而發。總而言之，便是堅決反對福利國家，以及國家以任何形式介入社會、經濟的生活。雷記政治的死敵就是共產主義及自由主義。

說也湊巧，蘇聯帝國正好在雷根年代的末了壽終正寢，美國宣傳家便免不了大吹法螺，認爲這都是美國發動抗俄滅蘇之功。美國發起了冷戰，大勝了冷戰，如今已經將敵人徹底擊潰，令其毫無翻身餘地。這是一批老戰士對八〇年代演變所做的闡釋，我們其實不必把他們的版本看得太過認眞。當時根本沒有任何跡象，顯示美國政府預期到或看出來蘇聯即將解體。待得蘇聯眞的垮台，也不見美方預先對此事做過任何準備。儘管它的確希望對蘇聯施加經濟壓力，可是美國自己的情報卻顯示蘇聯的體質還硬朗得很，絕對可以繼續與美國進行長期軍備賽跑。即使在一九八〇年代早期，美國還錯估了蘇聯的境況，以爲後者還在得意揚揚地從事全球侵略。事實上就連雷根本人，不管他的講稿代筆人替他撰寫的講詞爲何，不管他那經常顯然不太靈光的腦袋到底在想些什麼，在他的心底深處，也相信美蘇兩國共存爲不可避免的現實情況。但是他認爲美蘇共存的基礎，不應該奠立在相互以核武恫嚇的平衡點上，他的夢想，是建立一個完全沒有核子武器的世界。剛好，另外有人與他共此清夢，那就是蘇聯新上任的共黨總書記戈巴契夫(Mikhail Gorbachev)。一九八六年兩強在秋意深濃的冰島相會，在接近極地的蕭瑟寒黯氣氛裡，一場奇特卻熱烈的高峯會議於焉展開。戈巴契夫的心意，在此會中顯示得清清楚楚。

冷戰結束，因爲兩大超級強國中的一方，或雙方俱皆如此，認清了核武競賽邪惡無理的本質，並且相信對方也眞心誠意，願意結束這場瘋狂可笑的競賽。就某種意義而言，這種建議可能比較容易由一位蘇聯領袖採取主動，因爲莫斯科方面向來不像華盛頓，並不把冷戰當作聖戰似的一直掛在嘴邊；也許是由於蘇聯不必把激動的民情放在心上之故罷。但是反過來說，正因其言辭不像華盛頓那麼熱烈，事到如今，謀和之議若出自蘇聯領袖之口，其誠意恐怕很難取信於西方各國。因此之故，全世界欠下戈巴契夫的恩情就更深重了。因爲他不但首倡此議，而且更憑一己之力，成功地說服了美國政府及西方眾人，相信他心口如一，的確有此誠意。當然，我們也不可低估雷根總統所做的貢獻，因著他簡單率純的理想主義心態，才能突破層層迷霧，衝出圍繞在他身邊形形色色的各種魔障——意識形態販賣專家、神經錯亂的狂熱分子、妄想升官發財的野心家、亡命之徒、職業戰士——憑自己單純地相信了戈氏的誠意。就實質層面而言，冷戰可說在雷克雅未克(Reykjavik，一九八六)及華盛頓(一九八七)兩度高峯會議之後便告結束。

蘇維埃制度之所以壽終正寢，是否因冷戰結束而導致呢？這兩大歷史事件，雖然在表面上看起來頗相關聯，但在過程上卻各有其徑。蘇聯式的社會主義，一向自詡爲資本主義世界經濟體系的另一選擇。既然資本主義大限未了，而且看起來也絲毫沒有將要離世的跡象，那麼社會主義若要作爲世界的另一種前途希望，成功與否，就端看它與世界資本經濟制度競爭實力的高下了——不過如果一九八一年時所有社會主義及第三世界的債務國一起翻臉不認帳，並拒絕履行向西方貸款的償付責任，我們倒很想知道資本主義將會變成什麼模樣——但是後者多年來幾度推陳出新更上層樓，當年經濟大蕭條及二次世界戰後，分別有過一次鼎力革新。一九七〇年代之際，又在傳播及資訊事業上經歷了一場「後工業式」(post-industrial)的革命轉型。而社會主義國家卻一路落後，這種愈演愈烈的情勢在一九六〇年後變得極爲明顯，它的競爭能力已經完全失去。總而言之，只要資本共產之間的競爭，是以兩大政治、軍事、意識強國對峙的形式出之，任何一方只要技不如人，即將注定毀滅的下場。

此外，兩大超級強國軍備競賽開支之浩繁，均遠超出其經濟能力所能負荷。及至一九八〇年代，美國的債台已經高築到三兆美元之鉅——其中絕大部分花在軍事用途之上——但是這個天文數字，幸好還有世界性資本主義的系統提供緩衝，勉力吸收。蘇聯的壓力同樣也不輕，可是環顧內外，卻沒有人與之共同分擔這個重荷。而且就比率而言，蘇聯軍費之高，約佔其總生產四分之一。而美國在一九八〇年代的戰爭支出雖也不低，可是卻只佔其數字龐大的國內生產毛額(GDP)百分之七而已。出於某種歷史的因緣際會，加以政策運用得宜，原本依附於美國生存的諸國經濟壯大茁長，甚至青出於藍，比祖師爺的美國還更出色。及至一九七〇年代結束，歐洲組織及日本兩方的生產總和，已經超出美國百分之六十。反過來看看蘇聯的附庸國家，卻始終無法自力更生，每年尚得耗費蘇聯價值數十億美元的巨款補給。從地理及人口分布來說，這些蘇聯希冀有朝一日可以通過革命壓倒資本主義全球獨佔性的落後國家，總和共佔全世界總數的百分之八十。可是就經濟分量而言，卻微不足道居於可有可無的邊緣弱勢。至於科技的發展，西方更一日千里，以幾何級數成長，雙方差異之大，判若雲泥。總而言之，這場冷戰從一開始，就是勢不均力不敵的懸殊之比。

可是社會主義之毀，並不是毀在它以卵擊石，與資本主義及其背後的超級強權敵意對抗一事上面。造成它如此悽然下場的原因有兩層：一是本身經濟體質缺陷使然，二是生龍活虎的資本主義實在太過先進，使社會主義難以招架。因爲若單就政治觀點而言，就像冷戰中人，喜歡以「自由世界」對「極權世界」的辭彙代表「資本主義」與「社會主義」的壁壘分明，視兩者爲永遠無法也不願銜接的峽谷深淵之兩壁[10]，如果雙方只是各行其是，老死不相往來，也不進行自殺性的核子戰爭，其中一方就算再不濟也可以支撐下去。因爲只要能夠一直躲在鐵幕後面，就算中央計畫式的經濟效率再差再鬆散，也可以勉強苟活——最壞也不過苟延殘喘逐漸衰弛，也不至於猛然暴斃崩潰[11]。可是社會主義的敗象，在一九六〇年代蘇聯式經濟制度開始與資本主義世界經濟接觸之際，便種下了敗亡的因子。一九七〇年代，社會主義國家的領袖猶不肯痛下針砭，著手改革經濟，反而貪圖一時方便省事，追逐利用世界市場上出現的新資源（如藉油價大發利市，或因借款得來容易便大量舉債等等），此舉無異自掘墳墓（見第十六章）。冷戰中最大的弔詭，即在至終置蘇聯於死地者並非「對抗」，而是「低盪」。

就某種意義而言，華盛頓當局那批激烈冷戰派的看法倒也不失正確。如今回望，我們可以清楚看見，眞正的冷戰其實已經於一九八七年華盛頓高峯會議之際便告結束。但是一直要到眾人親見蘇聯霸勢已去，或壽終正寢，全世界才肯承認冷戰眞的已經終結的事實。四十年來堆積的疑懼仇恨，四十年來軍事工業巨獸的耀武揚威，不是一夜之間就可化除扭轉的印象。兩方的戰爭機器繼續運轉，祕勤單位也依然風聲鶴唳。把對方的每一個動作，都當成企圖勾引己方上當、鬆弛警覺的詭計。一直到一九八九年蘇聯翼下的大帝國紛告瓦解，一九八九至九一年蘇聯自己也宣告倒閉，大家才不再能假裝若無其事，更不能自欺欺人，好像什麼變化都沒有發生一般。

5

但是，這個世界到底發生了什麼變化？總的來說，國際舞台的面貌，因冷戰產生三方面徹底的改變。首先，冷戰一舉抹消了二次大戰之前的種種衝突對立，往日的恩怨情仇，在「只此一種別無分號」的美蘇冤家對立之下，全都黯然失色。有的消失無形了，因爲帝國時代的大業已經不再，隨之而去的自是殖民時節爲爭勢力搶地盤而做的你爭我奪。有的風流雲散了，因爲除了兩大眞正「強國」之外，其餘在過去稱孤道寡的「各大強國」，如今已經淪落爲國際政治裡的二三線角色。彼此之間的關係，非但不再具有自主性，而且更只限於地區性的意義。一九四七年後，法德(西德)兩國之所以放下世仇深恨，不再斧鉞相見，非因法德從此言歡，不再翻臉——事實上法國時時想跟德國鬧彆扭——卻由於兩國同屬美國陣營，一起在華盛頓帳下效命之故。何況有美國在西歐作主，絕不會允許德國再有出軌的行動。但是即使如此，通常在傳統上，大戰之後各國必定心有千結：勝方惟恐敗方死灰復燃，恨不得它永世不得翻身；敗方則汲汲營營，希望可以重新振作，再世爲人。可是二次大戰之後的世局，則此調不復聞矣。這種勝負雙方顧忌心理消失之速，實不得不令人驚詫不已。對於西德日本迅速恢復戰前強勢地位並再度武裝的事實——不過此武裝非關核子——西方各國鮮有介意的表示，只要在事實上，這兩國都臣服在美國號令之下就行了。就連蘇聯及其臣屬，雖然與德國有過極其苦澀的接觸經驗，但是它們對於德國再起造成的威脅意味，也只在表面上叫罵宣傳而已，而非出於眞心的恐懼。令莫斯科不能安枕的眼中釘心頭恨，不是德國軍隊，而是配置於德國國土上的北大西洋公約飛彈。但是如今冷戰世代過去，前此各大國間一直隱而不現的衝突，卻極可能再起。

其次，冷戰也凍結了國際局勢，並因此令國際間許多未決事務或臨時性的安排，呈現一時定格的穩定現象。德國就是最明顯的例子；四十六年之間，德國始終陷於分裂狀態——即使不屬於法定狀態，至少在好長一段時間裡也屬既成事實——總共分爲四大塊：一是後於一九四九年成立聯邦共和國的西區；二是一九五四年變成德意志人民共和國的中區；其餘兩部則是奧得河及奈塞河（Oder-Neisse）以外的東區，此處的德國民眾盡遭驅逐，土地則被併入波蘭及蘇聯兩國。冷戰結束，蘇聯解體，靠西的兩塊德國國土重新統一；可是原東普魯士被蘇聯併吞的地方卻成落單孤立之勢，向東與俄羅斯其他地區，隔著現已獨立的小國立陶宛遙遙相望。如此一來，只剩下波蘭一國面對德國，指望它信守一九四五年的疆界約定，可是此事實在沒有什麼把握。冷戰時期的穩定假象，並不便代表著眞和平；除了歐洲一地的確是個例外之外，冷戰年代不表示戰爭已被忘懷。從一九四八到一九八九年，此起彼落，人世間難得有一年安靜而沒有重大衝突。不過大小衝突多少都在控制之下，或迅即撲滅，因爲人人都害怕一發不可收拾，引發超強之間一場公開大戰——亦即核子對決。原屬英國保護邦的波斯灣頭石油富國科威特（一九六一年獨立），多年來緊鄰的伊拉克一再對其重申領土主張。可是這項多年宿怨，卻一直要到波斯灣不復成爲兩大超級強國爭權鬥勢的發火點後，方才付諸行動，爆發成一場大戰。回到一九八九年之前，作爲伊拉克軍火廠的蘇聯，一定會強烈反對巴格達(Baghdad)在此地區採取任何貿然險進的措施吧。

各國內部的政治情況，自然不及國際情勢般暫時凍結，不過在大體上縱有變動，也不改其向超級強權之一靠攏的主要方向。美國是絕不容許義大利、智利，或瓜地馬拉的政府之內，有任何共產黨或親共人士參政。同樣的，若有小老弟不聽指揮，蘇聯也絕不輕易放棄派兵教訓的機會教育，只看匈牙利及捷克斯洛伐克兩國的遭遇便知。誠然，對於麾下友好附庸政權的多元及多樣性，蘇聯的容忍度遠較美國爲低，可是它對這些國家的控制能耐，也同樣遠遜美國。甚至早在一九七○年之前，蘇聯老大哥對南斯拉夫、阿爾巴尼亞，以及中國三位小老弟的所作所爲就已經完全失控了。對於古巴及羅馬尼亞兩國首領個人色彩極其強烈的作風，它也不能不退讓三分。至於其他第三世界的大小國家，雖然由蘇聯供給武器，並與其同一聲氣憎恨美帝，但捨此共同利益不談，蘇聯也毫無任何眞正的控制力量可言。各國之中，甚至沒有幾國願意在國內給予共產黨派以合法的政黨地位。但是在兩極對立及反帝國主義的邏輯之下，再加上權力鬥爭、政治勢力、賄賂收買等幾項因素的結合運作，敵我雙方陣營對峙分立的局面多少還算保持著穩定的狀態。除去中國一地之外，若非內部發生革命，世界上沒有一個重要國家曾經倒戈改向敵方靠攏。而革命一事，依照美國在一九七〇年代的經驗可知，往往非兩大超級強國所可左右。與美國的聯盟關係，雖然令諸友邦日感掣肘，並在政策上窒礙難行（一九六九年東進政策〔Ostpolitick〕事件，德國政府即深受其苦），可是它們也始終不曾打過退堂鼓，脫離這個令人感到日益棘手的合作關係。因此一些力量薄弱、政局不安、毫無防禦能力的政治個體，如今拜冷戰之賜，竟然也莫名其妙地在夾縫中苟存下來。這些迷你小國，置身於國際叢林弱肉強食的險惡環境之下，原本恐怕根本沒有生存的機會——紅海與波斯灣間，便充斥著這一類的弱國小邦——核子蕈狀雲的恐怖陰影，不但保障了西歐民主自由國家的生存，附帶也使如沙烏地阿拉伯、科威特之類的政權有了苟活的機會。迷你小邦存在的最佳時機，就是冷戰年代——因為冷戰過去，原本暫時獲得解決，或一時束之高閣的種種問題與心結，立刻重上枱面，無可逃遁迴避了。

再其次，多年不斷的軍備競賽、籠絡、衝突之下，世界因冷戰積貯了令人難以置信的高量軍火。四十年來工業大國競相加強本身軍備，以防那隨時可能爆發的大戰；四十年來超級兩霸在全球拚命發放軍火，爭取同志籠絡友人。更何況四十年來所謂「低強度」(low intensity)的次級戰禍不斷，偶爾更引發了幾場規模較大的重要戰爭。軍火充斥全球，自是當然後果。於是以軍火工業為導向的經濟體系，或國防工業勢力在其中具有強大影響力的國家，自然戮力於軍火外銷的經營。因為此中不但有可觀的經濟利潤，至少也可以讓本國政府感到心安理得，證明其天文數字的軍事預算並非全然浪費，畢竟也有其經濟生產的價值。全球各地突然興起的一股軍政府浪潮（見第十二章），更提供了難得的大好市場。加以自油價革命以來，地表底下的黑金，忽然為第三世界的蘇丹酋長帶來前此做夢也難以想像的鉅富，自此軍火業不但有超級強國頻頻厚賜培植，更有石油暴發國家的鈔票餵養。於是不分社會主義國家，還是日走下坡的資本主義經濟如英國，眾人紛紛投入軍火出口事業。因爲除此之外，它們實在沒有任何足以在世界市場上競爭的重要產品。「死亡交易」的內容，不僅限於唯有政府才能負擔的重型軍火，隨著游擊戰及恐怖主義行動猖獗時代的來臨，攜帶式輕型器械的需求量也大大增加——這些輕武器的身量雖小，體形雖輕，其殺傷力的要求卻同樣不低。進入二十世紀後期，活躍於都市叢林的黑社會地下活動，更爲軍火產品進一步提供了豐厚的民間市場。在這種環境氛圍之下，以色列產製的烏茲衝鋒槍（Uzi）、俄國製造的卡拉希尼可夫步槍（Kalashnikov），以及捷克出品的西姆太可斯炸藥（Semtex），竟都成了家喻戶曉的日用名稱。

於是便在競相購買生產軍火的馬拉松之下，冷戰之火生生不息。超級霸權扶持的傀儡政權之間，繼續著它們的零星小戰。即使舊有的衝突已結，即使戰端的原始發動者想要罷手，戰事卻仍在當地繼續下去。因此安哥拉全國獨立民族同盟（UNITA）的叛軍部隊，始終留在戰場上與該國政府作對。雖說始作俑者的南非與古巴，早已抽身撤離了這個倒楣的國家。而美國及聯合國組織，也已經否定游擊部隊的存在，轉而承認對方的合法地位。不過它們的武器供應，絕對不虞匱乏。以索馬利亞爲例，其軍火武器供應，先有蘇聯（當年親美的衣索比亞老皇猶在位之際），後有美國（衣國老皇下台，換由親莫斯科的革命政權當家）。進入「後冷戰時期」的今日，索國已成哀鴻遍野的饑饉之地，戰禍連年，一片無政府部族相殘的亂象。糧食資源建設，舉目一片荒蕪，要什麼缺什麼。唯有槍火彈藥、地雷管信、軍用輸送設備，源源供應不絕。雖有美國及聯合國大量動員進行和平援助，但是糧食及和平的輸送，卻遠比氾濫的軍火難多了。而在阿富汗一地，美國也曾將大批手持型刺針(Stinger)防空飛彈及發射器，配給當地反共的部落游擊武力，以抵制蘇聯在該地區的制空權。美方估算果然正確，此舉的確有效，最後俄國人撤出了阿富汗的戰事。可是美俄勢力雖去，當地卻戰火依然，宛似什麼變化也不曾發生。唯一的改變，係如今心腹大患蘇聯飛機既去，部族中人開始轉售防空飛彈大發利市，因爲國際市場對其需求日殷。見此態勢，美國大感不安，絕望之餘，只有出價以十萬美元一支的高價，意欲購回自家製造的武器，可是此計竟遭鎩羽，大大地失敗了(見《國際前鋒報》〔*International Herald Tribune*〕，一九九三年五月七日二十四版；《共和報》〔*Repubblica*〕，一九九四年六月四日)。正如歌德(Goethe)筆下魔法師的學徒所嘆：「請神容易送神難。」眞是自作孽，不可活了。

冷戰驟然結束，原本支撐著世局架構的桅樑突然撤去，甚至連各國內部政治結構也因此岌岌可危——只是對於第二項的變化，眾人還不甚察覺。舊樑既去，剩下世界半坍半立，一片凌亂，因爲能取而代之的新樑尚無蹤影。美方的發言者一廂情願，以爲如今霸權唯我獨尊，氣勢必然更勝往昔，必將可以在舊有兩極秩序的殘墟廢址之上，扶持建立起一個「世界新秩序」。這個想法，很快便證明不切實際。世局再也不可能恢復冷戰前的舊貌了，因爲多少的人事已經改觀，多少的面目已經消失。地表上所有地標，已然傾圮；舊日地圖，盡已廢去。巨變之下，向來習慣於某種一定世界觀的政客及經濟專家，如今發現自己毫無能力領會並掌握新問題新事象的本質。一九四七年際美國之所以能夠一針見血，立時觀察到必須大刀闊斧、迅速恢復西歐經濟力量之故，係因爲當時的危險之源——共產主義及蘇聯勢力——界定清楚，面目分明。比較起來，蘇聯及東歐共產世界的倒塌，其突然性及其對政治及經濟的震撼效果，遠超過當年西歐各國搖搖欲墜之勢。而且早在一九八〇年代末期之際，這種趨勢便已隱然可期——可是各個富有的資本國家對此卻視而不見，完全不認爲全球危機將至，更不知大家必須群策群力，研商緊急應對之計。其中原因，正在其中的政治意義不明，不似當年資本對共產兩極對立般易於界定。因此眾國的反應遲鈍，只有西德稍有例外——其實連德國人也完全看錯並低估了問題的本質，從西德合併前德意志民主共和國（東德）的困難重重中即可看出。

冷戰結束一事，對世界的影響衝擊非同小可。即使其他與冷戰同時出現的種種因素不曾發生——如世界資本主義經濟體系正遭逢一大危機，以及蘇聯帝國最後瓦解前面臨的重重險境——其驚險萬狀之處，依然不能減於萬一。不過史家的任務，既只在描述世上眞實發生過的歷史，就不必徒費筆墨，揣想不同情節的假定了。事實證明，冷戰之終，只是一個時代的結束，卻非國際衝突矛盾的了局。一個舊時代已然過去，不僅是東方的共產集團，對全世界而言也係如此。這個過程中有幾處代表一個時代結束的歷史性關鍵時刻，連身在其中的當代人也可以清楚辨認：一九九〇年前後，顯然便是人世間一個如此的轉捩點。但是舉世滔滔，世人雖然都看出舊事已了，然而未來如何，是憂是喜，是好是壞，卻充滿著一片迷茫，無人能予肯定。

迷茫之中，似乎只有一事確鑿，再也無可逆轉：那就是自冷戰肇始，世界經濟遭遇的萬般變局，連帶著受其影響的人類社會，變化之深、之劇，史無前例。影響所及，徹底改變了世貌人情，再也不可能幡然回頭了。種種變化情由在歷史上的意義，在千年之後的歷史書上應該佔有更多更大的篇幅，其意義必遠比韓戰、柏林事件、古巴危機、巡弋飛彈等種種表象的事件重大深長。現在，便讓我們一探人類世界於冷戰之世脫胎換骨的情貌。

註釋

❶一九四七年九月，共黨情報局（Communist Information Bureau, Cominform）召開成立大會，其世界局勢報告書中對中國情勢幾乎絕口不提——無論從哪一個角度來看皆是如此——可是卻將印尼、越南納爲「加入反帝國陣營」的生力軍，並把印度、埃及、敘利亞列爲對反帝國陣營「有好感」的國家（Spriano, 1983, p.286）。遲至一九四九年四月間蔣介石棄守國都南京，各國駐華使節之中，也只有蘇俄大使一人隨其撤往廣州。六個月後，毛澤東便宣布中華人民共和國成立（Walker, 1993, p.63）。

❷據說毛澤東曾對義大利領袖陶里亞蒂表示：「誰告訴你世上沒有義大利不行？中國人還會足足剩下三億，盡夠人類繼續延續下去了。」毛對核子大戰歡迎惟恐不及，並且認爲它還有徹底消滅資本主義的好處。這種想法，眞把他在一九五七年的外國同志嚇得瞠目結舌（Walker, 1993, p.126）。

❸當時美方已經在蘇土邊界的土耳其境內設有飛彈裝置，蘇聯頭子赫魯雪夫爲以牙還牙，決定如法炮製，打算在古巴布下蘇聯飛彈牽制美國（Burlatsky, 1992）。美國以戰爭要脅，逼使赫魯雪夫打消此意，同時美方也撤回自己在土國的飛彈。其實當時美國總統甘迺迪的左右告訴他，蘇聯飛彈是否進駐古巴，對雙方的戰略平衡毫無影響，倒

是對總統本人的公關聲望舉足輕重（Ball, 1992, p.18; Walker, 1988）。當年美方由土國撤出的飛彈，根本就被列爲「陳舊作廢」之伍。

❹甘氏在競選時言道：「我們的敵人無他，就是共產制度本身——共產主義貪婪無度，一意孤行，獨霸世界之心無日或止。……這不只是一場軍備上的競賽，更是兩種完全扞格不合的意識爭霸戰：也就是在屬乎天意的神聖自由，與逆天無神的殘忍暴政之間的一場殊死決戰。」

❺美國參謀首長聯席會議曾經提出一項計畫，建議於大戰結束十週之內，在蘇俄境內二十個主要城市投下原子彈。此時要是蘇聯獲悉這項消息的話，恐怕更要擔心害怕了。

❻在這批不名譽的迫害黑手之中，日後唯一具有分量的政壇人物只有尼克森，他也是戰後美國總統當中，最令人厭惡的一位（一九六八—七四）。

❼「我們將重鑄實力，再做天下第一。沒有假如，沒有但是，第一就是第一，沒有任何條件。我不要世人去揣摩赫魯雪夫先生的動向爲何，我要全世界都急於知道美國的動向爲何。」（Beschloss, 1991, p.28）

❽冷戰方始揭幕，各個情報單位以及其他各種特務組織，卻已經開始有系統地收編僱用前法西斯分子。

❾美國對尼加拉瓜桑定民族解放陣線也放心不下。他們的邏輯是這樣的：試想，德州邊界僅在數天卡車車程之外，因此尼國軍情造成的威脅性豈不甚大。這種看法，是美國無知淺陋的又一佐證，也是美國幼稚的課堂地圖教育帶來的標準政治地理觀念。

❿例如美國人把「芬蘭化」（Finlandization）一詞（意指向蘇聯尋求中立的受惠地位），用作反面「濫用」的意思。

⓫最極端的例子，可以由實行共產主義的高山小國阿爾巴尼亞爲證。阿國雖然極其貧窮落後，但三十餘年與世隔絕的日子，還是靠自己一步步活過來了。但一旦那道將它與西方隔離的藩籬倒塌之後，阿國經濟立時亂成一灘爛泥。

第九章
黃金年代

過去四十年裡，摩登那（Modena）眼見大躍進的發生。從最早義大利統一（Italian Unification）之日起，一直到大躍進發生之前，眾人始終陷在一個不斷等待、長期等待的境地裡，期間偶或有些短暫的改進。但是猛然間，卻開始了徹底的轉型，於是一切都以閃電的速度開始進行。而現在一般人享受的生活水準，前此原只限於一小批特殊階級的特權。

——穆基奧里（G. Muzzioli, 1993, p.323）

一個人只要頭腦清醒，肚子餓的時候絕不會把身上僅存的一塊錢用去買食物以外的東西。可是一旦衣食飽足，他就會開始考慮其他用項。在電動刮鬍刀及電動牙刷之間，便可以說動他做一選擇了。因此，在價格及成本之外，消費者需求，也成爲另一項可資管理並操縱之物。

——美國經濟學家加爾布雷斯（J. K. Galbraith, 1976, p.24）

1

世人觀事探理，往往與史家的作風相似：只有於回顧溯往之際，方能體認己身經驗的本質。一九五〇年代之際，眾人開始意識到年頭的確越來越好，若與二次大戰爆發之前的日子相比，更見其佳。持有這種想法者，尤以那些國勢蒸蒸日上的「已開發國家」的居民為最。一九五九年，英國某位保守派首相保住首相寶座，贏得大選的口號便是：「你可從來沒有過過這麼好的日子吧。」這句話顯然相當正確。但是一直要到這段欣欣向榮無限繁榮的美景過去，進入動盪不安的七〇年代，等待著傷痕累累的八〇年代，觀察家才幡然醒悟——主要係以經濟學者為首——恍然了解到一件事實，那就是這個世界，尤其是已開發資本主義的世界，正才結束了一個在歷史上可謂前所未有極為特殊的時期。眾人搜索枯腸，想要為這個時期擬一個恰當的名稱；於是法國人士有「光輝三十年」，英美社會則有「四分一世紀黃金年代」(Marglin and Schor, 1990)的種種說法。金色的光輝，在隨之而來數十年黯淡黑暗的危機背景襯托之下，愈發顯得燦爛。

眾人之所以如此遲鈍，花去這麼多年時間才體認出當年美景的特殊之處，其中原因有幾。對美國來說，繁華不是什麼新鮮大事，毫無革命性的突破可言，只不過是戰爭時期經濟擴張的持續而已。打從大戰時日開始，這個國家就蒙受戰爭之賜而發達，不但沒有遭到任何物質損害，全國國民生產毛額(GNP)反而增加三分之二(Van der Wee, 1987, p.30)。及至戰爭結束，美國已一躍幾佔全球工業生產總額的三分之二。但也正因爲其架構之龐大及躍升之迅速，美國經濟在戰後黃金年代的表現，相對地也就不如其他國家在此時期成長比率的表現驚人，因爲後者起步的基礎遠較美國爲小。一九五〇至一九七三年間，美國的成長率均低於其他工業國家(英國除外)；更重要的是，其成長率較諸其前期的衝勁活力也更見遜色。其他眾工業國家當中，即使連成長遠較他國遲緩的英國在內，均突破了本國過去的成長紀錄(Maddison, 1987, p.650)。事實上就美國而言，從經濟與科技的角度言之，這個時期的發展非但沒有進步，反呈相對性的倒退。美國人單位工時的生產力，與他國之間原存的差距減縮了。以一九五〇年這一年爲例，雖說美國國內生產毛額每人所得是德法兩國的雙倍，日本的五倍，並超出英國一半，其他國家卻急起直追，追趕之勢，一直到進入一九七〇及八〇年代仍未停止。

歐日各國戰後的首要目標，自然一致以恢復在大戰中大損的元氣爲主。因此一九四五年後的頭數年裡，各國衡量本國成功的標準，不是以未來爲尺碼，而係完全建立在與過去水準接近的程度之上。對於非共黨國家而言，這項療傷止痛的過程，也意味著必須將心中對戰爭及戰時抵抗運動遺留物的害怕心理——亦即對社會革命與共產勢力的恐懼感——拋諸腦後。及至一九五〇年際，多數國家(德日兩國除外)均已恢復戰前的生活水準。但是早期的冷戰，加上當時法義兩國國內殘存的強大共產勢力，卻使當時眾人不敢稍存安逸之感。總而言之，一直要經過好長一段時間以後，人們才終於眞切感受到成長在物質上帶來的諸般好處。以英國爲例，這種感覺及至一九五〇年代中期才變得明顯起來。在此之前，相信沒有一個政治人物能在任何選舉當中，以前述麥克米倫的競選口號獲得勝利。即使在義大利北部艾密利亞羅馬涅(Emilia Romagna)如此富庶的地區，所謂「富裕社會」(affluent society)帶來的惠澤，也要到一九六〇年代才變得逐漸普遍(Francia, Muzzioli, 1984, pp. 327-29)。更有甚者，一般在一個普遍富裕的社會當中存在的祕密武器，亦即社會上的全面就業現象，也一直要到一九六〇年代，歐洲失業率約爲百分之一點五之際，方才成爲普遍的趨勢。而在一九五〇年代，義大利猶有百分之八的失業比率。簡言之，進入一九六〇年代，歐洲各國方才理所當然地看待自己無比繁榮的現象。從此開始，「有見地」的觀察家都一致以爲，經濟大勢從此只會永遠的向前走，向上升。一九七二年，聯合國某位人員曾在報告中寫道：「一九六〇年代的成長趨勢，無疑亦將於一九七〇年代初期與中期繼續進行。……目前看不出任何因素會對歐洲各國經濟的外在環境造成激烈影響。」隨著一九六〇年代的進展，由各先進資本主義工業國家組成的俱樂部「經濟合作暨發展組織」(Organization for Economic Cooperation and Development, OECD)，也將它對未來成長的預估修正爲更樂觀的數字。及至一九七〇年代，「經濟合作暨發展組織」對經濟成長的預測(「依保守的中等估計」)，更被設定爲百分之五以上(Glyn, Hughes, Lipietz, Singh, 1990, p.39)。但是事實發展證明，結果大謬不然。

如今回頭觀察，三十年的黃金歲月，基本上顯然是已開發資本主義國家的專利。三十年間，這些國家佔去了全球總出產的四分之三，以及出口總量的百分之八十以上(OECD, Impact, 1979, pp. 18-19)。但是在當時還有另外一層原因，使得這個繁榮時期一時不易爲人所察。那就是在一九五〇年代，經濟高潮的現象似乎是一種世界性的發展，與特定的經濟區域無關。事實上剛一開始，新進擴張地盤的社會主義國家彷彿還佔了上風。蘇聯在一九五〇年代的成長率，勝過西方任何一個國家；而東歐各國經濟成長之速，也幾乎不下蘇聯——尤以過去一向落後的國家最爲快速，而已經工業化或半工業化的國家則較爲緩慢（不過共黨東德卻遠遠落在非共的德意志聯邦之後）。及至一九六〇年代，東歐集團諸國的成長開始失去衝勁，但是它在黃金年代的國民所得成長，卻稍高於（蘇聯則較低）當時的主要資本主義國家（IMF, 1990, p.65）。到了一九六〇年代，資本主義一路領先的大勢變得極爲明顯，社會主義只有瞠乎其後了。

然而，黃金年代畢竟仍不失爲世界性的現象，雖然對世上絕大多數人口來說，他們生活的國度貧窮落後，這股繁華富裕的景象始終不曾近在眼前（不過聯合國專家卻想方設法，要爲這類國家美飾其名）。第三世界國家的人口不斷激增，一九五〇年後，非洲、東亞、南亞三地的人口，三十五年之間足足增加了一倍有餘；拉丁美洲人口增加的速度更爲驚人（World Resources, 1986, p.11）。到了一九七〇及一九八〇年代，第三世界更饑荒頻仍，哀鴻遍野。代表著這饑荒的標準形象，也就是瘦骨嶙峋的異國兒童，頻頻出現於西方家庭晚餐後的電視螢光幕上。可是回到黃金年代，卻沒有這種集體大饑荒的現象出現。唯一的例外，只有因戰爭及政治瘋狂造成的悲慘後果，如中國即是一例。事實上當其時也，人口數字倍增，平均壽命也延長七年——若將一九六〇年的數字與一九三〇年相較，更高達十七年之多（Morawetz, 1977, p.48）。這表示當時糧食產量的增加，必然勝過人口成長的速度；此一現象，在已開發國家及各個主要非工業地區均屬事實。一九五〇年代，在每一個「開發中的地區」，平均國民糧食生產每年均增加百分之一。只有拉丁美洲稍爲遜色，但亦呈成長之勢，只不過速度不及他處輝煌而已。進入一九六〇年代，世界各非工業地區的糧食生產依然保持成長，可是速度卻異常緩慢（拉丁美洲再度例外，只是這一回它卻一反落後姿態，領先其他各國）。總之，貧國於一九五〇及六〇年代的糧食生產總和，其成長均勝過已開發的國家。

到了一九七〇年代，在一些原本均屬於貧窮地區的國家之間，也開始出現了極大的差異，因此若再將這些國家的數字混爲一談，便從此失去意義。如今某些地區如遠東及拉丁美洲，生產力成長之速，遠超過其人口的增加；而非洲地區則欲振乏力，每年以百分之一的速度呈落後之勢。及至一九八〇年代，在南亞及東亞以外的世界貧國地區，國民糧食生產完全停止成長（即使在以上這兩個地區，成長率也比一九七〇年代爲差，如孟加拉、斯里蘭卡、菲律賓等國即是）。至於其他的一些地區，則比其一九七〇年代的水準減少甚多，甚至直線下降，其中尤以非洲、中美洲及亞洲近東爲最（Van der Wee, 1987, p.106; FAO, *The State of Food*, 1989, Annex, Table 2, pp.113-15）。

在此同時，已開發國家的問題卻完全相反。它的煩惱是糧食生產過剩，多到簡直不知如何是好的地步。因此到了一九八〇年代，它們的對策有二：一是大量減少生產，二是（如歐洲組織的做法）將其「奶油堆山」、「牛奶成河」的糧產以低於成本的價格向窮國傾銷。窮國的生產者無法與之競爭，於是在加勒比海的島嶼上，荷蘭乳酪的價錢比在荷蘭本地更低。說也奇怪，一邊是糧食過剩，一邊是飢腸轆轆，這種景象在一九三〇年代的大蕭條中，曾經引起世人多少憤慨，如今到了二十世紀的後半時期，卻鮮少有人聞問。此中差異，襯托出一九六〇年代以來，貧富兩世界之間相距日深的離異。

不分資本主義抑或社會主義，工業化的步伐自然在世界各地加速進行，這種現象，甚至包括了「第三世界」。在舊大陸的西方，西班牙及芬蘭等地，發生了戲劇化的工業革命。而在「貨眞價實」的現存社會主義國家裡，如保加利亞及羅馬尼亞（見第十三章），也開始建立了大規模的工業部門。至於第三世界，所謂的「新興工業國家」（newly industrialising countries, NIG），雖然在黃金時代之後方才出現，但是其中依然以農業爲主的國家卻急速減少，至少也不再偏重農業以爲換取其他輸入品的手段。及至一九八〇年代末期，只有十五國尙靠農產品的出口用以換購半數的輸入品。除了紐西蘭之外，這些國家都位於撒哈拉以南的非洲地區及拉丁美洲（FAO, *The State of Food*, 1989, Annex, Table 11, pp.149-51）。

世界經濟以爆炸性的速度成長著，進展之速，及至一九六〇年代，已經形成前所未有的興旺。一九五〇年代初期至一九七〇年代初期二十年間，世界各地製造業的總產量一躍增加四倍之多。更有甚者，全世界製造品的貿易額則更成長了十倍有餘。而同一期間，全球的農產品總產量雖不及工業產品幅度驚人，竟也大量加增。這一回，農產量的成長，不像以往多藉由新有耕作面積的取得，而是由於現有耕地生產力的提高。每單位公頃的穀物收穫量，在一九五〇至五二年及一九八〇至八二年兩個三年之間，增產幾達兩倍——而在北美、西歐，以及東亞三地，則更激增兩倍以上。同時間，全球的漁獲量於再度萎縮之前，也躍增了三倍之數（World Resources, 1986, pp.47, 142）。

爆炸性成長的同時，卻造成一項爲當時眾人所忽略的副作用，如今回看，卻早已隱然具有威脅之勢，亦即地球環境的污染，以及生態平衡的破壞。除了熱心野生動植物人士，以及其他人文及自然稀少資源的保護者之外，這兩項問題於黃金時期殊少爲人注意。其中原因，自然是當行的思想觀念作祟，認爲衡量進步的尺度，在於人類對自然界的控制力，控制越強，進步越大。社會主義國家尤其深受這個觀念的影響，因此完全不顧生態後果，貿然爲自己建立起一個就時代而言已屬落後，以鐵與煙爲主的重型工業。但是即使在西方世界，舊有十九世紀工業家所持的座右銘，所謂「哪兒有垃圾，哪兒就發財」之說（亦即「汚染即金錢」），也依然具有著強大的說服力。對此深信不疑者，尤以築路建屋的房地產界爲主，再度在土地投機上發現了暴利的機會。這條發財之路絕對不會出錯，只要挑對了一塊地，然後靜坐守株待兔，土地價格自然就會直線上升，一發而達天價。只要地點好，地產投機商幾乎無須任何成本，即可搖身一變而成百萬富翁。因爲他可以以土地上未來的建築物爲抵押，向銀行借得貸款，只要土地的價格持續上升（不管已建未建，有住戶或空屋），還可以一路繼續地借下去。但是到了最後，高築的債台及泡沫堆積的幻象終有破滅的一天——於是跟以往出現過的繁榮時期一般，隨著房地產界連帶銀行的倒坍崩瀉，黃金年代畫上了句點——最後的終點來臨之前，世界各地的都市中心，不論大小，俱已因「開發殆盡」而告毀滅。舊有的中世紀大教堂都市文明景觀，如英國烏斯特（Worcester）、西班牙在祕魯建立的殖民大都利馬（Lima），俱係被這股開發狂潮呑滅而毀壞。因爲當時東西兩方當局都同時發現了一個解決房荒的妙法，亦即將大量生產的工廠手法，應用於平民住宅的興建之上，不僅完工快速，而且成本低廉。於是各個都市的外郊，便充斥了這類面目呆板，缺乏變化，樣貌咄咄逼人的大批高樓公寓住宅。一九六〇年代，恐怕將在人類都市化的歷史上永遠留下最具毀滅性十年的臭名。

事實上回顧當時的心理，眾人不但對生態及環境毫無擔憂之心，反而沾沾自喜，大有一種自我滿足的成就感。豈不見十九世紀污染的後果，如今已臣服於二十世紀的科技進步及生態良心之下嗎？一九五三年起倫敦市內禁燃煤炭，區區一舉，豈不已將狄更斯小說中熟悉的霧都景象，那時不時席捲倫敦城的迷茫深霧，從此一掃而空？幾年之後，豈不見鱒魚又復奮力恣游於一度死去的泰晤士河上游？鄉野四郊，過去作爲「工業」文明象徵，一排排大量呑吐著濃煙的巨大工廠，如今豈不也爲輕巧安靜的新型廠房取代？交通方面，更有飛機場取火車站而代之，成爲人類運輸的典型建築。隨著鄉間人口的疏散，新一批住戶開始遷入，多數以中產階級爲主。他們湧向棄置的村莊農場，感到自己前所未有的更接近於大自然的懷抱。

儘管如此，人類活動對自然造成的衝擊極其深遠，卻是不容否認的事實。而且這方面的變化，並不只限於都市及工業；影響之深廣，眾人最後終於醒悟，即使連農業活動也深受衝擊。而這股衝擊影響，自二十世紀中葉以來，愈發顯出變本加厲之勢。其中原因，主要係出於地層中石化能源的開發利用(亦即煤炭、石油、天然瓦斯等天然能源)。而自十九世紀開始，就有人爲這些能源的開採耗盡而擔憂。事實上新礦源卻不斷被發現，超過人類能夠利用它們的速度。想當然爾，全球能源的消耗量自然急遽增加——一九五〇至七三年間，美國一地的用量甚至一躍而爲十倍(Rostow, 1978, p.256; Table III, p.58)。黃金年代之所以金光燦爛，其中一個原因，係出在一九五〇至七三整整十四年間，沙烏地阿拉伯所產的原油每桶僅叫價不到二美元。在那一段時間裡，能源成本低廉得近乎可笑，而且更有日趨走低之勢。說來矛盾，一直到一九七三年石油輸出國組織的會員國終於決定提高油價，以反映汽車交通文化所能負荷的眞正成本之後，以石油爲主要燃料的運輸方式在大量成長爆炸之下帶來的後果，方才開始受到生態觀察家群的認眞注意及對待。但是爲時已晚，汽車文化大都會的天空已經漆黑一片，尤以美國的情況最爲嚴重，首先最令人擔憂的現象，就是都市裡混含著黑煙的濃霧。除此之外，大量排出的二氧化碳，也使大氣層的溫度在一九五〇至七三年之間足足升高三倍，意味著這個氣體在大氣層中的密度以每年近百分之一的比例增高(World Resources, Table 11.1, p.318; 11.4, p.319; V. Smil, 1990, p.4, Fig.2)。至於破壞臭氧層(ozone)的化學物質氯氟碳(chlorofluorcarbons)的產量，更以直線呈驚人增加之勢。二次大戰結束之際，氯氟碳的使用幾等於零，但是及至一九七四年，每年有三十萬噸以上的單一化合物(one compound)，以及四十萬噸以上的他種化合物被排入大氣層內(World Resources, Table 11.3, p.319)。製造這股污染的罪魁禍首，首推西方各個富國，然而蘇聯也不能夠推掉它的一份。蘇聯的工業發展，對環境生態的破壞尤重，製造出來的二氧化碳污染，與美國旗鼓相當，一九八五年際，幾達一九五〇年的五倍(就每平均人口製造的污染而論，美國自然遙遙領先)。這段時間當中，只有英國一國，眞正做到了減低居住人口平均每人二氧化碳的排出量(Smil, 1990, Table I, p.14)。

2

起初，黃金年代這股驚人的爆炸成長之勢，似乎僅是過去成長的重複，只不過這一次幅度尤爲巨大而已。一九四五年前的美國，即曾經歷這股蓬勃的成長；如今則以美國爲資本主義工業社會的典範，再將這把火燎原般蔓延到全球各地。就某種層次而言，這個現象的確屬於一種國際化的趨勢。比方汽車時代早已在北美降臨，可是一直要到大戰之後方在歐洲地區出現，並在更以後的時間，才以比較緩和的姿態臨於社會主義的世界以及拉丁美洲的中產階級。在此同時，對地球上絕大多數的大地子民而言，卡車及公共汽車，則在低廉的油價之下成爲大眾的主要交通運輸工具。如果西方富裕社會的興旺，可以以私有汽車的成長率衡量——以義大利爲例，即由一九三八年的七十五萬輛激增爲一九七五年的一千五百萬輛(Rostow, 1978, p.212; *UN Statistical Yearbook*, 1982, Table 175, p.960)——那麼眾多第三世界國家經濟發展的尺碼，則可由觀察其卡車數量的增加速度而得。

世界經濟的大繁榮，因此就美國而言，是繼續以往的成長趨勢，就其他國家地區而言，則是一路的急起直追。亨利福特提出的大量生產模式，跨洋越海，成爲新興汽車工業忠實遵循的不二法則。而在美國本土，福特式教條則延伸至其他各式的生產及製造行業，從房屋興建，以迄垃圾食物，五花八門不一而足(麥當勞的興起，可謂戰後一大成功範例)。過去僅爲少數特殊階級生產服務的財貨及勞務，如今開始大量產銷，向廣大的群眾市場提出，帶著大規模人潮湧向陽光海岸的旅遊業即爲一例。大戰之前，北美地區前往中美及加勒比海的觀光旅客，每年最多不超過十五萬人；可是一九五〇至七〇年二十年間，這個數字卻從三十萬人暴增爲七百萬人(US Historical Statistics I, p. 403)。至於前往歐洲地區的觀光數字，自然更爲驚人。單以西班牙一地爲例，該國直到一九五〇年代後期爲止，可謂毫無大規模觀光事業可言；但是及至一九八〇年代末期，每年卻迎來五千四百萬以上的遊客人潮(Stat. Jahrbuch, 1990, p.262)。以往被視爲豪華奢侈的享受，如今已成爲家常便飯，標準的生活舒適條件——至少在富國如此：諸如冰箱、家用洗衣機、電話等等。一九七一年際，全球已有二億七千萬具電話機，主要係在北美及西歐地區，而其擴展之勢，更以加速度的比例增加；十年之後，即已倍增。在已開發的市場經濟地區，平均每兩名人口便有一具以上的電話(UN World Situation, 1985, Table 19, p.63)。簡而言之，這些國家的居民，如今已經可享用他們父祖一輩只有極富之人才能擁有的種種享受——其中當然只有一事例外，這些「享受服務」的提供者，已由機械代替了僕役。

更有甚者，我們對這一時期最爲深刻的印象，莫過於其中經濟繁榮的最大動力，多係來自科技方面的種種突破與革命。科技不但將眾多舊有產品改良，並且進而促成大量新產品的出現，其中許多是聞所未聞，在戰前甚至難以想像的新發明。某些革命性的產品，如命名爲「塑膠」的合成物質，係於兩戰之間開發而成。有些則已經進入商業生產的階段，如尼龍(nylon, 1935)、聚苯乙烯(polystyrene)、聚乙烯(polythene)等即是。另外有些產品，如電視，以及磁性錄音帶的技術，此時卻才剛剛結束實驗的階段。此外大戰時對高科技的需求，更爲日後的平民用途開發了眾多革命性的處理過程，如雷達、噴射引擎，以及爲戰後電子產品與資訊科技奠定基礎的各種重要觀念與技術皆是。這方面的風氣與發展，以英國表現爲最強(後由美國接手延續)，遠勝一心以科學研究爲目標的德國人。如沒有這些戰時打下的研究基礎，那麼一九四七年發明的電晶體，以及一九四六年發展成功的第一部平民用途數位電算機，必將延後多年方能出現。也許是幸運吧，首度於戰時爲人類所開發，卻使用於毀滅用途的核子能源，就整體而言，始終停留在平民經濟的範疇之外。唯一的最大功用，僅在全球電力生產方面略盡功能（至少及至黃金時代爲止均係如此）——一九七五年際，核能發電約佔全球發電量的百分之五。然而種種發明創新問世的年代與目的，無論是出於兩戰之間或二次大戰之後的科學研究，抑或基於兩戰之間的技術甚或商業開發，甚或來自一九四五年後突飛猛進的大躍進時期——如一九五〇年代發明的積體電路，一九六〇年代的雷射技術，以及各項由太空火箭衍生的技術發明——在此就我們探討的宗旨而言，其中先後分野其實並不重要。但是有一點不同，那就是黃金時代的繁榮，對種種先進甚至爲常人難懂的科學研究倚重之深，勝過以往任何一個時期。高深專業的科研技術，如今往往在數年之內，即可於應用領域找到實際用途。兩百年來的工業發展，甚至包括農業在內，終於開始決定性地跨越了十九世紀爲我們設下的技術範疇（見第十八章）。

對一個觀察者而言，這段科技大地震時期至少有三件事情值得注意。第一，它完全改變了富國居民日常生活的面貌（貧國亦然，只不過程度較輕。幸虧有了電晶體及體積小卻時效長的電池，如今即使在最遙遠偏僻的村莊地帶，也可以收聽到無線電的廣播。又有「綠色革命」，爲米麥耕作帶來了巨大轉變；人人腳上一雙塑膠涼鞋，取代了以往的赤足）。任何一位歐洲讀者，只要檢點一下自己身邊各式各樣的所有物，即可證明這第一點所言不虛。冰箱冷凍櫃裡豐富的寶藏，滿是前所未有的新奇之物（其實連冰箱冷凍櫃本身，也是一九四五年前少有家庭擁有的奢侈品）：冷凍處理的各式食品、工廠環境大量飼養生產的家禽產品、塡充著酵素及其他各種化學物質以改變味道的肉類，有的甚至是以「去骨的上等好肉仿製」而成（Considine, 1982, pp.1164ff）、還有那繞過半個地球空運而來的新鮮產品，在這個時代以前，根本是絕不可能辦到的事情。

與一九五〇年際比較起來，各種自然或傳統物質——如木材、以傳統方式處理的金屬製品、自然纖維或塡充料、甚至包括陶瓷在內——種種物料在我們眾家廚房、家用器具、個人衣物當中所佔的比例，的確都呈現急速下降的趨勢。然而，在業者大事吹噓推廣之下（經常係有系統的極盡誇張之能事），個人衛生美容用品的產量之巨，及其花樣名目之繁多，卻往往使我們忽略其中到底含有幾分眞實性的創新。科技的翻新變化，使得消費者的意識達到一個地步——只有新奇，才是促銷的最大訴求。這種訴諸新奇的推銷手法，從合成性的淸潔劑（係於一九五〇年代成形進而成爲「一代產品」），到膝上的隨身型電腦，應用面之廣無所不容。其中所持的假定是，「新」就是「好」。「新」，不單代表著更上層樓，「新」，簡直就意味著「革命」性的突破。

這一類假新奇之名的產品除外，其他代表眞正新科技新突破的產品同樣層出不窮：舉凡電視機、乙烯基製成的塑膠唱片（一九四八年問世）、其後的大盤錄音帶（卡式錄音帶於一九六〇年推出）、磁片CD，以及取代以往那種大而笨重的攜帶式小型電晶體收音機等等——筆者的第一部攜帶式收音機，係於一九六〇年代後期獲贈於一位日籍友人。此外尚有數字型手錶、口袋型計算器（其動力先爲電池，後爲日光能源），以及後來各式各樣的家用電子、攝影，以及影像產品。種種新發明共有的一個最大現象及意義，在於這些新產品的體積一路不斷縮小，越來越方便隨身攜帶，其研製銷售的範圍及市場因而也越發擴大。然而科技革命的象徵，在另外一些表面似乎毫無改變的產品上具有更爲重大的意義。比方如個人式休閒用的小艇，自二次大戰以來，其實已經從頭到腳全部徹底更新。船上的各項設備，無論是桅杆還是船體，風帆還是索具，導向還是航行工具，都與兩次大戰之間的船隻截然不同。唯一不曾改變的部分，只剩下它的外形及功用。

第二，各項發明突破涉及的科技愈複雜，從發現或發明到商業生產之路的過程也同樣地愈爲複雜，其間必須橫越經歷的程序更是精細繁密，所費不貲。研究發展（R&D）於是成爲經濟發展的中心主力，然而也正因爲如此，「已開發市場經濟體」超越其他地區的領先優勢，便也因此愈發強化（我們在第十六章將會看見，科技創新的開花結果，並未在社會主義經濟的國家出現）。一九七〇年代在這些「已開發國家」裡面，每百萬人口便有千名以上的科學家及工程師孜孜矻矻不斷致力於研究發展的事業。可是同樣的人口，在巴西卻只有二百五十名科技人員，印度有一百三十名，巴基斯坦六十名，肯亞及奈及利亞更只有微不足道的三十名左右（UNESCO, 1985, Table 5.18）。更有甚者，由於創新一事已成爲一種持續不可割離的過程，以至於新產品的開發成本，也變爲生產成本中龐大而不可或缺的一環了。而這項成本，更有與日愈增之勢。即以極端的軍火工業一門而言，區區金錢成本一事，已不再是考慮項目。新進研發成功的裝備，往往還來不及應用到實際用途之上，就得完全毀棄另起爐灶，因爲比它更先進的發明已經又出爐了（想當然爾，自然也更爲昂貴）。這種不斷推陳出新的手法，對生產廠商卻有著極大的利益可言。至於其他比較以大規模市場爲導向的工業如化學製藥而言，一項大眾眞正迫切需要的新藥物的問世，在專利的保護之下，往往可以在沒有競爭的狀況中爲廠家賺取豐厚的利潤。如此巨大的利潤，被製造商解釋爲從事進一步研究絕對不可或缺的資本。而其他比較不容易獲得獨斷性保護的事業，只有盡速大撈一筆，因爲一旦類似產品進場競爭，價格勢將一落千丈陷於谷底。

第三，種種新式科技產品，絕大多數均屬於資本密集，並具有減省勞力甚或取代勞力的一大特性（當然對於那些具有高層技術的科學家及技師而言，他們貢獻的人工勞力不在此限）。黃金年代的最大特色，因此便在於它需要不斷地投入大量資本；在此同時，它也越來越不需要人力，人在其中所扮演的角色只剩下消費者一角。然而經濟衝刺的力量速度太過強大，終其一代之人，都不曾意識到此中發展的現象。相反地，經濟成長如此猛烈，一時之間，甚至在工業國家裡面，工業工人階級的人口在總就業人口中所佔的比例不但未曾改變，有時甚至呈上升之勢。在美國以外的各個先進國家當中，戰前不景氣及戰後復員累積下來的勞工供應，在大量需求之下很快乾涸，各國只好不斷由本國鄉間及國外湧入的移民當中，汲取新一批的就業人口。甚至連在此之前一直被保留在就業市場以外的已婚婦女，也開始紛紛加入，而且數字不斷增加。儘管如此，黃金年代追求的最高理想——雖然係逐步實現之中——卻是以「無人」方式進行生產，甚而提供勞務：自動化的機器人，在生產線上組造汽車；一排又一排安靜無聲的電腦，控制著能源生產；飛馳而過的火車，不見一人駕駛。在這樣的一個經濟活動裡面，人類唯一的重要用途只有一項：就是扮演著財貨及勞務的購買者。可是問題的癥結就出在這裡了。黃金年代的歲月裡，這一切看來似乎猶在遙不可及的將來，一切是如此的不眞切。就好像維多利亞時代的科學家，曾殷殷警告眾人未來宇宙將在「熵」量（entropy）之下，進入永久黑暗的死亡一般。

其實正好相反。所有那些在大動亂時代困擾著資本主義的噩夢，彷彿都已經迎刃而解，不攻自散。那可怕卻無法避免的一忽兒繁榮一忽兒蕭條的景氣循環，那在兩次大戰之間惡魔般撕裂著人類社會的經濟循環，如今均已飄然遠去，只化作一連串輕微波動的水痕留在人間。這一切，自然都多虧世人的智慧，開始聰穎地運作著總體經濟管理的理論——至少那些如今身爲政府智囊的凱因斯學派專家，對此都深信不疑。大量失業？在一九六〇年代已開發的國度裡面，眞不知何處去尋？請看歐洲的失業人口，只佔勞工總數的百分之一點五；日本更僅有百分之一點三（Van der Wee, 1987, p. 77）；只有北美地區的大量失業現象還不曾完全抹去。貧窮？當然，絕大多數人類仍然陷於窮困之中，可是在工業勞動人口的舊心臟地帶，〈國際歌〉裡的那一段歌詞：「起來，飢餓的人們，從你們的沉睡中醒來」，尚有何意義可言？這些工業重地的勞動工人們，如今人人不日可購得自家的汽車，每年還有帶工資的休假，可以在西班牙的海濱自在逍遙。就算日子難過，不幸陷入經濟難關，不也有那一日比一日慷慨，愈發無所不包的福利國家，一手接過他們的各項需要，提供在此之前連做夢也難以想像的各種保護？生病、變故、災難，甚至連窮人最恐懼害怕的年老歲月，如今都有福利制度一肩擔當。他們的收入，不但與年俱增，而且幾乎呈自動當然的增加。誰說不是呢？難道他們的收入不會永遠地升高下去？生產體系製造提供的種種財貨勞務，使得前此視爲奢侈的豪華享受，成爲每日正常必然的消費項目。消費的幅度及廣度，一年比一年更爲擴張。更有甚者，從物質的角度而言，人類還有什麼不滿足的呢？唯一剩下要做的事情，就是將這些幸福國度子民已然享受的種種好處，擴展至全人類，擴展至那些顯然仍佔世上絕大多數的不幸子民。他們至今甚至尚未曾進入「開發」、「現代」的階段呢。

於是，人世間還有什麼問題尚待解決呢？一位極爲聰穎傑出的英國社會政治學家，曾在一九五六年際如此論道：

傳統社會學家的思想往往爲經濟問題所霸佔。這些經濟問題，有的來自資本主義，有的來自貧窮，有的來自大量失業，有的來自污穢骯髒，有的來自不安定，有的甚至來自整個系統可能面臨的完全崩潰。……可是如今資本主義經過大事改革之後，已經全然改觀，再也認不出它的本來面貌了。除去偶發性的小型蕭條之外，以及某些一時的帳務平衡危機，全面就業的目標應該可以達成，至少足以維持住某種可予忍受的穩定度。而自動化的推行，相信更可以逐漸穩定並解決目前猶存的生產不足問題。前瞻眺望，若依我們目前的生產率繼續下去，五十年之內，我國全國的總生產即可高達目前的三倍之數。(Crosland, 1957, p.517)

3

面對著這種異常繁榮，可謂人所未料的經濟成長，我們到底該如何解釋其中發生的原因？更何況在它的前半生裡，這個欣欣向榮的經濟體系原本似乎一直在近乎毀滅的死亡線上垂死掙扎？這一段長時間的經濟擴張與富強康樂，乃係跟隨在同樣一段漫長時期的經濟破滅無限煩惱災難之後而來。此中的循環反覆，無庸我們在此解說。因爲自從十八世紀末期以來，此類高低往返剝復相生，長達五十年的長周期之象，已經成爲資本主義經濟史的基調。我們在第二章討論過，前此在「大災難期」的時候，人們便開始注意到循環剝復的經濟現象，但是其中原因何在，卻始終捉摸不清。長周期理論，一般係以俄國經濟學家康朵鐵夫之名傳世。就長期角度而言，黃金年代不啻是康氏長周期上揚的又一例證，正如一八五〇至七三年間維多利亞時期的大景氣——說也奇怪，百年前這個景氣歲月的年分，與百年之後的景氣幾乎完全吻合——以及維多利亞後期暨愛德華時期的另一景氣一般。幾次上揚的時期，其前後也都曾出現過長期的下沉階段。因此，本世紀的黃金年代，不用在這方面另做解釋，我們需要探討的事物，卻是這一次上揚的幅度與深度。因爲其中所表現的程度，正好與其之前出現的危機與蕭條恰成對比。

資本主義經濟此番展現的大躍進，以及因此所造成之史無前例的社會衝擊，幅度之廣，實在難以找到令人滿意的解釋。當然從表象上看，美國以外的一些國家，有著很大的空間可資發展，以求趕上堪稱二十世紀工業經濟楷模的美國。而美國作爲一個國家，既不曾受到戰爭的破壞，也未受戰敗或勝利的絲毫影響，只有那經濟蕭條的大恐慌時期，爲它劃下了一道短淺的傷痕。事實上其他眾國，的確也全力以赴，有系統地企圖仿效美國之道。這個全力仿美的過程，加速了經濟發展的腳步。模仿容易創新難，前去適應修正一個已存的科技，顯然遠比重起爐灶自力從頭做起容易的多。有了模擬仿效的基礎，發明創新的能力日後便自然隨之而來——這一點，日本就是最好的例證。然而急起直追心態提供的動力，並不能全然解釋大躍進的現象，因爲在資本主義的核心深處，尚興起了一股重大的改革與重組，而在經濟活動的全球化方面，同樣也掀起了一個極爲強大先進的發展。

資本主義本身的改變，促成了一種「混合式經濟制度」的出現，使得國家更易進行現代化經濟事務的計畫與管理，同時也相對地大大推動了需求的增加。戰後發生於資本主義國家經濟發展的成功範例，往往是一連串由政府支持、監督、引導，有時甚而由政府主動計畫、管理的工業化發展的故事。這一類由政府主導的成功事例涵蓋全球，從歐洲的法國、西班牙，一直到遠東的日本、新加坡、南韓皆是——例外情況少之又少(如香港)。在此同時，各國政府也信誓旦旦，致力於全面就業的達成，並設法盡量減低社會上生活的不平等，亦即全力保障社會福利及社會安全制度的實行。經由以上這兩項政治承諾，奢侈類產品打開了大量消費的市場，成爲民眾日常生活的必需品。而通常越是貧窮的階層，耗費在基本所需如食物一項開支的比例越高——這項極爲合理的觀察，係以「恩格爾定律」(Engel's Law)而聞名。回到一九三〇年代，即使在富甲全球的美國，家計中三分之一的開銷，依然係用在食物上面。可是到了一九八〇年代初期，食物開支卻一落而爲百分之十三，剩下的百分比，都花在其餘用項之上。黃金年代來臨，「市場」也變得民主化了。

國際化活動的進步，則大大提高了世界經濟體的生產能力，因爲如今國際分工愈形精密老練。剛一開始，這種精細分工的現象只限於所謂「已開發國家」的集體領域之內，亦即歸屬美國陣營的眾家資本國度。當時社會主義國家仍多處於各自爲政的狀況(見第十三章)，而一九五〇年代第三世界一些最爲活躍的發展中國家，則選擇了一條隔離式的計畫經濟工業化之路，全力發展本身的工業生產，取代由國外廠家輸入的工業產品。西方資本主義的核心國家，卻與海外其餘世界進行貿易，而且往往佔盡上風，因爲交易的條件想當然爾對他們極爲有利——亦即他們可以極爲廉價的代價，取得所需的原料及糧食——不過眞正呈爆炸性成長的貿易項目卻屬工業產品，尤以工業化核心國家之間的交易爲主。一九五三年後，二十年之間，製造產品的世界總貿易額躍增了十倍以上。十九世紀以來，製造業在全球貿易中始終佔有著一個極爲穩定，稍少於半數的比例，如今卻直線上升，一躍而爲百分之六十以上(W. A. Lewis, 1981)。此外，即使純粹以數字而言，黃金年代也反映著核心資本主義國家經濟活動之頻繁旺盛。一九七五年間，僅以資本陣營的七大國家爲例(七國爲加拿大、美國、日本、法國、西德、義大利及英國)，即囊括全球汽車總數的四分之三，幾乎不下於其電話機的佔有比例(*UN Statistical Yearbook*, 1982, pp.955ff, 1018ff)。不過，儘管如此，新一波工業革命的浪頭，卻不再僅限於地球上某一特定地區了。

資本主義內部的重組，再加上經濟事物的國際化，形成黃金年代的核心。至於科技革命帶來的衝擊，其例雖多，但是否能解釋黃金年代的緣由，卻不及前面兩項顯著。我們已經討論過，這數十年間欣欣向榮的新工業化現象，多數係建立於舊有科技之上的舊有工業經濟不斷向外擴散於新興國家的結果。比方社會主義的國家，拾起了十九世紀西歐各國的牙慧，亦即後者賴以起家的煤及鋼鐵工業；而歐洲各國，則向二十世紀的美國學步，仿效其成長於石油及內燃機的新興工業。在高級研究之下鼓動的科技生產，恐怕一直要到一九七三年後的危機年頭開始，才對民間工業產生大規模的衝擊。一九七三年後，幾項在資訊科技及遺傳工程方面的突破發展方始紛紛出現，在此同時，科技在其他未知領域也有了重大的躍進。各項主要新發明之中，立刻在戰後發揮其改變世界力量者首推化學製藥。它對第三世界人口的影響，可說是立即性的(見第十二章)；它對人類文化的衝擊，雖然沒有這麼迅速，在當時卻也指日可見——一九六〇及一九七〇年代在西方世界興起的性革命浪潮，全拜抗生素出現之賜方始成爲可能。抗生素的發明，使得雜交亂交性關係的危險度大爲減低，原因有二：其一如今性病輕鬆可治，其二自一九六〇年代開始，避孕藥到處供應，唾手可得(但是雜交的危險性，在一九八〇年代又隨著愛滋病重回人間)。

總而言之，創新性的高科技發明，迅即成爲經濟大規模景氣當中的一部分。單獨來看，雖然不具決定性因素的力量，整體而言，我們卻不可將它由黃金年代成因的解釋理由之中排除。

戰後的資本主義，正如前面所引克羅斯蘭(Crosland)之語：「已經全然改觀，再也認不出它的本來面貌了。」所謂老店新張，正像英國首相麥克米倫所言，是一個舊系統的「新」版本。黃金年代的種種情貌，絕非只是由兩次大戰之間的錯誤中幡然回頭，重歸舊有世界的「正常」老路，維繫住「高比例的就業率，……並享有高層次的經濟成長」而已(H. G. Johnson, 1972, p.6)。從基本核心而言，此番繁華再來，係經濟自由主義與社會民主政治的兩大聯姻(借用美國人的術語來看，亦即羅斯福的新政政策)，其中向蘇聯借鏡之處甚多，而後者首開世界各國計畫經濟之先河。這也就是爲什麼到了一九七〇及一九八〇年代，當建立於這樁聯姻體制的政策不復有經濟上的成功護佑之際，一批奉自由市場學說如神明的經濟學者，開始對計畫一詞口誅筆伐，恨之如見蛇蠍。因此如奧地利經濟學家海耶克等輩，從來就不屬於實際派的人士，雖然我們可以在言辭上勉強說服他相信，一些有違自由放任主義原則的經濟手段自也有其效力可言，但是這派人士會以他們高妙的辯辭，全力主張在事實上這種效力根本屬於烏有。他們是「自由市場即等於個人自由」的信徒，因此自然便如海氏於一九四四年出版的著作書名所示，《到奴役之路》（*The Road to Serfdom*），對任何有違這項法則的手段大加撻伐。即使在經濟恐慌大蕭條的深谷之中，他們也堅守著市場理論最純粹的原則不移。而隨著全球各地不同的市場制度及政體的相互攙合，世界愈發富庶，資本主義（再加上政治上的自由主義）再度繁茂。這些人卻繼續堅持其書生之見，撻伐著種種使得黃金年代發光發亮的因由。於是在一九四〇至一九七〇年代之間，再也沒有人傾聽這些老信徒的喃喃囈語了。

此外，資本主義的改頭換面，事實上係經過一幫人的深思熟慮方才達成，尤其要拜大戰最後幾年，那些身居要津力能出此改變的英美人士之所賜：這是一樁不容置疑的事實。兩次大戰之間的惡劣經驗，尤其是經濟大恐慌時期殘留的恐怖回憶，其創巨痛深，沒有一個人夢想著立即重返空襲警報響起之前的戰前歲月。這種心態，和一次大戰之後政界人物急欲恢復當年景象的心理恰恰相反。執戰後世界經濟秩序藍圖規劃大筆的政壇學界「諸公」（當時女性還不被容許踏入公共生涯的門檻），都曾身歷大蕭條的低谷，如凱因斯即是。自一九一四年之前起，他們便已在公共生涯的舞台上演出。如果說單靠一九三〇年代經濟低潮的慘痛記憶，尚不足以磨利他們亟亟改革資本主義的欲求；那麼剛剛結束的一場政治場上生死鬥——這場與大蕭條之子納粹德國的殊死戰——其致命之處，卻是再明顯也沒有了。更何況眼前還面對著共產主義及蘇聯惡勢力的西進浪潮，高大的浪頭，正捲向失去了作用的資本主義，意欲吞噬這滿地的殘骸。

對這批主其事者的決策人士而言，當時一共有四項事情非常明顯。第一，兩戰之間的災難動亂，絕對不可以讓它再臨人間。而動亂災難之所從起，主要係由於全球貿易及金融制度的崩潰，方使得世界分崩離析，落入奉行獨裁的國家經濟或帝國之手。第二，全球經濟體系在過去確曾有過穩定的局面，而其主控力量則在英國經濟的霸權——或至少由其經濟上的中心地位——及其貨幣系統（亦即英鎊）所維繫。但是到了兩次大戰之間的年月，英國及英鎊均不復強大，再也不能挑起穩定世界經濟的重擔；這副擔子，如今只剩下美國及美元可以承接了（這個結論自然使得華府中人大爲興奮，其他國家人士則不盡然）。第三，大蕭條之所以出現，係因爲自由市場毫無約束地任意發展所致。因此，當今之計必須經由公共計畫及經濟管理的輔佐，或藉此從市場內部的架構著手，方可加強市場經濟的的生機及活力。第四，從社會及政治的觀點著眼，絕不可再容許大量失業現象出現。

至於盎格魯撒克遜體系以外的其他地區的決策者，他們對於全球貿易及金融體制的重建自然毫無置喙餘地；然而對於舊有市場制度自由主義的揚棄，眾人卻有深獲我心之感。本來由國家主導計畫的經濟政策，從法國直到日本，在許多國家都非新鮮事體——某些工業甚至根本屬於國有或國營，早是眾人相當熟悉的安排，一九四五年後，也在西方國家愈形普遍。公營的趨勢完全與社會主義及反社會主義之間的爭議無關，不過戰時種種地下抗敵的政治活動，自然有爲這股風氣造勢之功，使其在戰後一時甚爲風行——一九四六至四七年間法國及義大利通過的新憲法，即爲一例。反之，在社會主義政府執政十五年後的挪威，不論在絕對數字及比例上，公營企業的規模卻都比西德爲小，而後者自然絕非再是一個嚮往專制主義的國家。

至於戰後在歐洲甚囂塵上的社會主義黨派，以及各種勞工勢力的運動，更在這股新興的改良式資本主義潮流中如魚得水——因爲就實質意義而言，他們並無自己的經濟主張。只有共產分子例外，而他們的政策不外奪權上台，然後便一路跟著蘇聯老大哥的腳印行去。斯堪地那維亞諸國的左派人士相當實際，掌權後始終保持國內私有企業的部門原封不動。一九四五年的英國工黨政府則不然，可是對於改革大計，卻持袖手旁觀的消極態度，對於經濟計畫一事，其漠不關心的程度更使人驚異不已。相形之下，當時非社會主義一派的法國政府，對計畫性現代化大計表現的熱中積極，與英國政府恰成對比。事實上左派政府的主要心力，都花在改良勞工階級選民的生活條件，以及與此相關的社會改革之上。可是對於經濟改革的大事，他們除了一味主張徹底鏟除資本主義之外，其實並無良方——就連鏟除資本主義一事，社會民主黨的政府也不但不知從何下手，更無一人進行嘗試。因此，他們只有倚靠強大的資本經濟，藉著前者創造財富之餘，才能進而幫助他們達成本身的社會目的。事實上，也只有一個體認勞工及社會民主重要性的改良式資本主義，才能吻合此派政府的中心目標。

簡單的說，各人的目的雖然有異，但是在戰後的政客、官員，甚至許多企業人士的心目當中，重歸完全自由放任的自由市場經濟老調，卻是斷然絕不可行之路。至於在眾人眼中列爲首要目標的基本政策——如全面就業、圍堵共產集團、全速現代化落後的經濟甚或已遭毀滅經濟等等——則不但具有列爲當前第一要務的急迫性，更需要強有力的政府力量存在。在此先決條件之下，甚至連一向致力於經濟政治自由主義的國家，也開始了種種治國手段——這些手段若在以往施展，必定被貼上「社會主義」的標籤。說起來，這種以國家爲先導的經濟政策，其實也正是英國甚至美國於戰時經濟實行的政策，於是人類的未來，便端繫於這種「混合式的經濟制度」了。雖然舊式正統學說的主張，諸如國庫的平衡、幣制及物價的穩定，仍不時被列入考量，但是這些說法的迫人力量卻大大不及從前。一九三三年以來，一向在經濟田地裡用以嚇阻牽制通貨膨脹與赤字財政的稻草人，如今再也不能趕走雀鳥，可是田地裡的莊稼卻似乎不受騷擾，依然繼續蓬勃地生長著。

種種改變，實在非同小可；種種改變，甚至竟使美國資本主義政客陣營中一位死硬派人士哈里曼(Averell Harriman)，於一九四六年對國人做出以下表示：「(我們)這個國家的民眾，如今對於『計畫』一類的字眼再也不會感到畏懼，……民眾已經接受一樁事實，那就是這個國家的政府一如個人，一定非得從事計畫不可。」(Maier, 1987, p.129) 此外並有法國政經學家墨內(Jean Monnet, 1888-1979)，原係經濟自由主義的最大擁護者，並對美國經濟制度稱羨不已，此時卻變成法國經濟計畫的熱情支持人士。風氣所及，原本力主自由市場的經濟學者羅賓斯(Loinel Robbins)——一度曾全力衛護正統經濟學說與凱因斯一派大戰，並在倫敦經濟學院(London School of Economics)與海耶克一同主持講座——卻搖身一變，成為英國戰時半社會主義式經濟制度的領導人物。三十年間，「西方」思想界與決策者中有著一種共識，尤以美國為著；這股共識，不但決定著非共集團國家該有的行動方針，更操縱著他們不該從事的絕對禁忌。他們共同的目標，是要創造出一個生產日增的世界，一個國際貿易不斷成長的世界，一個全面就業、工業化、現代化的世界。他們全力以赴，意欲實現這個經濟大同的世界。如有必要，他們甚至願意訴諸混合經濟，以政府控制管理的手段，有系統地實現這個目標。他們也願意與組織性的勞工運動合作，只要後者不與共產分子同路。資本主義的黃金歲月，若無這個共識，勢無可能成形。而這個共識，就是眾人意識到「私有企業」的經濟體制(「私有企業」尚另有一較受眾人歡迎的名詞，亦即「自由企業」)❶，必須從它自己形成的困境中拔出，方才能夠存活。

然而從另一方面來看，資本主義雖然的確進行了自我改革，但是在檢討這個前所不能想像的大變革的積極意願的同時，這家經濟新飯館的大廚們開出來的新菜單到底效果如何，卻值得我們愼思明辨。其中的分野距離，實在很難判別。因爲經濟學家就像政治人物一般，往往擅於將成功的案例歸功於自己政策的聰明睿智；而在黃金年代的時期裡，即使連當時最軟弱的經濟體如英國，也呈現一片欣欣向榮繁盛之貌。如此一來，更使眾人沾沾自喜，慶賀自己妙計成功。不過，其中雖然也許有幾分丑表功的曖昧，我們卻也不可因此便忽略其政策的精心設計之處，自有其足可傲人的成功佳猷。以一九四五至四六年間的法國爲例，即開始推動一連串有意設計的計畫行動，將法國工業經濟帶上邁向現代化的大道，這番將蘇聯式經濟理想綜合而成一資本主義混合式經濟制度的構想行動，必有其可圈可點之處。因爲在一九五〇至一九七九的二十餘年之間，法國由原本代表著經濟發展遲滯、飽受眾人嘲笑的形象搖身一變，竟然在追趕美國生產力的經濟競賽裡面，施展出遠比其他任何主要經濟國家爲佳的優異表現，甚至比起德國也要更勝一籌(Maddison, 1982, p.46)。但是歸根結柢，各個政府各個不同政策之間孰優孰劣(此中政策，往往與凱因斯的大名有不解之緣，但是其本人卻早已於一九四六年謝世)，這個話題我們還是留待經濟學家辯論吧。要知道經濟學家這一族群，素來就以好激辯好爭論而聞名呢。

4

廣泛的立意與細部的應用之間存在的差異，在國際經濟重整一事上特別顯著。所謂從大蕭條中學得的「教訓」（這個名詞在一九四〇年代經常被人放在嘴上），成爲戰後國際經濟制度實質安排中的前事之師。美國的霸權當然已是既成的事實，有的時候，雖然改革的構想係來自英方，並由英方首先發起，但是要求眾人付諸行動的政治壓力卻往往來自華府。遇到意見相左之際——如凱因斯與美方發言人懷特（Harry White）❷，即曾在新成立的國際貨幣基金（International Monetary Fund, IMF）一事上各持己論——佔上風的也往往是美方的意見。在原始的構想裡面，新自由主義的世界經濟秩序，係屬於國際新政治秩序的一部分；而國際新秩序的實現，乃是經由大戰末期籌劃成立的聯合國。但是及至冷戰期間，當初聯合國所本的原始模式開始崩潰，此時各國才依一九四四年的「布雷頓森林協約」（Bretton Woods Agreements），正式成立「世界銀行」（World Bank）——又名「國際復興開發銀行」（International Bank for Reconstruction and Development）——以及國際貨幣基金。這兩個國際組織，至今仍然存在，並在事實上已成爲美國政策的傳聲筒。它們成立的目的，乃在促進長期國際投資，並維持匯率穩定，同時也負責處理國際間債務支付平衡的問題（balance of payment）。除此之外，各國卻不曾成立任何機構專責其他方面的國際經濟事務（比方基本民生物資價格的控制，以及維持全面就業的國際性方針等等），即使有所擬議，往往也未能徹底實施。

原本曾建議成立的「國際貿易組織」(International Trade Organization)，最後卻僅以「關稅暨貿易總協定」(General Agreement on Tariffs and Trade, GATT)的形式出現，只能經由定期協商的手段減低各國之間關稅的壁壘，比起當初構想的規模及範圍均遜色許多。

簡單的說，計畫這一片美麗新世界的袞袞諸公，原本打算藉著一系列的經濟組織來實行他們遠大的構想，就這一方面而言，他們的理想算是失敗了。從戰火重新出發的世界，並未如他們所想的方式運作。這個世界，並沒有形成一組井然有序的國際體系，環繞著多邊自由貿易及償付系統生生不息的運轉。美國在這方面所做的努力，於大戰勝利之後不到兩年便告瓦解。然而，寄託於聯合國的政治理想雖然失敗了，國際貿易及付款的制度卻開始發生作用，雖然與原始預期的構想並不盡然吻合。事實上黃金年代的確不失爲一個自由貿易、自由資本流動，及貨幣穩定的時代；就這一點而言，戰時計畫人士的理想總算獲得實現。而這方面的成功，毫無疑問，主要得歸功於美國及美元在國際經濟上佔有的壓倒性支配地位。而美元的穩定，很大一部分的功勞卻要拜其與黃金維持一定的比例之賜——一直到一九六〇年代後期及七〇年代初期，美元與黃金固定的關係宣告破滅爲止。我們切切要記得一件事情：在一九五〇年代，美國一國，便分別獨佔全球先進國家資本總額及出產總額的百分之六十左右。即使到了後來眾人一起欣欣向榮的黃金年代高潮時期(一九七〇)，美國也仍然持有先進國家資本額總數的百分之五十，其出產額也接近各國出產總額的半數(Armstrong, Glyn, Harrison, 1991, p.151)。

對共產主義的恐懼則是另外一大主因。自由貿易資本經濟的最大障礙——與美國人的想法正好相反——其實並不在於外國實行保護主義，卻在美國本身傳統的高關稅制度，以及美國人一心一意，務必大量擴展本國出口額的心態所致。而華盛頓當局在戰時的計畫大家們，以為美國出口擴張，是「達成美國全面有效就業的必要手段」(Kolko, 1969, p.13)。於是大戰方告結束，制定美國政策的人士，便野心勃勃地打算開始大肆擴張。結果冷戰事起，才迫使他們重新考慮，採取了比較長遠的看法。冷戰改變了他們的心意，使他們發現唯有盡速幫助未來的競爭對手加速成長，才能對付眼前刻不容緩的政治需求。有人認為，從這個角度觀察，我們甚至可將冷戰視為推動全球大繁榮的主要動力(Walker, 1993)。雖說這種想法也許有失誇張之嫌，但是馬歇爾計畫巨額的慷慨援助，對於被援國的現代化顯然有不可磨滅的功勞——如奧地利及法國即是——美方的援助，對西德及日本的轉型成長更有加速之功。當然，即使沒有美國相助，德日兩國遲早也將成為經濟強國，其中關鍵所在，單看一樁事實足矣：作為戰敗國家，它們既無法決定自己的外交方針，自然便無須往軍事費用的無底洞裡倒錢，反而因此大佔便宜。但是反過來看，美援在德日兩國復興上所扮演的角色也絕對不可忽略，我們只消問一句，如果德國的復興必須仰視歐洲的鼻息，德國經濟將會變成什麼模樣？要知道歐洲各國戒慎恐懼，就怕德國勢力再起。同樣的，如果美國先不曾於韓戰，後不曾在越戰兩次戰爭時期，將日本建立成它在遠東的工業基地，日本經濟恢復之速度能與事實上發生的狀況相比嗎？日本生產總值於一九四九至五三年間(韓戰)能夠加倍，全賴美國基金資助之力；十三年後的一九六六至七〇年間(越戰)，日本再度進入成長巔峯，自然更非巧合——這段期間日本的年成長率不下於百分之十四點六。因此，我們絕不可低估冷戰對全球經濟的貢獻，雖然就長期觀點而言，各國將寶貴資源浪擲於軍備競賽之中，對經濟自然造成了破壞性的負面影響。而其中最極端的例子，首推蘇聯，最終並對該國經濟造成致命的打擊。同理，即使在美國本身，也因爲強化軍事力量的需要而導致經濟力量的萎縮。

總而言之，戰後的世界經濟係一個以美國爲中心運轉的經濟。自維多利亞中期以來，國際之間各項生產因素自由移動所遭遇的阻礙，從未比現在更爲少過。其中只有一項例外，那就是國際之間移民潮的恢復似乎異常緩慢，仍然陷在兩次大戰之間的緊縮狀況之中——其實這也只是一種幻象。因爲促成黃金年代大繁榮的動力，不僅來自原本失業如今重返就業市場的勞動人口，更包括內部移民的大洪流——這股洪流從鄉村移向都市，從農業移向工業(尤其來自高地的貧瘠地帶)，從貧窮地區移向富庶地區。於是義大利南部居民湧入倫巴底(Lombardy)及皮德蒙(Piedmont)兩地的工廠；而義大利中西部地方的托斯坎尼(Tuscan)，二十年間，更有高達四十萬的佃農離棄了他們持有的田地。東歐地區的工業化過程，基本上便也是這樣一個建立在大批移民之上的過程。更有甚者，某些地方的內部移民，其實根本可以列入國際性的遷移，因爲當初這批外來人口初臨此地，並非出於謀職求生的動機，卻是一九四五年後大批難民流離失所，被迫離鄉背井遠赴異地的結果。

然而，儘管存在著以上這種人口大量移動的事實，在這種經濟卓越成長，勞工急遽短缺的年代裡，在這個西方世界致力於資源財貨自由流動的經濟體系裡面，各國政府的政策卻汲汲於抵制移民，全力反對人口的自由移動，此番現象就更值得我們提高注意了。通常當這些政府發現自己在無形中允許移民發生之際(如加勒比海及其他大英國協地區的居民，因具有合法英國子民的身分有權在英國本土定居），便舉起鐵腕關上大門，斷絕外來人口的移入。而且在多數情況之下，這一類的移民——多數係來自開發程度較為落後的地中海一帶國度——往往只能獲得有條件的暫時居留，以備一旦有事，可以輕易將其遣返。不過隨著「歐洲經濟共同體」會員國的日益增多，許多移出國也開始加入這個合作組織（如義大利、西班牙、葡萄牙、希臘），使得遣返工作日漸困難。總之，及至一九七〇年代初期，約有七百五十萬人口流入已開發的歐洲國家（Potts, 1990, pp.146-47）。但是，即使在黃金年代的歲月裡，移民始終是一個極為敏感的政治問題；到了一九七三年後日子轉為艱難的二十年裡，移民問題更在歐洲民眾當中掀起一股公開仇外的心理。

儘管如此，黃金年代的世界經濟，卻一直保留在「國與國間」（international）而非「跨國」（transnational）的活動層次。世界各國相互貿易的活絡，超過以往任何一個時期。甚至連美國，這個在二次世界大戰之前以自給自足為主的國家，此刻也開始伸出觸角。一九五〇至七〇年間，美國向世界各地輸出的總額不但一躍而增四倍；一九五〇年代起，它也成為消費產品的一大進口國家。及至一九六〇年代末期，美國甚至開始從國外進口汽車（Block, 1977, p.145）。然而，各個工業國家雖然彼此交易採購，它們絕大多數的經濟活動卻仍然留在本國之內。即使在黃金年代的最高潮期，美國的出口總值也竟然不及其國內生產總額的百分之八。更令人驚訝的是，甚至以出口為導向的日本，其輸出總值的比率也只比美國的比率略高而已（Marglin, Schor, p.43, Table 2.2）。

然而，跨國性的經濟活動，此時卻也開始嶄頭露角，這種趨勢自一九六〇年代起尤其顯著。在跨國性的經濟活動裡面，政治國家的疆域，以及國與國間的界線，不復能規範經濟活動的範疇，最多只是跨國活動中錯綜複雜的因子之一而已。在最極端的情況之下，一個所謂的「世界經濟」開始成形，其中不但沒有任何特定的國家地區與疆界領域，相反的，反而進一步爲各國經濟活動界定了所能施展的極限，甚至連最強盛的國家也無法逃出它的掌握。一九七〇年代中期的某段時間裡，像這樣一種超越國界的經濟體，逐漸開始成爲一股籠罩全球的強大勢力。一九七三年後開始的危機二十年裡(Crisis Decades)，這股勢力不但繼續成長，而且成長得愈發快速——事實上，說起這二十年的重重問題，其實大可怪罪跨國經濟的興起。想當然爾，跨國經濟之風，與「國際化現象」的增長攜手同時並進。從一九五六年到一九九〇年之間，全球產品的出口比率一躍增加兩倍(World Development, 1992, p.235)。

在這股跨國之風裡面，共有三項層面特別明顯：亦即跨國性的公司(又稱爲「多國公司」)、國際性分工的新組合，以及所謂境外融資的興起(offshore finance)。其中又以最後一項的境外融資，不僅是跨國現象崛起的最早形式之一，也最能生動展現資本主義經濟活動逃避國家控制——或任何控制——的高明手法。

所謂「境外」一詞，大約於一九六〇年代開始進入公眾辭彙，係用以描述企業鑽研法律漏洞，一種將總部在海外蕞爾小國註册的避稅手法。這些大企業駐在的境外小國或領地，往往異常大方，給予企業充分自由，允准它們不必接受如在本國境內必將面臨的各項限制及稅負。因爲及至本世紀中葉，只要是正常的國家或領地，不論其立國宗旨如何致力於追逐個人利潤的最大自由，此時爲了全民整體利益著想之故，均已對合法企業的經營行爲設下某種程度的控制及限制。在此情況之下，仁慈大方的蕞爾小國——如古拉索島(Curaçao)、維京群島(the Virgin Islands)、列支敦斯登(Liechtenstein)皆是——便在其企業及勞工法上大玩法律漏洞的高招，這種複雜卻高明的手法，正合大公司的口味，可以爲後者的財產損益表上製造出驚人的奇蹟。因爲「境外性質的最高精神，即在於將眾多的法律漏洞，一變而爲生機蓬勃毫無管束的企業結構」(Raw, Page, Hodgson, 1972, p. 83)。想當然爾，這種境外手法的運用，在金融交易方面可以發揮最大的功用。至於巴拿馬及賴比瑞亞兩國，長久以來在船隻註册上大發利市，因爲其他國家商船的船主，覺得本國對勞工及安全管制的規定太過繁瑣，於是紛紛來歸，巴賴兩國政客的收入因此獲得莫大的助益。

一九六〇年代中期，有人小小動了一個腦筋，立刻便使國際金融舊都的倫敦，搖身一變也成爲全球境外活動的一大重鎮。這項手法，便是「歐洲貨幣」(Eurocurrency)——亦即「歐洲美元」(Eurodollars)——的發明。這些歐洲美元留在境外不歸，存進美國境外的銀行，主要目的係避免美銀行法的諸多限制。自由流動的所謂「歐洲美元」，成爲一種可流通轉讓的金融工具。再加上美國在海外日漸增多的投資，以及美國政府在軍事上的巨大開支，其數額開始大量累積，並開始形成一個毫無管制的全球性市場，其中主要係以短期借款爲主。「歐洲美元」市場的淨值，由一九六四年的一百四十億美元左右，到一九七三年增加約爲一千六百億美元，五年之後，更幾乎高達五千億美元。當石油輸出國組織的眾會員國，忽然發現自己的錢多得不知如何投資是好，歐洲美元市場便成爲產油國家投注利潤的遊戲場地，大筆金錢宛似個人牌戲一般，循環往還(見第十六章第二節)。於是美國首先發現，自己成了這場國際金融遊戲中任人擺布的犧牲者，只見一波比一波更盛的鉅額獨立資金，繞著地球一周又一周地由一種貨幣換成另外一種貨幣，一路追逐快速的利潤回收。最終，各國政府都在這場遊戲之下犧牲，因爲它們不但無法控制匯率，也無法管制住全球貨幣的供應量。及至一九九〇年代初期，各國中央銀行聯手出動，也無法發生任何作用了。

總部設在一國，經營卻遍布多國的公司，自然愈發要擴展它們的業務。這一類「多國性的公司」其實也不是什麼新鮮事，在美國便所在多有，從一九五〇年的七千五百家起，及至一九六六年已成長爲兩萬五千家，而它們的分號絕大多數位於西歐及西半球(Spero, 1977, p.92)。但是其他國家也逐漸開始跟進，比方德國的赫斯特化學大藥廠(Hoechst)，在全球各地四十五個國家內與一百一十七家工廠具有直屬或合夥的關係，就中除了六家工廠之外，其餘均係於一九五〇年後方始建立(Fröbel, Heinrichs, Kreye, 1986, Tabelle IIIA, p.281ff)。跨國性企業的新鮮之處，在於其作業規模幅度的龐大。一九八〇年代初期之際，美國跨國大公司的出口總值即佔美國全國總出口的四分之三以上，而其進口總值也幾達美國總輸入的半數。英國境內的數字更爲驚人(包括英國本國及外來的跨國事業在內)，竟然囊括英國全國出口總量的百分之八十以上(UN Transnational, 1988, p.90)。

從某種角度來看，其實這些進出口數字並無任何意義，因爲所謂跨國企業的主要功能，即在「整合內化跨越國境的眾多市場」，亦即獨立於政治國家及國界限制之外的作業。一般有關進出口的統計數字(多數仍係由各國分別蒐集統計)，事實上等於跨國性企業內部的貿易數字，如美國的通用汽車公司，在全球各地四十個國家設有業務。跨國企業既然能夠跨國經營，自然愈發強化了資本集中的趨勢。這種現象，自馬克思以來即爲世人所熟悉。及至一九六〇年際，據估計全世界非社會主義國家中最大的兩百家公司的營業總額，足等於非社會主義集團國民生產總額的百分之十七；一九八四年更升高爲百分之二十六❸。而這一類的跨國公司，多數係以「已開發國家」爲總部；事實上在名列所謂「兩百大」的公司當中，百分之八十五係將總部設於美國、日本、英國，及德國四國，餘下的百分之十五則分布於其他十一個國家。然而，這些超級巨型公司與本國政府的聯繫再強，及至黃金年代末期，除了日本公司及某些以軍火爲主力的企業之外，它們與本國政府及國家利益的認同顯然愈形式微。當年底特律某位汽車大亨商而優從政，曾經有過一句名言：「凡是利於通用汽車之事，必然也利於美國。」可是隨著時間過去，這種利益息息相關的聯繫也開始模糊。因爲如今本國的市場、本國的業務，以「美孚石油公司」(Mobil Oil)爲例，不過是該公司在全球上百市場中的一個；再以德國朋馳汽車公司(Daimler-Benz)爲例，更只是暢銷全球一百七十餘國當中的一國而已。母國市場的地位，怎麼可能再在跨國公司遍及全球的業務當中佔有舉足輕重的分量？對一個國際性的石油公司而言，在其企業經營的策略邏輯裡面，無論是母國、沙烏地阿拉伯，還是委內瑞拉，在它經營的天平上必將一視同仁。亦即一方面計算利益得失，一方面較量公司本身，與各個政府之間相對力量的大小，從而依此制定公司行事決策的方針。

企業的交易活動與企業的作業經營，逐漸脫離了傳統的國家界限，這種趨勢，並不僅限於少數幾家巨型公司行號。隨著工業生產逐漸由作爲工業化資本化先鋒的歐美地區向外遷出——遷出的速度一開始相當緩慢，後來越來越快——跨國性的生產經營方式也隨之愈發顯著。誠然，終黃金年代之世，歐美各國始終保持其經濟動力大發電廠的地位。一九五〇年代的中期，工業國家製成品的出口總數當中，有五分之三係在工業國家圈內相互銷售；及至一九七〇年代，比例更上升爲四分之三。但是也就從此刻起，情況開始有了轉變，已開發國家向世界其餘地區輸出製成品的比例開始增加——而意義更爲重大的是——第三世界也開始向已開發工業國家輸出工業成品，而且數額比率不低。隨著落後地區傳統的主要出口項目開始減弱（除了能源是爲一大例外之外，這還多虧石油輸出國家起來鬧了一場價格革命），它們開始向工業化的路途轉進，雖然只是拼拼湊湊，速度卻奇快無比。一九七〇至八三年間，前此在全球工業品出口總額一直僅佔百分之五的第三世界，突飛猛進，一下子增加了一倍不止(Fröbel et al, 1986, p.200)。

新的國際分工秩序於焉興起，舊秩序便不支受損。德國的福斯公司(Volkswagen)在阿根廷、巴西（三家工廠）、加拿大、厄瓜多爾(Ecuador)、埃及、墨西哥、奈及利亞、祕魯、南非，及南斯拉夫各地設立了汽車工廠——這些海外工廠均係於一九六〇年代中期之後開始成立。第三世界的工業不但應付本地日漸增長的需求，同時也行銷全球。他們的產品當中，有的係完全由本地產製（如紡織產品即是，待得一九七〇年際，其生產中心已由舊工業國紛紛轉移至「開發中的國家」），有的則成爲跨國生產作業中的一環。

國際分工的新現象，可說是黃金年代特有的一項發明，不過這個趨勢一直要到後來方才完全發展成熟；而交通運輸傳播方面興起的革命，更是其中不可或缺的要素。因爲唯有進步的交通運輸，才能在符合經濟效益之下，將一樣產品的製造分在多地進行——比方說休士頓、新加坡、泰國——利用航空貨運，將半成品轉駁於三處之間完成，並利用現代資訊科技控制整個流程的進行。一九六〇年代中期開始，各主要電子廠家便投入這種國際化生產線的潮流。生產線上移動的路徑，不再只限於單一地點的廠房之內，卻環繞著地球進行——其中的某些生產線則終止於特設的「自由加工生產區」(free production zone)，或一些境外工廠之內。這一類特殊的作業區，如今在各地紛紛興起，尤以具有大批廉價年輕婦女勞動力的貧國爲最，而這也是跨國企業逃避單一國家管束的另一新手法。南美亞馬遜叢林(Amazon)深處的瑪瑙斯(Manaus)，便是此類「自由生產區」的先驅之一，爲美國、荷蘭、日本眾多廠家生產紡織品、玩具、紙類製品、電子產品、電子錶等各式各樣的消費產品。

世界經濟的政治層面，因此在結構上產生了一種矛盾的改變。隨著全球作業日益演變成爲一家，大國的國家經濟體系逐漸拱手向境外中心讓步，而境外中心的所在地卻往往以小國甚或超級迷你小國居多。舊殖民帝國的解體，自然促成這一類小國數字的增加。根據世界銀行的資料統計，及至一九九一年結束之際，全世界少於二百五十萬人口的經濟體共有七十一個之多(其中十八處的人口甚至不到十萬)。這個數字表示，全球具有獨立經濟體身分的政治實體當中，有五分之二屬這一類的超小單位(World Development, 1992)。在二次大戰爆發之前，它們的經濟力量原本被世人當作取笑的對象，根本不將其當作眞正的國家看待❹。事實上不論過去抑或現在，面對著現實猙獰的國際叢林，這些迷你小國也不具任何足以捍衛自己名義上獨立地位的實力。可是進入黃金年代，卻開始出現一件不容否認的事實，那就是在軍事上它們雖不足自保，在經濟上卻毫不遜色，藉著直接投入全球經濟的生產行列，它們也可以如大國般欣欣向榮，有時其表現甚至比大國更佳。於是便有諸如香港、新加坡一類的城市小國興起，在此之前，人類史上第一次見到這類政治體繁榮的時代，必須回溯到中古時期。又有波斯灣沙漠地帶的一角小地，搖身一變，成爲國際投資市場上的一大玩家（科威特）。更有那一處又一處的境外藏身之地紛紛出現，保護著眾家公司逃遁國家法律的挾制。

如此一來，二十世紀晚期在各地甚囂塵上的民族主義運動便愈發站不住腳。因爲一個獨立的科西嘉（Corsica）或加那利群島（Canary Islands），勢必無法單獨生存；它所能獲得的唯一獨立，只不過是在政治上脫離了原來的國家而已。在經濟上，如此小國勢將對跨國性的經濟實體倚賴更重，而後者對經濟事務的影響多年來更是有增無減。對於這些巨大的多國性公司而言，一個最合乎其心意，最方便其運作的世界，自然便是一個充滿著侏儒小國或根本不成其國的世界。

5

任何一項工業，一旦其生產作業的轉移在技術上成爲實際可行，並在成本效益上得到肯定，勢必由高成本地區遷至勞工低廉的地帶。在此同時，經營者也發現（其實並不意外），原來其他膚色種族的勞工，在技術層次及教育水平上至少並不比白人勞工遜色。這點發現，對於高科技的工業來說，自然是錦上添花，又一樣絕妙好處。但是除此之外，黃金年代的景氣之所以由舊工業地帶的核心國家擴散至其地帶的原因，還有一項特別值得考慮的因素，係由「凱因斯派」資本主義經濟成長特有的幾項組合造成。亦即所謂資本主義式的經濟成長，係建立於一個大眾消費的基礎之上，在這樣一個社會裡面，勞動人口不但全面就業，工資也與日俱增，而且更受到愈來愈佳的保障。

這種組合之所以成形，我們在前面已經看見，純係一種政治性的結構所致。其立足點在於多數「西方化」國家左右兩派的共識，因而形成一種極爲有效的政策。如今法西斯極端國家主義的右派餘孽，已經被二次大戰從政治舞台上一掃而空；極端的共產主義左翼，也被冷戰遠遠拋在後面。這個組合，同時也奠基於勞資雙方某種有形無形的默契，雙方同意，將勞工方面的要求保持在一定的限度之內，以免因成本過高導致利潤的損蝕。在此同時，眾人也認爲未來必可持續一定程度的高利潤，因爲唯有如此，方可解釋不斷投注巨大資金的必要性。若無這些龐大資金的投入，黃金年代的生產力不可能出現突飛猛進的成長。事實佐證，市場經濟中最先進最工業化的十六國裡，其投資額每年以百分之四點五的比率增加，比起一八七〇至一九一三年間，成長速度幾爲三倍。這個比率，由於包括了成長較爲緩慢的北美地區在內，不然還會更爲驚人(Maddison, 1982, Table 5.1, p.96)。事實上，這種勞資關係的安排組合，係以三角關係呈現，由政府居間妥協，正式或非正式地幫助勞資雙方進行制度化組織性的談判活動。而在這個新時代裡，勞工一方已經被習稱爲資方的「社會夥伴」，至少在德國如此。但是黃金年代黯然結束，這類安排開始受到自由市場經濟神學一派的肆意攻擊，貼上了舊詞新用的「統合主義」標籤——這個莫須有的無稽之名，不但早已快被世人淡忘，而且跟兩次大戰年間的法西斯主義根本毫無關聯(見第四章第一節)。

回頭再看黃金年代的勞資談判安排，基本上是一種皆大歡喜爲各方面所接受的最佳狀況。對當時的僱主而言，業務是如此興隆，利潤是如此豐厚，長期的景氣繁榮之下，自然對談判協商的方式大表歡迎，因爲如此更有助於企業從事前瞻性的計畫安排。至於勞工方面，既有固定上漲的工資及公司福利可得，又有政府從旁不斷擴充更爲慷慨的社會福利，當然也何樂不爲。政府也有好處，首先政治大爲穩定，共產黨派元氣大傷，訴求失去著力點（義大利則爲例外）。其次，經濟環境條件的可測性也因此增加，有利於如今各國開始一體奉行的總體經濟管理。黃金年代的歲月裡，資本主義工業國家的經濟表現的確優良，單看其中一項因素足矣，那便是隨著全面就業的實現，以及實際收入的不斷增加，再加上社會安全福利的助陣（需要時自有公家財源支付），大眾大量消費的時代終於首度降臨（至於北美地區則早已開始，大洋洲一帶可能亦然）。更有甚者，在這個眾人陶醉自得的一九六〇年代，某些政府甚至莽撞到，保證提供失業者（當時少人失業）高達原收入百分之八十的救助金的地步。

黃金年代的政治氣候，直到一九六〇年代末期，仍然反映著以上的政策方針。大戰後的各國政府，紛紛立即走上強力的改革之路。美國有羅斯福主義者；西歐的各原交戰國，則一片由社會主義主導或傾社會民主路線的新氣象。其中只有西德例外，因爲該國直至一九四九年際方才有獨立的政治組織及選舉出現。一九四七年以前，甚至連共產黨派也在各國政府中插上一腳（見第八章第三節）。而地下抗戰的悠悠年月，更使得此時開始嶄露頭角的保守黨派也難逃改革影響——如西德的基督教民主黨即是。遲至一九四九年際，該黨猶認爲資本主義的體制不利於新生的德國（Leaman, 1988）——改革之風如此巨大，保守人士若想逆風而駛必然難上加難。英國的保守黨，甚至將一九四五年工黨政府的改革功勞歸諸己有。

但是有一點很奇怪，那就是改革的風潮雖然盛於一時，但是卻旋即迅速掩息，不過各國的腳步並不一致。到了一九五〇年代的大景氣時期，全球各地幾乎均由溫和保守派的政府所主導。美國（一九五二年起）、英國（一九五一年起）、法國（除了一段短期的聯合政府時期之外）、西德、義大利、日本六國的政壇之上，左派完全掩旗息鼓下台鞠躬。只有斯堪地那維亞諸國的政權，依然握在社會民主黨派的手中；至於其他小國，也有社會主義黨派繼續在聯合政府中共同執政。左派撤退之勢，明顯可見。它們的退卻，並非由於失去社會主義人士的支持，更不是出於法國義大利共產黨勢力的衰退——共產黨在法義兩國仍屬勞動階級的最大黨派❺。它們的銷聲匿跡，更與冷戰的興起無關——唯一的例外可能是在德國及義大利，前者的社會民主黨對德國統一的看法「不可靠」，後者的社會民主黨則依然與共產黨同聲出氣——當時的每一個人，除了共產黨以外，當然都反俄到底。景氣十年裡，眾人心裡都一致反左，這實在不是一個進行任何重大改變的時刻。

但是到了一九六〇年代，各國共識的重心卻又開始向左轉去。這個轉變之所以出現，其中部分原因，也許出在自由主義的經濟思想在凱因斯式的管理學說下日漸退卻，甚至在堅持古典陣營的死硬派國家如比利時及西德內部也不例外。另外一個原因，可能係因爲上一輩的老先生開始退出舞台——這些曾經照管過資本主義一代穩定復興的前輩：美國的艾森豪於一九六〇年（生於一八九〇年）、德國的艾德諾於一九六五年（Konrad Adenauer，生於一八七六年）、英國麥克米倫於一九六四年（生於一八九四年），甚至連偉大的法國元帥戴高樂（生於一八九〇年）也不例外，均在這段時期紛紛揮別政壇。一時之間，世界政治場上一片返老還童青春重現之象。事實上對溫和左派的人士而言，一九五〇年代對他們是如此地話不投機，而黃金年代的巔峯時期則與他們眞正是情投意合，此時，只見他們再度在西歐各國的政府中活躍起來。這股又開始向左轉的趨勢，部分原因來自選票方向的轉移，如西德、奧地利、瑞典各國的選民即是。及至一九七〇年代，進入一九八〇初期，其勢更是洶洶，法國的社會主義人士，以及義大利共產黨，均於此時達到他們的最盛時期。不過就一般而言，各地選舉結果多半仍極穩定——選舉作業的方式，往往過分誇大了規模其實甚小的轉變。

然而，在政治風氣向左轉的同時，這十年之間的公眾生活也出現了一項極大的發展轉變，亦即在實質意義上完全符合「福利國家」字眼的國家開始正式現身。在這些實至名歸的福利國家裡面，社會福利開支的項目——包括收入水準的維持、民眾醫療及教育的提供——成爲國家總開支的最大宗；而社會福利工作者的人數，也組成公家職務機構裡的最大一支。以一九七〇年代的英國爲例，社會福利人員佔全國公務員的百分之四十，瑞典更高，達百分之四十七（Therborn, 1983）。以此定義出發，第一批眞正的福利國家約在一九七〇年間出現。在低盪的年代裡，軍事開支的減低，當然也自動促成了其他項目比率的提高，其中尤以美國的例子，最能彰顯出這項改變的眞實性。一九七〇年際，正值越戰最高峯時期，美國學校教職員的人數卻首次開始大量領先「軍民職國防人員」(Statistical History, 1976, II, pp.1102, 1104, 1141)。及一九七〇年代結束，所有先進資本國家均變成正宗的「福利國家」，其中六國的福利開支甚至高佔全國總支出的百分六十以上（分別爲澳大利亞、比利時、法國、西德、義大利及荷蘭）。黃金年代終了，如此龐大的福利負擔自然造成相當的問題。

當其時也，「已開發市場經濟」的政治生活，如果還不算沉寂到令人昏昏欲睡的程度，起碼也似乎一片寧靜詳和。說的也是，除了共產主義一事，以及帝國主義在海外爭權奪利造成的擾攘危機與核子威脅之外（一九五六年有英國在蘇彝士運河爭鋒險進，一九五四至六一年法國在阿爾及利亞掀起戰火，一九六五年後則輪到美國在越戰場上鏖戰多年），還有什麼叫人激動興奮的事呢？正因爲如此安靜的背景，一九六八年間全球突然冒起的一股激進學生運動，才會讓政客及老一派知識分子大感吃驚，一時之間措手不及。

學生運動的突如其來，顯現黃金年代的平衡穩定開始出現動搖的跡象。在經濟上，生產力及薪資不斷成長，其間的平衡全賴兩者之間的協調配合，才能保持住穩定的利潤。但如今生產力不再持續增加，工資卻依舊不成比例地繼續上升，無可避免，自然會導致不穩定的失衡後果。黃金年代的出現，全拜生產力與消費者的購買力之間，兩者同在成長上維持著一種微妙的平衡——這是一種在兩次大戰之間，可說完全不曾存在過的奇妙現象。工資增加的比例，必須快到使市場上始終保持活潑的氣象，可是卻不能快到對企業的利潤造成損害。然而，在一個勞工短缺的年代，該如何控制工資？更概括地來看，需求如此活絡，市面如此繁榮，如何控制物價也是一門學問。換句話說，到底該如何駕馭通貨這匹難馴的野馬，或至少將之約束在一定的範圍之內？此外，黃金年代的存在，也仰靠美國在政經各方面的君臨地位。美國主控的角色——雖然有時並無意義——成爲世界經濟的穩定劑及保證人。

一九六〇年代之際，前此貢獻於黃金氣象的各個環節，都開始露出疲態。美國霸權的地位衰退，以黃金美元爲基準的世界貨幣體系也隨之崩解。一些國家裡面，勞動生產力開始減緩，而前此推動著工業大景氣的內部移民——這個提供勞動力來源的貯水槽——更有乾涸見底的跡象。二十年時光流轉，新一代已經長成，對這些成年男女來說，兩次大戰之間的悲慘經驗——大量失業、沒有安全感、穩定不變甚或直線下落的物價——都只是歷史書上的文字，而非他們切身活過的經歷。這群人對生活對未來的期望，完全根據自己這個年齡層的實際經驗及感受，亦即全面的就業，以及持續的通貨膨脹(Friedman, 1968, p.11)。一九六〇年代，全球爆發起一陣工資突漲的狂風，不論促發這股風暴的原因爲何——勞工短缺、僱主努力壓抑住實質工資上漲的幅度，抑或如法義兩國的例子：學生群起反抗的大浪潮——關鍵所在，係這一代已經習於不愁沒有工作的工人們突然發現：長久以來，雖有工會爲他們定期談判謀得固定的加薪，但是實際的上漲幅度，卻遠比他們自己出外在市場上所可講價取得的爲少。市場性供需的眞相披露——在此，我們或可察覺到一股向勞資鬥爭回歸的古典趨勢(一九六八年後「新左派」即據此振振有詞)。然而無論如何，一九六八年前那股溫和冷靜的談判場面，至此已不復存，黃金年代末期的人心的確大有改變了。

勞動人口的心理現象，與經濟事務的運作有著極爲密切直接的關係。因此勞工心理一旦生變，震撼力遠比學生風潮爲大——雖然後者鬧事的新聞爲媒體提供了更戲劇的素材，也爲口沫橫飛的評論家提供了更多的話題。學生的反抗運動，實質上係屬政治經濟生活之外的現象，動員的對象只是人口中極小的一群少數；這群天之驕子，甚至不被視爲公眾領域中的特定群體，而且——既然他們多數仍在就學——根本就在經濟生活的領域之外，唯一可以沾得上邊的角色，只是作爲搖滾唱片的購買者而已。總而言之，這是一群（中產階級的）青少年，他們的文化意義遠勝於政治意義。西方學生運動展現的政治意義，倏忽而逝——與第三世界及極權國家不可同日而語（見第十一章第三節及第十五章第三節）。但是反過來說，卻也具有一種象徵性的警告意味，向那些以爲已經將西方社會問題永遠解決了的成人一代，提出一個「必死的象徵」。因爲舉凡黃金年代改革派大家克羅斯蘭的著作《社會主義的前途》（*The Future of Socialism*），美國社會經濟學家加爾布雷斯（J. K. Galbraith）的《富裕社會》（*The Affluent Society*），瑞典經濟學家諾貝爾獎得主米爾達的《福利國家以外》（*Beyond the Welfare State*），以及貝爾（Daniel Bell）的《意識形態之死》（*The End of Ideology*），均出版於一九五六至六〇年間。他們的立論，也都一律建立於同樣的假定，亦即在如今這個基本上差強人意的社會裡面，靠著不斷的改進，內部必將愈發和諧。總而言之，他們都對組織性的社會共識深具信心。然而，事實發展證明，這股協調共識局面的壽命，並沒有活過一九六〇年代。

因此，一九六八年並非一個時代的結束，也非一個時代的開始，卻只是一個信號。它與工資暴漲一事不同，與一九七一年布雷頓森林立下的國際金融體系的崩潰也不同，與一九七二至七三年間的穀物大景氣，一九七三年石油輸出國家掀起的石油危機更相逕庭。而在經濟史家搜索枯腸，企圖爲黃金年代的倏然結束找出一個理由的努力裡面，也不佔有任何重要的地位。黃金年代的結束，其實並不完全在學者的意料之外。一九七〇年代初期，在急速升高的通貨膨脹煽風之下，又有全球貨幣供應不住增加，及美國赤字大量上升助陣，經濟擴張的腳步瘋狂加速。情況開始變得不可收拾，借用經濟學家的術語來說，世界經濟體系有「過熱」（overheat）的危險。一九七二年七月起的十二個月之中，「經濟合作暨發展組織」各會員國的國內生產毛額躍增了百分之七點五，而實質工業生產力則成長了百分之十。對那些猶未忘記維多利亞大景氣年代是如何結束的歷史學家而言，當時很可能都在擔心，眼前的瘋狂景氣不久就要進入直線下落的時期。他們的重重心事也許不無道理——不過作者非常懷疑，當其時也，有任何人曾預見到一九七四年的大崩潰。而且即使在它發生之後，恐怕也沒有人把它當作認真的危機處理。因爲當時先進工業國的國民生產毛額雖然的確出現大幅度的滑落——這是大戰以來從未發生的現象——可是在眾人心裡，只把它類比做一九二九年的經濟危機對待。而且當時也並未出現任何眞正大動亂的徵兆。一如往常，當時的人震驚之餘，連忙往過去舊景氣崩潰的原因中尋找答案，把它解釋爲「一時不幸的混亂所致，未來即使重複，規模也將小得許多。目前的種種衝擊，主要係因某些可避免的錯誤造成」。以上係引自「經濟合作暨發展組織」的報告(McCracken, 1977, p.14)。頭腦簡單之人，更把一切罪過都怪到「石油輸出國組織」大小酋長的貪婪所致。作爲一個歷史學家，如果徒然把世界經濟結構裡發生的重大變化，歸諸於運氣不佳，或只是可以避免的意外而已，這種想法實在有必要重新檢討。而這一回，世界經濟結構的確面對著一大變化，崩潰之後，再也無法恢復過去大步伐前進的姿態了。一個時代宣告結束，一九七三年後的十年，世界再度進入一個危機的世代。

黃金年代的光彩於是盡失。然而在它發光發亮的日子裡，黃金年代卻爲人類帶來了有史以來變化最劇、最速、最大的革命。下面，我們就要進一步探討這些革命爲何。

註釋

❶「資本主義」一詞，正如「帝國主義」一般，往往在公開討論中迴避使用，因爲在公眾心目當中，此詞原本帶有著負面的印象。一直要到一九七〇年代，政治人物及宣傳家才開始驕傲地公開宣稱自己爲「資本主義人士」（capitalist）。開此新風氣之先者，首推企業雜誌《富比士》（*Forbes*）。該雜誌於一九六五年開始，即在其出版宗旨中以「資本主義人士的工具」自居——這句話源出於美國共產黨的用語，《富比士》雜誌卻故意將其取來顛倒用之。

❷矛盾的是，日後懷特本人卻遭到迫害，成爲美國白色恐怖時期的犧牲者，被人戴上共產黨祕密同路人的帽子。

❸這一類估計數字的使用必須盡量小心，最好的方法係只將它們視作大致的程度參考。

❹至於歐洲地區歷史悠久的眾迷你小國——安道爾（Andorra）、列支敦斯登、摩納哥（Monaco）、聖馬利諾（San Marino）——直到一九九〇年初方爲聯合國允予未來有可能成爲會員國的資格。

❺但是從整體而言，左派終究屬小黨小派，甚至連其中大黨也不例外。它們最高的得票紀錄，係由英國工黨於一九四一年創下的百分之四十八點八。可笑的是，在這場左派最光榮的一役裡，勝利的果實實際上卻由保守黨以些微之差取去；這得怪英國特有的奇特選舉制度所賜。

國家圖書館出版品預行編目資料

極端的年代 / 艾瑞克•霍布斯邦(Eric J. Hobsbawm)著；鄭明萱譯. --初版.--臺北市：麥田，民85
冊； 公分. -- (歷史選書；14-15)
譯自：Age of extremes： the short twentieth century 1914-1991
ISBN 957-708-448-6(一套：平裝)

1. 世界 - 歷史 20世紀

712.8 85010979